FORUM
ARBEITS- UND SOZIALRECHT

Herausgegeben von
Prof. Dr. Richard Giesen, PD Dr. Matthias Jacobs,
Prof. Dr. Dr. h.c. Horst Konzen und
Prof. Dr. Meinhard Heinze †

Band 20

Organisationskonflikte und Tarifvertrag

Dargestellt am Beispiel
der Tarifzuständigkeit
der DGB-Gewerkschaften
im industriellen Dienstleistungsbereich

Silke Seeger

Centaurus Verlag & Media UG 2005

Silke Seeger, geb. 1974, Dr. iur., studierte Rechtswissenschaften an der Universität zu Bonn und promovierte dort 2003. Seit Januar 2003 ist sie als Rechtsanwältin im arbeitsrechtlichen Bereich einer internationalen Anwaltssozietät in Düsseldorf tätig.

Die Deutsche Bibliothek – Cip-Einheitsaufnahme

Seeger, Silke:
Organisationskonflikte und Tarifvertrag : Dargestellt
am Beispiel der Tarifzuständigkeit der DGB-Gewerkschaften
im industriellen Dienstleistungsbereich / Silke Seeger. -
Herbolzheim : Centaurus-Verl., 2005
  (Forum Arbeits- und Sozialrecht ; Bd. 20)
  Zugl.: Bonn, Univ., Diss., 2003
  ISBN 978-3-8255-0474-8   ISBN 978-3-86226-444-5 (eBook)
  DOI 10.1007/978-3-86226-444-5

ISSN 0936-028X

Umschlaggestaltung: Antje Walter, Hinterzarten
Satz: Vorlage der Autorin

Vorwort

Die vorliegende Arbeit wurde von der Rechts- und Staatswissenschaftlichen Fakultät der Rheinischen Friedrich-Wilhelms-Universität Bonn im Sommersemester 2003 als Dissertation angenommen. Rechtsprechung und Literatur sind bis Januar 2003 berücksichtigt.

Mein Dank gilt zuallererst meinem verehrten, zwischenzeitlich leider verstorbenen, Doktorvater Herrn Professor Dr. Meinhard Heinze, auf dessen Anregung dieses Thema zurückgeht. Er hat mir bei der Erstellung der Arbeit geduldig zur Seite gestanden und mir Freiheit für meine Gedanken gelassen. Die zeitgleiche Beschäftigung als wissenschaftliche Hilfskraft an seinem Institut war für das Fortkommen der Arbeit von unschätzbarem Wert – dies nicht zuletzt im Hinblick auf die familiäre Arbeitsatmosphäre, die den Promotionsalltag um einiges erleichterte. Herrn Professor Dr. Markus Stoffels danke ich sehr für die zügige Erstellung des Zweitgutachtens.

Aufrichtigen Dank für die vielfältige moralische und fachliche Unterstützung schulde ich auch meinen ehemaligen Institutskollegen, insbesondere Herrn Privatdozent Dr. Oliver Ricken für die stete Diskussionsbereitschaft und Frau Dr. Nina Kowalski und Herrn Dr. Stefan Fandel für die Mühen des Korrekturlesens. Ebenfalls dankbar bin ich Herrn Professor Dr. Detlev Karsten für die wertvollen Anregungen bei den letzten Korrekturarbeiten.

Besonderer Dank gebührt schließlich meiner Mutter und meinen Vater, die mir Studium und Promotion erst ermöglichten.

Düsseldorf, im November 2004   *Silke Seeger*

Inhaltsverzeichnis

§ 1 Einleitung

Der gesamtgesellschaftliche Strukturwandel hin zur Dienstleistungsgesellschaft hat in den letzten Jahren die Beschäftigtenstruktur und Gewerkschaftslandschaft erheblich verändert. In Deutschland waren nach der Wiedervereinigung 59 % der Erwerbstätigen im Dienstleistungsbereich beschäftigt, 1999 waren es schon 68 %.[1] Diese Entwicklung ist stark von industrieinternen Dienstleistungen getragen, da sich innerhalb des Industriesektors viele der eigentlichen industriellen Produktion vor- und nachgelagerte Bereiche mit Dienstleistungstätigkeiten herausgebildet haben.[2] Dies hat die DGB-Gewerkschaften zu einer Neustrukturierung der Interessenvertretung im Dienstleistungsbereich veranlasst. Dabei hat die Fusion der Gewerkschaften ÖTV (Öffentliche Dienste, Transport und Verkehr), HBV (Handel, Banken und Versicherungen), IG Medien, DPG (Deutsche Postgewerkschaft) und DAG (Deutsche Angestellten-Gewerkschaft) zur Vereinten Dienstleistungsgewerkschaft ver.di im Frühjahr 2001 vor allem bei den Industriegewerkschaften des DGB die Befürchtung ausgelöst, dass ver.di unter dem Etikett „Dienstleistungen" die Arbeitnehmer aller zukunftsträchtigen Branchen an sich ziehen könne. Vor diesem Hintergrund initiierten die IG Metall, die IG BAU (Bauen-Agrar-Umwelt), die IG BCE (Bergbau, Chemie, Energie) und die Gewerkschaft NGG (Nahrung-Genuss-Gaststätten) unter Beteiligung der Gewerkschaft Transnet (GdED) im März 1999 ein gemeinsames Vorhaben, um den Bereich Dienstleistungen systematisch zu erfassen und zu bearbeiten.[3] Eine im Rahmen dieses Kooperationsprojekts in Auftrag gegebenen Studie des Gelsenkirchener Instituts für Arbeit und Technik (IAT) hat ergeben, dass im Jahre 1996 nahezu die Hälfte (49,6 %) der Tätigkeiten in den Organisationsbereichen der IG Metall, IG BCE, IG BAU, NGG und Transnet auf Dienstleistungen entfielen.[4] Während im Organisationsbereich der IG Bau der Anteil der produktionsorientierten Tätigkeiten noch mehr als drei Viertel und bei der IG Metall deutlich mehr als die Hälfte betrug, überwogen im Bereich der IG BCE, der Gewerkschaft Transnet und der Gewerkschaft NGG die Dienstleistungstätigkeiten.[5] Industriegewerkschaften haben sich mithin auch zu Dienstleistungsgewerkschaften entwickelt.

Das Verschwimmen der Branchengrenzen hat mehrere Ursachen.[6] Hochwertige Industrieprodukte werden immer dienstleistungsintensiver und durch die Entwicklung

---

[1] Weiß, BArbBl. 2002, Heft 5, 16.
[2] Vgl. Bosch/Wagner, Dienstleistungen und Industrie, S. 21 f.
[3] Vgl. hierzu ausführlich Müller, Industrielle Beziehungen 2001, 108 (130 ff.).
[4] Bosch/Wagner, Dienstleistungen und Industrie, S. 37 ff.
[5] Bosch/Wagner, Dienstleistungen und Industrie, S. 38 f: Bei der NGG lag der Anteil an primären Dienstleistungstätigkeiten sogar bei vier Fünfteln.
[6] Hierzu eingehend Bosch/Wagner, Dienstleistungen und Industrie, S. 8 ff.

neuer Technologien und Produkte entstehen neue Wirtschaftszweige, deren Zuordnung zur alten Branchengliederung unklar ist. Viele Unternehmen konzentrieren sich mittlerweile auf das Kerngeschäft und lagern andere Funktionen aus. Zudem wachsen in verlängerten Wertschöpfungsketten Betriebe und Unternehmen unterschiedlicher Herkunft zusammen. Infolgedessen stellt sich die Frage, welche Gewerkschaft nunmehr für den Tarifabschluss zuständig ist.

Rechtlich ist damit das Problem der Tarifzuständigkeit angesprochen. Tarifverträge können nur von den gesetzlich anerkannten Tarifvertragsparteien geschlossen werden. Hierzu gehören gemäß § 2 Abs. 1 TVG neben den Arbeitgeberverbänden und Gewerkschaften auch die einzelnen Arbeitgeber. Das Tarifvertragsgesetz regelt damit lediglich die Tariffähigkeit. Von der Zuständigkeit der Berufsverbände oder der einzelnen Unternehmen ist nicht die Rede. Dennoch berechtigt nach gefestigter Rechtsprechung und nahezu einhelliger Ansicht in der Literatur die Tariffähigkeit nicht zum Abschluss von Tarifverträgen mit beliebigem Geltungsbereich, sondern die Tarifpartner können wirksame Tarifverträge nur im Rahmen ihrer gemeinsamen Tarifzuständigkeit abschließen.[7] Für die Verbände ergibt sich die Tarifzuständigkeit aus der Satzung, deren Ausgestaltung grundsätzlich der Satzungsautonomie unterliegt.[8] Die Funktion der Tarifzuständigkeit soll insbesondere darin bestehen, sachnahe Regelungen zu ermöglichen, Kompetenzstreitigkeiten zwischen gleichrangigen Organisationen zu vermeiden und dadurch letztendlich das Ziel der Tarifeinheit zu fördern.[9] Darüber hinaus ist die Tarifzuständigkeit auch arbeitskampfrechtlich von Bedeutung, denn Arbeitskämpfe sind nur zur Verfolgung eines tariflich regelbaren Ziels zulässig.

---

[7] Vgl. BAG, Urt. v. 27.1.1956 (1 AZR 430/54) = AP Nr. 3 zu § 4 TVG Geltungsbereich; BAG, Urt. v. 19.12.1958 (1 AZR 109/58) = AP Nr. 3 zu § 2 TVG; BAG, Beschl. v. 27.11.1964 (1 ABR 13/63) = AP Nr. 1 zu § 2 TVG Tarifzuständigkeit; BAG, Beschl. v. 22.11.1988 (1 ABR 6/87) = AP Nr. 5 zu § 2 TVG Tarifzuständigkeit; BAG, Beschl. v. 24.7.1990 (1 ABR 46/89) = BAG AP Nr. 7 zu § 2 TVG Tarifzuständigkeit; BAG, Urt. v. 22.9.1993 (10 AZR 535/91) = AP Nr. 168 zu § 1 TVG Tarifverträge: Bau; BAG, Beschl. v. 12.12.1995 (1 ABR 27/95) = AP Nr. 8 zu § 2 TVG Tarifzuständigkeit; BAG, Beschl. v. 25.9.1996 (1 ABR 4/96) = AP Nr. 10 zu § 2 TVG Tarifzuständigkeit; BAG, Beschl. v. 12.11.1996 (1 ABR 33/96) = AP Nr. 11 zu § 2 TVG Tarifzuständigkeit; BAG, Beschl. v. 14.12.1999 (1 ABR 74/98) = AP Nr. 14 zu § 2 TVG Tarifzuständigkeit; BAG, Urt. v. 10.11.2001 (10 AZR 76/01) = EzA Nr. 8 zu § 2 TVG Tarifzuständigkeit; Besgen, Mitgliedschaft im Arbeitgeberverband ohne Tarifbindung, S. 86; Kempen/Zachert, TVG, § 2 Rn. 109; Kutscher, Tarifzuständigkeit, S. 2; Löwisch/Rieble, TVG, § 2 Rn. 103; Nikisch, Arbeitsrecht II, S. 239; Wiedemann/Oetker, TVG, § 2 Rn. 43 f., 50; a.A. van Venroy, ZfA 1983, 49 ff.; Kraft, FS Schnorr von Carolsfeld (1973), S. 255 ff.; kritisch auch Blank, Die Tarifzuständigkeit der DGB-Gewerkschaften, S. 70 ff.; Däubler, TVG, Rn. 89; Gamillscheg, Kollektives Arbeitsrecht I, § 14 II 3 b, S. 536 f; Hillebrand, Tarifzuständigkeit, S. 1 ff.; Konzen, FS Kraft (1998), S. 291 ff.

[8] St. Rspr. des BAG, vgl. statt aller BAG, Beschl. v. 14.12.1999 (1 ABR 74/98) = AP Nr. 14 zu § 2 TVG Tarifzuständigkeit; Henssler, FS Schaub (1998), S. 311 (330); Kempen/Zachert, TVG, § 2 Rn. 108, 113; Löwisch/Rieble, TVG, § 2 Rn. 94; Wiedemann/Oetker, TVG, § 2 Rn. 53.

[9] Vgl. Wiedemann/Oetker, TVG, § 2 Rn. 49.

Infolgedessen ist ein Arbeitskampf rechtswidrig, wenn die Tarifvertragspartei für den angestrebten Tarifabschluss nicht zuständig ist.[10]

In der Praxis hat das Problem der Tarifzuständigkeit früher keine wichtige Rolle gespielt. Die nach dem Industrieverbandsprinzip organisierten Tarifbereiche und die bei den Dachverbänden der Gewerkschaften institutionalisierten Schiedsverfahren ließen selten Abgrenzungsschwierigkeiten und Konflikte auftreten. Vor dem Hintergrund verschwimmender Branchengrenzen kommt der Bestimmung der Tarifzuständigkeit jedoch eine wachsende Bedeutung zu, entscheidet sie doch darüber, welche Gewerkschaft berechtigt ist, einen Tarifabschluss zu verlangen. Diese Zuständigkeitsfrage berührt zum einen das in Anbetracht abnehmender Mitgliederzahlen gesteigerte organisationspolitische Interesse der Gewerkschaften, ihren Organisationsbereich zu verteidigen, oder durch Satzungserweiterung neue Mitglieder zu gewinnen. Zum anderen ist die Tarifzuständigkeit auch für das Unternehmen und dessen Arbeitnehmer von wesentlichem Interesse, da beispielsweise das Lohn- und Gehaltsniveau und die Arbeitszeitregelungen in den verschiedenen Zuständigkeitsbereichen der Gewerkschaften sehr unterschiedlich sind. Will der Arbeitgeber durch Ausgründungen die Fortgeltung des bisherigen Tarifvertrages beenden bzw. in Zukunft einen günstigeren Tarifabschluss mit einem anderen Tarifpartner erreichen, wird dies durch die weit gefassten Zuständigkeitsbereiche der jeweiligen Gewerkschaften, insbesondere durch Satzungsregelungen zum Erhalt der bisherigen Tarifzuständigkeit[11], erschwert.

Die nachfolgende Untersuchung geht der Frage nach, wie diese unterschiedlichen Interessen unter dem rechtlichen Blickwinkel der Tarifzuständigkeit im industriellen Dienstleistungsbereich miteinander in Einklang zu bringen sind. Wegen der aufgezeigten Bedeutung von ver.di als umfassender Dienstleistungsgewerkschaft einerseits und den an dem Projekt zur systematischen Erfassung des Dienstleistungsbereichs beteiligten DGB-Gewerkschaften andererseits wird sich eine genauere Analyse der satzungsrechtlichen Tarifzuständigkeit auf diese Gewerkschaften beschränken.

---

[10] BAG, Beschl. v. 17.2.1970 (1 ABR 15/69) = AP Nr. 3 zu § 2 TVG Tarifzuständigkeit; BAG, Beschl. v. 29.11.1983 (1 AZR 469/82) = AP Nr. 78 zu § 626 BGB; LAG Hamm, Urt. v. 31.1.1991 (16 SA 119/91) = DB 1991, 1126; Buchner, ZfA 1995, 95 (106, 120); Brox/Rüthers, Arbeitskampfrecht, Rn. 135; Gamillscheg, Kollektives Arbeitsrecht I, § 22 4 b, S. 1072; Heinze, DB 1997, 2122 (2126); Konzen, DB 1990, Beil. 6, 7, 14; ders., FS Kraft (1998), S. 291 (304 ff.); Löwisch/ Rieble, Arbeitskampf- und Schlichtungsrecht, 170.2 Rn. 10 ff.; Martens, Anm. zu BAG, Beschl. v. 19.11.1985 (1 ABR 37/83), SAE 1987, 7 (8); Wiedemann/Oetker, TVG, § 2 Rn. 83 ff.; Wiedemann, FS Fleck (1998), S. 447 (456); kritisch Zachert, AuR 1982, 181 (184 f.); Kempen/ Zachert, TVG, § 2 Rn. 122.

[11] Vgl. etwa § 1 Ziff. 3 IG BCE-Satzung: „Gesellschaftsrechtliche Veränderungen oder sonstige Umstrukturierungen im Zuständigkeitsbereich der IG BCE führen nicht zur Aufhebung der Zuständigkeit." Ähnliche Regelungen finden sich in § 4 Ziff. 1 ver.di-Satzung, § 2 NGG-Satzung, Organisationskatalog der IG BAU-Satzung, Organisationskatalog III B der IG Metall-Satzung, § 2 Transnet-Satzung.

An Aktualität hat die Problematik in jüngster Zeit durch den laufenden Tarifzuständigkeitsstreit beim Computerkonzern IBM gewonnen. Hier nehmen sowohl ver.di als auch die IG Metall die Tarifzuständigkeit für sich in Anspruch, nachdem die IBM Deutschland GmbH bereits Anfang der 90er Jahre aus dem Arbeitgeberverband der Metallbranche ausgetreten war, die Tarifverträge mit der IG Metall kündigte und mit der DAG Haustarifverträge schloss. Nach Anrufung des DGB-Schiedsgerichts einigten sich die Gewerkschaften am 12. Dezember 2001 im Schiedsgerichtsverfahren darauf, bei IBM eine Tarifgemeinschaft unter Verhandlungsführung von ver.di zu bilden.[12] Da IBM die Tarifzuständigkeit der IG Metall nicht anerkennen wollte, leiteten die IBM Deutschland GmbH sowie weitere Tochtergesellschaften im Januar 2002 ein Beschlussverfahren beim Arbeitsgericht Frankfurt/Main ein.[13] Aufgrund der beharrlichen Weigerung von IBM, mit der IG Metall zu verhandeln, schloss Ende November 2002 auf Gewerkschaftsseite ver.di unter Protest der IG Metall allein die Haustarifverträge für die 23.000 Beschäftigten.

---

[12] Die Einigung findet sich im Volltext unter www.ibm.verdi-it.de/verdi-Sondermemo-1201.pdf.
[13] ArbG Frankfurt am Main, Az.: 14 BV 47/02.

1. Teil: Einordnung der Tarifzuständigkeit in das System des Tarifrechts

§ 2 Begriff

Als Tarifzuständigkeit wird die Fähigkeit[14] bzw. Befugnis[15] einer tariffähigen Partei bezeichnet, Tarifverträge mit einem bestimmten Geltungsbereich abzuschließen. Die Tarifzuständigkeit umschreibt also den maximalen betrieblichen, fachlichen, räumlichen und persönlichen Bereich, innerhalb dessen eine tariffähige Partei Tarifverträge abschließen kann.[16] Der einzelne Arbeitgeber ist kraft seiner Verfügungsgewalt grundsätzlich zuständig für den Abschluss von Tarifverträgen für die Betriebe seines Unternehmens.[17] Bei den Verbänden ergibt sich die Tarifzuständigkeit aus der jeweiligen Verbandssatzung, die gleichzeitig den äußersten Rahmen für deren tarifrechtlich wirksames Handeln absteckt.[18] Durch ein bloßes Tätigwerden außerhalb der satzungsmäßigen Aufgaben kann die Satzung nicht erweitert, eine fehlende Tarifzuständigkeit nicht begründet werden.[19]

Räumlich legen die Verbände in der Satzung den maximalen örtlichen Geltungsbereich ihrer Tarifnormsetzung fest.[20] Fachlich bestimmen sie die Branche, bezüglich

---

[14] BAG, Beschl. v. 27.11.1964 (1 ABR 13/63) = AP Nr. 1 zu § 2 TVG Tarifzuständigkeit; BAG, Urt. v. 11.6.1975 (4 AZR 395/74) = AP Nr. 29 zu § 2 TVG; BAG, Beschl. v. 24.7.1990 (1 ABR 46/89) = AP Nr. 7 zu § 2 TVG Tarifzuständigkeit; BAG, Beschl. v. 12.12.1995 (1 ABR 27/95) = AP Nr. 8 zu § 2 TVG Tarifzuständigkeit; Buchner, ZfA 1995, 95 (97); Gamillscheg, Kollektives Arbeitsrecht I, § 14 II 1, S. 530; Konzen, FS Kraft (1998), S. 291; Richardi, Kollektivgewalt und Individualwille, S. 158.

[15] BAG, Urt. v. 23.10.1996 (4 AZR 409/95) = AP Nr. 15 zu § 3 TVG Verbandszugehörigkeit.

[16] BAG, Beschl. v. 22.11.1988 (1 ABR 6/87) = AP Nr. 5 zu § 2 TVG Tarifzuständigkeit; BAG, Beschl. v. 25.9.1996 (1 ABR 4/96) = AP Nr. 10 zu § 2 TVG Tarifzuständigkeit; BAG, Beschl. v. 12.11.1996 (1 ABR 33/96) = AP Nr. 11 zu § 2 TVG Tarifzuständigkeit; BAG, Beschl. v. 14.12.1999 (1 ABR 74/98) = AP Nr. 14 zu § 2 TVG Tarifzuständigkeit; Kutscher, Tarifzuständigkeit, S. 2; Löwisch/Rieble, TVG, § 2 Rn. 87; Kempen/Zachert, TVG, § 2 Rn. 108; Wiedemann/Oetker, TVG, § 2 Rn. 47.

[17] Gamillscheg, Kollektives Arbeitsrecht I, § 14 II 2 d, S. 534; Löwisch/Rieble, TVG, § 2 Rn. 101. Dazu, ob der Arbeitgeber seine Tarifzuständigkeit näher konkretisieren kann, siehe unten § 12.

[18] St. Rspr des BAG., zuletzt Beschl. v. 14.12.1999 (1 ABR 74/98) = AP Nr. 14 zu § 2 TVG Tarifzuständigkeit; Buchner, ZfA 1995, 95 (98); Gamillscheg, Kollektives Arbeitsrecht I, § 14 II 2, S. 531; Kempen/Zachert, TVG, § 2 Rn. 108, Kutscher, Tarifzuständigkeit, S. 19 ff.; Wiedemann/Oetker, TVG, § 2 Rn. 47.

[19] BAG, Beschl. v. 24.7.1990 (1 ABR 46/89) = AP Nr. 7 zu § 2 TVG Tarifzuständigkeit; MünchArbR/Löwisch/Rieble, § 255 Rn. 69; Löwisch/Rieble, TVG, § 2 Rn. 101; Jacobs, Tarifeinheit und Tarifkonkurrenz, S. 206.

[20] Vgl. Löwisch/Rieble, TVG, § 2 Rn. 90; Wiedemann/Oetker, TVG, § 2 Rn. 62.

derer sie Tarifverträge abzuschließen bereit sind.[21] Nicht zu verwechseln ist die fachliche mit der sachlichen Zuständigkeit. Diese betrifft den Fall, dass in der Satzung die Zuständigkeit für bestimmte Sachfragen ausgeschlossen wird. Nach weit überwiegender Ansicht handelt es sich hierbei unter Berücksichtigung des verfassungsrechtlichen Koalitionsauftrags um eine unzulässige Beschränkung der Tarifzuständigkeit[22] bzw. der Tarifwilligkeit[23], da ansonsten nicht erwünschte Regelungsgegenstände, welche zum Gegenstand der Tarifautonomie gemäß Art. 9 GG zählen, unter dem Vorwand der Unzuständigkeit aus den Tarifverhandlungen ausgegrenzt werden könnten und dadurch die tarifvertragliche Friedens- und Ordnungsfunktion gestört wäre.

In betrieblicher Hinsicht wird der Bezugspunkt für die Zuständigkeit innerhalb einer bestimmten Branche geregelt, z.b. das Unternehmen, der Betrieb, ein Betriebsteil etc.[24] Die persönliche Tarifzuständigkeit kann eine Gewerkschaft auf bestimmte Berufsgruppen von Arbeitnehmern beschränken.[25] Auf Seiten der Arbeitgeberverbände ist bezüglich der persönlichen Tarifzuständigkeit in den letzten Jahren das Problem der Mitgliedschaft ohne Tarifbindung (sog. OT-Mitgliedschaft) in den Mittelpunkt der Diskussion gerückt.[26]

---

[21] Vgl. Löwisch/Rieble, TVG, § 2 Rn. 90.

[22] Wiedemann/Oetker, TVG, § 2 Rn. 66; Martens, Anm. zu BAG, Beschl. vom 19.11.1985 (1 ABR 7/83), SAE 1987, 7 (8).

[23] Für die Tariffähigkeit gelte insoweit das „Alles oder Nichts"-Prinzip, vgl. Löwisch, ZfA 1974, 29 ff., 34 ff.; Löwisch/Rieble, TVG, § 2 Rn. 33; Gamillscheg, Kollektives Arbeitsrecht I, § 14 I 7 c, S. 529; Buchner, NZA 1994, 2 (4); a.A. Richardi, Kollektivgewalt und Individualwille, S. 158.

[24] Vgl. § 8.

[25] Vgl. Löwisch/Rieble, TVG, § 2 Rn. 90; Wiedemann/Oetker, TVG § 2 Rn. 63.

[26] Hier ist bereits im Ansatz umstritten, wie das Problem der OT-Mitgliedschaft rechtlich einzuordnen ist. Das BAG hat im Jahre 1996 in einem Aussetzungsbeschluss das Problem bei der persönlichen Tarifzuständigkeit des dort beklagten Verbandes verortet und deshalb das Verfahren von Amts wegen nach § 97 Abs. 5 ArbGG ausgesetzt, vgl. BAG, Beschl. v. 23.10.1996 (4 AZR 409/95) = AP Nr. 15 zu § 3 TVG Verbandszugehörigkeit = SAE 1997, 169 m. Anm. Junker. Die Zulässigkeit der OT-Mitgliedschaft ist allerdings noch nicht höchstrichterlich geklärt. Bislang hat sich das BAG dieser umstrittenen Problematik lediglich in einer Entscheidung zur Beschränkung des Geltungsbereichs eines Tarifvertrages auf ordentliche Mitglieder des Arbeitgeberverbandes angenähert und diesbezüglich die Differenzierung als rechtswirksam erachtet, vgl. BAG, Urt. v. 24.2.1999 (4 AZR 62/98) = SAE 2000, 141 ff. m. Anm. Besgen = RdA 2000, 104 ff. m. Anm. Zachert. Zu der in der Literatur geführten Diskussion siehe auch Besgen, Mitgliedschaft im Arbeitgeberverband ohne Tarifbindung, S. 1 ff.; Ostrop, Mitgliedschaft ohne Tarifbindung, S. 1 ff.; Buchner, NZA 1994, 2 ff.; ders., NZA 1995, 761 ff.; Däubler, ZTR 1994, 448 ff.; Otto, NZA 1996, 624 ff.; Reuter, RdA 1996, 202 ff.; Schlochauer, FS Schaub (1998), S. 699 ff.; Thüsing, ZTR 1996, 481 ff.

§ 3 Abgrenzung zu anderen tarifrechtlichen Begriffen

I. Tariffähigkeit

Die Tarifzuständigkeit unterscheidet sich von der Tariffähigkeit dadurch, dass letztere ganz allgemein die Fähigkeit betrifft, Tarifverträge im Sinne des TVG abschließen zu können.[27] Wenn demgegenüber unter Tarifzuständigkeit die Fähigkeit zum Abschluss eines Tarifvertrages mit einem bestimmten Geltungsbereich zu verstehen ist, wird daraus teilweise gefolgert, dass die Tarifzuständigkeit nur unselbständiger Bestandteil der Tariffähigkeit sei.[28] Diese Sichtweise wird jedoch nicht der Doppelnatur des Tarifvertrages, der in der Regel sowohl schuldrechtliche als auch normative Elemente beinhaltet,[29] gerecht. Der schuldrechtliche Teil enthält nach § 1 TVG „die Rechte und Pflichten der Tarifvertragsparteien"; er betrifft insbesondere die Friedens- und Durchführungspflicht[30]. Im normativen Teil werden hingegen gemäß § 1 Abs. 1 TVG der „Inhalt, der Abschluss und die Beendigung von Arbeitsverhältnissen sowie betriebliche und betriebsverfassungsrechtliche Fragen" geregelt. Zudem können nach § 4 Abs. 2 TVG die Rechtsverhältnisse gemeinsamer Einrichtungen der Tarifvertragsparteien geregelt werden.

Während die Tariffähigkeit als Vertragsabschlusskompetenz Voraussetzung für das wirksame Zustandekommen des Tarifvertrages ist und damit primär dessen schuldrechtliche Seite betrifft, wird mit der Tarifzuständigkeit nach der herkömmlichen Begriffsbestimmung die Frage nach dem möglichen Umfang der normativen Wirkung angesprochen.[31] Die Tarifzuständigkeit ist somit dem normativen Teil des Tarifvertrages zuzuordnen. Für die schuldrechtliche Verpflichtung der Tarifvertragsparteien kann sie nur im Sinne eines Rechtsreflexes von Bedeutung sein, soweit die

---

[27] Vgl. BVerfG, Beschl. v. 19.10.1966 (1 BvL 24/65) = AP Nr. 24 zu § 2 TVG; BAG, Beschl. v. 27.11.1964 (1 ABR 13/63) = AP Nr. 1 zu § 2 TVG Tarifzuständigkeit; Wiedemann/Wank, TVG, § 2 Rn. 9.

[28] Vgl. Buchner, ZfA 1995, 95 (97); Delheid, Tarifzuständigkeit, S. 33 f.; Dutti, DB 1969, 218; Franke, RdA 1966, 366 (370); Gaul, ZTR 1991, 443 (444); Germelmann/Matthes/Prütting, ArbGG, § 2 a Rn. 68; Link, Tarifzuständigkeit, S. 55; ders., AuR 1966, 38 (44); Maus, TVG, § 2 Rn. 40; Koberski/Clasen/Menzel, TVG, § 2 Rn. 85; Richardi, Kollektivgewalt und Individualwille, S. 160 f.; ders., gemeinsame Anm. zu den Beschlüssen des BAG v. 17.2.1970 (1 ABR 15/69) u. v. 17.2.1970 (1 ABR 15/69), AP Nr. 3 zu § 2 TVG Tarifzuständigkeit; Ueberall, Tariflegitimation, S. 27, 75.

[29] Vgl. dazu Gamillscheg, Kollektives Arbeitsrecht I, § 15 I 1 a, S. 538 f.; Zöllner/Loritz, Arbeitsrecht, § 33 I, S. 366 f.

[30] Vgl. Zöllner/Loritz, Arbeitsrecht, § 33 I, S. 366. Zur schuldrechtlichen Vereinbarungsmacht siehe Heinze, DB 1996, 729 (734 f.); MünchArbR/Löwisch/Rieble, § 278.

[31] Vgl. Natzel, Anm. zu BAG, Beschl. v. 14.12.1999 (1 ABR 74/98), SAE 2001, 43 (44 f.), der diesbezüglich den Begriff der „Erstreckbarkeitskompetenz" verwendet.

Pflicht im Zusammenhang mit dem normativen Teil steht und sich daher denknotwendig nach dem Umfang der normativen Wirkung richtet, wie z.B. die Durchführungs- und Friedenspflicht als Folgepflichten aus dem Tarifvertrag.[32] Aufgrund dieser systematischen Erwägungen ist die Tarifzuständigkeit nicht unselbständiger Bestandteil der Tariffähigkeit, sondern tritt selbständig neben diese.[33]

II. Tariflicher Geltungsbereich

Die Tarifzuständigkeit ist nicht mit dem Merkmal des Geltungsbereichs des Tarifvertrages, an das § 4 Abs. 1 TVG anknüpft, zu verwechseln. Der Geltungsbereich wird im Tarifvertrag vereinbart und betrifft die Frage, welche tarifgebundenen Arbeitgeber und Arbeitnehmer die tarifliche Regelung erfassen soll[34] bzw. für welchen Teil ihres autonom festgelegten Geschäftsbereichs die Tarifpartner den konkreten Tarifvertrag abschließen[35]. Demgegenüber hängt es von der jeweils einseitig durch die Verbände bestimmten Tarifzuständigkeit ab, ob der Tarifvertrag auch den von ihm festgelegten Geltungsbereich haben kann.[36] Die Tarifzuständigkeit bildet mithin die Grundlage, aber auch die Grenze für die Vereinbarung des tariflichen Geltungsbereichs.[37]

In der tariflichen Praxis deckt sich der Geltungsbereich eines Tarifvertrages regelmäßig nicht mit der Tarifzuständigkeit des jeweiligen Verbandes. Eine Übereinstimmung ist nur dann denkbar, wenn ein Verband seine Tarifzuständigkeit z.B. mit einem umfassenden Manteltarifvertrag in vollem Umfang ausschöpft.

Bei Meinungsverschiedenheiten über den tariflichen Geltungsbereich kann das Merkmal der Tarifzuständigkeit in mehrfacher Hinsicht von Bedeutung sein: Zunächst kommt der Tarifzuständigkeit eine Hilfsfunktion bei der Auslegung des tariflichen Geltungsbereichs zu. Insoweit wird vermutet, dass die Tarifpartner keine ihre Zuständigkeit überschreitende Regelung treffen wollten.[38] Dementsprechend werden

---

[32] Zu Art und Umfang der Rechte und Pflichten der Tarifvertragsparteien siehe statt aller ausführlich Wiedemann/Wiedemann, TVG, § 1 Rn. 657 ff.

[33] So im Ergebnis Besgen, Mitgliedschaft im Arbeitgeberverband ohne Tarifbindung, S. 88 f.; v. Eisenhart Rothe, Tarifzuständigkeit, S. 38; Gamillscheg, Kollektives Arbeitsrecht I, § 14 II 1, S. 530; Hueck/Nipperdey, Arbeitsrecht II/1, § 20 VIII, S. 445 f.; Kempen/Zachert, TVG, § 2 Rn. 111; Löwisch/Rieble, TVG, § 2 Rn. 87; Säcker, AR-Blattei D, Tarifvertrag II A, II 1; Sbresny-Uebach, AR-Blattei D, Tarifvertrag II A, II 1; Söllner, Arbeitsrecht, § 16 I 2, S. 134; Thüsing, ZTR 1996, 483; Wiedemann/Oetker, TVG, § 2 Rn. 51 f.; Zöllner/Loritz, Arbeitsrecht, § 34 VI, S. 384 f.

[34] Richardi, Kollektivgewalt und Individualwille, S. 158.

[35] Wiedemann/Wank, TVG, § 4 Rn. 106.

[36] Richardi, Kollektivgewalt und Individualwille, S. 158.

[37] Vgl. BAG, Urt. v. 24.4.1985 (4 AZR 457/83) = AP Nr. 4 zu § 3 BAT; Kempen/Zachert, TVG, § 2 Rn. 108.

[38] Vgl. BAG, Urt. v. 22.9.1993 (10 AZR 371/92) = AP Nr. 2 zu § 1 TVG Tarifverträge: Gerüstebau; BAG, Urt. v. 10.12.1997 (4 AZR 247/96) = AP Nr. 20 zu § 3 TVG; BAG, Urt. v. 10.12.1997

Beschränkungen des Geltungsbereichs von Tarifnormen gemessen am Gleichheitssatz des Art. 3 GG als sachgerecht erachtet, wenn damit der fehlenden Tarifzuständigkeit der Tarifvertragsparteien Rechnung getragen wird.[39] Zu guter Letzt ist die Tarifzuständigkeit grundlegende Vorfrage für die Entscheidung über den Geltungsbereich eines Tarifvertrages, wenn geltend gemacht wird, dass der Verband beim Tarifabschluss seine satzungsmäßige Kompetenz überschritten habe und der Tarifvertrag deshalb unwirksam sei. Die Urteilstechnik erlaubt es allerdings der gerichtlichen Praxis, dieser Vorfrage nicht weiter nachzugehen, soweit der Geltungsbereich ohnehin nicht einschlägig ist. In diesem Fall ist nicht entscheidungserheblich, ob es dem Verband darüber hinaus auch an der Tarifzuständigkeit fehlt.[40]

III. Tarifkonkurrenz, Tarifpluralität, Tarifeinheit

Wenn mehrere Gewerkschaften für ein Unternehmen tarifzuständig sind und von dieser Zuständigkeit durch den Abschluss von Tarifverträgen Gebrauch machen, kann es zur Geltung mehrerer Tarifverträge unterschiedlicher Branchen in einem Betrieb kommen. Es werden insoweit die Fallgestaltungen der Tarifkonkurrenz und der Tarifpluralität unterschieden.

Eine Tarifkonkurrenz ist gegeben, wenn dasselbe Arbeitsverhältnis von mehreren Tarifverträgen erfasst wird und dadurch derselbe Gegenstand mehrfach tarifvertraglich geregelt ist.[41] Tarifpluralität liegt demgegenüber vor, wenn innerhalb eines Betriebes mehrere Tarifverträge nebeneinander gelten, ohne dass sie auf einzelne Arbeitsverhältnisse gleichzeitig anwendbar sind.[42] Es geht also bei Tarifpluralität und

---

(4 AZR 193/97) = AP Nr. 21 zu § 3 TVG; BAG, Urt. v. 14.11.2001 (10 AZR 76/01) = EzA Nr. 8 zu § 2 TVG Tarifzuständigkeit; Wiedemann/Wank, TVG, § 4 Rn. 156.

[39] Vgl. BVerfG, Beschl. v. 15.7.1980 (1 BvR 24/74 u. 1 BvR 439/79) = AP Nr. 17 zu § 5 TVG; BAG, Urt. v. 22.9.1993 (10 AZR 371/92) = AP Nr. 2 zu § 1 TVG Tarifverträge: Gerüstbau. Zur Frage der Bindung der Tarifpartner an Art. 3 GG bei Festlegung des Geltungsbereichs siehe auch BAG, Urt. v. 24.4.1985 (4 AZR 457/83) = AP Nr. 4 zu § 3 BAT.

[40] Siehe etwa BAG, Urt. vom 3.2.1965 (4 AZR 461/63) = AP Nr. 11 zu § 4 TVG Geltungsbereich; BAG, Urt. v. 24.2.1999 (4 AZR 62/98) = SAE 2000, 141 m. Anm. Besgen.

[41] BAG, Urt. vom 14.6.1989 (4 AZR 200/89) = AP Nr. 16 zu § 4 TVG Tarifkonkurrenz; BAG, Urt. v. 5.9.1990 (4 AZR 59/90) = AP Nr. 19 zu § 4 TVG Tarifkonkurrenz; BAG, Urt. v. 20.3.1991 (4 AZR 455/90) = AP Nr. 20 zu § 4 TVG Tarifkonkurrenz; Gamillscheg, Kollektives Arbeitsrecht I, § 17 III 3 d, S. 753; Kempen/Zachert, TVG, § 4 Rn. 117; Löwisch/Rieble, TVG, § 4 Rn. 274; Wiedemann/Wank, TVG, § 4 Rn. 270; Zöllner/Loritz, Arbeitsrecht, § 37 V 1, S. 420.

[42] BAG, Urt. v. 25.4.1987 (4 AZR 361/87) = AP Nr. 18 zu § 1 TVG Tarifverträge: Einzelhandel; BAG, Urt. vom 14.6.1989 (4 AZR 200/89) = AP Nr. 16 zu § 4 TVG Tarifkonkurrenz; BAG, Urt. v. 5.9.1990 (4 AZR 59/90) = AP Nr. 19 zu § 4 TVG Tarifkonkurrenz; BAG, Urt. v. 20.3.1991 (4 AZR 455/90) = AP Nr. 20 zu § 4 TVG Tarifkonkurrenz; Kempen/Zachert, TVG, § 4 Rn. 117; Löwisch/Rieble, TVG, § 4 Rn. 284 f.; Wiedemann/Wank, TVG, § 4 Rn. 274. Zu den unterschiedlichen Fallgestaltungen von Tarifpluralität siehe auch Heinze/Ricken, ZfA 2001, 159 (172 ff.); Waas, Tarifkonkurrenz und Tarifpluralität, S. 107 ff.

Tarifkonkurrenz um die Kollision wirksam zustande gekommener Tarifnormen; während die Tarifzuständigkeit die rechtslogische Vorfrage der Wirksamkeit der jeweiligen Tarifverträge betrifft.[43]

Das BAG behandelt die Probleme der Tarifkonkurrenz und der Tarifpluralität nach dem Grundsatz der Tarifeinheit, wonach aus Gründen der Rechtssicherheit und Rechtsklarheit in einem Betrieb nur die Tarifverträge einer Branche Geltung haben können.[44] Im Kollisionsfalle verdränge daher nach dem Spezialitätsprinzip der sachnähere Tarifvertrag den konkurrierenden Tarifvertrag.[45] Diese Rechtsprechung findet im Ergebnis für den Fall der Tarifkonkurrenz in der Literatur weitgehende Zustimmung,[46] während bei Tarifpluralität nach überwiegender Auffassung die Tarifverträge im Betrieb nebeneinander bestehen sollen.[47]

Für die Bestimmung der Tarifzuständigkeit sind Fragen der Tarifkonkurrenz und -pluralität nicht von Bedeutung. Eine Gewerkschaft ist an der Erstreckung ihrer Zuständigkeit auf die Arbeitnehmer bestimmter Betriebe nicht deswegen gehindert, weil die von ihr für die Arbeitnehmer abzuschließenden Tarifverträge möglicherweise in Tarifkonkurrenz zu anderen Tarifverträgen treten.[48] Für eine solche Einschränkung der Tarifzuständigkeit besteht keine Rechtsgrundlage. Insoweit kann dahinstehen, ob es sich bei der Tarifeinheit um ein richterlich[49] bzw. gesetzlich[50] anerkanntes Rechts-

---

[43] Blank, Die Tarifzuständigkeit der DGB-Gewerkschaften, S. 111; Link, AuR 1966, 38 (41); Rieble, Anm. zu BAG, Beschl. v. 14.12.1999 (1 ABR 74/98), AP Nr. 14 zu § 2 TVG Tarifzuständigkeit.

[44] BAG, Urt. v. 20.3.1991 (4 AZR 455/90) = AP Nr. 20 zu § 4 TVG Tarifkonkurrenz; BAG, Urt. v. 26.1.1994 (10 AZR 61/92) = AP Nr. 22 zu § 4 TVG Tarifkonkurrenz.

[45] BAG, Urt. v. 4.4.2001 (4 AZR 237/00) = AP Nr. 26 zu § 4 TVG Tarifkonkurrenz m. Anm. Jacobs; BAG, Urt. v. 26.1.1994 (10 AZR 611/92) = AP Nr. 22 zu § 4 TVG Tarifkonkurrenz; BAG, Urt. v. 20.3.1991 (4 AZR 455/90) = AP Nr. 20 zu § 4 TVG Tarifkonkurrenz m.w.N.

[46] Buchner, FS Schaub (1998), S. 75 (83, 86, 91 f.); Gamillscheg, Kollektives Arbeitsrecht I, § 17 III 3 c, S. 755; Hromadka/Maschmann/Wallner, Der Tarifwechsel, Rn. 139; Löwisch/Rieble, FS Schaub (1998), S. 457, (460 ff.); Schaub, Arbeitsrechtshandbuch, § 203 Rn. 58, S. 2101; Wiedemann/Wank, TVG, § 4 Rn. 289; Zöllner/Loritz, Arbeitsrecht, § 37 V 1, S. 422; kritisch Jacobs, Tarifeinheit und Tarifkonkurrenz, S. 240 ff.; Löwisch/Rieble, TVG, § 4 Rn. 296; Kempen/Zachert, TVG, § 4 Rn. 132; Waas, Tarifkonkurrenz und Tarifpluralität, S. 42 ff.

[47] Gamillscheg, Kollektives Arbeitsrecht I, § 17 III 3 c, S. 750 ff.; Hanau/Kania, Anm. zu BAG, Urt. v. 20.3.1991 (4 AZR 455/90), AP Nr. 20 zu § 4 TVG Tarifkonkurrenz; Jacobs, Tarifeinheit und Tarifkonkurrenz, S. 351 ff.; Löwisch/Rieble, TVG, § 4 Rn. 290 ff.; Wiedemann/Wank, TVG, § 4 Rn. 277; Zöllner/Loritz, Arbeitsrecht, § 37 V 2, S. 421 f.; a.A. Heinze/Ricken, ZfA 2001, 159 (172, 177 f.).

[48] BAG, Beschl. v. 27.11.1964 (1 ABR 13/63) = AP Nr. 1 zu § 2 TVG Tarifzuständigkeit; BAG, Beschl. v. 19.11.1985 (1 ABR 37/83) = AP Nr. 4 zu § 2 TVG Tarifzuständigkeit; BAG, Beschl. vom 14.12.1999 (1 ABR 74/98) = AP Nr. 14 zu § 2 TVG Tarifzuständigkeit; Buchner, ZfA 1995, 95 (101); Hillebrand, Tarifzuständigkeit, S. 19 f.; Kutscher, Tarifzuständigkeit, S. 8 ff., a.A. Gaul, ZTR 1991, 441 (451).

[49] So BAG, Urt. v. 20.3.1991 (4 AZR 455/90) = AP Nr. 20 zu § 4 TVG Tarifkonkurrenz; BAG, Urt. v. 26.1.1994 (10 AZR 61/92) = AP Nr. 22 zu § 4 TVG Tarifkonkurrenz.

[50] Vgl. Heinze/Ricken, ZfA 2001, 159 (173 ff.).

prinzip[51] handelt, da das so verstandene Rechtsprinzip nicht mehr und nicht weniger besagen würde, als dass in einem Betrieb letztendlich nur ein Tarifvertrag gelten soll.[52] Dann kann das Prinzip der Tarifeinheit aber auch erst bei Existenz mehrerer Tarifverträge innerhalb eines Betriebs und nicht schon im Falle der Tarifzuständigkeit mehrerer Gewerkschaften relevant werden.

Mithin bleibt festzuhalten, dass die Tarifzuständigkeit als Wirksamkeitsvoraussetzung des Tarifvertrages und damit als notwendige Bedingung für das Entstehen einer Kollision mehrerer Tarifverträge durch die Grundsätze von Tarifkonkurrenz, Tarifpluralität und Tarifeinheit unberührt bleibt.

---

[51] Zum Meinungsspektrum, welches von der Ablehnung eines rechtlich anerkannten Prinzips der Tarifeinheit bis zu der Annahme von dessen gesetzlicher Verankerung insbesondere in § 87 Abs. 1 Eingangssatz BetrVG reicht, vgl. Heinze/Ricken, ZfA 2001, 159 (172 ff. m.w.N.).

[52] Vgl. BAG, Urt. v. 20.3.1991 (4 AZR 455/90) = AP Nr. 20 zu § 4 TVG Tarifkonkurrenz; BAG, Urt. v. 26.1.1994 (10 AZR 61/92) = AP Nr. 22 zu § 4 TVG Tarifkonkurrenz; Gamillscheg, Kollektives Arbeitsrecht I, § 14 II 1, S. 530, § 17 III 3 c, S. 750 ff.; Kempen/Zachert, TVG, § 4 Rn. 119, 130 ff.; Heinze/Ricken, ZfA 2001, 159 (171 ff.); Kania, DB 1996, 1921 ff.; Löwisch/Rieble, TVG, § 4 Rn. 286; Wiedemann/Wank, TVG, § 4 Rn. 284 ff.; Zöllner/Loritz, Arbeitsrecht, § 37 V 2, S. 422 f.

2. Teil: Dogmatische Herleitung der Tarifzuständigkeit

Die Lehre von der Tarifzuständigkeit als Voraussetzung für den Abschluss gültiger Tarifverträge wurde zur Zeit der Geltung der Tarifvertragsverordnung[53] in der Weimarer Republik entwickelt. Schon damals vertrat *Sinzheimer*[54] die Auffassung, dass eine Koalition nicht jeden Tarifvertrag abschließen könne, sondern die Verhältnisse, die sie regeln wolle, auch als ihr Interessengebiet behandeln müsse. Diese Ansicht konnte sich jedoch weder in der Rechtsprechung des Reichsarbeitsgerichts[55] noch in der Literatur[56] durchsetzen. Infolgedessen konnten die Tarifpartner den Geltungsbereich ihrer Tarifverträge auch über den satzungsmäßigen Organisationsbereich ausdehnen, was zu Überschneidungen und Konkurrenzproblemen führte. Als Hauptbegründung brachte man seinerzeit vor, dass § 1 Abs. 1 Satz 1 TVVO[57] Arbeitgeber- und Arbeitnehmervereinigungen ohne einschränkenden Zusatz als Tarifvertragsparteien bezeichne. Obwohl § 1 Abs. 1 TVVO insoweit dem heute maßgeblichen § 2 Abs. 1 TVG entspricht, fand die Lehre von der Tarifzuständigkeit nach dem Zweiten Weltkrieg rasch Zustimmung bei prominenten Autoren des Arbeitsrechts[58]. Auch das BAG schloss sich ihr alsbald in einer Entscheidung aus dem Jahre 1956[59] an, in der erstmals – allerdings ohne Auseinandersetzung mit der zur Weimarer Zeit vorherrschenden Lehre – von der Tarifzuständigkeit die Rede ist. Seither wird die Existenz dieses Merkmals in der ständigen Rechtsprechung des BAG[60] vorausgesetzt; eine

---

[53] TVVO vom 23.12.1918, geändert am 1.3.1928.

[54] Grundzüge, S. 255.

[55] RAG, Urt. v. 6.3.1929 (RAG. 342/28) = ARS 5, 393 (398); RAG, Urt. v. 1.3.1930 (RAG. 517/29) = ARS 9, 272 (274); RAG, Urt. v. 17.9.1930 (RAG. 127/30) = ARS 10, 242 (246); RAG, Urt. v. 25.10.1930 (RAG. 217/30) = ARS 10, 369 (370); RAG, Urt. v. 14.10.1931 (RAG 170/31) = ARS 13, 190 (191 f.).

[56] Vgl. etwa Hueck/Nipperdey, Arbeitsrecht II, 3.-5. Auflage, S. 177. Zum damaligen Diskussionsstand siehe auch Ueberall, Tariflegitimation, S. 9 ff. m.w.N.

[57] § 1 Abs. 1 Satz 1 TVVO lautet: „Sind die Bedingungen für den Abschluß von Arbeitsverträgen zwischen Vereinigungen von Arbeitnehmern und einzelnen Arbeitgebern oder Vereinigungen von Arbeitgebern durch schriftlichen Vertrag geregelt (Tarifvertrag), so sind Arbeitsverträge zwischen den beteiligten Personen insoweit unwirksam, als sie von der tariflichen Regelung abweichen.“

[58] Vgl. etwa Hueck/Nipperdey, Arbeitsrecht II, 6. Auflage, § 20 III 10, S. 301 ff.; Nikisch, Arbeitsrecht II, § 70 I 4, S. 238 ff.

[59] BAG, Urt. v. 27.1.1956 (1 AZR 430/54) = AP Nr. 3 zu § 4 TVG Geltungsbereich.

[60] BAG, Urt. v. 19.12.1958 (1 AZR 109/58) = AP Nr. 3 zu § 2 TVG; BAG, Beschl. v. 27.11.1964 (1 ABR 13/63) = AP Nr. 1 zu § 2 TVG Tarifzuständigkeit; BAG, Beschl. v. 22.11.1988 (1 ABR 6/87) = AP Nr. 5 zu § 2 TVG Tarifzuständigkeit; BAG, Beschl. v. 24.7.1990 (1 ABR 46/89) = AP Nr. 7 zu § 2 TVG Tarifzuständigkeit; BAG, Urt. v. 22.9.1993 (10 AZR 535/91) = AP Nr. 168 zu § 1 TVG Tarifverträge: Bau; BAG, Beschl. v. 12.12.1995 (1 ABR 27/95) = AP Nr. 8 zu § 2 TVG Tarifzuständigkeit; BAG, Beschl. v. 25.9.1996 (1 ABR 4/96) = AP Nr. 10 zu § 2 TVG Tarifzu-

dogmatische Begründung ist bis heute unterblieben. Lediglich im Zusammenhang mit seiner Rechtsprechung zur Zulässigkeit von dynamischen Verweisungen liefert das BAG[61] ein Argument für die Tarifzuständigkeit, wenn es dort heißt:

> „Die vom Gesetzgeber unterstellte Sachgerechtigkeit tarifrechtlicher Regelungen rechtfertigt daher nur die Annahme, dass die Tarifvertragsparteien sachgerechte Lösungen für den Geltungsbereich ihres Tarifvertrages, nicht aber darüber hinaus gefunden haben. Für Regelungen über ihren Zuständigkeitsbereich hinaus fehlt den Tarifvertragsparteien nicht nur die formelle Kompetenz, sondern grundsätzlich auch die Sachnähe, um die Sachgerechtigkeit beurteilen zu können."

Mit der Novellierung des Arbeitsgerichtsgesetzes im Jahre 1979[62] hat der Begriff der Tarifzuständigkeit Eingang in das Verfahrensrecht gefunden und ist in den heutigen §§ 2 a Abs. 1 Nr. 4, 97 ArbGG neben der Tariffähigkeit ausdrücklich erwähnt. Der Gesetzgeber hat damit die vorangegangene Rechtsprechung des BAG[63] bestätigt, dass im Beschlussverfahren nicht nur über die Tariffähigkeit (vgl. die damalige Fassung der §§ 2 Abs. 1 Nr. 6, 97 ArbGG), sondern auch über die Tarifzuständigkeit einer Vereinigung entschieden werden könne.

In der Literatur ist die Tarifzuständigkeit heute als Wirksamkeitsvoraussetzung für den Abschluss von Tarifverträgen nahezu einhellig anerkannt, sei es eigenständig neben der Tariffähigkeit[64], sei es als deren unselbständiger Bestandteil[65]. Demgegenüber

---

ständigkeit; BAG, Beschl. v. 12.11.1996 (1 ABR 33/96) = AP Nr. 11 zu § 2 TVG Tarifzuständigkeit; BAG, Beschl. v. 14.12.1999 (1 ABR 74/98) = AP Nr. 14 zu § 2 TVG Tarifzuständigkeit; BAG, Urt. v. 10.11.2001 (10 AZR 76/01) = EzA Nr. 8 zu § 2 TVG Tarifzuständigkeit.

[61] BAG, Urt. v. 10.11.1982 (4 AZR 1203/79) = BAGE 40, 328 (336).

[62] Änderungsgesetz vom 21.5.1979, BGBl. I, S. 545.

[63] BAG, Beschl. v. 17.2.1970 (1 ABR 15/69) = AP Nr. 3 zu § 2 TVG Tarifzuständigkeit; siehe auch BT-Drs. 8/1567, S. 27: „Nr. 3 stellt in Übereinstimmung mit der Rechtsprechung des Bundesarbeitsgerichts (Beschluß des BAG vom 27. November 1964, AP Nr. 1 zu § 2 TVG Tarifzuständigkeit) klar, dass die Arbeitsgerichte im Beschlußverfahren nicht nur über die Tariffähigkeit einer Vereinigung entscheiden können (vgl. den bisherigen § 2 Abs. 1 Nr. 6), sondern auch über die Frage, ob eine Vereinigung der Arbeitgeber oder Arbeitnehmer für einen bestimmten Bereich zuständig ist."

[64] Vgl. Besgen, Mitgliedschaft im Arbeitgeberverband ohne Tarifbindung, S. 88 f.; v. Eisenhart Rothe, Tarifzuständigkeit, S. 38; Gamillscheg, Kollektives Arbeitsrecht I, § 14 II 1, S. 530; Hueck/Nipperdey, Arbeitsrecht II/1, § 20 VIII, S. 445 f.; Kempen/Zachert, TVG, § 2 Rn. 111; Löwisch/Rieble, TVG, § 2 Rn. 87; Säcker, AR-Blattei D, Tarifvertrag II A, II 1; Sbresny-Uebach, AR-Blattei D, Tarifvertrag II A (1987), II 1; Söllner, Arbeitsrecht, § 16 I 2, S. 134; Thüsing, ZTR 1996, 483; Wiedemann, RdA 1975, 78 (79); Wiedemann/Oetker, TVG, § 2 Rn. 51 f.; Zöllner/Loritz, Arbeitsrecht, § 34 VI, S. 384 f.

[65] Vgl. Buchner, ZfA 1995, 95 (97); Delheid, Tarifzuständigkeit, S. 33 f.; Dutti, DB 1969, 218; Franke, RdA 1966, 366 (370); Gaul, ZTR 1991, 443 (444); Germelmann/Matthes/Prütting, ArbGG,

konnte sich vereinzelte Kritik am Erfordernis der Tarifzuständigkeit,[66] die teilweise sogar bis zu dessen gänzlicher Ablehnung[67] geht, nicht durchsetzen. Die Forderung nach einem „Abschied von der Tarifzuständigkeit als Wirksamkeitsvoraussetzung eines Tarifvertrages"[68] ist bislang nicht vollzogen worden. Ganz im Gegenteil sind in der Praxis eine Reihe von Folgefragen aufgetreten, die eine vorherige Klärung der Rechtsgrundlage der Tarifzuständigkeit notwendig machen. Hier soll zunächst allein auf die Tarifzuständigkeit der Verbände eingegangen werden, auf die bezogen das Kriterium der Tarifzuständigkeit ursprünglich entwickelt wurde. Hinsichtlich des einzelnen Arbeitgebers hat die Tarifzuständigkeit demgegenüber erst in jüngster Zeit Beachtung gefunden, worauf noch später bei den Ausführungen zu Besonderheiten beim Firmentarifvertrag zurückzukommen sein wird.[69]

§ 4 Einfachgesetzliche Begründungsversuche

Das Merkmal der Tarifzuständigkeit hat nicht allein eine tarif- bzw. koalitionsrechtliche Dimension, sondern es weist auch Bezüge zum Vereinsrecht und zum arbeitsgerichtlichen Verfahrensrecht auf. Spiegelbildlich hierzu gibt es eine Vielzahl unter-

---

§ 2 a Rn. 68; Koberski/Clasen/Menzel, TVG, § 2 Rn. 85; Link, Tarifzuständigkeit, S. 55; ders., AuR 1966, 38 (44); Maus, TVG, § 2 Rn. 40; Richardi, Kollektivgewalt und Individualwille, S. 160 f.; ders., gemeinsame Anm. zu den Beschlüssen des BAG v. 17.2.1970 (1 ABR 15/69) u. v. 17.2.1970 (1 ABR 15/69), AP Nr. 3 zu § 2 TVG Tarifzuständigkeit; Ueberall, Tariflegitimation, S. 27, 75.

[66] Vgl. Blank, Die Tarifzuständigkeit der DGB-Gewerkschaften, S. 70 ff.; Däubler, TVG, Rn. 89; Gamillscheg, Kollektives Arbeitsrecht I, § 14 II 3 b, S. 536 f., Hillebrand, Tarifzuständigkeit, S. 7 ff.; Kraft, FS Schnorr von Carolsfeld (1973), S. 255 ff.; van Venroy, ZfA 1983, 49 ff.

[67] Kraft wendet in seinem Gegenkonzept bei Überschreitung der satzungsmäßigen Zuständigkeit die §§ 177 ff. BGB an, vgl. FS Schnorr von Carolsfeld (1973), S. 255 ff. Seiner Ansicht nach beinhaltet der in der Satzung festgelegte Tätigkeitsbereich eine Beschränkung der Vertretungsmacht der Verbandsorgane nach § 26 Abs. 2 BGB. Demnach soll der Tarifvertrag bei Satzungsüberschreitung nicht nichtig, sondern lediglich – mit der Möglichkeit einer heilenden Genehmigung durch Satzungsänderung – schwebend unwirksam sein. Ein eigenständig entwickeltes Kriterium der Tarifzuständigkeit hält Kraft demgegenüber weder für dogmatisch begründbar noch für praktisch erforderlich. Dieses Ergebnis unterstützt auch van Venroy, ZfA 1983, 57: Das Gesetz biete zur „Konfliktlösung bei Überschreitung des satzungsmäßig festgelegten Geschäftsbereichs" die Vorschrift des § 177 Abs. 1 BGB, deren Grundsatzregelung bei vollständiger Unwirksamkeit unterlaufen würde. In neuerer Zeit wurde die vertretungsrechtliche Konstruktion mit Modifikationen auch von Blank, Die Tarifzuständigkeit der DGB-Gewerkschaften, S. 107 ff., Hillebrand, Tarifzuständigkeit, S. 8 ff., inbes. S. 33 ff. und Konzen, FS Kraft (1998), S. 291 ff. aufgegriffen; vgl. dazu unten § 4 III.

[68] So der Titel des Beitrags von Kraft, FS Schnorr von Carolsfeld (1973), S. 255 ff.

[69] Vgl. 5. Teil.

14

schiedlicher Begründungsansätze. Einige Autoren leiten dabei die Tarifzuständigkeit unmittelbar aus einfachgesetzlichen Vorschriften des ArbGG, TVG oder BGB her.

I. Gesetzliche Regelung in §§ 2 a Abs. 1 Nr. 4, 97 ArbGG

Ein Teil der Lehre[70] sieht in den verfahrensrechtlichen Regelungen der §§ 2 a Abs. 1 Nr. 4, 97 ArbGG zugleich die materiellrechtliche Anerkennung der Tarifzuständigkeit. Der Gesetzgeber habe mit der Änderung des Arbeitsgerichtsgesetzes den Rechtsbegriff der Tarifzuständigkeit in Konkretisierung des Art. 9 Abs. 3 GG auf der Ebene des einfachen Gesetzes verfassungskonform verankert.[71] Die Nennung von Tariffähigkeit und Tarifzuständigkeit in einem Atemzug könne nur bedeuten, dass beide für den Tarifvertrag dieselbe Bedeutung haben sollten.[72] Die in § 97 Abs. 3 ArbGG angeordnete entsprechende Anwendung von § 63 ArbGG sei nur vor dem Hintergrund verständlich, dass die rechtskräftige Entscheidung über die Tarifzuständigkeit in gleicher Weise wie eine rechtskräftige Entscheidung über die Tariffähigkeit die tarifgebundenen Arbeitsvertragsparteien berühre.[73] Dies sei aber nur dann der Fall, wenn die Tarifzuständigkeit ebenso wie die Tariffähigkeit unmittelbare Auswirkungen auf die Rechtsverbindlichkeit des Tarifvertrages besitze.

Dem hält jedoch die Gegenansicht[74] entgegen, dass der Gesetzgeber in Reaktion auf die Rechtsprechung des BAG lediglich ein verfahrensrechtliches Instrumentarium schaffen, nicht aber eine materiellrechtliche Entscheidung treffen wollte.

Beide Auffassungen haben einiges für sich. Während die systematische Verortung der §§ 2 a Abs. 1 Nr. 4, 97 ArbGG im arbeitsgerichtlichen Beschlussverfahren zunächst für eine Regelung mit rein verfahrensrechtlicher Bedeutung zu sprechen scheint, ist andererseits der Bezug zum materiellen Recht nicht von der Hand zu weisen. Selbst wenn aber davon auszugehen sein sollte, dass der Gesetzgeber mit den genannten Regelungen die materiellrechtliche Bedeutung der Tarifzuständigkeit für den Tarifvertragsschluss bestätigen wollte, ist damit noch nichts darüber gesagt, welche Voraussetzungen an dieses Erfordernis im Einzelnen zu knüpfen sind und wie es sich in den Gesamtzusammenhang des Vereins-, Tarif- und Koalitionsrechts sinnvoll

---

[70] Vgl. Buchner, ZfA 1995, 95 (98); Heinze, DB 1997, 2122; Löwisch/Rieble, TVG, § 2 Rn. 89; MünchArbR/Löwisch/Rieble, § 255 Rn. 62; Söllner, Arbeitsrecht, § 16 I 2, S. 135; Wiedemann/Oetker, TVG, § 2 Rn. 44.

[71] Heinze, DB 1997, 2122.

[72] Löwisch/Rieble, TVG, § 2 Rn. 89; siehe auch MünchArbR/Löwisch/Rieble, § 255 Rn. 62; Wiedemann/Oetker, TVG, § 2 Rn. 44.

[73] Wiedemann/Oetker, TVG, § 2 Rn. 44.

[74] Blank, Die Tarifzuständigkeit der DGB-Gewerkschaften, S. 43 f.; Däubler, TVG, § 2 Rn. 89; Grunsky, ArbGG, § 2 a Rn. 35; Kutscher, Tarifzuständigkeit, S. 5; Stein, RdA 2000, 129 (136 Fn. 83); van Venroy, ZfA 1983, 71 f.

einfügen lässt. Dies lässt sich vielmehr nur anhand der einschlägigen materiellrechtlichen Normen im TVG und BGB und unter Berücksichtung der verfassungsrechtlichen Vorgaben von Art. 9 Abs. 3 GG ermitteln.

II. Herleitung aus dem TVG

Im älteren Schrifttum wurde das Erfordernis der Tarifzuständigkeit teilweise aus den Vorschriften des TVG hergeleitet. So ergibt sich nach *Nipperdey*[75] und anderen Autoren[76] die Tarifzuständigkeit als Wirksamkeitsvoraussetzung eines Tarifvertrages unmittelbar aus den §§ 3, 4 TVG. Diesen Bestimmungen sei zu entnehmen, dass die Tarifparteien bindende Normen grundsätzlich nur für ihre Mitglieder aufstellen könnten und abgesehen vom Fall des § 3 Abs. 2 TVG keine Rechtsetzungsgewalt gegenüber Nichtmitgliedern hätten. Über die Allgemeinverbindlicherklärung nach § 5 TVG könnte nur eine Tarifgebundenheit derer geschaffen werden, die Mitglieder sein könnten, es aber nicht sind.[77]

Dem ist jedoch zu Recht entgegengehalten worden, dass mit der aus den §§ 3, 4 TVG folgenden Beschränkung der Rechtsetzungsgewalt auf die Mitglieder noch nichts darüber besagt ist, dass die Normsetzungsgewalt darüber hinaus auch satzungsgemäß ausgeübt werden muss, sich also nur auf Mitglieder erstreckt, die unter die satzungsmäßige Organisationshoheit fallen.[78] Gemäß § 4 Abs. 1 TVG gelten die Rechtsnormen eines Tarifvertrages „zwischen den beiderseits Tarifgebundenen, die unter den Geltungsbereich des Tarifvertrages fallen". Tarifgebunden sind nach § 3 Abs. 1 TVG bei einem Verbandstarifvertrag nur die Mitglieder der Tarifvertragsparteien. Dabei wird die wirksame Begründung der Mitgliedschaft vereinsrechtlich grundsätzlich nicht durch entgegenstehendes Satzungsrecht gehindert.[79] Bei einer Herleitung der Tarifzuständigkeit aus §§ 3, 4 TVG müsste man folglich konsequenterweise auch eine faktische Erweiterung der Zuständigkeit durch die Aufnahme von Mitgliedern über den satzungsmäßigen Organisationsbereich hinaus zulassen.[80] Hier-

---

[75] Hueck/Nipperdey, Arbeitsrecht II/1, § 20 VIII, S. 447.
[76] Bommarius, Rechtsprobleme der Arbeitsverhältnisse im graphischen Gewerbe, S. 42; Maus, TVG, § 2 Anm. 40; Westenberger, Organisationsrechtliche Probleme, S. 73.
[77] Hueck/Nipperdey, Arbeitsrecht II/1, § 20 VIII, S. 447.
[78] So aber wohl in neuester Zeit Natzel, Anm. zu BAG, Beschl. v. 14.12.1999 (1 ABR 74/98), SAE 2001, 43 (45): Die in § 4 TVG vorgesehene Möglichkeit der Bestimmung des Geltungsbereichs setze voraus, dass die Tarifvertragspartei zunächst für sich selbst ihren Wirkungsradius und damit die Grenzen der tariflichen Normsetzung festgelegt habe.
[79] Reichert, Handbuch des Vereins- und Verbandsrechts, Rn. 639a.
[80] Folgerichtig Bommarius, Rechtsprobleme der Arbeitsverhältnisse im graphischen Gewerbe, S. 45.

von ist jedoch bei *Nipperdey*[81] nicht die Rede, sondern die Tarifzuständigkeit wird entsprechend der allgemeinen Auffassung an der Satzung festgemacht. Auch § 5 Abs. 1 TVG hilft zur Begründung der Tarifzuständigkeit nicht weiter.[82] Gemäß § 5 TVG findet ein Tarifvertrag im Wege der Allgemeinverbindlicherklärung auch auf nicht Tarifgebundene Anwendung, die unter den Geltungsbereich des Tarifvertrages fallen. Wenn hiermit eine Tarifgebundenheit derer geschaffen wird, die Mitglieder der Tarifvertragsparteien sein könnten, es aber nicht sind, so gibt dies keinen weiteren Aufschluss darüber, unter welchen Voraussetzungen die Tarifpartner für ihre Mitglieder Normen setzen können.[83]

III. Tarifzuständigkeit als nach § 26 Abs. 2 S. 2 BGB beschränkte Vertretungsmacht

Im einfachen Gesetzesrecht verbleibt damit als einzig möglicher materieller Bezugspunkt der Tarifzuständigkeit das vereinsrechtliche Stellvertretungsrecht des BGB. *Kraft*[84], *Heß*[85] und in neuester Zeit auch *Blank*[86], *Hillebrand*[87] und *Konzen*[88] sprechen daher der Tarifzuständigkeit eine eigenständige Bedeutung als tarifrechtliche Wirksamkeitsvoraussetzung ab und behandeln sie als Problem der satzungsmäßigen Beschränkung der Vertretungsmacht des Vorstands nach § 26 Abs. 2 S. 2 BGB. Rechtsfolge der fehlenden Vertretungsmacht ist dabei nach Auffassung von *Kraft*[89] die schwebende Unwirksamkeit des Tarifvertrages mit der Möglichkeit einer heilenden Genehmigung gemäß § 184 S. 1 BGB durch nachträgliche Satzungsänderung, wohingegen *Konzen*[90] aufgrund der normativen Wirkung des Tarifvertrages dessen Unwirksamkeit annimmt. Gegen eine Heilungsmöglichkeit wendet sich auch *Blank*[91], der allerdings von einer Unwirksamkeit des Tarifvertrages nur in Fällen offensichtlicher

---

[81] Hueck/Nipperdey, Arbeitsrecht II/1, § 20 VIII, S. 446 f.; ebenso Maus, TVG, § 2 Rn. 20; Westenberger, Organisationsrechtliche Probleme, S. 73. Allerdings stellt Westenberger nicht auf den Wortlaut der Satzung ab, sondern auf deren Auslegung durch die Verbände, a.a.O., S. 74.

[82] So aber Hueck/Nipperdey, Arbeitsrecht II/1, § 20 VIII, S. 447.

[83] Hillebrand, Tarifzuständigkeit, S. 10 f.; Kutscher, Tarifzuständigkeit, S. 7 f.; Link, Tarifzuständigkeit, S. 34 ff.

[84] Kraft, FS Schnorr von Carolsfeld (1972), S. 255 (261 f.), ders., Anm. zu BAG, Beschl. v. 17.2.1970 (1 ABR 15/69), SAE 1971, 188 (189).

[85] Heß, ZfA 1976, 45 (49).

[86] Blank, Die Tarifzuständigkeit der DGB-Gewerkschaften, S. 108 ff.

[87] Hillebrand, Tarifzuständigkeit, S. 8 ff., inbes. S. 33 ff.

[88] Konzen, FS Kraft (1998), S. 291 (300 f.).

[89] Kraft, FS Schnorr von Carolsfeld (1972), S. 255 (262); ders., Anm. zu BAG, Beschl. v. 17.2.1970 (1 ABR 15/69), SAE 1971, 188 (189).

[90] Konzen, FS Kraft (1998), S. 291 (300 f.).

[91] Blank, Die Tarifzuständigkeit der DGB-Gewerkschaften, S. 108 ff.

Unzuständigkeit ausgeht. *Heß*[92] differenziert wiederum zwischen dem schuldrechtlichen und dem normativen Teil und bezieht die Möglichkeit der Heilung nur auf den schuldrechtlichen Teil.

1. Grundsätzliche Anwendbarkeit von § 26 BGB auf den Tarifabschluss

Der stellvertretungsrechtliche Ansatz findet seine grundsätzliche Berechtigung darin, dass der Tarifvertrag ein Rechtsgeschäft ist, auf welches die allgemeinen Stellvertretungsregeln des BGB anwendbar sind.[93] Vertreten werden nicht die einzelnen Mitglieder, sondern der Verband.[94] Eine Beschränkung der Vertretungsmacht der Organe der Tarifvertragspartei ist grundsätzlich zulässig.[95] Maßgebende Norm ist § 26 BGB, der auf Gewerkschaften, auch soweit sie als nicht rechtsfähiger Verein organisiert sind,[96] Anwendung findet.[97]

---

[92] Heß, ZfA 1976, 45 (49).

[93] BAG, Urteil v. 16.5.1995 (3 AZR 535/94) = DB 1995, 2074 (2075); Löwisch/Rieble, TVG, § 1 Rn. 349 ff.; Wiedemann/Wiedemann, TVG, § 1 Rn. 158 ff.; grundsätzlich zur Anwendbarkeit des Allgemeinen Teils des BGB siehe Gamillscheg, Kollektives Arbeitsrecht I, § 13 I b, S. 511 ff.

[94] Allgemeine Ansicht (sog. Verbandstheorie), vgl. BAG, Urt. v. 16.2.1962 (1 AZR 167/61) = AP Nr. 12 zu § 3 TVG Verbandszugehörigkeit m. Anm. Nikisch; BAG, Urt. v. 27.11.1963 (4 AZR 286/62) = AP Nr. 2 zu § 1 Tarifverträge: Bau; BAG, Urt. v. 14.1.1970 (4 AZR 90/69) = AP Nr. 6 zu § 1 Tarifverträge: Bau m. Anm. Richardi; BAG, Urt. v. 14.11.1973 (4 AZR 78/73) = AP Nr. 17 zu § 1 Tarifverträge: Bau m. Anm. Wiedemann; Löwisch/Rieble, TVG, § 1 Rn. 339; Wiedemann/Oetker, TVG, § 1 Rn. 149.

[95] Hueck/Nipperdey, Arbeitsrecht II/1, § 6 III 3, S. 107; Wiedemann, Anm. zu BAG, Beschl. v. 11.6.1975 (4 AZR 395/74), AP Nr. 29 zu § 2 TVG; a.A. Bötticher, RdA 1959, 353, der bei tariffähigen Verbänden eine gesetzlich verliehene und daher unbeschränkbare Vertretungsmacht des Vorstands annimmt.

[96] Deutsche Gewerkschaften waren bisher praktisch ausschließlich in der Rechtsform des nichtrechtsfähigen Vereins organisiert, vgl. dazu BGH, Urt. v. 6.10.1964 (VI ZR 176/63) = BGHZ 42, 210 (211); Reichert, Handbuch des Vereins- und Verbandsrechts, Rn. 2870. Allerdings wurden im Vorfeld der Gründung von ver.di die fünf Fusionsgewerkschaften in die Vereinsregister ihrer Sitze eingetragen; ebenso wurde für ver.di die Rechtsform eines e.V. gewählt, um die Grundvoraussetzung für eine Verschmelzung nach dem Umwandlungsgesetz zu erfüllen; siehe hierzu Lörcher, ZTR 2001, 544 (545).

[97] Hueck/Nipperdey, Arbeitsrecht II/1, § 6 III 3, S. 107. Auf den nichtrechtsfähigen Verein sind entgegen der Verweisung des § 54 S. 1 BGB auf das Gesellschaftsrecht die §§ 21 ff. BGB mit Ausnahme der Vorschriften, die gerade die Rechtsfähigkeit voraussetzen, anzuwenden. Der ursprüngliche Zweck des § 54 S. 1 BGB, den Vereinen, die sich dem Verfahren zur Erlangung der Rechtsfähigkeit und der daraus resultierenden staatlichen Kontrolle nicht unterziehen wollen, die schwächere Stellung der GbR zu geben, ist heute überholt und mit Art. 9 GG nicht vereinbar, vgl. Palandt/Heinrichs, BGB, § 54 Rn. 1; Erman/Westermann, BGB, § 54 Rn. 1.

2. Stellvertretungsrechtlicher Bezug des Organisationsbereichs

Trotz dieser grundsätzlichen Anwendbarkeit der Stellvertretungsregelungen des Bürgerlichen Rechts auf den Tarifabschluss stößt deren Anwendung im Zusammenhang mit der Tarifzuständigkeit in zweierlei Hinsicht auf systematische Bedenken:

Zum einen ist die Rechtsfolge der schwebenden Unwirksamkeit nach § 177 BGB nicht mit der normativen Wirkung des Tarifvertrages in Einklang zu bringen.[98] Dem begegnen die neueren vertretungsrechtlichen Ansätze damit, dass der Tarifvertrag bei fehlender Tarifzuständigkeit in Fortbildung des Stellvertretungsrechts gänzlich unwirksam sein soll.[99]

Weitere Zweifel an der Einordnung der Tarifzuständigkeit als stellvertretungsrechtliches Problem sind auf der Tatbestandsseite begründet, da die Tarifzuständigkeit – auch nach der den stellvertretungsrechtlichen Fundierungsansätzen zugrundeliegenden Begrifflichkeit[100] – die Frage betrifft, welchen maximalen Geltungsbereich ein Tarifvertrag haben kann. Es geht somit gerade nicht primär darum, ob und in welchem Umfang die Tarifpartner aus dem Tarifabschluss berechtigt und verpflichtet worden sind, sondern ob der Geltungsbereich des Tarifvertrages wirksam vereinbart wurde. Während bei sonstigen Rechtsgeschäften der Umfang der Vertretungsmacht, soweit keine anderweitigen Wirksamkeitsmängel vorliegen, zugleich den Umfang der rechtlichen Wirkungen des Rechtsgeschäfts bestimmt, weist das Tarifrecht die Besonderheit der Doppelnatur des Tarifvertrages[101], der üblicherweise aus einem schuldrechtlichen und einem normativen Teil besteht, auf. Nur aus dem schuldrechtlichen Teil werden die Tarifpartner selbst unmittelbar berechtigt und verpflichtet, wohingegen der normative Teil in erster Linie Rechte, Pflichten und Lasten der Parteien des Arbeitsvertrages regelt.[102] Wenn für deren Begründung u.a. die gemeinsame Tarifzuständigkeit der Tarifpartner gefordert wird, ist diese Wirksamkeitsvoraussetzung mithin nicht wie die Stellvertretungsregelungen der Vertragsabschlusskompetenz auf schuldrechtlicher Ebene zuzuordnen, sondern dem normativen Teil des Tarifvertrages, der sich mit konventionellen Vertragswirkungen gerade nicht erklären lässt.[103]

Allerdings wären diese systematischen Bedenken zunächst zurückzustellen, wenn die DGB-Gewerkschaften in Wahrnehmung ihrer grundrechtlich geschützten Sat-

---

[98] Konzen, FS Kraft (1998), S. 291 (300 f.); ders., ZfA 1975, 401 (416 f.).

[99] Blank, Die Tarifzuständigkeit der DGB-Gewerkschaften, S. 108 ff.; Konzen, FS Kraft (1998), S. 291 (300 f.). Siehe auch Heß, ZfA 1976, 45 (49), der insoweit zwischen dem schuldrechtlichen und dem normativen Teil differenziert.

[100] Vgl. Konzen, FS Kraft (1998), S. 291; Blank, Die Tarifzuständigkeit der DGB-Gewerkschaften, S. 50 (70, 75); Kraft, FS Schnorr von Carolsfeld (1972), S. 255 (270); Heß, ZfA 1976, 45 (49).

[101] Siehe hierzu ausführlich Gamillscheg, Kollektives Arbeitsrecht I, § 15 I 1 u. 2; S. 538 ff.

[102] Vgl. Gamillscheg, Kollektives Arbeitsrecht I, § 15 I 1 a, S. 538; § 15 I 2 a, S. 541.

[103] Vgl. Natzel, Anm. zu BAG, Beschl. v. 14.12.1999 (1 ABR 74/98), SAE 2001, 43 (44 f.), der diesbezüglich den Begriff der „Erstreckbarkeitskompetenz" verwendet. Siehe auch oben § 3 I.

zungsautonomie[104] in ihren Satzungen die Tarifzuständigkeit als vertretungsrechtliches Problem geregelt und eine Bestimmung des Inhalts getroffen hätten, dass sich die Vertretungsmacht des Vorstands auf Tarifabschlüsse im Rahmen des Organisationsbereichs beschränkt.

a) Ausdrückliche Beschränkung der Vertretungsmacht

Gemäß § 26 Abs. 2 S. 1 BGB ist die Vertretungsmacht des Vorstands grundsätzlich unbeschränkt. Eine Beschränkung mit Wirkung gegen Dritte kann allein durch die Satzung erfolgen, § 26 Abs. 2 S. 2 BGB. Die Satzungsbestimmung muss eindeutig erkennen lassen, dass eine Beschränkung der Vertretungsmacht gewollt ist.[105] Dies ist deshalb notwendig, weil das vereinsrechtliche Innenverhältnis und die Vertretungsmacht auseinanderfallen können. Grundsätzlich regelt die Satzung aber nur das Verhältnis zwischen Mitglied und Mitgliedergesamtheit und erzeugt insoweit nur Innenwirkung.[106] Im Interesse der Rechtssicherheit und des Schutzes des Rechtsverkehrs hat daher eine den Handlungsspielraum des Vorstands einschränkende Satzungsbestimmung, aus der sich nicht auch klar die Beschränkung der Vertretungsmacht ergibt, nur vereinsinterne Bedeutung.[107] Die Auslegung der Satzung darf nur aus sich heraus und nur einheitlich erfolgen, da die Satzung auch für künftige Mitglieder und für die Rechtsbeziehungen zu Dritten maßgeblich ist.[108] Dabei sind neben dem Wortlaut der Sinn und Zweck sowie der systematische Bezug der Regelung zu beachten.[109]

Die Satzungen der DGB-Gewerkschaften schränken in ihren einschlägigen Bestimmungen zum Vorstand dessen Vertretungsmacht nicht auf den Organisations-

---

[104] St. Rspr. des BAG, vgl. statt aller BAG, Beschl. v. 14.12.1999 (1 ABR 74/98) = AP Nr. 14 zu § 2 TVG Tarifzuständigkeit; Henssler, FS Schaub (1998), S. 311 (330); Kempen/Zachert, TVG, § 2 Rn. 108, 113; Löwisch/Rieble, TVG, § 2 Rn. 94; Wiedemann/Oetker, TVG, § 2 Rn. 53.

[105] BGH, Urt. v. 28.4.1980 (II ZR 193/97) = NJW 1980, 2799 (2800); BGH, Urt. v. 22.4.1996 (II ZR 65/95) = NJW-RR 1996, 866; Erman/Westermann, BGB, § 26 Rn. 4; Palandt/Heinrichs, BGB, § 26 Rn. 5; Reichert, Handbuch des Vereins- und Verbandsrechts, Rn. 1398.

[106] Kutscher, Tarifzuständigkeit, S. 20, MünchKomm/Reuter, BGB, § 25 Rn. 1, 27 f.; Soergel/Hadding, BGB, § 25 Rn. 33.

[107] BGH, Urt. v. 28.4.1980 (II ZR 193/97) = NJW 1980, 2799 (2800); Sauter/Schweyer/Waldner, Der eingetragene Verein, Rn. 234.

[108] BAG, Beschl. v. 27.11.1964 (1 ABR 13/63) = AP Nr. 1 zu § 2 TVG Tarifzuständigkeit; BAG, Beschl. v. 12.12.1995 (1 ABR 27/95) = AP Nr. 8 zu § 2 TVG Tarifzuständigkeit; BGH, Urt. v. 6.3.1967 (II ZR 231/64) = BGHZ 47, 172 (180); BGH, Beschl. v. 11.11.1985 (II ZB 5/85) = BGHZ 96, 245 (250); BGH, Urt. v. 21.1.1991 (II ZR 144/90) = BGHZ 113, 237 (240); Palandt/Heinrichs, BGB, § 25 Rn. 4; MünchKomm/Reuter, BGB, § 25 Rn. 22; Reichert, Handbuch des Vereins- und Verbandsrechts, Rn. 301. Vgl. ausführlich zur Satzungsauslegung Wiedemann, DNotZ 1977, Sonderheft, 99 ff.

[109] Vgl. Reichert, Handbuch des Vereins- und Verbandsrechts, Rn. 301.

bereich ein.[110] Vielmehr sind die am Anfang der Satzungen stehenden Regelungen zum Organisationsbereich und zur Mitgliedschaft völlig losgelöst von den sich weiter unten beim Aufbau der Gewerkschaften befindenden Bestimmungen zum Vorstand. In den Normen zum Vorstand erfolgt allenfalls eine allgemeine Bezugnahme auf die gesamte Satzung. So vertritt etwa nach § 27 Ziff. 1 Transnet-Satzung der Hauptvorstand „die Transnet nach außen und innen und bestimmt die Politik der Organisation im Rahmen der Satzung, der Beschlüsse des Gewerkschaftstages und des Gewerkschaftsbeirates". Diese allgemeine Bezugnahme auf den „Rahmen der Satzung" kann aber nicht als Beschränkung der Vertretungsmacht auf den Organisationsbereich verstanden werden. Ansonsten erhielten durch solche Pauschalverweise sämtliche Satzungsbestimmungen Außenwirkung, was dem zivilrechtlichen Grundsatz zuwiderliefe, dass Vereinssatzungen grundsätzlich nur die innerverbandlichen Rechtsbeziehungen betreffen.[111] Daher genügt für die Beschränkung der Vertretungsmacht mit Wirkung gegen Dritte nicht schon, dass in der Satzung der Handlungsspielraum des Vorstands eingeengt wird, falls nicht deutlich wird, dass zugleich die Vertretungsmacht beschränkt werden soll.[112] Somit liegt auch bei einer allgemeinen Bezugnahme auf die Satzung, wie bei § 27 Ziff. 1 Transnet-Satzung, keine eindeutige Beschränkung der Vertretungsmacht auf den Organisationsbereich vor.

b) Konkludente Beschränkung der Vertretungsmacht

Es stellt sich aber die Frage, ob im Zusammenhang mit der Tarifzuständigkeit nicht eine konkludente Beschränkung der Vertretungsmacht genügen muss. Das vereinsrechtliche Erfordernis der Eindeutigkeit erfährt seine Berechtigung im Verkehrsschutz. Dem Verkehrsschutz dienen auch die §§ 70, 68 BGB, wonach ein Dritter bei fehlender Eintragung der Beschränkung der Vertretungsmacht in das Vereinsregister (§ 64 S. 2 BGB) diese nur gegen sich gelten lassen muss, wenn er sie positiv kennt.[113] Der Verein soll sich also einer Inanspruchnahme des Vereinsvermögens nicht entziehen können, wenn der Dritte auf die Vertretungsmacht vertrauen durfte. Insoweit werden das Interesse des Vereins an einem Schutz vor unberechtigter Inanspruchnahme

---

[110] Vgl. § 42 Ziff. 3 ver.di-Satzung; § 18 Ziff. 3 a IG Metall-Satzung; § 25 Ziff. 5 NGG-Satzung, § 22 IG BAU-Satzung; § 19 Ziff. 6 IG BCE-Satzung, § 27 Ziff. 1 Transnet-Satzung; § 26 GEW-Satzung, § 21 Abs. 3 a GdP-Satzung. Siehe dazu auch Hillebrand, Tarifzuständigkeit, S. 63 ff.

[111] Vgl. BGH, Urt. v. 6.3.1967 (II ZR 231/64) = BGHZ 47, 172 (180); Erman/Westermann, BGB, § 25 Rn. 1; Reichert, Handbuch des Vereins- und Verbandsrechts, Rn. 261; Soergel/Hadding, BGB, § 25 Rn. 33.

[112] BGH, Urt. v. 28.4.1980 (II ZR 193/97) = NJW 1980, 2799 (2800).

[113] Vgl. Konzen, FS Kraft (1998), S. 291 (301).

und das schützenswerte Vertrauen des Dritten auf die Wirksamkeit des geschlossenen Vertrages in Ausgleich gebracht.[114]

Nach *Konzen*[115] fehlt es jedoch in Bezug auf die Tarifzuständigkeit wegen der Normenwirkung des Tarifvertrages und dessen Erkämpfbarkeit an einer vergleichbaren Interessenlage. Eine außerhalb ihres satzungsmäßigen Zuständigkeitsbereichs handelnde Gewerkschaft wolle gerade eine Kompetenzausweitung erreichen. In dieser Konstellation gehe es nicht darum, den potentiellen Tarifpartner in seinem Vertrauen auf die Zuständigkeit der Gewerkschaft zu schützen, sondern dieser solle umgekehrt nicht dem von einer unzuständigen Gewerkschaft geführten Arbeitskampf ausgesetzt werden. Aus diesen Gründen hält *Konzen*[116] eine eindeutige Beschränkung der Vertretungsmacht nicht für notwendig, sondern lässt die klare Begrenzung des Geschäftsbereichs genügen. Dieser Ansatz lässt sich rechtsdogmatisch als konkludente Beschränkung der Vertretungsmacht des Vorstands einordnen und wäre nur dann berechtigt, wenn sich die Satzungen der DGB-Gewerkschaften in diesem Sinne interpretieren ließen.

Hiergegen spricht jedoch zum einen, dass aufgrund des oben geschilderten Aufbaus der Satzungen jeglicher systematische Bezug zwischen den Bestimmungen zum Organisationsbereich und zur Mitgliedschaft einerseits und den Stellvertretungsregelungen andererseits fehlt. Zum anderen greifen nunmehr die bereits erörterten grundsätzlichen Bedenken gegen die Einordnung der Tarifzuständigkeit als stellvertretungsrechtliches Problem. Da das Wirksamkeitserfordernis der Tarifzuständigkeit rechtssystematisch dem normativen Teil des Tarifvertrages zuzuordnen ist, kann bei Fehlen einer Satzungsbestimmung, die das Problem auf die vertretungs- und damit schuldrechtliche Ebene verlagert, nicht von einer konkludenten Beschränkung der Vertretungsmacht auf den Organisationsbereich ausgegangen werden.

c) Beschränkung der Vertretungsmacht auf den Vereinszweck

Allerdings soll sich die Vertretungsmacht des Vorstands auch bei Fehlen einer einschränkenden Bestimmung in der Satzung nach teilweise vertretener Auffassung im Vereinsrecht[117] nicht auf Geschäfte beziehen, die auch für Dritte erkennbar außerhalb

---

[114] Zur Interessenlage bei der Stellvertretung siehe ausführlich Erman/Hefermehl, BGB, vor § 164 Rn. 2 ff.

[115] Vgl. Konzen, FS Kraft (1998), S. 291 (301).

[116] Vgl. Konzen, FS Kraft (1998), S. 291 (301); ähnlich Herschel, Anm. zu BAG, Urt. v. 29.11.1983 (1 AZR 469/82), AP Nr. 78 zu § 626 BGB.

[117] RG, Urt. v. 5.11.1934 (VI 180/34) = RGZ 145, 311 (314); BGH, Urt. v. 13.3.1953 (IV ZVR 176/52) = JZ 53, 474 (475); Larenz/Wolf, § 10 Rn. 75, S. 210 f.; Erman/Westermann, BGB, § 27 Rn. 175; Palandt/Heinrichs, BGB, § 26 Rn. 5; Sauter/Schweyer/Waldner, Der eingetragene Verein, Rn. 233. Demgegenüber löst die Gegenauffassung diese Fälle nach den Regeln über den Missbrauch der Vertretungsmacht, vgl. K. Schmidt, Gesellschaftsrecht, § 8 V 2, S. 216; MünchKomm/

des Vereinszwecks liegen.[118] Hieraus zieht *Blank*[119] für das Tarifrecht den Schluss, dass der Abschluss von für Dritte erkennbar außerhalb des satzungsmäßigen Organisationsbereiches liegenden Tarifverträgen nicht von der Vertretungsmacht des Vorstands gedeckt ist. Infolgedessen soll der Tarifvertrag in allen Fällen der offensichtlichen Überschreitung der Tarifzuständigkeit der Gewerkschaft unwirksam sein.[120]

Jedoch stehen auch diesem Ansatz wiederum die rechtssystematischen Erwägungen entgegen, die grundsätzlich gegen die Einordnung der Tarifzuständigkeit als stellvertretungsrechtliches Problem sprechen. Der wirksamen Vereinbarung des tarifvertraglichen Geltungsbereichs mag zwar der Organisationsbereich als Vereinszweck eine Grenze setzen, auf eine fehlende Vertretungsmacht des Vorstands lässt sich dies aber nicht zurückführen.[121] Wenn die Tarifzuständigkeit die Frage nach dem maximalen Geltungsbereich, den ein Tarifvertrag haben kann, beantwortet, so lassen sich diese Grenzen der normativen Wirkung nicht mit den konventionellen Voraussetzungen eines wirksamen Vertragsschlusses bestimmen.

3. Ergebnis

Nach alledem lässt sich das Wirksamkeitserfordernis der Tarifzuständigkeit nicht mit dem Stellvertretungsrecht des BGB begründen. In den Satzungen der DGB-Gewerkschaften finden sich keine Bestimmungen, nach denen die Vertretungsmacht des Vorstands ausdrücklich auf den Organisationsbereich beschränkt ist. Abgesehen davon spricht gegen die stellvertretungsrechtlichen Lösungsansätze der systematische Bezug der Tarifzuständigkeit zum normativen Teil des Tarifvertrages. Bei der Tarifzuständigkeit geht es nicht wie bei der Stellvertretung primär um die Begründung von Rechten und Pflichten für die Tarifpartner, sondern um die wirksame Vereinbarung des Geltungsbereichs und damit in erster Linie um die Festlegung von Rechten, Pflichten und Lasten der Arbeitsvertragsparteien.

Reuter, BGB, § 26 Rn. 15, 19; Reichert, Handbuch des Vereins- und Verbandsrechts, Rn. 1396, 1459 ff.; Soergel/Hadding, BGB, § 26 Rn. 20; Staudinger/Weick, BGB, § 26 Rn. 9.

[118] Bei dieser Beschränkung der *Vertretungsmacht* handelt es sich nicht um eine Anwendung der ultra-vires-Lehre aus dem anglo-amerikanischen Recht, wonach die *Rechtsfähigkeit* der juristischen Person auf ihren durch Gesetz oder Satzung festgelegten Zweck beschränkt ist, vgl. Palandt/Heinrichs, BGB, Einf. v. § 21 Rn. 11. Zur ultra-vires-Lehre siehe unten § 5 II.

[119] Blank, Die Tarifzuständigkeit der DGB-Gewerkschaften, S. 108 ff.

[120] Siehe auch Hillebrand, Tarifzuständigkeit, S. 77 ff. Hillebrand setzt allerdings für die Beschränkung des Vereinszwecks nicht unmittelbar am Organisationsbereich an, sondern will den Vereinszweck auf die Interessenwahrnehmung für satzungsgemäß aufgenommene Mitglieder beschränkt wissen, a.a.O., S. 84 ff. Satzungswidrig aufgenommen soll ein Mitglied dann sein, wenn „es objektiv erkennbar für das zuständige Vereinsorgan nicht im Organisationsbereich der Koalition beschäftigt" ist, a.a.O., S. 83 f.

[121] Zur Bedeutung des Vereinszwecks für die Tarifzuständigkeit als eigenständige tarifvertragliche Wirksamkeitsvoraussetzung siehe aber unten, § 5 III.

§ 5 Tarifzuständigkeit als ungeschriebenes Element des Koalitions- und Tarifrechts

In Ermangelung einer einfachgesetzlichen Regelung, aus der sich die Tarifzuständigkeit herleiten lässt, stellt sich die Frage, auf welcher Grundlage dieses Wirksamkeitserfordernis als ungeschriebenes Element des Koalitions- und Tarifrechts Bestand haben kann. Hierzu ist vorab anzumerken, dass das Fehlen einer gesetzlichen Regelung die Arbeitsgerichtsbarkeit nicht daran hindert, im Wege der Rechtsfortbildung[122] die Wirksamkeit des Tarifvertrages von der Voraussetzung der Tarifzuständigkeit abhängig zu machen. Zwar hat in grundlegenden normativen Bereichen der Gesetzgeber alle Entscheidungen selbst zu treffen.[123] Jedoch gilt diese sog. Wesentlichkeitstheorie nur bei Eingriffen in die grundrechtliche Freiheitssphäre im Verhältnis zwischen Staat und Bürger, nicht aber für das gegenseitige Verhältnis der Koalitionen als gleichgeordnete Grundrechtsträger.[124] Dementsprechend bezieht sich die häufig vorzufindende Formulierung des BVerfG, es sei „Sache des Gesetzgebers, die Koalitionsfreiheit näher auszugestalten"[125] in erster Linie darauf, dass die Koalitionsfreiheit keinen „inhaltlich unbegrenzten und unbegrenzbaren Handlungsspielraum"[126] eröffnet, dem Gesetzgeber insoweit also eine Regelungsbefugnis zusteht. Hingegen soll mit dem Hinweis auf diese Regelungskompetenz nicht die Entwicklung von richterrechtlichen Grundsätzen für die Entscheidung von Streitigkeiten zwischen Koalitionen generell ausgeschlossen werden. Ganz im Gegenteil müssen die Gerichte bei „unzureichenden gesetzlichen Vorgaben das materielle Recht mit den anerkannten Methoden der Rechtsfindung aus den allgemeinen Rechtsgrundlagen ableiten, die für das betreffende Rechtsverhältnis maßgeblich sind".[127]

---

[122] Zu Methoden richterlicher Rechtsfortbildung siehe Larenz, Methodenlehre der Rechtswissenschaft, S. 366 ff.

[123] BVerfG, Beschl. v. 8.8.1978 (2 BvL 8/77) = BVerfGE 49, 89 (126 f.) m.w.N.

[124] BVerfG, Beschl. v. 26.6.1991 (1 BvL 779/85) = BVerfGE 84, 212 (226 f.).

[125] Vgl. etwa BVerfG, Urt. v. 1.3.1979 (1 BvR 532, 533/77, 419/78 u. 1 BvL 21/78) = BVerfGE 50, 290 (368 f.); BVerfG, Beschl. v. 17.2.1981 (2 BvR 384/78) = BVerfGE 57, 220 (245 f.).

[126] BVerfG, a.a.O.

[127] So BVerfG, Beschl. v. 26.6.1991 (1 BvL 779/85) = BVerfGE 84, 212 (226 f.). Zu zurückhaltend ist daher das BAG in seiner Allfloor-Entscheidung, wenn der Senat dort „Beschränkungen für das Tätigwerden einer Gewerkschaft, auch wenn sie ihm geboten erscheinen, mangels einer Grundlage im geltenden Tarifrecht nicht aussprechen" will, vgl. BAG, Beschl. v. 19.11.1985 (1 ABR 37/83) = AP Nr. 4 zu § 2 TVG Tarifzuständigkeit Bl. 8 R. Siehe dazu unten § 6.

I. Industrieverbandsprinzip

Als Grundlage und zugleich Grenze der Tarifzuständigkeit wurde insbesondere in den frühen Begründungsversuchen das Industrieverbandsprinzip[128] bemüht. Industrieverbände sind solche Koalitionen, die alle Arbeitnehmer eines bestimmten Industriezweigs ohne Rücksicht auf die Art der Beschäftigung aufnehmen. Im Gegensatz dazu stehen Berufsverbände, die an die Zugehörigkeit ihrer Mitglieder zu einer bestimmten Berufsgruppe anknüpfen.[129] Darüber hinaus wird dem Industrieverbandsprinzip im Zusammenhang mit dem DGB-Grundsatz „ein Betrieb – eine Gewerkschaft"[130] der Sinngehalt zugewiesen, dass für jeden Betrieb möglichst nur eine Gewerkschaft zuständig sein und grundsätzlich keine konkurrierende Zuständigkeit für bestimmte Wirtschaftszweige bestehen soll, um dadurch letztlich das organisationspolitische Ziel der Tarifeinheit[131] zu verwirklichen.[132] Allerdings kommt dem Industrieverbandsprinzip diesbezüglich nach unstreitiger Ansicht keine Rechtsnormqualität zu, da ansonsten der durch Art. 9 Abs. 3 GG geschützte Koalitionspluralismus leerlaufen würde.[133] Diskutiert wird die Rechtsverbindlichkeit des Industrieverbandsprinzip allein im Sinne einer branchenbezogenen Ausrichtung der Tarifzuständigkeit.

Während die Gewerkschaftsbewegung bis 1932 auf beruflicher Basis aufgebaut war, dominierte in der Zeit nach dem 2. Weltkrieg das Industrieverbandsprinzip.[134] Diesen faktischen Zustand erhob das *LAG München*[135] in mehreren Entscheidungen aus dem Jahre 1950 zur Rechtsnorm, indem es konstatierte, dass tarifzuständig nur die fachlichen Berufsverbände, d.h. Industriegewerkschaften und artgleiche andere

---

[128] Zum Begriff vgl. Wiedemann/Oetker, TVG § 2 Rn. 282.

[129] Vgl. Gamillscheg, Kollektives Arbeitsrecht I, § 6 II 2 b, S. 213 f.; Wiedemann/Oetker, TVG, § 2 Rn. 282. Darüber hinaus wird der Begriff „Berufsverband" teilweise als allgemeiner Oberbegriff für Arbeitnehmervereinigungen verwandt („Berufsverbände im weiteren Sinn"), vgl. Wiedemann/Oetker, TVG, § 2 Rn. 155.

[130] Siehe Ziff. 2 a) der Richtlinien des DGB für die Abgrenzung von Organisationsbereichen und die Veränderung der Organisationsbezeichnung gem. § 15 Ziff. 1 DGB-Satzung.

[131] Zur Tarifeinheit siehe oben § 3 III.

[132] Vgl. MünchArbR/Löwisch/Rieble, § 248 Rn. 30; Kempen/Zachert, TVG, § 4 Rn. 119; Kania, DB 1991, 1921 (1922). Nach der Auffassung von Kania rechtfertigt das Industrieverbandsprinzip deshalb den Grundsatz der Tarifeinheit im Betrieb beim Zusammentreffen mehrerer DGB-Tarifverträge.

[133] Vgl. Kempen/Zachert, TVG, § 4 Rn. 119, Gaul, ZTR 1991, 443 (448); Heinze, DB 1997, 2122.

[134] Die eigentliche Entwicklung der Gewerkschaftsbewegung begann Anfang der sechziger Jahre des 19. Jahrhunderts. Als erste Berufsverbände wurden 1865 der Zigarrenarbeiterverband und 1866 der Verband der deutschen Buchdrucker gegründet. Zur Geschichte der Gewerkschaftsbewegung siehe ausführlich Gamillscheg, Kollektives Arbeitsrecht I, § 2 2, S. 83 ff.; Sohn, Berufsverband und Industriegewerkschaft. S. 6 ff.

[135] LAG München, Urt. v. 21.3.1950 (I 601-602/49) = AmtsBl.BayerArbMin. 1950, 243 ff. m. abl. Anm. Hessel in BB 1950, 621 ff.; LAG München, Urt. v. 14.9.1950 (I 648/50) = AmtsBl. BayerArbMin. 1950, S. 621 ff = BB 1950, 786.

anerkannte Gewerkschaften, sein könnten. *Meissinger*[136] begründete dies als damaliger Vizepräsident des Landesarbeitsgerichts im wesentlichen damit, dass die Tarifpolitik Bestandteil der sozialen Selbstverwaltung im „kollektiv-korporativen Arbeitsnormenrecht" sei und daher zwingend den gleichen Leitgedanken unterliegen müsse wie die Betriebsverfassung als weiterer wichtiger Bestandteil sozialer Selbstverwaltung. Auf der Ebene der sozialen Selbstverwaltung der Betriebe könne die Schaffung einer Querverbindung zwischen Betriebsräten und Gewerkschaften und ein Mitwirkungsrecht der Gewerkschaften aber nur in der Ebene des „Fachberufs des Betriebs" erfolgen.[137]

Dieser Ansatz ist jedoch zu Recht sowohl in der Rechtsprechung des BAG[138] als auch in der Literatur[139] nahezu ausnahmslos auf nachdrücklichen Widerspruch gestoßen. Bei dem Industrieverbandsprinzip handelt es sich nicht um eine Rechtsnorm, sondern um einen Organisationsgrundsatz im Interesse einer effektiven Gewerkschaftsarbeit.[140] Für eine normative Manifestation dieses Organisationsgrundsatzes bestehen keine Ansatzpunkte. Das Grundrecht der Koalitionsfreiheit aus Art. 9 Abs. 3 GG gewährt den Koalitionen grundsätzlich auch die freie Ausgestaltung ihrer Organisationsgrundsätze.[141] Die Koalitionsfreiheit ist als solche schrankenlos gewährleistet. Zwar bedeutet dies nicht, dass dem Gesetzgeber damit jegliche Regelungsbefugnis im Schutzbereich der Koalitionsfreiheit entzogen ist. Vielmehr bedarf die Koalitionsfreiheit, soweit das Verhältnis der Tarifvertragsparteien zueinander berührt wird, der gesetzlichen Ausgestaltung.[142] Es müssen rechtliche Verfahrensnormen bereit gestellt

---

[136] Meissinger, RdA 1951, S. 46 ff.; ders., DB 1952, 101; ähnlich Gumpert, Anm. zu BAG, Urt. v. 19.12.1958 (1 AZR 55/58), BB 1959, 487 (488).

[137] Meissinger, RdA 1951, 46 (47).

[138] BAG, Beschl. v. 27.11.1964 (1 ABR 13/63) = AP Nr. 1 zu § 2 TVG Tarifzuständigkeit; BAG, Beschl. v. 19.11.1985 (1 ABR 37/83) = AP Nr. 4 zu § 2 TVG Tarifzuständigkeit; BAG, Beschl. v. 22.11.1988 (1 ABR 6/87) = AP Nr. 5 zu § 2 TVG Tarifzuständigkeit; BAG, Beschl. v. 25.9.1996 (1 ABR 4/96) = AP Nr. 10 zu § 2 TVG Tarifzuständigkeit; BAG, Beschl. v. 12.11.1996 (1 ABR 33/96) = AP Nr. 11 zu § 2 TVG Tarifzuständigkeit; BAG, Beschl. v. 14.12.1999 (1 ABR 74/98) = AP Nr. 14 zu § 2 TVG Tarifzuständigkeit.

[139] Buchner, ZfA 1995, 95 (100 f.); Dreschers, Entwicklung des Rechts des Tarifvertrags, S. 201; v. Eisenhart Rothe, Tarifzuständigkeit, S. 40 f.; Heß, ZfA 1976, S. 45 (73 f.); Hillebrand, Tarifzuständigkeit, S. 13 ff.; Kempen/Zachert, TVG, § 2 Rn. 56, 110; Konzen, FS Kraft (1998), S. 291 (298 f.); Kraft, FS Schnorr v. Carolsfeld, S. 255, (257 f.); Kutscher, Tarifzuständigkeit, S. 9 f.; Nikisch, Arbeitsrecht II, S. 239; Richardi, gemeinsame Anm. zu den Beschlüssen des BAG v. 17.2.1970 (1 ABR 14/69) u. v. 17.2.1970 (1 ABR 15/69), AP Nr. 3 zu § 2 TVG Tarifzuständigkeit; Wiedemann/Oetker, TVG, § 2 Rn. 283; a.A. Gaul, ZTR 1991, 443 (448 ff.).

[140] Vgl. BAG, Beschl. v. 19.11.1985 (1 ABR 37/83) = AP Nr. 4 zu § 2 TVG Tarifzuständigkeit; v. Eisenhart Rothe, Tarifzuständigkeit, S. 40 f.; Kempen/Zachert, TVG, § 2 Rn. 110.

[141] Aus der Rechtsprechung zuletzt BVerfG, Urt. v. 3.4.2001 (1 BvL 32/97) = AP Nr. 2 zu § 10 BUrlG Kur; BAG, Beschl. v. 14.12.1999 (1 ABR 74/98) = AP Nr. 14 zu § 2 TVG Tarifzuständigkeit; aus der Literatur vgl. statt vieler Gamillscheg, Kollektives Arbeitsrecht I, § 6 I 2, S. 213 f. m.w.N.

[142] Vgl. statt aller BVerfG, Urt. v. 3.4.2001 (1 BvL 32/97) = AP Nr. 2 zu § 10 BUrlG Kur.

werden, innerhalb derer die Koalitionsfreiheit verwirklicht wird.[143] Dies hat der Gesetzgeber u.a. durch die Schaffung des Tarifvertragsgesetzes bewerkstelligt, eine normative Vorgabe des Industrieverbandsprinzips ist jedoch nicht erfolgt.[144]

Ebenso wenig kann von einer gewohnheitsrechtlichen Anerkennung des Industrieverbandsprinzips, wie sie von *Gaul*[145] vor dem Hintergrund der „Allfloor"-Entscheidung des BAG[146] in Erwägung gezogen wird, die Rede sein. Gewohnheitsrecht entsteht durch die tatsächliche allgemeine Übung und durch die allgemeine Überzeugung der Mitglieder der Rechtsgemeinschaft, dass der Grundsatz, welcher der tatsächlichen Übung zugrunde liegt, rechtsverbindlich sei.[147] Einer entsprechenden allgemeinen Überzeugung steht aber die ständige Rechtsprechung des BAG entgegen, welche dem Industrieverbandsprinzip gerade keine Rechtsverbindlichkeit zubilligt und damit einen Koalitionstypenzwang ausschließt.[148]

---

[143] Kempen/Zachert, TVG, Grundl. Rn. 101.

[144] Siehe zur rechtspolitischen Forderung nach einer entsprechenden Regelung im Interesse der Rechtssicherheit und -klarheit Gaul, ZTR 1991, 443 (450).

[145] Vgl. Gaul, ZTR 1991, 443 (448 ff.).

[146] BAG, Beschl. v. 19.11.1985 (1 ABR 37/83) = AP Nr. 4 zu 2 TVG Tarifzuständigkeit m. Anm. Reuter. In diesem Beschluss hielt es der 1. Senat für zulässig, dass die IG Chemie ihren satzungsmäßigen Organisationsbereich auf die „Erzeugung und/oder Verarbeitung von Teppichböden aller Art" mit dem Ziel erstreckte, ihre Organisationskraft bei den Arbeitnehmern der von der Deutschen Linolium Werke Bietigheim (DLW) AG ausgegründeten Allfloor Bodenbelags GmbH zu erhalten. Siehe dazu unten § 6.

[147] Bydlinski, Juristische Methodenlehre und Rechtsbegriff, S. 215; Larenz, Methodenlehre der Rechtswissenschaft, S. 356 ff., 433.

[148] Dies räumt letztlich auch Gaul ein, vgl. ZTR 1991, 443 (450). Im übrigen fehlt es aber auch an der von Gaul angenommenen tatsächlichen Übung. Diese scheitert daran, dass das Industrieverbandsprinzip noch nicht einmal bei den nach diesem Leitgedanken ausgerichteten DGB-Gewerkschaften ein zwingender und ausnahmslos geltender Grundsatz ist. Nach dem Industrieverbandsprinzip strukturiert sind zwar dem Grunde nach, wenn auch jeweils auf mehrere Wirtschaftszweige bezogen, die IG BAU (§ 2 IG Bau-Satzung), die IG BCE (§ 1 Ziff. 3 IG BCE-Satzung), die IG Metall (§§ 1, 3 IG Metall-Satzung i.V.m. dem Organisationskatalog III B) und die Gewerkschaft NGG (§ 2 NGG-Satzung). Diese Ausrichtung wird jedoch gerade dadurch durchbrochen, dass auch Unternehmen, Betriebe etc. einbezogen werden, welche nicht unter die genannten Wirtschaftszweige fallen, diese aber z.B. durch die Erbringung von Dienstleistungen unterstützen; so Nr 1 des Organisationskatalogs der IG Bau-Satzung, § 1 Ziff. 3 IG BCE-Satzung, § 1 a u. § 3 IG Metall-Satzung i.V.m. dem Organisationskatalog III B, § 2 NGG-Satzung. Letztendlich wird dadurch in Abkehr vom Industrieverbandsprinzip eine Besitzstandswahrung bezüglich an sich branchenfremder Unternehmen, die aber mit der „Primärbranche" zusammenhängen, bezweckt. Weitere Durchbrechungen finden sich bei ver.di, wenn dort z.B. entsprechend der Satzung der früheren IG-Medien bestimmte Berufsgruppen wie Sänger etc. aufgezählt werden oder die Zuständigkeit für alle ehemaligen Mitglieder der DAG festgelegt wird (§ 4 Ziff. 1 ver.di-Satzung i.V.m. Ziff. 1.3 bzw. 1.5 des Organisationskatalogs). Berufsbezogen ausgerichtet ist auch die Satzung Gewerkschaft Erziehung und Wissenschaft (GEW), welche die Zuständigkeit u.a. für alle „pädagogischen und sozialpädagogischen Berufe" eröffnet (§ 6 Ziff. 2 a GEW-Satzung). Wie diese Beispiele verdeutlichen, kann von einer strengen Handhabe des Industrieverbandsprinzips innerhalb der im DGB vereinten Gewerkschaften nicht die Rede sein. Auch der DGB als Dachverband geht nicht von einer aus-

Nach alledem handelt es sich beim Industrieverbandsprinzip nicht um eine Rechtsnorm. Dementsprechend kann es auch keine normative Grundlage für eine Tarifzuständigkeit in dem Sinne bieten, dass die Satzung zwingend nach dem Industrieverbandsprinzip auszurichten und die Zuständigkeit damit zugleich auf die in der Satzung genannten Industriebereiche begrenzt ist.

II. Ultra-vires-Lehre

Eine weitere Triebfeder zur Begründung der Tarifzuständigkeit liegt in der im angloamerikanischen Rechtskreis entwickelten ultra-vires-Lehre[149]. Nach dieser Doktrin ist die Rechtsfähigkeit einer juristischen Person nach Maßgabe ihres Aufgabenkreises beschränkt, da die juristische Person nicht wie die natürliche Person ein zweckfreies Dasein beanspruchen kann, sondern einem durch Statut vorgegebenen Zweck dient.[150] Rechtsgeschäfte, die sie außerhalb ihres Aufgabenkreises vornimmt, sind demnach schlechthin unwirksam, es liegt nicht nur eine Überschreitung der Vertretungsmacht der betreffenden Organe der juristischen Person vor.[151]

1. Ultra-vires-Handeln juristischer Personen des öffentlichen Rechts

Der BGH[152] hat für juristische Personen des öffentlichen Rechts die ultra-vires-Lehre bereits in einem Grundsatzurteil aus dem Jahre 1956 praktisch rezipiert, in dessen 1. Leitsatz es heißt:

---

nahmslosen Geltung des Leitbilds „Industrieverbandsprinzip" aus. Im Anhang der Satzung des DGB ist zwar bei den Richtlinien zur Organisationsabgrenzung, denen gemäß § 15 Ziff. 1 Satzungsqualität zukommt, die Beachtung des Prinzips „ein Betrieb, eine Gewerkschaft" erwähnt, dies aber nur als eines von mehreren Kriterien. Ebenso ist gemäß den vom DGB-Bundesvorstand am 7. November 2000 beschlossenen „Grundsätzen für die Organisationsbeziehungen und -kooperation der DGB-Gewerkschaften aus Anlass der Gründung von ver.di und der Integration der DAG in den DGB" von einer grundsätzlichen Geltung des Organisationsprinzips „Ein Betrieb – eine Gewerkschaft" die Rede, von dem aber „im Einzelfall und für eine Übergangszeit" einvernehmlich abgewichen werden könne. Weiterhin sollen die Organisationsprinzipien von GEW und GdP nach dem Beschluss unberührt bleiben.

[149] Hueck/Nipperdey, Arbeitsrecht II/1, § 20 VIII 3, S. 446; Franke, RdA 1966, 366 (370, Anm. 8); Lehna, DB 1959, 916; Hromadka/Maschmann/Wallner, Der Tarifwechsel, Rn. 31 ff.; Link, Tarifzuständigkeit; S. 39 f.; Löwisch/Rieble, TVG, § 2 Rn. 89; Ueberall, Tariflegitimation, S. 27.

[150] Vgl. zum Ganzen Eggert, Die deutsche ultra-vires Lehre, S. 1 ff.; MünchKomm/Reuter, BGB, Vor § 21 Rn. 12; Koenig, WM 1995, 317 (323 ff.); K. Schmidt, AcP 184 (1984), 529 ff.

[151] So aber noch RG, Urt. v. 5.11.1934 (VI 180/34) = RGZ 145, 311 (314 f.).

[152] BGH, Urt. v. 28.2.1956 (I ZR 84/54) = BGHZ 20, 119; bestätigt durch BGH, Beschl. v. 15.7.1969 (NotZ 3/69) = NJW 1969, 2198 (2199). Vgl. auch die ständige Rechtsprechung des BVerwG, derzufolge Mitgliedern öffentlich-rechtlicher Zwangsverbände ein Unterlassungsanspruch gegen den Verband zusteht, wenn dieser seine Befugnisse überschreitet; BVerwG, Urt. v. 19.9.2000 (1 C

„Rechtsgeschäfte, die eine juristische Person des öffentlichen Rechts durch ihre Organe außerhalb des durch Gesetz oder Satzung bestimmten Wirkungskreises der juristischen Person vornimmt, sind unwirksam."

In den Gründen führt der BGH[153] weiter aus:

„Juristische Personen des öffentlichen Rechts sind jedenfalls grundsätzlich nur im Rahmen des ihnen durch Gesetz oder Satzung zugewiesenen Aufgaben- und Wirkungsbereichs zu einem rechtswirksamen Handeln befugt. Sie können nur innerhalb des durch ihre Zwecke und Aufgaben bestimmten, sachlich und räumlich beschränkten Lebenskreises handeln. Außerhalb ihres Funktionsbereichs liegende Handlungen entbehren schlechthin der Rechtswirksamkeit."

Diese Rechtsprechung hat in der Literatur[154] überwiegend Zustimmung gefunden. Zur weiteren dogmatischen Untermauerung stellt *Westermann*[155] eine Parallele zum Problem der Grundrechtsfähigkeit juristischer Personen des öffentlichen Rechts nach Art. 19 Abs. 3 GG her und bezieht sich auf eine Entscheidung des Bundesverfassungsgerichts vom 8. Juli 1982[156], wonach der grundrechtlich gewährleistete Schutz von dem der juristischen Person des öffentlichen Rechts zugewiesenen Aufgabenkreis abhänge.

2. Ultra-vires-Lehre im deutschen Privatrecht

Die Anwendung der ultra-vires-Lehre auf juristische Personen des Privatrechts wird demgegenüber nach einhelliger Auffassung kategorisch abgelehnt.[157] Für den Bereich des Zivilrechts kenne das BGB eine solche Begrenzung der Rechtsfähigkeit nicht,

---

29/99) = BVerwGE 112, 69 (71 ff.); BVerwG, Urt. v. 21.7.1998 (1 C 32/97) = BVerwGE 107, 168 (173 ff.) m.w.N.

[153] BGH, Urt. v. 28.2.1956 (I ZR 84/54) = BGHZ 20, 119 (125). Der BGH hat allerdings ausdrücklich offengelassen, ob „juristische Personen des öffentlichen Rechts nur innerhalb des ihnen zugewiesenen Wirkungskreises rechtlich vorhanden oder rechtsfähig sind".

[154] Koenig, WM 1995, 317 (322 ff.); Däubler, TVG, § 2 Rn. 89; Erman/Westermann, BGB, vor § 21 Rn. 10; MünchKomm/Reuter, vor § 21 Rn. 12; Palandt/Heinrichs, BGB, vor § 21 Rn. 11; Soergel/Hadding, BGB, vor § 21 Rn. 24 f., § 26 Rn. 10; Staudinger/Weick, Einl. §§ 21 ff., Rn. 24 f.; a.A. Fuß, DÖV 1956, 566 ff.

[155] Erman/Westermann, BGB, vor § 21 Rn. 10.

[156] BVerfG, Beschl. v. 8.7.1982 (2 BvR 1187/80) = NJW 1982, 2173 (2174).

[157] K. Schmidt, AcP 184 (1984), 529 ff.; ders., Gesellschaftsrecht, § 8 V 2, S. 214 f.; Enneccerus/Nipperdey, BGB AT, § 105, S. 634 f.; Erman/Westermann, BGB, vor § 21 Rn. 10; Löwisch/Rieble, TVG, § 2 Rn. 89; MünchKomm/Reuter, BGB, § 26 Rn. 15; Palandt/Heinrichs, BGB, vor § 21 Rn. 11; Soergel/Hadding, BGB, vor § 21 Rn. 24; Staudinger/Weick, BGB, § 26 Rn. 9.

sondern das deutsche Privatrecht schütze die Interessen Dritter, denen es nicht zuzumuten sei, besondere Nachforschungen nach inneren Vereinsverhältnissen anzustellen. Durch entsprechende Beschränkungen in der Satzung werde nicht die Rechtsfähigkeit, sondern allenfalls die Vertretungsmacht des Vorstands beschränkt.[158] Während juristische Personen des Zivilrechts durch freiwilligen, rechtsgeschäftlichen Zusammenschluss der Gründer entstünden, würden juristische Personen des öffentlichen Rechts durch Hoheitsakt errichtet. Mit der Errichtung erfolge eine Zuweisung der Aufgaben und Kompetenzen der juristischen Person, womit zugleich der Umfang ihrer Rechtsfähigkeit bestimmt werde.[159]

3. Übertragung des ultra-vires-Gedankens auf die Tarifzuständigkeit

Das BAG[160] hat den ultra-vires-Gedanken in seiner Rechtsprechung zur Tarifzuständigkeit aufgegriffen, indem es bereits in einer Entscheidung aus dem Jahre 1970 zur Klärung der Tarifzuständigkeit im arbeitsgerichtlichen Beschlussverfahren nach §§ 2 a Abs. 1 Nr. 4, 97 ArbGG (damals §§ 2 Abs. 1 Nr. 5, 97 ArbGG) ausführte:

„Ein Verfahren nach § 2 Abs. 1 Nr. 5 ArbGG i.V.m. § 97 ArbGG greift nicht etwa in die Autonomie der Verbände ein. Diese bestimmen als die nach Art. 9 Abs. 3 GG geschützten Interessenvereinigungen selbst, aus welchen Arbeits- und Wirtschaftsbereichen sie Mitglieder aufnehmen können. Die Gewährleistung der Vereinigungsfreiheit für jedermann und alle Berufe bedeutet auch, dass ausschließlich die sich in einer Vereinigung Zusammenschließenden über ihre Betätigung in den einzelnen Bereichen zu befinden haben. ... Es geht also lediglich um die gerichtliche Klärung, welche Möglichkeiten sich die Vereinigungen selbst eröffnet und welche Beschränkungen sie sich damit gesetzt haben."

In der Literatur wird die Übertragung des ultra-vires-Gedankens auf die Tarifzuständigkeit kontrovers diskutiert.[161] Bei den Befürwortern[162] findet sich häufig die Argu-

---

158 Palandt/Heinrichs, BGB, vor § 21 Rn. 11; Soergel/Hadding, vor § 21 Rn. 24.
159 Soergel/Hadding, BGB, § 89 Rn. 12, 52 ff.
160 BAG, Beschl. v. 17.2.1970 (1 ABR 15/69) = AP Nr. 3 zu § 2 TVG Tarifzuständigkeit, Bl. 3 R.
161 Ablehnend: Däubler, TVG, § 2 Rn. 89 a; Delheid, Tarifzuständigkeit, S. 10; v. Eisenhart Rothe, Tarifzuständigkeit, S. 23 ff.; Hillebrand, Tarifzuständigkeit, S. 24; Konzen, FS Kraft (1998), S. 291, (302 ff.); Kutscher, Tarifzuständigkeit, S. 11; Reuter, FS Söllner (2000), S. 937 (955); van Venroy, ZfA 1983, 49, (73 ff.); Wiedemann/Oetker, TVG, § 2 Rn. 48.
162 Hueck/Nipperdey, Arbeitsrecht II/1, § 20 VIII 3, S. 446; Franke, RdA 1966, 366 (370, Anm. 8); Lehna, DB 1959, 916; Link, Tarifzuständigkeit, S. 39 f.; Löwisch/Rieble, TVG, § 2 Rn. 89; Ueberall, Tariflegitimation, S. 27.

mentation, dass kein Bedürfnis dafür bestehe, einer Koalition weiterreichende Kompetenzen einzuräumen, als sie sich in ihrer Satzung in freier Selbstbestimmung verleihe. Insoweit erscheine es gerechtfertigt, in der Grenze ihres Wollens auch die Grenze ihres Könnens zu sehen.[163] Dem wird jedoch entgegengehalten, dass eine Übertragung des ultra-vires-Gedankens auf das Tarifrecht einer besonderen Begründung bedürfe, da er dem Privatrecht grundsätzlich fremd sei.[164] Sehe man die Tariffähigkeit als besondere Form der Rechtsfähigkeit auf dem Gebiet des Tarifrechts an, dann lasse sich diese nicht durch den Inhaber einschränken, sondern allenfalls durch den Gesetzgeber.[165]

Als weitere Begründung für die Anwendung der ultra-vires-Lehre im Tarifrecht wird die hinsichtlich der tariflichen Normsetzung bestehende Parallele zu den juristischen Personen des öffentlichen Rechts hervorgehoben.[166] Da sich nur das Zustandekommen des Tarifvertrages nach dem Vertrags- und Vertretungsrecht des BGB richte, nicht aber dessen normative Wirkung, sei der Abschluß von Tarifverträgen der Sache nach Rechtsetzung.[167] Diese Argumentation sieht sich aber nach der Ansicht von *Däubler*[168] dem Einwand ausgesetzt, dass bei den Koalitionen keine mit den staatlichen Hoheitsträgern vergleichbare Situation existiere. Während im Öffentlichen Recht ein nachvollziehbares Ordnungsinteresse darin liege, dass die Behörde nicht auch im Zuständigkeitsbereich anderer Hoheitsträger tätig werde, würden Tarifauseinandersetzungen durch Zweifelsfragen im Zusammenhang mit der Tarifzuständigkeit verkompliziert.

a) Zweckgebundenheit der Tariffähigkeit

Die dargelegten Argumente verdeutlichen, dass die Diskussion letztlich darum kreist, inwieweit im Rahmen des Tarifrechts eine Vergleichbarkeit mit den der ultra-vires-Doktrin unterliegenden juristischen Personen des öffentlichen Rechts besteht. Vernachlässigt wird jedoch dabei das für das Verbot des ultra-vires-Handelns maßgebende Argument, dass juristische Personen des öffentlichen Rechts kein zweckfreies Dasein beanspruchen können, sondern ihre Existenz an eine bestimmte Aufgabenzuweisung geknüpft ist. Gerade hierin besteht aber eine Parallele zum Tarifrecht.

---

[163] Hueck/Nipperdey, Arbeitsrecht II/1, § 20 VIII 3, S. 446; ebenso Franke, RdA 1966, 366 (370, Anm. 8); Link, Tarifzuständigkeit, S. 39 f.; Ueberall, Tariflegitimation, S. 27. Franke, Link und Ueberall verstehen die Tarifzuständigkeit insoweit als Begrenzung der Tarifwilligkeit und ordnen sie daher als subjektive Grenze der Tariffähigkeit ein.

[164] v. Eisenhart Rothe, Tarifzuständigkeit, S. 23 ff.; Hillebrand, Tarifzuständigkeit, S. 24.

[165] v. Eisenhart Rothe, Tarifzuständigkeit, S. 24; Hromadka/Maschmann/Wallner, Der Tarifwechsel, Rn. 33; Kutscher, Tarifzuständigkeit, S. 11.

[166] Löwisch/Rieble, TVG, § 2 Rn. 89.

[167] Hromadka/Maschmann/Wallner, Der Tarifwechsel, Rn. 33.

[168] Däubler, TVG, § 2 Rn. 89 a.

Zwar werden Koalitionen nicht durch Hoheitsakt errichtet, sondern im Wege des privatrechtlichen Zusammenschlusses gegründet. Insofern ist auch der Aufgabenbereich nicht statisch festgelegt, sondern unterliegt dem dynamischen Verbandswillen.[169] Dies legt es zunächst einmal nahe, die Koalitionen mit den juristischen Personen des Privatrechts gleichzustellen und die ultra-vires-Doktrin auf sie nicht anzuwenden.

Eine entscheidende Besonderheit besteht aber darin, dass nicht jeder beliebigen Vereinigung die Koalitionseigenschaft zuerkannt werden kann. Um als Koalition nach Art. 9 Abs. 3 GG anerkannt zu werden, muss die Vereinigung eine Reihe weiterer Eigenschaften aufweisen[170], insbesondere nach dem Inhalt der Satzung die „Wahrung und Förderung der Arbeits- und Wirtschaftsbedingungen" ihrer Mitglieder übernehmen[171]. Die Tariffähigkeit einer Vereinigung gemäß § 2 Abs. 1 TVG setzt weiterhin nach überwiegender Ansicht voraus, dass zu deren satzungsmäßigen Aufgaben Tarifabschlüsse zählen (sog. Tarifwilligkeit).[172] Für Spitzenverbände ist dieses Erfordernis ausdrücklich in § 2 Abs. 3 TVG festgelegt. Während also im Bereich des Privatrechts die Ausrichtung des in der Satzung festgelegten Zwecks für die Rechtsfähigkeit des Verbandes ohne jegliche Bedeutung ist und insoweit auch keine Außenwirkung besitzt, weist das Tarifrecht die Besonderheit auf, dass sich die Frage der Tariffähigkeit als „von der Verfassung anerkannte und von Gesetz und Richterspruch ausgestaltete Regelungsbefugnis mit Außenwirkung"[173] gerade nach den durch den Verband verfolgten Aufgaben richtet und allein nach Maßgabe der Satzung[174] beur-

---

[169] Vgl. Biedenkopf, Grenzen der Tarifautonomie, S. 91 Fn. 116; Hillebrand, Tarifzuständigkeit, S. 25.

[170] Vgl. hierzu statt aller Wiedemann/Oetker, TVG, § 2 Rn. 171.

[171] BVerfG, Urt. v. 10.1.1995 (1 BvF 1/90, 1 BvR 342, 348/90) = BVerfGE 92, 26 (40); BVerfG, Urt. v. 6.5.1964 (1 BvR 79/62) = BVerfGE 18, 18 (28); BAG, Urt. v. 6.6.2000 (1 ABR 10/99) = AP Nr. 55 zu § 2 TVG; Gamillscheg, Kollektives Arbeitsrecht, § 9 II 2, S. 395; Kempen/Zachert, TVG, § 2 Rn. 13; Hueck/Nipperdey, Arbeitsrecht II/1, § 6 III 1 d, S. 104 f.; Maunz/Dürig-Scholz, GG, Art. 9 Rn. 195; Nikisch, Arbeitsrecht II, § 70 III 2, S. 244; Wiedemann/Oetker, TVG, § 2 Rn. 286; Zöllner/Loritz, Arbeitsrecht, § 8 IV 1, S. 115.

[172] St. Rspr. des BAG, vgl. statt aller Urt. v. 6.6.2000 (1 ABR 10/99) = AP Nr. 55 zu § 2 TVG; Gamillscheg, Kollektives Arbeitsrecht, § 14 I 2 a, S. 522; Hueck/Nipperdey Arbeitsrecht II/1, § 6 III 3; S. 105; Löwisch/Rieble, TVG, § 2 Rn. 32; Löwisch, ZfA 1974, 29 (32 ff.); Richardi, Kollektivgewalt und Individualwille, S. 153 ff.; Säcker, AR-Blattei D, Tarifvertrag II A; I 2 a; Sbresny-Uebach, AR-Blattei D, Tarifvertrag II A, I 2 a aa; Wiedemann/Oetker, TVG, § 2 Rn. 291; Zöllner/Loritz, Arbeitsrecht, § 34 I 2 b, S. 381. A.A. Nikisch, Arbeitsrecht II, § 70 III 2, S. 244, der zwischen Gewerkschaften und Arbeitgeberverbänden unterscheidet und die Tarifwilligkeit nur von den Gewerkschaften fordert; E.R. Huber, Wirtschaftsverwaltungsrecht II, S. 446; Stein, Tarifvertragsrecht, Rn. 42. Für die Spitzenorganisationen ist das Erfordernis der Tarifwilligkeit ausdrücklich in § 2 Abs. 3 TVG normiert.

[173] So Wiedemann/Oetker, TVG, § 2 Rn. 11 mit weiteren Nachweisen in Rn. 12 ff. zu der in der Literatur geführten Diskussion, ob die Tariffähigkeit insoweit mit der allgemeinen Rechts- oder Geschäftsfähigkeit zu vergleichen ist.

[174] Gegen das Erfordernis einer satzungsmäßigen Festlegung der Tarifwilligkeit: Kempen/Zachert, TVG, § 2 Rn. 17.

teilt wird. Nur aufgrund der Satzung können Außenstehende feststellen, ob ein Verband Tarifverträge abschließen will.[175] Ein Verband, in dessen Satzung der Abschluss von Tarifverträgen nicht genannt wird, ist hierzu von den Mitgliedern nicht ermächtigt.[176] Ebenso wie eine juristische Person des öffentlichen Rechts allein in Bezug auf ihren gesetzlichen oder satzungsmäßigen Aufgabenbereich rechtlich existiert bzw. Rechtsgeschäfte wirksam abschließen kann, ist ein Verband nicht um seiner selbst Willen, sondern nur dann tarifrechtlich existent, wenn Tarifabschlüsse zu seinen satzungsmäßigen Aufgaben gehören.[177]

In dieser Parallele zu den juristischen Personen des öffentlichen Rechts liegt ein geeigneter Ansatzpunkt für die Übertragung der ultra-vires-Doktrin auf die Tarifzuständigkeit. Ist die Tariffähigkeit nur bei satzungsmäßiger Tarifwilligkeit gegeben, dann erscheint es naheliegend, die konkrete Zuständigkeit der Tarifparteien auf den Organisationsbereich zu beschränken, auf den bezogen die Bereitschaft zum Abschluss von Tarifverträgen in der Satzung manifestiert wurde.[178] Nachfolgend soll untersucht werden, ob sich diese These noch weiter dogmatisch fundieren lässt.

b) Grundlagen der tariflichen Normsetzungsbefugnis

Die Befugnis der Tarifpartner, Tarifnormen zu setzen, setzt die Legitimation im Verhältnis zu den Normunterworfenen voraus. Besteht eine solche Legitimation nur im Rahmen des satzungsmäßigen Organisationsbereichs, dann wäre hiermit die ultra-vires-Lehre im Ergebnis bestätigt. Dies macht eine Verständigung über die Grundlage der Normsetzungsbefugnis der Tarifvertragsparteien erforderlich.

Im wesentlichen werden hier die Delegations- und die Autonomietheorie vertreten[179]. Nach der Delegationstheorie[180] hat der Staat seine Rechtsetzungsbefugnis auf die Arbeitgeber- und Arbeitnehmerverbände übertragen. Als normative Grundlage der

---

[175] Wiedemann/Oetker, TVG, § 2 Rn. 18.

[176] Löwisch/Rieble, TVG, § 2 Rn. 32; Zöllner/Loritz, Arbeitsrecht, § 34 I 2 b, S. 381.

[177] Zu den weiteren Voraussetzungen der Tariffähigkeit der Verbände vgl. statt aller Wiedemann/Oetker, TVG, § 2 Rn. 171 ff.

[178] So auch bezogen auf Spitzenverbände LAG Köln, Beschl. v. 20.11.1998 (11 TaBV 15/98) = NZA 1999, 331 (332).

[179] Vgl. zum Ganzen Giesen, Tarifvertragliche Rechtsgestaltung für den Betrieb, S. 143 ff.

[180] BAG, Urt. v. 23.3.1957 (1 AZR 326/56) = BAGE 4, 240 (251); BAG, Urt. v. 20.6.1995 = AP Nr. 11 zu § 1 TVG Tarifverträge: Chemie; v. Eisenhart Rothe, Probleme der Tarifzuständigkeit, S. 26 ff.; Gamillscheg, Kollektives Arbeitsrecht I, § 15 III 2 a, S, 557 f.; Hertwig, RdA 1985, 282 (286 f.); Hueck/Nipperdey, Arbeitsrecht II/1, § 15 I, S. 239 f., § 18 III, S. 346 ff.; Nikisch, Arbeitsrecht II, § 69 II 4, S. 216; Oetker, gemeinsame Anm. zu den Urteilen des BAG. v. 25.2.1998 (7 AZR 641/96) u. v. 11.3.1998 (7 AZR 700/96), SAE 1999, 149 (151 ff.); Peters/Ossenbühl, Die Übertragung von öffentlich-rechtlichen Befugnissen auf die Sozialpartner, S. 12 ff.; Säcker, Grundprobleme der kollektiven Koalitionsfreiheit, S. 74; einen Mittelweg „je nach Sachlage" versucht *Wiedemann* in Wiedemann, TVG, § 1 Rn. 47 f.

Übertragung werden insbesondere Art. 9 Abs. 3 GG[181] oder §§ 1 ff. TVG[182] herangezogen.

Demgegenüber sind die Vertreter der Autonomietheorie[183] der Ansicht, dass die Tarifnormsetzung auf der originären privatautonomen Rechtsetzungsbefugnis der Arbeitgeber- und Arbeitnehmerverbände beruhe. So erfolgt nach der neuen Rechtsprechung des 7. Senats des BAG der Erlass von Tarifnormen auf der Grundlage „kollektiv ausgeübter Privatautonomie[184], nachdem Tarifvertragsparteien ihr Grundrecht aus Art. 9 GG wahrgenommen und Regelungen zu bestimmten Arbeits- und Wirtschaftsbedingungen geschaffen haben"[185]. Die Geltung der Normen beruhe auf dem privatautonomen Verbandsbeitritt ihrer Mitglieder[186], welche sich mit der „Wahrnehmung ihres Grundrechts aus Art. 9 Abs. 3 GG ... bestehendem und künftigem Tarifrecht" unterworfen hätten.[187]

Auf den ersten Blick scheint es, dass sich das Erfordernis der Tarifzuständigkeit nur unter Zugrundelegung der Delegationstheorie begründen ließe. So argumentiert

---

[181] Biedenkopf, Grenzen der Tarifautonomie, S. 102 f., 293; Gamillscheg, Kollektives Arbeitsrecht I, § 15 III 2 a, S. 558; Hertwig, RdA 1985, 282 (287).

[182] BAG, Urt. v. 23.3.1957 (1 AZR 326/56) = BAGE 4, 240 (251); BAG, Urt. v. 20.6.1995 (3 AZR 684/93) = AP Nr. 11 zu § 1 TVG Tarifverträge: Chemie; Hueck/Nipperdey, Arbeitsrecht II/1, § 15 I, S. 239 f.; Säcker, Grundprobleme der kollektiven Koalitionsfreiheit, S. 74; ähnlich Maunz/Dürig-Scholz, GG, Art. 9 Rn. 301. Scholz betrachtet die Tarifnormsetzung zwar als unmittelbare materielle Gesetzgebung durch die Tarifvertragsparteien, fordert als Voraussetzung hierfür aber die Anerkennung durch staatliche Gewalt, sog. Sanktionstheorie.

[183] BAG, Urt. v. 25.2.1998 (7 AZR 641/96) = AP Nr. 11 zu § 1 TVG Tarifverträge: Luftfahrt; BAG, Urt. v. 11.3.1998 (7 AZR 101/97) = AP Nr. 8 zu § 59 BAT; BAG, Urt. v. 11.3.1998 (7 AZR 700/96) = AP Nr. 12 zu § 1 Tarifverträge: Luftfahrt; BAG, Urt. v. 24.4.2001 (3 AZR 329/00), AP Nr. 243 zu § 1 Tarifverträge: Bau m. Anm. Zachert; BAG, Urt. v. 31.7.2002 (7 AZR 140/01) = NZA 2002, 1156 f.; Dieterich, FS Schaub (1998), S. 117 (121); Richardi, Kollektivgewalt und Individualwille, S. 127 ff., 164 f.; Rieble, Arbeitsmarkt und Wettbewerb, Rn. 194 ff.; ders., ZfA 2000, 5 ff.; Schliemann, ZTR 2000, 198 (201 ff.); Söllner, NZA 1996, 897 (902); Zachert, AuR 2002, 330 (331); Zöllner/Loritz, Arbeitsrecht, § 7 III, S. 103. Ebenfalls für eine privatautonome Normsetzungsbefugnis, welche aber der Anerkennung durch den Gesetzgeber bedürfe: Kirchhof, Private Rechtsetzung, S. 133 ff., 181 ff.; ihm folgend Belling, ZfA 1999, 547 (583 f., 587 ff.); Waltermann, FS Söllner, S. 1251 (1263); ders., ZfA 2000, 53 (65). Zwischen der Normsetzungsbefugnis gegenüber den Verbandsmitgliedern (Autonomietheorie, flankiert durch staatliche Rechtsanerkennung) und Außenseitern (Delegationstheorie) differenziert Giesen, Tarifvertragliche Rechtsgestaltung für den Betrieb, S. 170 ff.; 176 ff., ders., BB 2002, 1480 (1485).

[184] BAG, Urt. v. 14.10.1997 (7 AZR 811/96) = AP Nr. 155 zu § 1 TVG Tarifverträge: Metallindustrie; BAG, Urt. v. 11.3.1998 (7 AZR 101/97) = AP Nr. 8 zu § 59 BAT.

[185] BAG, Urt. v. 25.2.1998 (7 AZR 641/96) = AP Nr. 11 zu § 1 TVG Tarifverträge: Luftfahrt; BAG, Urt. v. 11.3.1998 (7 AZR 700/96) = AP Nr. 12 zu § 1 Tarifverträge: Luftfahrt.

[186] BAG, Urt. v. 25.2.1998 (7 AZR 641/96) = AP Nr. 11 zu § 1 TVG Tarifverträge: Luftfahrt; BAG, Urt. v. 11.3.1998 (7 AZR 101/97) = AP Nr. 8 zu § 59 BAT; BAG, Urt. v. 11.3.1998 (7 AZR 700/96) = AP Nr. 12 zu § 1 Tarifverträge: Luftfahrt; Dieterich, FS Schaub (1998), S. 117 (121); Söllner, NZA 1996, 897 (902).

[187] BAG, Urt. v. 25.2.1998 (7 AZR 641/96) = AP Nr. 11 zu § 1 TVG Tarifverträge: Luftfahrt; BAG, Urt. v. 11.3.1998 (7 AZR 700/96) = AP Nr. 12 zu § 1 Tarifverträge: Luftfahrt.

etwa *Wiedemann* bei der Tarifzuständigkeit mit der Parallele zur staatlichen Rechtsetzung: „Die Tarifzuständigkeit verhält sich zum Geltungsbereich eines bestimmten Tarifvertrages wie die Zuständigkeit einer staatlichen Behörde zum Geltungsradius ihrer Rechtsakte."[188]

Bei einer im Sinne der Autonomietheorie privatautonom verstandenen tarifvertraglichen Normsetzung liegt es demgegenüber zunächst nahe, dass allein der Verbandsbeitritt des Mitglieds und die Einhaltung der rechtsgeschäftlichen Voraussetzungen beim Tarifabschluss genügen, um die normative Wirkung des Tarifvertrages zu begründen. Allerdings bliebe bei einer solchen Betrachtungsweise unberücksichtigt, dass es nicht um die Ausübung individueller, sondern kollektiver Privatautonomie geht. Es kommt also weniger auf die Legitimation durch das einzelne Koalitionsmitglied an, als vielmehr auf die „Legitimation der Tarifautonomie als gebündelter Ausdruck individueller Selbstbestimmung"[189]. Folglich ist auch bei Zugrundelegung der Autonomietheorie die Möglichkeit eröffnet, die Normsetzungsbefugnis auf den Bereich zu beschränken, der von allen Mitgliedern durch Unterwerfung unter die Satzung legitimiert wurde.

Demnach sind beide Begründungsansätze grundsätzlich für das Kriterium der Tarifzuständigkeit offen. Weiterhin haben beide Auffassungen gemeinsam, dass es jedenfalls einer Betätigung der Koalitionen in Ausübung ihrer Tarifautonomie gemäß Art. 9 Abs. 3 GG bedarf, sei die Normenwirkung des sodann geschlossenen Tarifvertrages auf staatliche Delegation oder originär auf „kollektiv ausgeübte Privatautonomie" zurückzuführen.[190] Dabei darf die Normsetzungsbefugnis grundsätzlich nicht den Autonomiebereich überschreiten, sondern ist regelmäßig enger.[191] Fraglich ist jedoch, ob ein Tarifabschluss, der über den satzungsmäßigen Organisationsbereich hinausgeht, überhaupt mit der Tarifautonomie nach Art. 9 Abs. 3 GG vereinbar ist.

Nach der Delegationstheorie kommt Art. 9 Abs. 3 GG insoweit die Funktion zu, rechtsetzende Macht an die Tarifvertragsparteien unmittelbar zu übertragen oder jedenfalls ihre Delegation durch den einfachen Gesetzgeber zu legitimieren.[192] Dem-

---

[188] Wiedemann, RdA 1975, 78 (79). Bei der staatlichen Delegation zur Rechtsetzung setzt v. Eisenhart Rothe, Tarifzuständigkeit, S. 26 ff. an: Die Koalitionen seien kraft Delegation zu einer sinnvollen Ordnung des Arbeitslebens, welche nur im Rahmen des satzungsmäßigen Organisationsbereichs möglich sei, berechtigt und verpflichtet.

[189] Zachert, AuR 2002, 330 (331).

[190] Insoweit ist begrifflich zu unterscheiden zwischen der Rechtsetzungsbefugnis der Tarifvertragsparteien und der Tarifautonomie als generelle autonome Selbstregelungsbefugnis für den Bereich der Arbeits- und Wirtschaftsbedingungen, die nach dem TVG sowohl durch die Statuierung objektiven Rechts als auch auf andere Weise erfolgen kann, vgl. Waltermann, ZfA 2000, 53 (56 ff.); ders., FS Söllner (2000), S. 1251 (1258 ff.)

[191] Waltermann, ZfA 2000, 53 (58); ders., FS Söllner (2000), S. 1251 (1261).

[192] Hertwig, RdA 1985, 282 (285).

nach kann ein Tarifvertrag, der nicht vom Schutzbereich des Art. 9 Abs. 3 GG gedeckt ist, keine normative Wirkung entfalten, es sei denn, der Gesetzgeber hat in einfachgesetzlichen Normen einen entgegenstehenden Willen zum Ausdruck gebracht. So ist es dem Gesetzgeber etwa unbenommen, auch Nicht-Koalitionen wie z.B. die Handwerksinnungen nach § 54 Abs. 3 Nr. 1 HandwO mit Tariffähigkeit auszustatten.[193] Unterbleibt aber eine entsprechende Regelung, kommt es für die Wirksamkeit des Tarifabschlusses auf die Koalitionseigenschaft an.

Unter Zugrundelegung der Autonomietheorie hat Art. 9 Abs. 3 GG demgegenüber die Qualität eines klassischen Grundrechts, welches die „Mandatierung eines Verbandes"[194] und weiterhin das Tätigwerden des Verbandes infolge der Mandatierung gewährleistet. Auch hier gilt, dass die gewährte Regelungsmacht nicht weiter reichen kann als die Schutzbereichsgrenze des Art. 9 Abs. 3 GG, welche die äußerste Grenze der Tarifautonomie darstellt.[195]

Folglich stellt sich nach beiden Auffassungen, wenn auch mit unterschiedlichen Ansatzpunkten, letztlich die Ausgangsfrage nach der verfassungsrechtlichen Rechtfertigung bzw. des verfassungsrechtlichen Schutzes des Tarifabschlusses durch Art. 9 Abs. 3 GG.

c) Tarifzuständigkeit und Art. 9 Abs. 3 GG

Teilweise wird das Merkmal der Tarifzuständigkeit als Eingriff in Art. 9 Abs. 3 GG verstanden, welcher der verfassungsrechtlichen Rechtfertigung bedürfe.[196] Das Betätigungsrecht der Koalitionen im Rahmen der Tarifautonomie werde beeinträchtigt, da nicht jede tariffähige Koalition ohne weiteres mit einer anderen tariffähigen Koalition einen Tarifvertrag abschließen könne.[197]

aa) Schutzbereich des Art. 9 Abs. 3 GG

Es fragt sich allerdings, ob eine Betätigung über den Organisationsbereich hinaus überhaupt vom Schutzbereich des Art. 9 Abs. 3 GG erfasst ist.[198] Das Bundesverfassungsgericht hat zu dieser Frage noch nicht ausdrücklich Stellung bezogen. In einer Entscheidung zur Zulässigkeit einer Allgemeinverbindlicherklärung nach § 5 TVG

---

[193] V. Münch/Kunig-Löwer, GG, Art. 9 Rn. 71.
[194] Hertwig, RdA 1985, 282 (285).
[195] Dieterich, FS Schaub (1998), 117 (126).
[196] Kutscher, Tarifzuständigkeit, S. 13 Fn. 55; Hillebrand, Tarifzuständigkeit, S. 46 f.
[197] Eine Beeinträchtigung des Selbstbestimmungsrechts scheidet hingegen von vornherein aus, da diesem gerade mit der Tarifzuständigkeit Rechnung getragen wird, vgl. BAG, Beschl. v. 17.2.1970 (1 ABR 15/69) = AP Nr. 3 zu § 2 TVG Tarifzuständigkeit.
[198] Siehe auch Heinze, DB 1997, 2122, der aber offen lässt, ob „Art. 9 Abs. 3 GG den Rechtsbegriff der Tarifzuständigkeit zwingend gebietet".

hat es lediglich festgestellt, dass es verfassungsrechtlich nicht zu beanstanden sei, wenn sich die Abgrenzung des Geltungsbereichs der Tarifnormen nach der Tarifzuständigkeit der vertragsschließenden Parteien richte.[199] Weiterhin hat es in einem Beschluss zur Verfassungsmäßigkeit des Kriteriums der Durchsetzungskraft als Voraussetzung für die Tariffähigkeit einer Arbeitnehmerkoalition den selbstgewählten Organisationsbereich des Verbands als Beurteilungsmaßstab dafür herangezogen, ob diesem eine hinreichende Organisationskraft zukommt.[200] Beide Entscheidungen, insbesondere die erstgenannte, implizieren somit die Rechtsverbindlichkeit der Tarifzuständigkeit auch im Außenverhältnis, ohne insoweit verfassungsrechtliche Bedenken geltend zu machen.

Art. 9 Abs. 3 GG gewährt das „Recht, zur Wahrung und Förderung der Arbeits- und Wirtschaftsbedingungen Vereinigungen zu bilden". Hierdurch ist zunächst einmal die individuelle Koalitionsfreiheit gewährleistet, welche das Recht beinhaltet, eine Koalition zu gründen, einer bestehenden Koalition beizutreten und in ihr zu verbleiben (positive Koalitionsfreiheit) bzw. aus dem Verband auszutreten und ihm fernzubleiben (negative Koalitionsfreiheit).[201] Darüber hinaus schützt Art. 9 Abs. 3 GG nach heutigem Verständnis auch die Koalitionen als solche (kollektive Koalitionsfreiheit) und gewährleistet ihnen den Fortbestand, die Organisationsfreiheit und die Möglichkeit zusammenschlussfördernder Betätigung.[202] Zudem wird aufgrund der Koalitionszweckverfolgungsgarantie den Koalitionen das Recht gewährt, ihre Ziele durch koalitionsspezifische Verhaltensweisen zu verfolgen.[203] Deswegen umfasst die Koalitionsfreiheit auch die Tarifautonomie, also das Recht der Koalitionen, Tarifverträge abzuschließen.[204]

---

[199] BVerfG, Beschl. v. 15.7.1980 (1 BvR 24/74 u. 1 BvR 439(79) = BVerfGE 55, 7 (25).

[200] BVerfG, Beschl. v. 20.10.1981 (1 BVR 404/78) = BVerfGE 58, 233 (250 f.).

[201] St. Rspr. des BVerfG, zuletzt Beschl. v. 3.4.2001 (1 BvL 32/97) = BVerfGE 103, 293 (304); Biedenkopf, Grenzen der Tarifautonomie, S. 88 ff.; Maunz/Dürig-Scholz, GG, Art. 9 Rn. 169; Kemper, in: v. Mangoldt/Klein/Starck, GG I, Art. 9 Rn. 191; Wiedemann/Wiedemann, TVG, Einl. 87; Zöllner/Loritz, Arbeitsrecht, § 8 IV, S. 115 ff.

[202] St. Rspr. des BVerfG, zuletzt Beschl. v. 3.4.2001 (1 BvL 32/97) = BVerfGE 103, 293 (304); Biedenkopf, Grenzen der Tarifautonomie, S. 102 ff.; MünchArbR/Löwisch/Rieble, § 244 Rn. 9; Maunz/Dürig-Scholz, GG, Art. 9 Rn. 243 ff.; Waltermann, ZfA 2000, 53 (58); Wiedemann/Wiedemann, TVG, Einl. 87 ff. m.w.N. in Rn. 89.

[203] BVerfG, Beschl. v. 14.11.1995 (1 BvR 601/92) = BVerfGE 93, 352 (358); BVerfG, Beschl. v. 24.4.1996 (1 BvR 712/86) = BVerfGE 94, 268 (283); BVerfG, Beschl. v. 24.2.1999 (1 BvR 123/93) = BVerfGE 100, 214 (221); BVerfG, Beschl. v. 27.4.1999 (1 BvR 2203/93 u. 1 BvR 897/95) = BVerfGE 100, 271 (282); BVerfG, Beschl. v. 3.4.2001 (1 BvL 32/97) = BVerfGE 103, 293 (304).

[204] St. Rspr. des BVerfG, vgl. Beschl. v. 3.4.2001 (1 BvL 32/97) = BVerfGE 103, 293 (304); Beschl. v. 27.4.1999 (1 BvR 2203/93 u. 1 BvR 897/95) = BVerfGE 100, 271 (282); Beschl. v. 24.4.1996 (1 BvR 712/86) = BVerfGE 94, 268 (283) m.w.N.; Waltermann, ZfA 2000, 53 (59); Kemper, in: v. Mangoldt/Klein/Starck, GG I, Art. 9 Rn. 205 m.w.N. Hiervon zu trennen ist entsprechend der

In seiner früheren Rechtsprechung bestimmte das Bundesverfassungsgericht die Reichweite der Grundrechtsgewährleistung in Art. 9 Abs. 3 GG nach der von ihm entwickelten Kernbereichslehre.[205] Diese Lehre verwarf das Gericht dann aber Ende 1995 ausdrücklich in einer Entscheidung zur Mitgliederwerbung.[206] Die Kernbereichsformel könne nicht als Beschränkung des Schutzbereichs von Art. 9 GG „auf den Bereich des Unerläßlichen" verstanden werden. Mit dem „Bereich des Unerläßlichen" sei lediglich die Grenze umschrieben, die der Gesetzgeber bei der Ausgestaltung von einschränkenden Regelungen zu beachten habe. Diese Grenze sei nicht absolut zu verstehen, sondern dann überschritten, wenn einschränkende Regelungen nicht „zum Schutze anderer Rechtsgüter von der Sache her geboten" seien. Auch bei ausgestaltender Regelung koalitionsmäßiger Betätigung außerhalb des so verstandenen Kernbereichs sei der Gesetzgeber zur „Rücksichtnahme auf die Koalitionen und ihre Mitglieder" verpflichtet.

bb) Koalitionsspezifische Betätigung

Mithin bleibt festzuhalten, dass die Tarifautonomie von der Koalitionsfreiheit geschützt wird und nicht nur einen Kernbereich umfasst. Damit ist aber noch nicht die Frage beantwortet, ob einer Koalition auch bei Überschreiten ihres satzungsmäßigen Organisationsbereichs der Schutz des Art. 9 Abs. 3 GG zukommt.

Wenn auch das Bundesverfassungsgericht hierzu bislang keine Stellung bezogen hat, so verwendet es doch im Rahmen seiner Ausführungen zur Koalitionszweckverfolgungsgarantie häufig den Ausdruck „spezifisch koalitionsgemäße Betätigung"[207] bzw. „koalitionsspezifische Verhaltensweisen"[208]. Abstrakt gesehen sind koalitionsspezifische Betätigungen solche, die grundsätzlich typisch für eine Koalition sind,

---

oben vorgenommenen Unterscheidung zwischen Autonomie und Normsetzungsbefugnis das Problem, ob durch Art. 9 Abs. 3 GG neben der Vereinbarungsbefugnis auch die Rechtsetzungsbefugnis gewährleistet wird, vgl. Waltermann, ZfA 2000, 53 (59).

[205] Vgl. etwa BVerfG, Urt. v. 18.11.1954 (1 BvR 629/52) = BVerfGE 4, 96 (106); BVerfG, Beschl. v. 26.5.1970 (2 BvR 664/65) = BVerfGE 28, 295 (304); BVerfG, Beschl. v. 18.12.1974 (1 BvR 430/65 u. 259/66) = BVerfGE 38, 281 (305); BVerfG, Urt. v. 1.3.1979 (1 BvR 532, 533/77, 419/78 u. 1 BvL 21/78) = BVerfGE 50, 290 (368); BVerfG, Beschl. v. 20.10.1981 (1 BvR 404/78) = BVerfGE 58, 233 (247).

[206] BVerfG, Beschl. v. 14.11.1995 (1 BvR 601/92) = BVerfGE 93, 352 (359).

[207] BVerfG, Urt. v. 24.5.1977 (2 BvL 11/74) = BVerfGE 44, 322 (345); BVerfG, Urt. v. 26.5.1970 (2 BvR 664/65) = BVerfGE 28, 295 (304); BVerfG, Beschl. v. 19.10.1966 (1 BvL 24/65) = BVerfGE 20, 312 (320); BVerfG, Beschl. v. 30.11.1965 (2 BvR 54/62) = BVerfGE 19, 303 (312); BVerfG, Urt. v. 6.5.1964 (1 BvR 79/62) = BVerfGE 18, 18 (26) m.w.N.

[208] BVerfG, Beschl. v. 14.11.1995 (1 BvR 601/92) = BVerfGE 93, 352 (358); BVerfG, Beschl. v. 24.4.1996 (1 BvR 712/86) = BVerfGE 94, 268 (283); BVerfG, Beschl. v. 24.2.1999 (1 BvR 123/93) = BVerfGE 100, 214 (221); BVerfG, Beschl. v. 27.4.1999 (1 BvR 2203/93 u. 1 BvR 897/95) = BVerfGE 100, 271 (282); BVerfG, Beschl. v. 3.4.2001 (1 BvL 32/97) = BVerfGE 103, 293 (304).

wie etwa Mitgliederwerbung, Tarifabschlüsse etc. In diesem Sinne wird der Begriff auch durch das Bundesverfassungsgericht gebraucht, wenn es auf die Möglichkeit der Koalitionen Bezug nimmt, „durch spezifisch koalitionsgemäße Betätigung die in Art. 9 Abs. 3 GG genannten Zwecke zu verfolgen"[209].

Andererseits finden sich in der Rechtsprechung des Bundesverfassungsgerichts auch Ansatzpunkte für ein konkretes Verständnis koalitionsspezifischer Betätigung dahingehend, dass die Koalition nur bei Verwirklichung ihrer selbst gesetzten Ziele geschützt ist. Daraus ließe sich möglicherweise der Schluss ziehen, dass sich ein Tarifabschluss im Rahmen des durch die Koalition gewählten Organisationsbereichs halten muss, um dem Schutz von Art. 9 Abs. 3 GG zu unterfallen.

So heißt es in einer Entscheidung aus dem Jahr 1974, dass den Koalitionen diejenigen Tätigkeiten garantiert seien, „für die sie gegründet sind"[210]. In dem Aussperrungsbeschluss aus dem Jahr 1991 ist wiederum von dem Schutz der „Verfolgung des Vereinigungszwecks"[211] und in der Entscheidung zur Verfassungsmäßigkeit der arbeitsförderungsrechtlichen Lohnabstandsklausel (§ 275 Abs. 2 SGB III) von der „Tarifautonomie, die im Zentrum der den Koalitionen eingeräumten Möglichkeiten zur Verfolgung ihrer Zwecke steht"[212], die Rede.

Dies legt es nahe, den Schutz durch Art. 9 Abs. 3 GG auf die Ziele zu beschränken, die sich die Koalition in ihrer Satzung selbst gesetzt hat. Hierfür spricht weiterhin, dass eine Vereinigung ihre Eigenschaft als solche nur dadurch erhält, dass sich eine Personenmehrheit „für längere Zeit zu einem gemeinsamen Zweck zusammengeschlossen und einer organisierten Willensbildung unterworfen hat"[213]. Der Zweck kennzeichnet das Wesen der Vereinigung. Er ist der oberste Leitsatz der Tätigkeit der Vereinigung, in der das alle Mitglieder verbindende gemeinsame Interesse zum Aus-

---

[209] Vgl. BVerfG, Beschl. v. 14.4.1964 (2 BvR 69/62) = BVerfGE 17, 319 (333); BVerfG, Beschl. v. 30.11.1965 (2 BvR 54/62) = BVerfGE 19, 303 (312); BVerfG, Beschl. v. 26.5.1970 (2 BvR 664/65) = BVerfGE 28, 295 (304); siehe auch BVerfG, Beschl. v. 19.10.1966 (1 BvL 24/65) = E 20, 312 (320).

[210] BVerfG, Beschl. v. 18.12.1974 (1 BvR 430/65 u. 259/66) = BVerfGE 38, 281 (305). Auch wenn es sich hierbei um eine Entscheidung handelt, der die mittlerweile aufgegebene Kernbereichslehre zugrunde lag, ist sie heute weiterhin als gültig anzusehen. Der Abschied von der Kernbereichslehre durch das BVerfG diente lediglich der Klarstellung, dass der Kernbereich nicht mit einem unangreifbaren Grundrechtsteil gleichzusetzen war, vgl. Giesen, Tarifvertragliche Rechtsgestaltung für den Betrieb, S. 153 f. Auch nach alter Rechtsprechung konnten Schranken gezogen werden, die „zum Schutz anderer Rechtsgüter von der Sache her geboten" waren, vgl. etwa BVerfG, Urt. v. 1.3.1979 (1 BvR 532, 533/77, 419/78 u. 1 BvL 21/78) = BVerfGE 50, 290 (369).

[211] BVerfG, Beschl. v. 26.6.1991 (1 BvR 779/85) = BVerfGE 84, 212 (224).

[212] BVerfG, Urt. v. 27.4.1999 (1 BvR 2203/93 u. 1 BvR 897/95) = BVerfGE 100, 271 (282); BVerfG, Beschl. v. 3.4.2001 (1 BvL 32/97) = BVerfGE 103, 293 (304).

[213] Vgl. die Legaldefinition in § 2 I Vereinsgesetz, die dem in Rechtsprechung und Schrifttum entwickelten Vereinigungsbegriff entspricht, siehe hierzu Maunz/Dürig-Scholz, GG, Art. 9 Rn. 57; kritisch Kemper, in: v. Mangoldt/Klein/Starck, GG I, Art. 9 Rn. 54.

druck kommt.[214] Die Vereinigung legt durch den Zweck die Grundlagen, aber auch die Grenzen der Betätigung der Vereinigung fest.[215] Mithin lässt sich allein anhand dieses gemeinsamen übergeordneten Zwecks feststellen, ob ein Handeln des Vorstands überhaupt noch als schützenswerte Betätigung des Verbands zu werten ist.

Bei einer Koalition besteht dieser gemeinsame übergeordnete Zweck zunächst einmal ganz allgemein in der Wahrung und Förderung der Arbeits- und Wirtschaftsbedingungen ihrer Mitglieder. Bei isolierter Betrachtung dieses Ziels wäre also auch ein Tarifabschluss außerhalb des satzungsmäßigen Organisationsbereichs jedenfalls dann durch Art. 9 Abs. 3 GG geschützt, wenn die jeweilige Koalition dort Mitglieder hat. Allerdings kennzeichnet das allgemeine Ziel der Wahrung und Förderung der Arbeits- und Wirtschaftsbedingungen für sich genommen nicht den jeweiligen Verband. Ebenso, wie der Zweck von Kapitalgesellschaften und Genossenschaften in aller Regel durch den Unternehmensgegenstand näher bestimmt wird[216], ist der Zweck der Koalitionen auf einen bestimmten Organisationsbereich bezogen,[217] für den sich die Koalition zuständig erklärt[218] bzw. aus dem sie Mitglieder aufnimmt[219]. Der Organisationsbereich ist prägend für die jeweilige Koalition und dient der Abgrenzung zu den übrigen Verbänden. Die Leitidee besteht mithin in der Förderung der Arbeits- und Wirtschaftsbedingungen von Mitgliedern aus bestimmten, in der Satzung festgelegten Branchen bzw. Berufsgruppen.

Schließt der Vorstand als vertretungsberechtigtes Organ einen Tarifvertrag ab, der über den satzungsmäßigen Organisationsbereich hinausgeht, dann wird dieser Tarifabschluss nicht mehr vom Verbandszweck getragen und stellt sich daher in concreto auch nicht als Verwirklichung der Ziele der Koalition dar. Der Tarifabschluss mag zwar im Sinne der Mitglieder sein, die außerhalb des satzungsmäßigen Organisationsbereichs aufgenommen wurden und mag bei isolierter Betrachtung auch durch deren Verbandsbeitritt legitimiert sein. Da die Mitglieder aber mit dem Verbandsbeitritt ihre Individualinteressen der davon losgelösten Leitidee des Verbandes unterworfen haben,[220] ist nur dieser übergeordnete Verbandswille maßgebend. Es bedarf mithin

---

[214] BGH, Beschl. v. 11.11.1985 (II ZB 5/85) = BGHZ 96, 245 (251 f.); Reichert, Handbuch des Vereins- und Verbandsrechts, Rn. 400; Sauter/Schweyer/Waldner, Der eingetragene Verein, Rn. 32.

[215] Reichert, Handbuch des Vereins- und Verbandsrechts, Rn. 400; Sauter/Schweyer/Waldner, Der eingetragene Verein, Rn. 42.

[216] Vgl. Beuthien, BB 1987, 6 (7). Im Kontext von § 33 BGB a.A. Reichert, Handbuch des Vereins- und Verbandsrechts, Rn. 400. Allgemein zu den jeweils unterschiedlichen Bedeutungen des Vereinszwecks nach dem BGB siehe K. Schmidt, BB 1987, 556 ff.

[217] Vgl. Rieble, Arbeitsmarkt und Wettbewerb, Rn. 1828.

[218] Z.B. § 4 ver.di-Satzung, § 2 IG BAU-Satzung, § 1 IG Metall-Satzung, § 2 NGG-Satzung, § 6 Ziff. 3 GEW-Satzung, § 2 Transnet-Satzung.

[219] Z.B. § 6 ver.di-Satzung, § 4 IG BAU-Satzung, § 1 IG Metall-Satzung, § 1 Ziff. 3 IG BCE-Satzung, § 4 NGG-Satzung.

[220] MünchKomm/Reuter, BGB, § 25 Rn. 1.

einer kollektiven mitgliedschaftlichen Legitimation der tarifvertraglichern Normenwirkung.

Dieses Ergebnis steht auch nicht im Widerspruch dazu, dass in vertretungsrechtli-
cher Hinsicht die Vertretungsmacht des Vorstands nicht durch den Koalitionszweck
begrenzt ist.[221] Im Zusammenhang mit der Vertretungsmacht steht die rechtsgeschäftliche Zurechnung einer Willenserklärung nach §§ 26, 164 ff. BGB in Frage, wobei
die vermögensrechtlichen Interessen des Vertreters, des Vertretenen und des Ge-
schäftspartners miteinander in Einklang zu bringen sind.[222] Im Rahmen von Art. 9 GG
geht es demgegenüber losgelöst von diesen vermögensrechtlichen Interessen darum,
inwiefern sich das Vorstandshandeln als grundrechtlich geschützte Zweckverfolgung
der Koalition darstellt. Dies setzt voraus, dass sich der Tarifabschluss in den Grenzen
des übergeordneten Verbandswillens hält.

d) Ermittlung der Tarifzuständigkeit auf Grundlage der Satzung

Unter Zugrundelegung der hier vertretenen Auffassung stellt sich allerdings noch die
Frage, inwiefern es berechtigt ist, für die Ermittlung des Verbandszwecks und damit
der Tarifzuständigkeit entsprechend der allgemeinen Ansicht[223] allein auf die satzungsmäßige Festlegung des Organisationsbereichs abzustellen.

Grundsätzlich lässt sich dies mit dem vereinsrechtlichen Argument begründen,
dass nach § 25 BGB die Vereinsverfassung in der Satzung zu regeln ist. Diese muss
sämtliche „das Vereinsleben bestimmenden Leitprinzipien und Grundsatzregelungen,
soweit sie nicht gesetzlich festgelegt sind, enthalten".[224] Zwar entfaltet die Satzung
nach dem Vereinsrecht grundsätzlich nur Innenwirkung.[225] Eine Außenwirkung
kommt ihr aber nach den obigen Ausführungen bezüglich der einschlägigen Normen
zur Tarifzuständigkeit zu, weil ein Tarifvertrag außerhalb der Grenzen des den Einze-
linteressen der Mitglieder übergeordneten Verbandszwecks mangels der nach Art. 9
Abs. 3 GG erforderlichen kollektiven mitgliedschaftlichen Legitimation keine normative Wirkung entfaltet.

Allerdings wären alternativ auch Grundlagen außerhalb der Satzung denkbar, aus
denen sich der Verbandszweck entnehmen ließe. So käme z.B. die Verabschiedung

---

[221] Siehe oben § 6 III.

[222] Zur Interessenlage bei der Stellvertretung siehe ausführlich Erman/Hefermehl, BGB, vor § 164
Rn. 2 ff.

[223] St. Rspr. des BAG, zuletzt Beschl. v. 14.12.1999 (1 ABR 74/98) = AP Nr. 14 zu § 2 TVG Tarifzu-
ständigkeit; Buchner, ZfA 1995, 95 (98); Gamillscheg, Kollektives Arbeitsrecht I, § 14 II 2, S. 531;
Kempen/Zachert, TVG, § 2 Rn. 108; Kutscher, Tarifzuständigkeit, S. 19 ff.; Wiedemann/Oetker,
TVG, § 2 Rn. 47.

[224] BGH, Urt. v. 25.10.1983 (KZR 27/82) = BGHZ 88, 314 (316).

[225] Kutscher, Tarifzuständigkeit, S. 20, MünchKomm/Reuter, BGB, § 25 Rn. 1, 27 f.; Soergel/
Hadding, BGB, § 25 Rn. 33.

einer Regelung durch die Delegiertenversammlung in Betracht, in der die Erwieterung des Organisationsbereichs nicht von einer Satzungsänderung abhängig gemacht, sondern in das Belieben des Vorstands gestellt wird. Dies ist z.b. explizit in § 2 a.e. NGG-Satzung vorgesehen, wenn es dort heißt:

> „Durch Beschluss des Hauptvorstandes kann der Organisationsbereich auf weitere Betriebe erstreckt werden, soweit in diesen Mitglieder der NGG beschäftigt sind."

Jedoch widerspricht eine solche Erweiterung bzw. Festlegung der Tarifzuständigkeit außerhalb der Satzung gerade der Regelung des § 25 BGB, nach der die für das Vereinsleben maßgebenden Bestimmungen in der Satzung zu regeln sind. Wenn im Verein eine Grundentscheidung des Vereinslebens außerhalb der Satzung geregelt wird, ist die entsprechende Regelung unwirksam.[226]

Hinzu kommt, dass der Tarifpartner aus Gründen der Rechtsicherheit und Rechtsklarheit ohne weiteres erkennen können muss, inwieweit der Tarifabschluss vom Verbandswillen getragen ist.[227] Nur aufgrund der Satzung können aber Außenstehende eine Entscheidung darüber treffen, ob ein Verband tarifzuständig ist oder nicht.

4. Ergebnis

Im Ergebnis ist die ultra-vires-Doktrin auf das Tarifrecht übertragbar. Der durch den satzungsmäßigen Organisationsbereich festgelegte Umfang des rechtlichen Wollens der Koalitionen bildet zugleich die Grenze ihres rechtlichen Könnens. Dies folgt unmittelbar aus Art. 9 Abs. 3 GG, auf dessen Schutzbereich die Regelungsmacht der Tarifpartner grundsätzlich beschränkt ist. Da durch die Koalitionszweckverfolgungsgarantie des Art. 9 Abs. 3 GG nur die Verwirklichung der von der Koalition in freier Selbstbestimmung gewählten Zielsetzung gewährleistet ist, bedarf es der kollektiven mitgliedschaftlichen Legitimation der tarifvertraglichen Normsetzung.

Dass die Tarifzuständigkeit auf Grundlage der Satzung zu beurteilen ist, folgt aus § 25 BGB, wonach die das Vereinsleben bestimmenden Grundentscheidungen in der Verbandssatzung zu regeln sind. Ein Tarifvertrag, der die Grenzen des in der Satzung festgelegten Organisationsbereichs überschreitet, entfaltet keine normative Wirkung.

---

[226] Vgl. MünchKomm/Reuter, BGB, § 25 Rn. 14; Steinbeck, Vereinsautonomie und Dritteinfluß, S. 210; für Schiedsabreden außerhalb der Satzung BGH, Urt. v. 25.10.1983 (KZR 27/82) = BGHZ 88, 314 (316).

[227] Kutscher, Tarifzuständigkeit, S. 21 f.

3. Teil: Zuständigkeitsüberschneidungen im industriellen Dienstleistungsbereich

Die Tarifzuständigkeit ist in der Praxis insbesondere dann problematisch, wenn sich mehrere Gewerkschaften für zuständig erachten und daher vom sozialen Gegenspieler einen Tarifabschluss verlangen. Vor allem für den Bereich industrieller Dienstleistungen finden sich zahlreiche Überschneidungen in den satzungsmäßigen Organisationsbereichen der DGB-Gewerkschaften. Dies hat im wesentlichen drei Ursachen: Erstens beziehen sich die Satzungsregelungen teilweise auf gleiche Branchen. Zweitens wird für die Zuordnung zu einer Branche nicht einheitlich an den Betrieb angeknüpft, sondern häufig auch an andere Organisationseinheiten wie etwa Unternehmen und Konzerne. Drittens entsteht ein Überschneidungspotential dadurch, dass nach einigen Satzungen die Zuständigkeit auch im Falle von Unternehmensumstrukturierungen erhalten bleiben soll. Bevor auf die jeweiligen Satzungsbestimmungen näher eingegangen wird, stellt sich die Frage nach der grundsätzlichen Zulässigkeit von Überschneidungen der Tarifzuständigkeit.

§ 6 Grundsätzliche Zulässigkeit von Überschneidungen

Bei der Ausgestaltung ihres Organisationsbereichs werden die Gewerkschaften durch Art. 9 Abs. 3 GG grundrechtlich geschützt.[228] Daher ist es den Gewerkschaften unbenommen, sich die Zuständigkeit für einen Wirtschaftszweig zu geben, der bereits in den Organisationsbereich einer anderen Gewerkschaft fällt.[229] Zudem können sie in ihrer Satzung auch die Zuständigkeit für branchenfremde Nebenbetriebe oder Betriebsteile bzw. für facheigene Nebenbetriebe und Betriebsteile in fachfremden Wirtschaftszweigen ein- oder ausschließen.[230] Ebenso steht es den Gewerkschaften frei, ob

---

[228] Aus der Rechtsprechung zuletzt BVerfG, Urt. v. 3.4.2001 (1 BvL 32/97) = AP Nr. 2 zu § 10 BUrlG Kur; BAG, Beschl. v. 14.12.1999 (1 ABR 74/98) = AP Nr. 14 zu § 2 TVG Tarifzuständigkeit. Aus der Literatur vgl. Henssler, FS Schaub (1998), S. 311 (330); Heß, ZfA 1976, 45 (49 f.); Kempen/Zachert, TVG, § 2 Rn. 108, 113; Löwisch/Rieble, TVG, § 2 Rn. 94; Maunz/Dürig-Scholz, GG, Art. 9 Rn. 246 ff.; Wiedemann/Wiedemann, TVG, Einl. 91; Wiedemann/Oetker, TVG, § 2 Rn. 283; Gamillscheg, Kollektives Arbeitsrecht I, § 6 I 2, S. 213 f., § 14 II 2 a, S. 531 f. m.w.N.

[229] Vgl. Delheid, Tarifzuständigkeit, S. 36; Gamillscheg, Kollektives Arbeitsrecht I, § 14 II 2 b, S. 532; Heß, ZfA 1976, 45 (50).

[230] Vgl. Gamillscheg, Kollektives Arbeitsrecht I, § 14 II 2 b, S. 532; Kempen/Zachert, TVG, § 2 Rn. 118.

sie ihren Organisationsbereich betriebsbezogen, unternehmensbezogen oder nach sonstigen Kriterien abgrenzen.[231]

Der Grundsatz der Tarifeinheit steht der Erstreckung der Zuständigkeit auf den Organisationsbereich einer anderen Gewerkschaft nicht entgegen, da dieser erst dann eingreift, wenn eine mehrfache Zuständigkeit gegeben ist und mehrere Tarifverträge in einem Betrieb Anwendung finden.[232] Auch das Industrieverbandsprinzip wirkt sich nicht unmittelbar auf die Zulässigkeit von Zuständigkeitsüberschneidungen aus; es fehlt ihm an der hierfür erforderlichen Rechtsnormqualität.[233]

Eine Grenze findet die Satzungsautonomie in den einfachgesetzlichen Regelungen der §§ 134, 138, 242 BGB als allgemeine Schranken der Privatautonomie.[234] Zudem sind Satzungsbestimmungen nach Art. 9 Abs. 3 S. 2 GG nichtig, wenn sie die Koalitionsfreiheit „einschränken oder zu behindern suchen". Die Unzulässigkeit von Zuständigkeitsüberschneidungen kommt mithin nur in Ausnahmefällen in Betracht.

I. Entgegenstehende Rechte des sozialen Gegenspielers

Die Organisationsautonomie wird dementsprechend grundsätzlich nicht durch etwaige Rechte des sozialen Gegenspielers beschränkt. Die Koalitionsfreiheit des in Anspruch genommenen Tarifpartners beinhaltet kein Recht auf einen bestimmten sozialen Gegenspieler.[235] Daher steht es einer Gewerkschaft frei, den Zuständigkeitsbereich in ihrer Satzung zu ändern, wenn ihr dies zweckmäßig erscheint.[236] Nach der Rechtsprechung des BAG im Fall „Allfloor" gilt dies selbst dann, wenn eine Satzungserweiterung letztlich aus rechtlichen oder tatsächlichen Gründen dazu führt, dass nur ein Unternehmen eines bestimmten Wirtschaftszweigs von der Zuständigkeitsregelung erfasst wird, während für die anderen Unternehmen des Wirtschaftszweigs eine andere Gewerkschaft zuständig ist.[237]

---

[231] BAG, Beschl. v. 14.12.1999 (1 ABR 74/98) = AP Nr. 14 zu § 2 TVG Tarifzuständigkeit.

[232] Siehe oben § 3 III.

[233] Siehe oben § 5 I.

[234] Ermann/Westermann, BGB, § 25 Rn. 2; Reuter, Anm. zu BAG, Beschl. v. 19.11.1985 (1 ABR 37/83), AP Nr. 4 zu § 2 TVG; Steinbeck, Vereinsautonomie und Dritteinfluß, S. 205 ff.

[235] BAG, Beschl. v. 19.11.1985 (1 ABR 37/83) = AP Nr. 4 zu § 2 TVG Tarifzuständigkeit; BAG, Beschl. v. 12.11.1996 (1 ABR 33/96) = AP Nr. 11 zu § 2 TVG Tarifzuständigkeit; BAG, Beschl. v. 14.12.1999 (1 ABR 74/98) = AP Nr. 14 zu § 2 TVG Tarifzuständigkeit.

[236] Vgl. BAG, Beschl. v. 19.11.1985 (1 ABR 37/83) = AP Nr. 4 zu § 2 TVG Tarifzuständigkeit; BAG, Beschl. v. 22.11.1988 (1 ABR 6/87) = AP Nr. 5 zu § 2 TVG Tarifzuständigkeit; BAG, Beschl. v. 24.7.1990 (1 ABR 46/89) = AP Nr. 7 zu § 2 TVG Tarifzuständigkeit; BAG, Beschl. v. 25.9.1996 (1 ABR 4/96) = AP Nr. 10 zu § 2 TVG Tarifzuständigkeit; BAG, Beschl. v. 12.11.1996 (1 ABR 33/96) = AP Nr. 11 zu § 2 TVG Tarifzuständigkeit; BAG, Beschl. v. 14.12.1999 (1 ABR 74/98) = AP Nr. 14 zu § 2 TVG Tarifzuständigkeit.

[237] Vgl. BAG, Beschl. v. 19.11.1985 (1 ABR 37/83) = AP Nr. 4 zu § 2 TVG Tarifzuständigkeit m. krit. Anm. Reuter = SAE 1987, 1 m. krit. Anm. Martens; ebenso Konzen, FS Kraft (1998), S. 291

Dieser Entscheidung lag folgender Sachverhalt[238] zugrunde: Die Deutsche Linolium Werke Bietigheim (DLW) AG plante im Jahre 1972 die Ausweitung ihrer Teppichbodenproduktion und gründete zu diesem Zweck die Firma Allfloor Bodenbelags GmbH als hundertprozentige Tochtergesellschaft. Die Arbeitnehmer der DLW AG waren zu diesem Zeitpunkt weitgehend bei der IG Chemie-Papier-Keramik (im Folgenden: IG Chemie) organisiert; die DLW AG war Mitglied im Arbeitgeberverband Chemie. Die Firma Allfloor trat demgegenüber dem Landesverband der Textilindustrie Rheinland-Pfalz bei und wandte den Textiltarif an.

Als die IG Chemie sich nunmehr mit dem Verlangen nach dem Abschluss eines Firmentarifvertrags an die Firma Allfloor wandte, lehnte diese den Tarifabschluss unter Hinweis auf die fehlende Tarifzuständigkeit der IG Chemie ab. In § 1 Ziff. 16 der damaligen Satzung der IG Chemie bezog sich die Zuständigkeit auf die Herstellung von Chemie- und Kunstfasern einschließlich Kunstseide und deren Weiterverarbeitung im Erzeugerbereich. Nach Anrufung des Arbeitsgerichts Kaiserslautern[239] entschied dieses, dass die IG Chemie nicht tarifzuständig sei, da sich die Zuständigkeit nicht auf Teppichböden erstrecke, auch wenn diese aus Kunstfasern hergestellt seien. Diese Entscheidung wurde in zweiter Instanz vom LAG Rheinland Pfalz[240] bestätigt. Die hiergegen gerichtete Rechtsbeschwerde zog die IG Chemie zurück, da sie mittlerweile im Wege der Satzungsänderung ihre Zuständigkeit u.a. auch auf die „Erzeugung und/oder Verarbeitung von Teppichböden aller Art" erstreckt hatte.

Unter Hinweis auf die Satzungsänderung verlangte die IG Chemie im Jahre 1977 von der Firma Allfloor erneut den Abschluss eines Firmentarifvertrags. Der sich daran anschließende Rechtsstreit wurde in den Jahren 1978 bis 1985 in allen Instanzen durchgefochten und endete mit der vorgenannten Entscheidung des BAG[241], in welcher dieses die Satzungsänderung der IG Chemie für zulässig erachtete und daher deren Tarifzuständigkeit für gegeben hielt. In Bezug auf die Rechte der Firma

---

(314); a.A. Gaul, ZTR 1991, 443, (447 ff.); Hromadka/Maschmann/Wallner, Der Tarifwechsel, Rn. 174 ff.; Kutscher, Tarifzuständigkeit, S. 44 ff.; Rieble, Arbeitsmarkt und Wettbewerb, Rn. 1832; Wiedemann, FS Fleck (1988), S. 446 (458).

[238] Zum tatsächlichen Hintergrund siehe ausführlich Rose, Der Betriebsrat 1984, 209 ff.

[239] Beschl. v. 25.4.1974 (2 BV 3/74) n.v.

[240] Beschl. v. 21.11.1974 (4 (2) Ta BV 17/74) n.v.

[241] BAG, Beschl. v. 19.11.1985 (1 ABR 37/83) = AP Nr. 4 zu § 2 TVG Tarifzuständigkeit. Siehe aber außerdem zum Fall Allfloor auch noch das Urteil des BAG v. 29.11.1983 (1 AZR 469/82) = AP Nr. 78 zu § 626 BGB: Hier hatte das BAG über die Rechtmäßigkeit der fristlosen Kündigung eines Arbeitnehmers wegen dessen Teilnahme an einem im Jahre 1981 bei der Firma Allfloor durchgeführten Streik der IG-Chemie mit dem Ziel des Abschlusses eines Firmentarifvertrages zu entscheiden. Im Ergebnis hielt das BAG keinen wichtigen Kündigungsgrund für gegeben. Dem Arbeitnehmer sei die Teilnahme an dem Streik auf die Gefahr hin, dass dieser Streik mangels Tarifzuständigkeit rechtswidrig sein könnte, unter den gegebenen Umständen nicht vorzuwerfen gewesen, da eine baldige gerichtliche Klärung der Tarifzuständigkeit nicht absehbar gewesen sei.

Allfloor räumte der 1. Senat zwar ein, dass durch entsprechende Satzungsbestimmungen Wettbewerbsverzerrungen unter den Teppichbodenherstellern eintreten könnten und eine einheitliche Willensbildung im Arbeitgeberverband erschwert werde. Zudem könne es zu einer Gefährdung der Arbeitskampfparität kommen, da die Solidarität unter den Teppichbodenherstellern geringer sei, wenn sie nicht jeweils mit denselben Tarifpartnern konfrontiert würden. Allerdings sah der 1. Senat im geltenden Tarifvertragsrecht keinerlei Möglichkeit, entsprechenden Störungen einer sinnvollen Ordnung des Arbeits- und Wirtschaftslebens zu begegnen und Beschränkungen für das Tätigwerden der Gewerkschaft auszusprechen. Vielmehr sei es Sache des Gesetzgebers, die Reichweite der Koalitionsfreiheit zu bestimmen und die Grenzen der Befugnisse der Koalitionen näher zu regeln.

In der Literatur hat diese höchstrichterliche Entscheidung teilweise erhebliche Kritik erfahren.[242] Bezogen auf die Rechte des Arbeitgebers werden dabei insbesondere die Bedenken des 1. Senats in Bezug auf mögliche Wettbewerbsverzerrungen und eine Störung der Arbeitskampfparität aufgegriffen und daraus die Unzulässigkeit entsprechender Satzungsbestimmungen hergeleitet.[243] Es bestehe eine „Pflicht zur Rücksichtnahme auf den potentiellen Verhandlungspartner bei der Änderung der eigenen Tarifzuständigkeit"[244]. Das BAG habe sich der Abwägung gegenläufiger Koalitionsinteressen nicht entziehen dürfen.[245]

Diese Einwände mögen zwar berechtigt sein, soweit hieraus im Einzelfall die Unzulässigkeit von Arbeitskampfmaßnahmen gegen den Arbeitgeber hergeleitet wird. Der Ansatz bei der Tarifzuständigkeit der Gewerkschaft ist indes verfehlt, da die geltend gemachten Bedenken nicht durchgreifen, wenn der Arbeitgeber bzw. Arbeitgeberverband mit der Gewerkschaft freiwillig einen Tarifvertrag schließt.[246] In diesem Fall spricht nichts gegen die Tarifzuständigkeit der Gewerkschaft und die Wirksamkeit des Tarifvertrages. Insoweit darf die Frage der Wirksamkeit der Satzungsbestimmungen nicht verwechselt werden mit dem arbeitskampfrechtlichen Problem, ob

---

[242] Gaul, ZTR 1991, 443 (447 ff.); Hromadka/Maschmann/Wallner, Der Tarifwechsel, Rn. 174 ff.; Kutscher, Tarifzuständigkeit, S. 44 ff.; Martens, Anm. zu BAG, Beschl. v. 19.11.1985 (1 ABR 37/83), SAE 1987, 7 ff.; Reuter, Anm. zu BAG, Beschl. v. 19.11.1985 (1 ABR 37/83), AP Nr. 4 zu § 2 TVG Tarifzuständigkeit; Rieble, Arbeitsmarkt und Wettbewerb, Rn. 1832; Wiedemann, FS Fleck (1988), S. 446 (458).

[243] Hromadka/Maschmann/Wallner, Der Tarifwechsel, Rn. 174 f.; Kutscher, Tarifzuständigkeit, S. 44 ff.; Martens, Anm. zu BAG, Beschl. v. 19.11.1985 (1 ABR 37/83), SAE 1987, 7 (10 f.); Reuter, Anm. zu BAG, Beschl. v. 19.11.1985 (1 ABR 37/83), AP Nr. 4 zu § 2 TVG Tarifzuständigkeit.

[244] Wiedemann, FS Fleck (1988), S. 446 (458).

[245] Hromadka/Maschmann/Wallner, Der Tarifwechsel, Rn. 174 f.; Kutscher, Tarifzuständigkeit, S. 44 ff.; Martens, Anm. zu BAG, Beschl. v. 19.11.1985 (1 ABR 37/83), SAE 1987, 7 (10 f.); Reuter, Anm. zu BAG, Beschl. v. 19.11.1985 (1 ABR 37/83), AP Nr. 4 zu § 2 TVG Tarifzuständigkeit.

[246] So auch ausdrücklich Kutscher, Tarifzuständigkeit, S. 92 ff.

von den satzungsmäßigen Befugnissen im Einzelfall Gebrauch gemacht werden darf.[247]

Im Ergebnis ist es daher zutreffend, wenn das BAG die Satzungsänderung im Fall Allfloor unbeanstandet ließ. Zwar durfte sich der 1. Senat der Abwägung der gegenläufigen Interessen der Tarifpartner nicht mit dem Argument entziehen, dass die Ausgestaltung der Koalitionsfreiheit Sache des Gesetzgebers sei. Dieser Einwand des „non possum" greift nicht durch, da bei unzureichenden gesetzlichen Vorgaben die Gerichte zu richterlicher Rechtsfortbildung berufen sind.[248] Das Fehlen einer gerichtlichen Interessenabwägung ist aber deshalb berechtigt, weil das BAG in dem anhängigen Beschlussverfahren nach §§ 2 a Abs. 1 Nr. 4, 97 ArbGG allein über die Tarifzuständigkeit der IG Chemie zu entscheiden hatte und nicht allgemein über die Rechtmäßigkeit der ihrerseits ergriffenen Streikmaßnahmen.

II. Gegenläufige Interessen konkurrierender Gewerkschaften

Weiterhin stehen auch gegenläufige Interessen konkurrierender Gewerkschaften der Zulässigkeit von Zuständigkeitsüberschneidungen regelmäßig nicht entgegen. Die ursprünglich alleinzuständige Gewerkschaft kann sich nicht deswegen auf eine Verletzung ihres Grundrechts aus Art. 9 Abs. 3 GG berufen, weil sie durch die Existenz der neugegründeten Gewerkschaft eine Einbuße ihrer Organisationskraft erleidet. Ihre Koalitionsfreiheit wird nicht beeinträchtigt, da es naturgemäß durch den Wettbewerb der verschiedenen Verbände bestimmt wird, ob sich eine Koalition im Arbeitsleben bilden und behaupten kann.[249] Es kommt also mit der Bildung einer ersten Gewerkschaft für einen bestimmten Industrie- und Wirtschaftsbereich nicht zu einem Verbrauch der Tarifzuständigkeit.[250]

---

[247] Diese Unterscheidung zwischen Wirksamkeit der Satzungsbestimmung und der Zulässigkeit von deren Gebrauch ist auch dem Vereinsrecht nicht fremd. Hier wird die Inhaltskontrolle von Vereinssatzungen abgegrenzt zur Ausübungskontrolle, deren Gegenstand nicht die Satzungsbestimmung selbst, sondern die konkrete Maßnahme auf Grundlage der Satzung ist; vgl. Steinbeck, Vereinsautonomie und Dritteinfluß, S. 204 ff.

[248] BVerfG, Beschl. v. 26.6.1991 (1 BvL 779/85) = BVerfGE 57, 220 (245 f.); siehe auch die Kritik von Kutscher, Tarifzuständigkeit, S. 45 f.; Martens, Anm. zu BAG, Beschl. v. 19.11.1985 (1 ABR 37/83), SAE 1987, 7 (8); Reuter, Anm. zu BAG, Beschl. v. 19.11.1985 (1 ABR 37/83), AP Nr. 4 zu § 2 TVG Tarifzuständigkeit.

[249] Vgl. BVerfG, Beschl. v. 15.7.1980 (1 BvR 24/74 u. 1 BvR 439/79) = BVerfGE 55, 7 (24). Siehe auch ausführlich v. Eisenhart Rothe, Tarifzuständigkeit, S. 63 ff.; a.A. Link, Tarifzuständigkeit, S. 44; ders., AuR 1966, 38 (41): Aufgrund einer aus Art. 2 Abs. 1 GG folgenden gegenseitigen Duldungspflicht sei eine Erweiterung auf den Organisationsbereich einer anderen Gewerkschaft nur bei einem zumindest ebenso schutzwürdigen Interesse an diesem Organisationsgebiet zulässig.

[250] Gaul, ZTR 1991, 443 (448).

Um ein Ausufern von Überschneidungen zu verhindern, bestehen daher innerhalb des DGB zur Verwirklichung des Organisationsgrundsatzes „ein Betrieb, eine Gewerkschaft"[251] Regelungen zur Zuständigkeitsänderung und -abgrenzung; weiterhin ist in diesem Zusammenhang das Schiedsverfahren zur Auflösung von Zuständigkeitsüberschneidungen gemäß § 16 DGB-Satzung zu nennen. Inwieweit es hierdurch letztendlich zu einer rechtlichen Beschränkung der Zulässigkeit von Überschneidungen kommen kann, wird noch an anderer Stelle näher ausgeführt.[252]

§ 7 Branchenmäßige Zuständigkeitsverteilung nach den Satzungen der DGB-Gewerkschaften

I. Tarifzuständigkeit von ver.di

Die grundsätzliche Zuständigkeit für den Dienstleistungssektor nimmt zunächst einmal die mit Wirkung vom 2. Juli 2001 gegründete ver.di – Vereinte Dienstleistungsgewerkschaft e.V. – als Nachfolgeorganisation der fünf Gründungsgewerkschaften Deutsche Angestelltengewerkschaft (DAG), Deutsche Postgewerkschaft (DPG), Gewerkschaft Handel, Banken und Versicherungen (HBV), Industriegewerkschaft Medien (IG Medien) und Gewerkschaft Öffentliche Dienste, Transport und Verkehr (ÖTV) für sich in Anspruch. Ihren Namen verdankt ver.di zum einen dem Umstand, dass erhebliche Teile der bisherigen Organisationsbereiche der beteiligten Gewerkschaften von ihrer Herkunft her zum Dienstleistungsbereich zählen. Zum anderen resultiert die Namensgebung aus der Einschätzung der Gewerkschaften, dass ihre Zukunft im Dienstleistungsbereich liegt.[253]

Im Vorfeld der Fusion war insbesondere strittig, wie die Integration der DAG in den DGB zu erfolgen hatte, da die Organisationsbereiche der DAG mit ihrer Ausrichtung am Berufsverbandsprinzip gerade in Konkurrenz zu den DGB-Gewerkschaften entstanden waren und auf dem Fusionswege nunmehr in den DGB einzudringen drohten.[254] Dieses Problem wurde letztlich so gelöst, dass die DAG keinen Bestandsschutz für ihre Organisation, wohl aber für ihre Mitglieder erhielt. Der Organisationsbereich von ver.di umfasst dementsprechend die vollständigen bisherigen Organisationsbereiche der vier DGB-Gewerkschaften sowie alle DAG-Mitglieder zum

---

[251] Siehe auch Ziff. 2 a der Richtlinien des DGB für die Abgrenzung von Organisationsbereichen und die Veränderung der Organisationsbezeichnung gem. § 15 Ziff. 1 der DGB-Satzung.
[252] Siehe unten 4. Teil.
[253] Vgl. Mai, GM 1999, 583 (584).
[254] Vgl. dazu ausführlich Müller, Industrielle Beziehungen, 108 (130 ff.).

Fusionszeitpunkt. Ehemalige Überschneidungen zwischen DAG und ÖTV bzw. HBV sind damit hinfällig.

Die einzelnen Bereiche, die in die Zuständigkeit von ver.di fallen, sind nach § 4 Ziff. 2 der Satzung in dem in Anhang 1 aufgeführten Organisationskatalog abschließend aufgezählt. Hierzu gehören Postdienste, Postbank und Telekommunikation, Handel, Banken, Versicherungen, Medien, Druck, Papier, Publizistik und Kunst, Öffentliche Dienste, Transport und Verkehr und schließlich ver.di und ihre Einrichtungen. Trotz dieser abschließenden Nennung ist die Satzung aber letztlich auch für nicht ausdrücklich genannte Dienstleistungen dadurch offen, dass im Rahmen der konkreten Auflistung zu den Zuständigkeitsbereichen, Begriffe wie „wirtschaftlich-organisatorisch zugeordnete Dienstleistungsbetriebe" oder „sonstiger privater Dienstleistungsbereich" verwendet werden.

Innerhalb von ver.di sind zu berufs- und branchenspezifischen Fragen 13 Fachbereiche gebildet worden.[255] Hierbei handelt es sich jedoch um eine lediglich intern wirkende Zuständigkeitsregelung, deren Nichtbeachtung nicht die Frage der Tarifzuständigkeit betrifft. Dies folgt daraus, dass nach § 20 Ziff. 6 ver.di-Satzung die Untergliederungen von ver.di keine rechtlich selbständigen Vereine sind. Dementsprechend ist auch die Neuzuordnung von Branchen oder Sparten zu Fachbereichen ohne jegliche Außenwirkung, solange dadurch nicht zugleich der Organisationsbereich erweitert oder beschränkt wird. Folglich ist es verfehlt, wenn in § 69 Nr. 4 ver.di-Satzung im Zusammenhang mit gemeinsamen tarifpolitischen Grundsätzen der Gesamtorganisation von der Überschneidung der „Tarifzuständigkeit" der Fachbereiche die Rede ist.[256]

II. Tarifzuständigkeit der übrigen DGB-Gewerkschaften

Die weiteren DGB-Gewerkschaften sind daneben sowohl für spezielle Dienstleistungsbereiche, als auch allgemein für im Zusammenhang mit der jeweiligen industriellen Branche stehende Dienstleistungen zuständig.

---

[255] Dies sind nach § 22 Ziff. 3 ver.di-Satzung: 1. Finanzdienstleistungen, 2. Ver- und Entsorgung, 3. Gesundheit, soziale Dienste, Wohlfahrt und Kirchen, 4. Sozialversicherung, 5. Bildung, Wissenschaft und Forschung; 6. Bund und Länder, 7. Gemeinden, 8. Medien, Kunst und Kultur, Druck und Papier, Industrielle Dienste und Produktion, 9. Telekommunikation, Informationstechnologie und Datenverarbeitung, 10. Postdienste, Spedition und Logistik, 11. Verkehr, 12. Handel, 13. Besondere Dienstleistungen.

[256] Zur innerverbandlichen Konkurrenz der unterschiedlichen Fachbereiche um Mitglieder siehe Keller, WSI-Mitteilungen 2001, 546 (547).

1. Zuständigkeit für spezielle Dienstleistungen

So ist die Gewerkschaft NGG zuständig für den Hotel-, Gaststätten- und Catering-Bereich.[257] Die IG Metall erachtet sich als zuständig für den an der Schnittstelle von Industrie- und Dienstleistungen liegenden Sektor der Informations- und Telekommunikationstechnologie.[258] Die Zuständigkeit für Gebäudemanagement, Entsorgung und Recycling[259] hat die IG BAU inne. Daneben bezieht auch die IG BCE in ihren Organisationsbereich Ver- und Entsorgungsbetriebe ein, soweit sie wirtschaftlich oder rechtlich mit ihren Industriebereichen verbunden sind; weiterhin werden insoweit auch Bewachungs-, Verkaufs- und Vertriebsorganisationen etc. erfasst.[260] Diese Aufzählung ist nur beispielhaft und kann daher im konkreten Fall nicht den Blick in die jeweilige Satzung ersetzen.

2. Allgemeine Zuständigkeit für zugeordnete Dienstleistungszweige

Ein erhebliches Potential für Zuständigkeitsüberschneidungen im Verhältnis zu ver.di besteht in den Satzungsbestimmungen, die ganz allgemein mit der jeweiligen Industriebranche wirtschaftlich oder rechtlich zusammenhängende Dienstleistungen in den Organisationsbereich einbeziehen. So wird in der Satzung der IG Metall die Zuständigkeit auf „anverwandte" Dienstleistungszweige erstreckt[261]; nach der Satzung der IG BCE fallen in ihren Zuständigkeitsbereich die zu den aufgeführten Industriebereichen „dazu gehörenden Dienstleistungsbereiche"[262]. Die IG BAU wiederum erklärt sich zuständig für die Unternehmen, Betriebe etc., deren Zweck überwiegend darauf gerichtet ist, die genannten Industriezweige z.B. durch „Erbringung von Dienstleistungen aller Art"[263] zu unterstützen. Die Gewerkschaft NGG nimmt für sich die Zuständigkeit für „wirtschaftlich-organisatorisch" zugeordnete Dienstleistungsbetriebe in Anspruch.

---

[257] § 2 d NGG-Satzung.
[258] § 3 IG Metall-Satzung.
[259] § 2 Ziff. 1 IG BAU-Satzung. Entsorgung zählt dabei nach herkömmlicher Auffassung zum Dienstleistungssektor, wohingegen Recycling der Industrie zuzuordnen ist, vgl. Bosch/Wagner, Dienstleistungen und In-dustrie, S. 12.
[260] Vgl. § 1 Ziff. 3 IG BCE-Satzung.
[261] Vgl. § 1 a, § 3 IG Metall-Satzung.
[262] § 1 Ziff. 3 IG BCE-Satzung.
[263] Siehe unter Ziff. 1 des Organisationskatalogs der IG BAU-Satzung; vgl. ferner Organisationskatalog III B der IG Metall-Satzung.

III. Der satzungsrechtliche Dienstleistungsbegriff

Aufgrund dieser häufig vorzufindenden allgemeinen Bezugnahme auf Dienstleistungen fragt sich, wie dieser Begriff zu verstehen ist. Eine Definition ist in den jeweiligen Satzungen nicht vorzufinden. Bei der Gründung von ver.di wurde keine allgemeingültige Umschreibung von Dienstleistungen vorgenommen. Auch die anderen DGB-Gewerkschaften sehen in ihren Satzungen von einer abstrakten Definition ab und nennen allenfalls beispielhaft bestimmte Dienstleistungstätigkeiten[264]. Soweit eine Zuordnung zu den ausdrücklich genannten Dienstleistungstätigkeiten nicht möglich ist, kommt es mithin auf die Subsumtion unter den Dienstleistungsbegriff an.

1. Allgemeine Grundsätze der Satzungsauslegung

Der Sinngehalt des Dienstleistungsbegriffs ist im Wege der Satzungsauslegung zu ermitteln. Hierbei ist auf den manifestierten objektiven Willen des Satzungsgebers abzustellen.[265] Wegen der Bedeutung der Tarifzuständigkeit für die Wirksamkeit eines Tarifvertrages ist mithin nur das maßgebend, was aus der Satzung selbst heraus für jeden Außenstehenden zu erkennen ist, nicht aber das, was sich der Satzungsgeber insgeheim unter den verwendeten Begriffen vorgestellt hat.[266] Für die Auslegung heranzuziehen sind Wortlaut, Sinn und Zweck, Gesamtzusammenhang und Entstehungszeit der Satzung.[267]

Soweit in der arbeitsrechtlichen Literatur[268] im Zusammenhang mit der Entstehungszeit ganz allgemein auf die Entstehungsgeschichte abgestellt wird, ist zu beachten, dass es auf verbandsinterne Willenbildungsprozesse mangels objektiver Erkennbarkeit nicht ankommt.[269] Die Entstehungsgeschichte kann also allenfalls unter dem Gesichtspunkt des Bedeutungsgehaltes eines Begriffs zur Entstehungszeit der Satzung relevant werden.[270]

---

[264] § 2 d NGG-Satzung, § 3 c IG Metall-Satzung, sowie Organisationskatalog III B der IG Metall-Satzung.

[265] BAG, Beschl. v. 27.11.1964 (1 ABR 13/63) = AP Nr. 1 zu § 2 TVG Tarifzuständigkeit; BAG, Beschl. v. 12.12.1995 (1 ABR 27/95) = AP Nr. 8 zu § 2 TVG Tarifzuständigkeit.

[266] BAG, Beschl. v. 27.11.1964 (1 ABR 13/63) = AP Nr. 1 zu § 2 TVG Tarifzuständigkeit.

[267] BAG, Beschl. v. 27.11.1964 (1 ABR 13/63) = AP Nr. 1 zu § 2 TVG Tarifzuständigkeit; BAG, Beschl. v. 12.12.1995 (1 ABR 27/95) = AP Nr. 8 zu § 2 TVG Tarifzuständigkeit.

[268] Hueck/Nipperdey, Arbeitsrecht II/1, § 20 VIII 5, S. 446; Wiedemann/Oetker, TVG, § 2 Rn. 73; a.A. für das allgemeine Vereinsrecht Palandt/Heinrichs, BGB, § 25 Rn. 4; Reichert, Handbuch des Vereins- und Verbandsrechts, Rn. 301.

[269] Vgl. BAG, Beschl. v. 27.11.1964 (1 ABR 13/63) = AP Nr. 1 zu § 2 TVG Tarifzuständigkeit. Ebenso allgemein für die Satzungsauslegung im Vereinsrecht BGH, Urt. v. 6.3.1967 (II ZR 221/64) = NJW 1967, 1268 (1271); BGH, Urt. v. 11.11.1985 (II ZB 5/85) = NJW 1986, 1033 (1034); Reichert, Handbuch des Vereins- und Verbandsrechts, Rn. 301.

[270] Zur historisch-sprachlichen Gesetzesauslegung als Spielart der historischen Gesetzesauslegung siehe Bydlinski, Juristische Methodenlehre und Rechtsbegriff, S. 450 f.

Ausnahmsweise kann als Indiz bei der Satzungsauslegung zudem auch die ständige tatsächliche Handhabung in einem bestimmten Sinn herangezogen werden.[271] Zu betonen ist jedoch, dass dies im Rahmen der Tarifzuständigkeit anders als sonst im Vereinsrecht nur für Zweifelsfälle gilt, in denen anhand der übrigen Kriterien kein eindeutiges Auslegungsergebnis erzielt werden kann. Anderenfalls könnte über die faktische Handhabung eine unzulässige Erweiterung der Tarifzuständigkeit über den satzungsmäßigen Organisationsbereich hinaus erreicht werden.[272]

Unter Zugrundelegung dieser Grundsätze ist bei der Auslegung von Begriffen, die nicht von den Tarifvertragsparteien selbst definiert werden, zunächst davon auszugehen, dass die Tarifpartner den Begriff nicht in einem Sinne gebraucht haben, der vom allgemeinen Sprachgebrauch und dem der beteiligten Kreise abweicht.[273] Hat ein Begriff in der Rechtsterminologie eine bestimmte vorgegebene Bedeutung, dann ist anzunehmen, dass die Tarifpartner ihn auch in ihrem Regelungsbereich in seiner allgemeinen rechtlichen Bedeutung verwenden und angewendet wissen wollen, sofern sie nicht selbst etwas anderes bestimmen.[274] Fehlt eine bestimmte rechtstechnische Bedeutung, dann sind die im Arbeits- und Wirtschaftsleben geltenden Begriffsinhalte maßgebend.[275] Die verwendeten Begriffe sind dabei nach dem Sinn und Zweck der Satzungen grundsätzlich weit zu verstehen, da sich die Tarifzuständigkeit möglichst umfassend auf alle Beschäftigten der genannten Wirtschaftszweige erstrecken soll.[276]

Im Folgenden wird untersucht, ob anhand dieser Auslegungsgrundsätze eine Definition des Dienstleistungsbegriffs erreicht werden kann.

---

[271] Vgl. BAG, Beschl. v. 14.12.1999 (1 ABR 74/98) = AP Nr. 14 zu § 2 TVG Tarifzuständigkeit; Wiedemann/Wank, TVG, § 2 Rn. 73. Aus dem vereinsrechtlichen Schrifttum siehe auch Reichert, Handbuch des Vereins- und Verbandsrechts, Rn. 291; Soergel/Hadding, BGB, § 25 Rn. 32.

[272] Siehe auch Wiedemann/Wank, TVG, § 2 Rn. 73.

[273] BAG, Beschl. v. 27.11.1964 (1 ABR 13/63) = AP Nr. 1 zu § 2 TVG Tarifzuständigkeit; BAG, Beschl. v. 12.12.1995 (1 ABR 27/95) = AP Nr. 8 zu § 2 TVG Tarifzuständigkeit; BAG, Beschl. v. 25.9.1996 (1 ABR 4/96) = AP Nr. 10 zu § 2 TVG Tarifzuständigkeit; BAG, Urt. v. 24.8.1999 (9 AZR 529/97) = AP Nr. 14 zu § 1 TVG Tarifverträge: Großhandel; BAG, Beschl. v. 25.9.1996 (1 ABR 4/96) = AP Nr. 10 zu § 2 TVG Tarifzuständigkeit.

[274] BAG, Urt. v. 27.4.1983 (4 AZR 506/80) = AP Nr. 61 zu § 616 BGB m. Anm. Mayer-Maly; BAG, Urt. v. 8.2.1984 (4 AZR 158/83) = AP Nr. 134 zu § 1 TVG Auslegung; BAG, Urt. v. 13.11.1985 (4 AZR 269/84) = AP Nr. 35 zu § 1 TVG Tarifverträge: Metallindustrie m. Anm. Beitzke; BAG, Urt. v. 12.3.1986 (4 AZR 547/84) = AP Nr. 3 zu § 1 Tarifverträge: Seeschiffahrt m. Anm. Bemm; BAG, Urt. v. 1.4.1987 (4 AZR 77/86) = AP Nr. 64 zu § 613 a BGB; BAG, Urt. v. 25.11.1987 (4 AZR 361/87) = AP Nr. 18 zu § 1 TVG Tarifverträge: Einzelhandel; BAG, Urt. v. 26.1.1994 (10 AZR 611/92) = AP Nr. 22 zu § 4 TVG Tarifkonkurrenz; BAG, Urt. v. 13.3.2002 (5 AZR 604/00) = DB 2002, 1778 (1779).

[275] BAG, Urt. v. 25.4.1995 (3 AZR 528/94) = BAGE 80, 14 (18); BAG, Urt. v. 24.8.1999 (9 AZR 529/97) = AP Nr. 14 zu § 1 TVG Tarifverträge: Großhandel.

[276] Vgl. LAG Baden-Württemberg, Beschl. v. 25.5.2000 (1 TaBV 1/99) = juris.

2. Mangelnde rechtstechnische Bedeutung im tarifrechtlichen Kontext

Der Begriff der Dienstleistungen hat sich noch nicht zu einem konkretisierten Rechtsbegriff entwickelt. Es existiert weder eine einschlägige gesetzliche Vorschrift, noch wurde bislang der Begriff der Dienstleistungen durch die Rechtsprechung näher erläutert.

a) Fehlen einer einschlägigen gesetzlichen Vorschrift

Der Begriff der Dienstleistungen ist zwar in Art. 50 EGV definiert. Jedoch kann diese europarechtliche Definition in Art. 50 EGV nicht zur Bestimmung des Dienstleistungsbegriffs in dem von den Tarifpartnern verwandten Sinne herangezogen werden. Nach Art. 50 EGV sind Dienstleistungen „Leistungen, die in der Regel gegen Entgelt erbracht werden, soweit sie nicht den Vorschriften über den freien Waren- und Kapitalverkehr und über die Freizügigkeit der Personen unterliegen." Diese gemeinschaftsrechtliche Zuordnung erfolgt aus dem Blickwinkel grenzüberschreitender Wirtschaftsvorgänge.[277] Maßgebend ist mithin, welche Gestalt die grenzüberschreitende Leistung hat, nicht aber die Zugehörigkeit des Anbieters zum Dienstleistungssektor einer Volkswirtschaft.[278] Da sich bei den DGB-Gewerkschaften aber die Zuständigkeit grundsätzlich nach dem Wirtschaftszweig richtet, dem das Unternehmen bzw. der Betrieb[279], in dem der Arbeitnehmer arbeitet, zugeordnet ist[280], muss es bei der Bestimmung der Tarifzuständigkeit auf die volkswirtschaftliche Zuordnung ankommen.

b) Rechtsprechung des BAG zum Dienstleistungsbegriff

Auch in der Rechtsprechung des BAG ist der Dienstleistungsbegriff nicht weiter konkretisiert worden. Das BAG hat zu dem von den Tarifpartnern im vorbezeichneten Sinne verwendeten Dienstleistungsbegriff bisher nur vereinzelt Stellung bezogen, dabei aber nicht den Versuch einer allgemeinen Definition unternommen.

---

[277] Randelzhofer/Forsthoff, in: Grabitz/Hilf, EGV, Art. 49/50 Rn. 6.

[278] Groeben/Thiesing/Ehlermann, EU-/EG-Vertrag, Art. 59 EGV Rn. 2; Randelzhofer/Forsthoff, in: Grabitz/Hilf, EGV, Art. 49/50 Rn. 6.

[279] Die Anknüpfungspunkte in den Satzungen der DGB-Gewerkschaften sind insoweit uneinheitlich, darüber hinaus wird teilweise auch auf den Konzern, Nebenbetriebe, selbständige Betriebsabteilungen, Verwaltungen oder Einrichtungen abgestellt. Siehe dazu unten § 8.

[280] Sog. Industrieverbandsprinzip, vgl. § 2 Ziff. 1 IG BAU-Satzung, § 3 Ziff. 1 IG Metall-Satzung, § 1 Ziff. 3 IG BCE-Satzung, § 4 Ziff. 1 ver.di-Satzung. Davon abweichend wird teils aber auch an die Zugehörigkeit des jeweiligen Arbeitnehmers zu einer bestimmten Berufsgruppe angeknüpft, z.B. Ziff. 1.3 des Organisationskatalogs der ver.di-Satzung, § 6 Ziff. 3 GEW-Satzung.

Gegenstand mehrerer Parallelentscheidungen des BAG aus dem Jahre 1997[281] war die Frage, ob ein auf dem Gebiet der gewerbsmäßigen Arbeitnehmerüberlassung im Sinne des § 1 Abs. 1 AÜG tätiger Betrieb unter den Geltungsbereich eines Tarifvertrages für das Elektro-Handwerk fällt. Das BAG stellte hierzu fest, dass vom Geltungsbereich nur solche Betriebe erfasst seien, die Elektro-Handwerke betreiben. Betriebe, die sich mit Arbeitnehmerüberlassung befassen, seien demgegenüber nicht vom fachlichen Geltungsbereich des Tarifvertrages erfasst, da Verleihbetriebe nicht zum Handwerk, sondern zum Dienstleistungsgewerbe gehörten. Zwar knüpfe der fachliche Geltungsbereich allein daran an, dass die Betriebe selbst oder deren Innungen dem Landesinnungsverband der elektrotechnischen Handwerke Baden-Württemberg angehören, was bei der Beklagten der Fall sei. Jedoch müsse für den fachlichen Geltungsbereich davon abweichend die Zugehörigkeit zum Elektrohandwerk maßgebend sein. Dafür spreche auch, dass der Elektro-Innung oder dem Landesinnungsverband der elektrotechnischen Handwerke Baden-Württemberg keine Tarifzuständigkeit für Verleihunternehmen zustehe, da die Elektro-Innung in § 2 ihrer Satzung ihr „Fachgebiet" auf Elektro-Installateure, Radio- und Fernsehtechniker, Elektro-Maschinenbauer, Elektro-Mechaniker und Fernmeldeanlagenelektroniker beziehe. Dadurch werde deutlich, dass sich der Landesinnungsverband außerhalb seiner Regelungskompetenz bewege, wenn er Tarifverträge für Verleihunternehmen abschließe. Grundsätzlich seien die für den Entleihbetrieb geltenden tariflichen Regelungen selbst dann nicht maßgeblich, wenn sich der Verleihbetrieb auf die Überlassung von Arbeitnehmern in einem bestimmten Wirtschaftsbereich spezialisiert habe.[282]

Demnach ist festzuhalten, dass die Arbeitnehmerüberlassung zum Dienstleistungsgewerbe zu rechnen ist. Wie das LAG Schleswig Holstein[283] zutreffend festgestellt hat, ist es ein entscheidender Unterschied, ob ein Unternehmen in einem bestimmten Industriebereich tätig wird, oder sich mit der „Vermietung" von Arbeitnehmern befasst. Weitere Schlüsse für eine Definition des Dienstleistungsbegriffs können aber aus den Entscheidungen nicht hergeleitet werden.

Im übrigen ist das BAG, soweit ersichtlich, nur noch in einem Urteil aus dem Jahre 1988[284] allgemein auf den Dienstleistungsbegriff kurz eingegangen. Hier stellte das BAG am Rande fest, dass arbeitstechnischer Zweck eines Betriebs auch die Erbringung von Dienstleistungen sein könne und ordnete die Bewachung eines Munitionsdepots ohne weitere Ausführungen dem Dienstleistungsbereich zu. Weitere Entschei-

---

[281] Vgl. BAG, Urt. v. 10.12.1997 (4 AZR 247/96) = AP Nr. 20 zu § 3 TVG; BAG, Urt. v. 10.12.1997 (4 AZR 193/97) = AP Nr. 21 zu § 3 TVG.

[282] Siehe auch LAG Hamm, Urt. v. 1.2.1996 (4 Sa 1044/95) = LAGE Nr. 1 zu § 11 AÜG; ArbG Lübeck, Urt. v. 17.1.1978 (3 Ca 3209/77) = EzAÜG § 622 BGB Nr. 1.

[283] Urt. v. 5.5.1972 (3 Sa 103/72) = EzAÜG § 4 TVG Nr. 1.

[284] BAG, Urt. v. 31.8.1988 (4 AZR 165/88) = juris.

dungen des BAG[285] beschäftigen sich lediglich mit der Subsumtion unter bestimmte Dienstleistungsbereiche wie etwa den Handel oder die Gebäudereinigung. Dabei wird der Auslegungsgrundsatz bestätigt, dass sich die Zugehörigkeit zu einem bestimmten Wirtschaftszweig bzw. zu einem bestimmten Berufsbild nach dem allgemeinen Sprachgebrauch und der Verkehrsauffassung richtet.

3. Wirtschaftswissenschaftliche Ansätze zur Definition des Dienstleistungsbegriffs

Mangels einer einschlägigen rechtstechnischen Bedeutung des Dienstleistungsbegriff ist somit auf den im Arbeits- und Wirtschaftsleben üblichen Sprachgebrauch abzustellen. Da es in den Satzungen der DGB-Gewerkschaften um die Zugehörigkeit zu einem bestimmten Wirtschaftszweig geht, ist das wirtschaftswissenschaftliche Verständnis von Dienstleistungen maßgebend, soweit sich aus dem konkreten Satzungszusammenhang nicht ein anderes ergibt. Insoweit hat es in der Debatte um Tertiarisierung, also den Prozess der Ausweitung des Anteils der im Dienstleistungssektor Beschäftigten zu Lasten der im industriellen Sektor Beschäftigten, zahlreiche unterschiedliche Definitions- und Abgrenzungsversuche gegeben.[286] Eine allgemein verbindliche und akzeptierte Begriffsprägung ist hiermit jedoch nicht erreicht worden.[287]

Im volkswirtschaftlichen Produktionsprozess stellt zunächst jeglicher Arbeitseinsatz der Sache nach eine Dienstleistung dar. Aus Sicht der Unternehmen ist der Arbeitsmarkt grundsätzlich der Markt für den Dienstleistungs-Input.[288] Daher kommt es nach einer Auffassung für eine Abgrenzung des Dienstleistungssektors zur Land- und Forstwirtschaft zuzüglich der Fischerei und zum Produzierenden Gewerbe nur darauf an, ob der Output selbst in einer Dienstleistung besteht.[289] Welche Wesensmerkmale die vorangegangene Tätigkeit beinhaltet, bleibt mithin völlig unberücksichtigt. Diese Betrachtungsweise erscheint jedoch als zu einseitig. Dem Wortsinn nach beinhaltet

---

[285] Vgl. z.B. BAG, Urt. v. 4.6.1980 (4 AZR 379/78) = AP Nr. 32 zu § 1 Tarifverträge: Bau m. Anm. Herschel; BAG, Urt. v. 16.8.1983 (3 AZR 206/82) = AP Nr. 131 zu § 1 TVG Auslegung; BAG, Urt. v. 24.8.1999 (9 AZR 529/97) = AP Nr. 14 zu § 1 TVG Tarifverträge: Großhandel. Im Zusammenhang mit der Tarifzuständigkeit siehe auch BAG, Beschl. v. 24.7.1990 (1 ABR 46/89) = AP Nr. 7 zu § 2 TVG Tarifzuständigkeit (keine Zuständigkeit der ÖTV für das Taucherreigewerbe); BAG, Beschl. v. 12.12.1995 (1 ABR 27/95) = AP Nr. 8 zu § 2 TVG Tarifzuständigkeit (Zuordnung eines Unternehmens der Datenvernichtung zur Entsorgungswirtschaft und damit zum Organisationsbereich der ÖTV).

[286] Vgl. hierzu ausführlich Gruhler, Dienstleistungsbestimmter Strukturwandel, S. 23 ff.; Zapf, Industrielle und gewerbliche Dienstleistungen, S. 51 ff.

[287] Vgl. Gruhler, Dienstleistungsbestimmter Strukturwandel, S. 23; Haß, Industrienahe Dienstleistungen, S. 6; Klodt/Maurer/Schimmelpfennig, Tertiarisierung, S. 5.

[288] Helmstädter, Der tertiäre Sektor, S. 11.

[289] So jüngst Helmstädter, Der tertiäre Sektor, S. 9 f.

der Begriff der „Dienstleistung" ein aktives Tätigwerden, also einen Prozess mit Ergebnis.[290] Vorzugswürdig erscheinen daher solche Definitionsversuche, die auch den Produktionsprozess mit einbeziehen.[291] Unter Zugrundelegung dessen fragt sich, welche Merkmale dienstleistungsspezifisch sind.

Als kennzeichnendes Element der Dienstleistungen wird zunächst einmal deren Immaterialität genannt[292]. Dem Dienstleistungssektor sind hiernach sowohl der Umgang mit immateriellen Gütern (Energie, Information, Geld[293], Recht) als auch die Befriedigung immaterieller Bedürfnisse zuzurechnen.[294] Allerdings soll das so verstandene Merkmal der Immaterialität bei der Bestimmung des Dienstleistungsbegriffs nicht zu stringent gehandhabt werden[295], da auch im Rahmen der Dienstleistungserbringung zumeist Materialien eingesetzt werden. Haben diese lediglich mehr oder weniger untergeordnete Bedeutung, steht dies einer Dienstleistung jedenfalls nicht entgegen.[296] Aber auch unter Zugrundelegung dieser Einschränkung entstehen Abgrenzungsschwierigkeiten dort, wo dem eingesetzten Material eine erhebliche Bedeutung zukommt, wie etwa dem LKW beim Gütertransport. Nach konventionellem Verständnis handelt es sich hierbei um eine Dienstleistung, was sich aber mit dem Immaterialitätsgedanken nicht begründen lässt. Insoweit mangelt es diesem Kriterium also an der erforderlichen Eindeutigkeit, weshalb es lediglich ergänzend herangezogen werden kann.[297]

Neben der Immaterialität werden als weitere Merkmale von Dienstleistungen ihre geringe absolute und kaum steigerungsfähige Produktivität, ihre hohe Arbeits- und Personalintensität, die Auftragsindividualität und die Koinzidenz von Angebot und Nachfrage bzw. das Erfordernis der Mitwirkung des Nachfragers beim Produktionsprozess genannt.

So wird für eine wenig steigerungsfähige Produktivität von Dienstleistungen angeführt, dass sich die Dienstleistungsproduktion wegen ihrer Personalintensität kaum

---

[290] Berekoven, Dienstleistungsmarkt, S. 19; ähnlich Gerhardt, Dienstleistungsproduktion, S. 43.

[291] Berekoven, Dienstleistungsmarkt, S. 23; Buttler/Simon, Wachstum durch Dienstleistungen, S. 10 f.; Bösl, Produktivitätsmessung, S. 6 ff.

[292] Vgl. Gabler, Wirtschaftslexikon, unter „Dienstleistungen".

[293] Geld zählt im wirtschaftswissenschaftlichen Sinne nicht zu den materiellen Gütern, sondern zu den Nominalgütern, Energie nimmt wiederum eine Sonderstellung zwischen Sachgütern und immateriellen Gütern ein, vgl. insoweit die Übersicht bei Gruhler, Dienstleistungsbestimmter Strukturwandel, S. 32.

[294] Gruhler, Dienstleistungsbestimmter Strukturwandel, S. 30.

[295] Gruhler, Dienstleistungsbestimmter Strukturwandel, S. 31, vgl. auch Corsten, Dienstleistungsproduktion, S. 184 ff.

[296] So Gruhler, Dienstleistungsbestimmter Strukturwandel, S. 31.

[297] Buttler/Simon, Wachstum durch Dienstleistungen, S. 9; Neugebauer, Software-Unternehmen, S. 36.

mit produktivitätssteigernden Produktionsmitteln kombinieren lasse.[298] Hiergegen ist jedoch einzuwenden, dass sich angesichts der heutigen Erfahrungen mit elektronischer Datenverarbeitung und Informationstechnologie ein vergleichsweise hoher Produktivitätsfortschritt durch technische Hilfsmittel feststellen lässt.[299] Dementsprechend hat auch die Auffassung, dass Dienstleistungen eine hohe Personalintensität aufweisen[300], keine ausnahmslose Gültigkeit. Denn bei bestimmten Dienstleistungen sind die sächlichen Mittel stärker am Produktionsprozess beteiligt als die menschliche Arbeitskraft, ein Beispiel hierfür bietet die Verkehrsleistung.[301] Somit lässt sich feststellen, dass Arbeitsleistungen bei der Produktion von Dienstleistungen nicht in jedem Fall dominierend sind.

Unter dem Merkmal der Auftragsindividualität wird die Erstellung von Dienstleistungen nach den besonderen Vorstellungen und Wünschen des Dienstleistungsnehmers verstanden.[302] Sicherlich handelt es sich hierbei um ein nicht unbedeutendes Merkmal. Jedoch mangelt es ihm ebenfalls an der erforderlichen Verbindlichkeit, da es auch standardisierte Dienstleistungen gibt, welche einer anonymen Anzahl von potentiellen Abnehmern angeboten werden, wie etwa Schulungen, in deren Rahmen ein bestimmtes Seminarprogramm in gleicher Form immer wieder angeboten wird.

Ebenso wenig besitzt das Merkmal der Unmittelbarkeit der Leistungserbringung[303], d.h. die zeitgleiche Übereinstimmung von Angebot und Nachfrage und die damit ausgeschlossene Lagerhaltung oder Speichermöglichkeit, ausschließliche Gültigkeit. Gerade an dieser Koinzidenz bzw. der mangelnden Speichermöglichkeit fehlt es, soweit materielle Trägermedien zur Übertragung, Vervielfältigung oder Dokumentation der Dienstleistung eingesetzt werden, wie z.B. bei Erstellung eines Gutachtens oder von Unterhaltungsbeiträgen. In diesen Fällen wird ein Teil der Dienstleistungen nicht notwendigerweise zugleich mit ihrer Produktion auf den Abnehmer transferiert.[304] Vielmehr wird die Dynamik des Dienstleistungssektors heutzutage von der Entwick-

---

[298] Fourastié, Die große Hoffnung des 20. Jahrhunderts, S. 76; Wessels, Jahrbuch der Sozialwissenschaft 1963, 303 (310).

[299] Buttler/Simon, Wachstum durch Dienstleistungen, S. 31 ff.; Gabler, Wirtschaftslexikon, unter „Dienstleistungen"; Helmstädter, Der tertiäre Sektor, S. 31; Grömling/Lichtblau/Weber, Industrie und Dienstleistungen, S. 290 ff.; Neugebauer, Software-Unternehmen, S. 29. In Westdeutschland war der Produktivitätsfortschritt in den Jahren 1982-1994 im Dienstleistungssektor sogar höher als im Verarbeitenden Gewerbe, siehe hierzu die Tabelle bei Klodt/Maurer/Schimmelpfennig, Tertiarisierung, S. 12.

[300] Wessels, Jahrbuch der Sozialwissenschaft 1963, 303 (307).

[301] Neugebauer, Software-Unternehmen, S. 29.

[302] Vgl. Gerhardt, Dienstleistungsproduktion, S. 55.

[303] Sog. uno-aktu-Prinzip, vgl. Corsten, Produktion von Dienstleistungen, S. 110 ff.; Berekoven, Dienstleistungsmarkt, S. 23; Fourastié, Die große Hoffnung des 20. Jahrhunderts, S. 83; Klodt/Maurer/Schimmelpfennig, Tertiarisierung, S. 5.

[304] Vgl. Gruhler, Dienstleistungsbestimmter Strukturwandel, S. 35 f.

lung ungebundener Dienstleistungen bestimmt, für die eine zeitliche und räumliche Entkoppelung von Produktion und Verbrauch charakteristisch ist.[305] Dementsprechend ist auch bei Dienstleistungen nicht generell eine Mitwirkung des Nachfragers am Produktionsprozess erforderlich.[306]

Nach alledem lässt sich feststellen, dass die genannten Merkmale zwar gewisse Anhaltspunkte für das Vorliegen einer Dienstleistung liefern können, insbesondere vor dem Hintergrund neuerer technischer Entwicklungen aber keine ausschließliche Gültigkeit besitzen. Aufgrund dieser begrifflichen Unschärfen werden in der Wissenschaft als weitere Möglichkeiten eine Abgrenzung im Wege der Negativdefinition[307] oder die positive Auflistung bestimmter Dienstleistungen bzw. Dienstleistungsarten[308] vorgeschlagen. Die Aufzählung konkreter Dienstleistungen orientiert sich dabei an der amtlichen Statistik[309], die aber ihrerseits keine abschließende Auflistung vornimmt, sondern teilweise auf den allgemeinen Dienstleistungsbegriff zurückgreift.[310]

---

[305] Gabler, Wirtschaftlexikon, unter „Dienstleistungen".

[306] So aber Berekoven, Dienstleistungsmarkt, S. 20 f.

[307] Klodt/Maurer/Schimmelpfennig, Tertiarisierung, S. 5; ähnlich Rasmussen, Entwicklungslinien des Dienstleistungssektors, S. 46.

[308] Bei den Dienstleistungsarten wird etwa nach Art der Nutzenstiftung, dem Verwendungszweck oder etwa nach internen und externen Dienstleistungen unterschieden, vgl. Gruhler, Dienstleistungsbestimmter Strukturwandel, S. 37 f.

[309] Vgl. Buttler/Simon, Wachstum durch Dienstleistungen, S. 12; Helmstädter, Der tertiäre Sekor, S. 10.

[310] In der vom Statistischen Bundesamt herausgegebenen deutschen Klassifikation der Wirtschaftszweige in der Ausgabe von 1993 (WZ 93) wird eine Grobeinteilung nach folgenden Dienstleistungstätigkeiten vorgenommen:
- Handel, Instandhaltung u. Reparatur von Kraftfahrzeugen und Gebrauchsgütern (Abschn. G)
- Gastgewerbe (Abschn. H)
- Verkehr und Nachrichtenübermittlung (Abschn. I)
- Kredit- und Versicherungsgewerbe (Abschn. J)
- Grundstücks- und Wohnungswesen, Vermietung beweglicher Sachen, Erbringung von Dienstleistungen überwiegend für Unternehmen (Abschn. K)
- Öffentliche Verwaltung, Verteidigung, Sozialversicherung (Abschn. L)
- Erziehung und Unterricht (Abschn. M)
- Gesundheits-, Veterinär- und Sozialwesen (Abschn. N)
- Erbringung von sonstigen öffentlichen und persönlichen Dienstleistungen (Abschn. O)
- Private Haushalte (Abschn. P)
- Exterritoriale Organisationen und Körperschaften (Abschn. Q)
Wie aus dieser Aufstellung deutlich wird, werden in der amtlichen Statistik nicht sämtliche unter den Dienstleistungsbegriff fallenden Tätigkeiten abschließend aufgezählt. So wird in Abschnitt K die „Erbringung von Dienstleistungen überwiegend für Unternehmen" noch durch weitere Untergruppen wie „Datenverarbeitung und Datenbanken", „Forschung und Entwicklung" konkretisiert; die weitere Untergruppe in dieser Kategorie umfasst dann aber wiederum die „Erbringung von Dienstleistungen überwiegend für Unternehmen" (Nr. 74), welche dann als nicht weiter spezifizierten letzten Unterfall die „Erbringung von sonstigen Dienstleistungen überwiegend für Unternehmen" (74.84.8) aufweist. Gleiches gilt für den Abschnitt K „Erbringung von sonstigen öffentlichen

Soweit diesbezüglich die oben herausgearbeiteten Kriterien zur näheren Eingrenzung des Dienstleistungsbegriffs zu keinem eindeutigen Ergebnis führen, bleibt mithin nur noch die Abgrenzung im Wege der Negativdefinition.[311] Alles, was in der herkömmlichen Statistik unter dem Produzierenden Gewerbe erfasst wird, ist demnach Industrie. Alles, was nicht zur Industrie oder darüber hinaus zur Land- und Forstwirtschaft zu rechnen ist, gilt als Dienstleistung. Die Grenzen sind dabei aber wegen des schwindenden Gegensatzes zwischen Produktion und Dienstleistung fließend. Dies gilt insbesondere für den wachsenden Bereich von industrienahen und industrieinternen Dienstleistungen, welche Bestandteil von Industrieprodukten bzw. ihnen vor- oder nachgelagert sind. So spielt etwa die Verwaltung in der Industrieproduktion eine ständig zunehmende Rolle. Zudem lassen sich viele Produkte nur noch mit Dienstleistungen angereichert verkaufen oder erfordern steigende Aufwendungen für Forschung, Entwicklung und Bildung.[312]

4. Ergebnis

Nach alledem bleibt der Begriff der Dienstleistungen unklar und ist nicht geeignet, die Tarifzuständigkeit der darauf Bezug nehmenden Gewerkschaften näher einzugrenzen. Eine rechtliche Konkretisierung existiert nicht und auch die wirtschaftswissenschaftlichen Definitionsversuche vermögen lediglich Anhaltspunkte für die Bestimmung von Dienstleistungen zu bieten. Ist infolgedessen nach dem Sprachgebrauch und den Anschauungen der beteiligten Kreise keine Subsumtion unter den Dienstleistungsbegriff möglich, kommt es entsprechend den allgemeinen Grundsätzen zur Satzungsauslegung[313] auf den Sinn und Zweck sowie den Gesamtzusammenhang der Satzung an. Zur Orientierung können dabei die in den Satzungen ausdrücklich genannten Dienstleistungen dienen. Im Zusammenhang mit dem Satzungszweck ist grundsätzlich zu berücksichtigen, dass die Gewerkschaften die Beschäftigten eines Wirtschaftszweigs möglichst umfassend erfassen wollen.

---

und persönlichen Dienstleistungen", wenn dort in einigen der einzelnen Fallgruppen der Begriff der „sonstigen Dienstleistungen" auftaucht.

[311] Klodt/Maurer/Schimmelpfennig, Tertiarisierung, S. 5; ähnlich Rasmussen, Entwicklungslinien des Dienstleistungssektors, S. 46.
[312] Bosch/Wagner, Dienstleistungen und Industrie, S. 15.
[313] Siehe oben § 7 III 1.

§ 8 Satzungsrechtliche Anknüpfungspunkte für die branchenmäßige Zuordnung

Zuständigkeitsüberschneidungen ergeben sich auch daraus, dass sich die nach dem Industrieverbandsprinzip organisierten Einzelgewerkschaften des DGB höchst unterschiedliche Anknüpfungspunkte gewählt haben, die für die Zuordnung zu einem Wirtschaftszweig maßgebend sein sollen. Dies findet seine Rechtfertigung in der verfassungsrechtlich geschützten Organisations- und Satzungsautonomie, aufgrund derer eine Gewerkschaft ihren Organisationsbereich betriebsbezogen, unternehmensbezogen oder nach sonstigen Kriterien abgrenzen kann.[314] Soweit in den Satzungen arbeitsrechtliche Termini verwandt werden, ist bei der Auslegung deren rechtstechnische Bedeutung zugrunde zu legen.

I. Konzern und Unternehmensgruppe

Die weitesten satzungsmäßigen Bezugspunkte sind die des Konzerns[315] und der Unternehmensgruppe[316]. Die IG BCE knüpft unmittelbar an den Konzern an und erklärt sich für zuständig für die Konzerne der aufgeführten Industriebereiche[317]. Eine vergleichbare Regelung ist in der Satzung der IG BAU vorzufinden. Diese erklärt sich zwar nur abstrakt zuständig für die genannten Wirtschaftszweige[318] und legt diesbezüglich nicht ausdrücklich fest, welche organisatorischen Einheiten Bezugspunkt sein sollen. In den im Organisationskatalog getroffenen Regelungen zu an sich branchenfremden Bereichen bezieht sie sich dann aber auf „Unternehmen ..., deren Zweck überwiegend darauf gerichtet ist, die unter den Organisationsbereich fallenden Betriebe, Unternehmen, Unternehmensgruppen, Konzerne und Wirtschaftsgruppen bei der

---

[314] Vgl. BAG, Beschl. v. 14.12.1999 (1 ABR 74/98) = AP Nr. 14 zu § 2 TVG Tarifzuständigkeit; Buchner, ZfA 1995, 95 (100).

[315] Zum Konzernbegriff siehe § 18 AktG. Diese Norm enthält aufgrund ihrer rechtsformneutralen Formulierung die Umschreibung eines allgemeinen gesellschaftsrechtlichen Konzerntatbestands, vgl. Henssler, Der Arbeitsvertrag im Konzern, S. 25.

[316] Im Gegensatz zu dem in seinen groben Strukturen seit langer Zeit gefestigten Konzernbegriff hat der Begriff der Unternehmensgruppe erst durch das Europäische Betriebsräte-Gesetz (EBRG), welches die Errichtung von Betriebsräten auf der Ebene gemeinschaftsweit tätiger Unternehmen oder Unternehmensgruppen regelt, Eingang in das deutsche Recht gefunden. Eine Unternehmensgruppe in diesem Sinne setzt sich aus einem herrschenden Unternehmen und mindestens einem von ihm abhängigen Unternehmen zusammen. Als herrschend gilt nach § 6 EBRG ein Unternehmen, das – beispielsweise aufgrund von Mehrheitsbeteiligungen – die bloße Möglichkeit der Ausübung eines beherrschenden Einflusses hat. Der Unterschied zum Konzern besteht darin, dass sich diese Beherrschungsmöglichkeit nicht durch eine einheitliche Leitung realisiert haben muss. Siehe hierzu Müller, EBRG, § 6 Rn. 5 ff.

[317] § 1 Ziff. 3 IG BCE-Satzung.

[318] § 2 IG BAU-Satzung.

Verwirklichung ihrer Zielsetzung zu unterstützen"[319]. Dem ist zu entnehmen, dass die IG BAU ihre Zuständigkeit auch für Konzerne ihres Organisationsbereichs als gegeben sieht.

Soweit die verbundenen Unternehmen demselben Wirtschaftszweig angehören, sind solche Klauseln praktisch irrelevant, da die Tarifzuständigkeit in diesem Fall bereits auf Unternehmensebene begründet ist und damit faktisch den gesamten Unternehmensverbund betrifft. Anders ist dies jedoch in gemischten Konzernen und Unternehmensgruppen, in denen zwangsläufig die Zuständigkeiten mehrerer Gewerkschaften berührt werden. Hier führen Konzernklauseln in Gewerkschaftssatzungen zu unübersichtlichen Verhältnissen, weshalb der Konzernbegriff als Anknüpfungspunkt für die Tarifzuständigkeit für problematisch gehalten wird.[320]

Rechtlich bestehen gegen entsprechende Satzungsbestimmungen jedoch keine Einwände.[321] Insbesondere steht auch die mangelnde Tariffähigkeit[322] des Konzerns nicht einer konzernbezogenen Tarifzuständigkeit auf Gewerkschaftsseite entgegen. Zwar hat sich das BAG in einer älteren Entscheidung zur Tarifzuständigkeit für den Abschluss eines Firmentarifvertrages dahingehend geäußert, dass Betriebe, Betriebsabteilungen oder Nebenbetriebe mangels Tariffähigkeit kein geeigneter Anknüpfungspunkt für die gewerkschaftliche Tarifzuständigkeit seien.[323] Jedoch hat das BAG mittlerweile zu Recht klargestellt, dass dieser Hinweis auf die fehlende Tariffähigkeit nicht durchgreife, da der Firmentarifvertrag nicht mit dem Betrieb, sondern mit dem

---

[319] Ziff. 1 des Organisationskatalogs der IG BAU-Satzung.

[320] Blank, Die Tarifzuständigkeit der DGB-Gewerkschaften, S. 119 f.

[321] Siehe auch Blank, Die Tarifzuständigkeit der DGB-Gewerkschaften, S. 119 f.; Windbichler, Arbeitsrecht im Konzern, S. 475 f.; Wiedemann, FS Fleck (1988), S. 447 (458 f.).

[322] Die mangelnde Tariffähigkeit folgt daraus, dass der Konzern als solcher keine rechtliche, sondern eine wirtschaftliche Einheit ist, die selbst nicht Träger von Rechten und Pflichten sein kann, vgl. Henssler, Der Arbeitsvertrag im Konzern, S. 38; Wiedemann/Oetker, TVG, § 2 Rn. 105; Windbichler, Arbeitsrecht im Konzern, S. 68 ff., 461. Dementsprechend ist der Konzern nicht Arbeitgeber gemäß § 2 Abs. 1 TVG, vgl. Heinze, DB 1997, 2122 (2124 f.); Henssler, Der Arbeitsvertrag im Konzern, S. 38; Windbichler, Arbeitsrecht im Konzern, S. 461; Gamillscheg, Kollektives Arbeitsrecht I, § 12 8 e, S. 506; Löwisch/Rieble, TVG, § 2 Rn. 59; MünchArbR/Richardi, § 32 Rn. 1; Wiedemann/Oetker, TVG, § 2 Rn. 106 f. Die Arbeitgebereigenschaft gegenüber der gesamten Konzernbelegschaft kann allenfalls der Konzernobergesellschaft in dem Sonderfall zukommen, dass die bei den abhängigen Unternehmen tätigen Arbeitnehmer arbeitsvertraglich der Konzernobergesellschaft zugeordnet sind, vgl. Wiedemann/Oetker, TVG, § 2 Rn. 107. Der Konzern kann auch nicht als tariffähige Vereinigung von Arbeitgebern qualifiziert werden, da er weder eine im Außenverhältnis greifbare Verbandsform noch die erforderliche Organisationsstruktur besitzt, vgl. Gamillscheg, Kollektives Arbeitsrecht I, § 14 I 2 e, S. 525; Windbichler, Arbeitsrecht im Konzern, S. 462 f.; Wiedemann/Oetker, TVG, § 2 Rn. 105; a.A. Kempen/Zachert, TVG, Grdl. Rn. 74. Allerdings ist es den Konzernunternehmen unbenommen, einen eigenen Verband zu bilden, vgl. Gamillscheg, Kollektives Arbeitsrecht I, § 12 8 e, S. 506.

[323] BAG, Beschl. v. 22.11.1988 (1 ABR 6/87) = AP Nr. 5 zu § 2 TVG Tarifzuständigkeit.

Arbeitgeber abgeschlossen werde.[324] Aus diesem Grund spricht auch die mangelnde Tariffähigkeit des Konzerns nicht gegen eine konzernbezogene Tarifzuständigkeit der Gewerkschaft, mit der diese auch Arbeitnehmer in branchenfremden Unterorganisationen des Konzerns zu erreichen sucht. Dass die Gewerkschaft mit dem Konzern selbst keinen Tarifvertrag schließen kann, steht ihrer Tarifzuständigkeit für die Arbeitnehmer des Konzerns nicht entgegen. Diese Tarifzuständigkeit kann die Gewerkschaft vielmehr umfassend durch den Abschluss eines mehrgliedrigen Tarifvertrages unter Beteiligung aller Konzernunternehmen ausschöpfen[325] oder aber nur Tarifverträge mit einigen ausgewählten Konzernunternehmen schließen.

Weiterhin ist es auch rechtlich zulässig, wenn in der Satzung der Transnet die Zuständigkeit auf einen konkreten Konzern, nämlich die Deutsche Bahn AG,[326] bezogen wird. Die grundsätzlichen Einwände, die gegen eine Konzerngewerkschaft unter dem Gesichtspunkt der Überbetrieblichkeit bestehen,[327] greifen hier nicht durch.

Der Grundsatz der Überbetrieblichkeit besagt, dass Gewerkschaften grundsätzlich über den Bereich nur eines Betriebes oder Unternehmens hinaus Mitglieder suchen müssen.[328] Sog. Hausgewerkschaften oder Werksvereine sind daher keine Koalitionen.[329] Zwar ist eine Konzerngewerkschaft in diesem Sinne immer überbetrieblich, weil sie die unterschiedlichen im Konzern verbundenen Unternehmen erfasst. Jedoch soll durch das Erfordernis der Überbetrieblichkeit eine klare Abgrenzung zur Zuständigkeit betriebsverfassungsrechtlicher Organe und eine sinnvolle Regelung der Arbeitsbedingungen gewährleistet werden, die grundsätzlich voraussetzt, dass die Gewerkschaft allen Arbeitnehmern eines bestimmten Wirtschafts- oder Beschäftigungszweigs offen steht.[330] Insoweit sieht sich also auch eine Konzerngewerkschaft Bedenken ausgesetzt. Diese sind bezüglich der Transnet aber hinfällig, da ihr Organisationsbereich über die DB AG hinausgeht und u.a. auch die Beschäftigten sonstiger Eisenbahnen u.ä. erfasst.[331]

---

[324] BAG, Beschl. v. 25.9.1996 (1 ABR 4/96) = AP Nr. 10 zu § 2 TVG Tarifzuständigkeit.

[325] Vgl. Löwisch/Rieble, TVG, § 2 Rn. 59; Wiedemann/Oetker, TVG, § 2 Rn. 107.

[326] § 2 a Transnet-Satzung.

[327] Vgl. hierzu ausführlich Windbichler, Arbeitsrecht im Konzern, S. 481 ff.

[328] Vgl. Gamillscheg, Kollektives Arbeitsrecht I, § 9 II 7 a, S. 406; Windbichler, Arbeitsrecht im Konzern, S. 481 Fn. 121; Zöllner, Arbeitsrecht, § 8 III 7, S. 113 f. Eine Ausnahme gilt dann, wenn nur ein Unternehmen in dem Wirtschaftszweig vorhanden ist, was bis 1989 bei der Bundespost der Fall war, vgl. dazu Zöllner, a.a.O.

[329] Vgl. Gamillscheg, Kollektives Arbeitsrecht I, § 9 II 7 a, S. 406.

[330] Vgl. Zöllner, Arbeitsrecht, § 8 III 7, S. 114.

[331] § 2 Transnet-Satzung.

II. Unternehmen

Der Begriff des Unternehmens wird sowohl in der Satzung von ver.di[332], als auch in allen Satzungen der Industriegewerkschaften des DGB[333] mit Ausnahme der IG Metall[334] als Bezugspunkt für die Zuständigkeit erwähnt. Im Arbeitsrecht wird das Unternehmen als organisatorische Einheit aufgefasst, innerhalb derer der Unternehmer einen wirtschaftlichen oder ideellen Zweck, dem ein Betrieb oder mehrere organisatorisch verbundene Betriebe desselben Unternehmens dienen, fortgesetzt verfolgt.[335] In Abgrenzung zum Konzern ist für den Unternehmensbegriff die Identität des Rechtsträgers konstitutiv; die Rechtsträgerschaft steckt die Grenze des Unternehmens ab.[336] Maßgebend sind die Rechts- und Organisationsformen, die in den Gesetzen für eine unternehmerische Betätigung zwingend festgelegt sind.[337]

III. Betriebliche Ebene

Auf betrieblicher Ebene stellen die Satzungen der DGB-Gewerkschaften nicht nur auf den Betrieb[338] ab, sondern darüber hinaus sind teilweise auch noch die arbeitsrechtlichen Begriffe Hilfs- und Nebenbetrieb[339] und Betriebsabteilung[340] vorzufinden. Mangels entgegenstehender Anhaltspunkte in den Satzungen muss Anknüpfungspunkt für die Auslegung wiederum die arbeitsrechtliche Begriffsbestimmung sein.

1. Betrieb

Der Begriff des Betriebs wird im Gesetzesrecht nicht definiert, sondern als bekannt vorausgesetzt.[341] In Anlehnung an den durch *Jacobi*[342] bereits 1926 entwickelten Be-

---

[332] § 4 Ziff. 1 ver.di-Satzung.

[333] § 2 a NGG-Satzung; Organisationskatalog der IG BAU-Satzung; § 1 Ziff. 3 IG BCE-Satzung; § 2 a, c, f Transnet-Satzung.

[334] § 3 IG Metall-Satzung.

[335] Vgl. BAG, Urt. v. 1.4.1987 (4 AZR 77/86) = AP Nr. 64 zu § 613 a BGB; BAG, Urt. v. 25.11.1987 (4 AZR 361/87) = AP Nr. 18 zu § 1 TVG Tarifverträge: Einzelhandel m.w.N.; MünchArbR/ Richardi, § 31 Rn. 4, 11 ff.; Zöllner/Loritz, Arbeitsrecht, § 44 II 2, S. 491.

[336] Vgl. BAG, Urt. v. 13.6.1985 (2 AZR 452/84) = AP Nr. 10 zu § 1 KSchG 1969; MünchArbR/ Richardi, § 31 Rn. 22; kritisch Henssler, Der Arbeitsvertrag im Konzern, S. 30 ff.

[337] Vgl. BAG, Urt. v. 13.6.1985 (2 AZR 452/84) = AP Nr. 10 zu § 1 KSchG 1969; MünchArbR/ Richardi, § 31 Rn. 21.

[338] Vgl. § 4 Ziff. 1 ver.di-Satzung; § 2 a NGG-Satzung; Ziff. 1 des Organisationskatalog der IG BAU-Satzung; § 1 Ziff. 3 IG BCE-Satzung; §§ 1 und 3 IG Metall-Satzung, § 2 d, e, f Transnet-Satzung.

[339] Vgl. § 4 Ziff. 1 ver.di-Satzung, Ziff. 1 des Organisationskatalogs der IG BAU-Satzung; § 1 Ziff. 3 IG BCE-Satzung; § 3 und Organisationskatalog der IG Metall Satzung III B.

[340] Organisationskatalog der IG BAU-Satzung; Organisationskatalog der IG Metall-Satzung.

[341] Auch die Reform des BetrVG 2001 hat nicht unmittelbar eine eigene Betriebsdefinition gebracht. Allerdings lässt sich aus der Vermutungsregelung zum „gemeinsamen Betrieb mehrerer Unterneh-

triebsbegriff wird in Rechtsprechung und Literatur der Betrieb auch heute noch überwiegend verstanden als organisatorische Einheit, innerhalb derer der Unternehmer
allein oder zusammen mit seinen Arbeitnehmern mit Hilfe von sächlichen und immateriellen Mitteln bestimmte arbeitstechnische Zwecke fortgesetzt verfolgt, die sich
nicht in der Befriedigung des Eigenbedarfs erschöpfen.[343] Dieser Betriebsbegriff ist
grundsätzlich auch im Tarifrecht maßgebend, solange die Tarifpartner keine eigene
Erläuterung vornehmen.[344]

2. Hilfs- und Nebenbetrieb

In der arbeitsrechtlichen Terminologie identisch sind die Begriffe des Hilfs- und
Nebenbetriebs.[345] Bei einem Nebenbetrieb handelt es sich um einen selbständigen Betrieb, der mit seinem arbeitstechnischen Zweck eine Hilfsfunktion für den Hauptbetrieb ausübt.[346] Der Nebenbetrieb ist nicht organisatorisch in den Hauptbetrieb einge-
gliedert, sondern diesem nur von der Zwecksetzung zugeordnet.[347]

---

men" in § 1 Abs. 2 BetrVG schließen, dass sich der Gesetzgeber die in Rechtsprechung und Literatur herrschende Betriebsdefinition zu eigen macht, vgl. dazu Giesen, Tarifvertragliche Rechtsgestaltung für den Betrieb, S. 336.

[342] Jacobi, FS Ehrenberg (1927), S. 1, 9, 36 ff.

[343] Vgl. aus der ständigen Rechtsprechung des BAG z.B. Urt. v. 23.9.1982 (6 ABR 42/81) = AP Nr. 3
zu § 4 BetrVG 1972; BAG, Urt. v. 26.4.1989 (4 AZR 17/89) = AP Nr. 115 zu § 1 TVG Tarifverträge: Bau; Giesen, Tarifvertragliche Rechtsgestaltung für den Betrieb, S. 336; GK-BetrVG/Kraft,
§ 4 Rn. 5; MünchArbR/Richardi, § 31 Rn. 5, 17; Richardi/Richardi, BetrVG, § 1 Rn. 17; Zöllner/
Loritz, Arbeitsrecht, § 45 I 3, S. 308. Allerdings sind für einzelne Bereiche des Arbeitsrechts im
Wege der teleologischen Auslegung eigene Definitionen entwickelt worden, die in Randbereichen
zu Abweichungen führen, vgl. dazu Giesen, Tarifvertragliche Rechtsgestaltung, S. 336 ff.

[344] BAG, Urt. v. 26.4.1989 (4 AZR 17/89) = AP Nr. 115 zu § 1 TVG Tarifverträge: Bau; Buchner,
ZfA 1995, 95 (112); Kempen/Zachert, TVG, § 4 Rn. 22; Wiese, FS Gaul (1992), S. 553 (559 f.).
Einen eigenen satzungsrechtlichen Betriebsbegriff vertritt das LAG München bezüglich der Satzung der IG Metall, vgl. Beschl. v. 29.11.1995 (5 [7] TaBV 36/92) = EzA Nr. 1 zu § 2 TVG Tarifzuständigkeit: Betrieb ist danach „jede relativ selbständige Teilorganisation eines Unternehmens,
die ihrem Gesamtbild nach, insbesondere mit Rücksicht auf die Einheitlichkeit des arbeitstechnischen Zweckes, die Einheitlichkeit der technischen Leitung, die sonstige organisatorische Einheitlichkeit, die Größe der Belegschaft und den Organisationszweck des – betriebsbezogenen – Industrieverbandsprinzips der IG Metall, nach den Anschauungen der beteiligten Berufskreise als Betrieb anzusehen ist". Der praktische Unterschied zum arbeitsrechtlichen Betriebsbegriff dürfte jedoch gering sein, da durch die erwähnte Anschauung der beteiligten Berufskreise letztlich wieder
die arbeitsrechtliche Terminologie einfließen dürfte. Das BAG stellt in seiner Nachfolgeentscheidung dementsprechend auf den allgemeinen Betriebsbegriff als mögliche Auslegungsvariante ab,
vgl. BAG, Beschl. v. 25.9.1996 (1 ABR 4/96) = AP Nr. 10 zu § 2 TVG Tarifzuständigkeit.

[345] BAG, Urt. v. 1.4.1987 (4 AZR 77/86) = AP Nr. 64 zu § 613 a BGB.

[346] BAG, Urt. v. 17.2.1983 (6 ABR 64/81) = AP Nr. 4 zu § 4 BetrVG 1972; GK-BetrVG/Kraft, § 4
Rn. 46; Richardi/Richardi, BetrVG, § 4 Rn. 5; Wiedemann/Wank, TVG, § 4 Rn. 155.

[347] BAG, Urt. v. 17.2.1983 (6 ABR 64/81) = AP Nr. 4 zu § 4 BetrVG 1972; GK-BetrVG/Kraft, § 4
Rn. 46.

a) Hilfs- und Nebenbetriebe anderer Unternehmen

Der Begriff des Nebenbetriebs findet sowohl in der Satzung von ver.di als auch in den Satzungen der IG BAU, IG BCE, IG Metall und der Gewerkschaft NGG Erwähnung.[348] Fraglich ist jedoch, ob sich insoweit die Tarifzuständigkeit auch auf Neben- und Hilfsbetriebe bezieht, welche die Unternehmensgrenzen überschreiten.

Bezüglich des tarifvertraglichen Geltungsbereiches hat das BAG[349] entschieden, dass unternehmensfremde Nebenbetriebe nicht vom Geltungsbereich erfasst werden, wenn dieser unternehmensbezogen ausgestaltet ist. Unternehmen, die selbständig betrieben werden, könnten mit einzelnen Betrieben nicht Hilfs- oder Nebenbetrieb eines anderen Unternehmens sein, weil das selbständige Unternehmen einen eigenen Unternehmenszweck verfolge. Gleiches gilt nach herrschender Auffassung im Betriebsverfassungsrecht; wenn dort vorausgesetzt wird, dass der Nebenbetrieb seine Hilfsfunktion gegenüber einem Betrieb desselben Unternehmens ausüben muss.[350] Allerdings folgen diese Einschränkungen nicht unmittelbar aus dem Begriff des Neben- bzw. Hilfsbetriebs, sondern aus dem konkreten Regelungszusammenhang. So ist die betriebsverfassungsrechtliche Zuordnung des nicht betriebsratsfähigen Nebenbetriebs zum Hauptbetrieb nach § 4 Abs. 2 BetrVG[351] nur bei Zugehörigkeit zu demselben Unternehmen sinnvoll. Bei der Entscheidung des BAG zur Zugehörigkeit eines rechtlich selbständigen Nebenbetriebs zum unternehmensbezogenen Geltungsbereich eines Tarifvertrages war dieser derart ausgestaltet, dass Einzelhandelsunternehmen einschließlich ihrer Hilfs- und Nebenbetriebe erfasst werden sollten; für eine Einbeziehung nicht zum Unternehmen gehörender Nebenbetriebe bestand damit kein Auslegungsspielraum.[352]

Bei der Tarifzuständigkeit hängt es somit von der konkreten Ausgestaltung der Satzungsbestimmung ab, ob ein rechtlich selbständiger Nebenbetrieb als solcher von der Zuständigkeit erfasst wird.[353] Mangels gegenteiliger Anhaltspunkte in den Satzungen ist grundsätzlich davon auszugehen, dass Neben- und Hauptbetrieb nicht demselben Unternehmen angehören müssen. Dafür spricht zum einen, dass eine solche Einschränkung nicht unmittelbar dem Begriff des Nebenbetriebs immanent ist. Zum anderen lassen auch die Satzungen von ver.di und den Industriegewerkschaften des

---

[348] Vgl. § 4 Ziff. 1 ver.di-Satzung, Ziff. 1 des Organisationskatalogs der IG BAU-Satzung, § 1 Ziff. 3 IG BCE-Satzung; § 2 NGG-Satzung unter 4.: Fisch.

[349] BAG, Urt. v. 1.4.1987 (4 AZR 77/86) = AP Nr. 64 zu § 613a BGB.

[350] GK-BetrVG/Kraft, § 4 Rn. 49 m.w.N.

[351] Der Nebenbetrieb ist in § 4 BetrVG nach der Reform des Betriebsverfassungsgesetzes vom 25.9.2001 zwar nicht mehr ausdrücklich erwähnt, fällt aber weiterhin unter den nunmehr weiter gefassten § 4 Abs. 2 BetrVG, vgl. Richardi/Richardi, BetrVG, § 4 Rn. 41 ff.

[352] Siehe auch Wiedemann, FS Fleck (1988), S. 447 (448).

[353] Vgl. Windbichler, Arbeitsrecht im Konzern, S. 477 f.

DGB, soweit Nebenbetriebe darin erwähnt sind, erkennen, dass grundsätzlich auch nicht zum facheigenen Unternehmen gehörende, aber dieses unterstützende Nebenbetriebe erfasst werden sollen.[354] Dies wird durch die Bezugnahme auf „rechtlich oder wirtschaftlich verbundene ... Nebenbetriebe"[355] bzw. „Nebenbetriebe anderer Unternehmen, ..., deren Zweck überwiegend darauf gerichtet ist, die unter den Organisationsbereich fallenden Betriebe, ... zu unterstützen"[356] deutlich oder durch Formulierungen wie „der Organisationsbereich schließt Nebenbetriebe sowie rechtliche ausgegliederte und selbständige – jedoch wirtschaftlich zugeordnete – Dienstleistungsbetriebe ein"[357].

b) Einbeziehung ohne ausdrückliche Nennung in der Satzung

Fraglich ist schließlich noch, was gilt, wenn Nebenbetriebe in der Satzung nicht ausdrücklich in die Tarifzuständigkeit einbezogen sind. Allgemeingültige Feststellungen lassen sich hier nur im geringen Umfang treffen, da es auf die konkrete Fallgestaltung ankommt. Dies wird insbesondere mit Blick auf die Satzung der Gewerkschaft NGG deutlich, in welcher der Begriff des Nebenbetriebs oder ähnliche Begriffe wie „zugeordnete Dienstleistungsbetriebe" nur auf spezielle Branchen bezogen erwähnt werden.[358]

Grundsätzlich ist festzuhalten, dass facheigene Nebenbetriebe in einer fachfremden übergeordneten Organisationseinheit an sich schon über die allgemein betriebsbezogene Tarifzuständigkeit der facheigenen Gewerkschaft erfasst werden, da Nebenbetriebe sämtliche Merkmale des Betriebsbegriffs erfüllen und grundsätzlich davon auszugehen ist, dass die Tarifpartner ihren Organisationsbereich möglichst weit verstanden wissen wollen.[359] So ist etwa die IG Metall für den Metallbetrieb eines Chemieunternehmens schon deshalb zuständig, weil Metallbetriebe zu ihrem Organisationsbereich gehören.[360] Die zusätzliche Erwähnung von „Nebenbetrieben" anderer Unternehmen im Organisationskatalog der IG Metall-Satzung[361] hat daher lediglich klarstellenden Charakter.

---

[354] Siehe LAG Bad.-Württ., Urt. v. 25.5.2000 (1 TaBV 1/99) = juris.

[355] § 1 Ziff. 3 IG BCE-Satzung.

[356] Ziff. 1 des Organisationskatalogs der IG BAU-Satzung.

[357] Vgl. § 4 Ziff. 1 ver.di-Satzung; ähnlich § 2 d) NGG-Satzung.

[358] Vgl. § 2 NGG-Satzung.

[359] Siehe ausführlich v. Eisenhart Rothe, Tarifzuständigkeit, S. 89 ff.; a.A. Link, Tarifzuständigkeit, S. 69, demzufolge sich die Zuständigkeit für den Nebenbetrieb immer nach dem Zweck des Hauptbetriebs richten soll. Hiermit wird jedoch die Selbständigkeit des Nebenbetriebs verkannt.

[360] §§ 1 a, 3 IG Metall-Satzung.

[361] Organisationskatalog III B.

Bezogen auf fachfremde Nebenbetriebe wird ebenfalls vertreten, dass diese im Zweifel in die Zuständigkeit der facheigenen Koalition einbezogen seien.[362] Hier sind jedoch folgende Konstellationen zu unterscheiden:

Fachfremde Nebenbetriebe sind nach allgemeinem Sprachgebrauch ohne weiteres in die Tarifzuständigkeit der facheigenen Koalition einbezogen, wenn sie Bestandteil einer umfassenderen facheigenen Organisationseinheit sind, an welche die Koalition in ihrer Satzung anknüpft.[363] So ist die IG BCE aufgrund ihrer Tarifzuständigkeit für Unternehmen der Chemieindustrie[364] auch für Metallbetriebe eines Chemieunternehmens zuständig. Von dieser Fallgestaltung abgesehen ist es einzelfallabhängig, ob die Tarifzuständigkeit auch ohne ausdrückliche Erwähnung für fachfremde Nebenbetriebe gilt. Finden sich in der Satzung keine Anhaltspunkte für oder gegen die Einbeziehung, dann spricht zwar die dienende Funktion des Nebenbetriebs zunächst für dessen Zurechnung zum Hauptbetrieb.[365] Andererseits wird aber eine solche Zurechnung der formalen Selbständigkeit des Nebenbetriebs nicht gerecht[366]. Insoweit kann auch das teilweise für die Zurechnung angeführte Argument, dass für Nebenbetriebe ansonsten ein tarifloser Zustand entstehen könne,[367] nicht überzeugen. Wie bereits erörtert, ist die facheigene Koalition ohne weiteres für den facheigenen Nebenbetrieb zuständig, da der Nebenbetrieb bereits unter den allgemeinen Betriebsbegriff fällt.

Zusammenfassend ergibt sich für die Einbeziehung von fachfremden Nebenbetrieben in die Tarifzuständigkeit ohne ausdrückliche Erwähnung in der Satzung mithin Folgendes: Wenn ein fachfremder Nebenbetrieb weder Bestandteil einer facheigenen Organisationseinheit ist, noch anderweitige konkrete Anhaltspunkte für die Einbeziehung in der Satzung zu finden sind, ist davon auszugehen, dass fachfremde Nebenbetriebe nicht von der Tarifzuständigkeit der facheigenen Koalition erfasst werden.

---

[362] Vgl. Link, Tarifzuständigkeit, S. 63; Blank, Die Tarifzuständigkeit der DGB-Gewerkschaften, S. 118; Für den Geltungsbereich siehe auch Wiedemann/Wank, TVG, § 4 Rn. 157.

[363] Vgl. BAG, Beschl. v. 22.11.1988 (1 ABR 6/87) = AP Nr. 5 zu § 2 TVG Tarifzuständigkeit; Blank, Die Tarifzuständigkeit der DGB-Gewerkschaften, S. 119, v. Eisenhart Rothe, Tarifzuständigkeit, S. 89; Wiedemann, RdA 1975, 78 (80); Wiedemann/Oetker, TVG, § 2 Rn. 56; Zachert, AuR 1982, 181.

[364] Vgl. § 1 Ziff. 3 IGBCE-Satzung. Zudem werden hier aber auch fachfremde Nebenbetriebe ausdrücklich erwähnt.

[365] So im Ergebnis Blank, Die Tarifzuständigkeit der DGB-Gewerkschaften, S. 118; Link, Tarifzuständigkeit, S. 63, 69; v. Eisenhart Rothe, Tarifzuständigkeit, S. 94 ff. Für den Geltungsbereich eines Tarifvertrages siehe auch v. Hoyningen-Huene, NZA 1996, 617 (619); Däubler, Tarifvertragsrecht, Rn. 269; Wiedemann/Wank, TVG, § 4 Rn. 157; wohl auch BAG, Urt. v. 31.3. 1955 (2 AZR 84/53) = AP Nr. 1 zu § 4 TVG Geltungsbereich m. krit. Anm. Tophoven.

[366] Hueck/Nipperdey, Arbeitsrecht II/1, § 26 V 3 d, S. 518; im Ergebnis auch Delheid, Tarifzuständigkeit, S. 45 ff., 64. Für den Geltungsbereich eines Tarifvertrages siehe auch BAG, Urt. v. 3.2.1965 (4 AZR 461/63) = AP Nr. 11 zu § 4 TVG Geltungsbereich.

[367] Vgl. Wiedemann/Wank, TVG, § 4 Rn. 157.

3. Selbständige Betriebsabteilung

Bei der Auslegung des in den Satzungen verwendeten Begriffs der selbständigen Betriebsabteilung ist an den allgemeinen arbeitsrechtlichen Begriff, wie er z.b. in § 15 Abs. 5 KSchG verwendet und bei der Bestimmung des Geltungsbereichs eines Tarifvertrages herangezogen wird[368], anzuknüpfen. Eine Betriebsabteilung erfordert hiernach bezogen auf den konkreten Gesamtbetrieb eine personelle Einheit, organisatorische Abgrenzbarkeit sowie die Existenz eigener Betriebsmittel zur Verfolgung eines spezifischen eigenen Zwecks.[369] Als besondere Kriterien einer selbständigen Betriebsabteilung treten eine deutliche räumliche und organisatorische Abgrenzbarkeit sowie ein besonders ausgeprägter arbeitstechnischer Zweck hinzu.[370]

Wenn selbständige Betriebsabteilungen in der Satzung nicht ausdrücklich erwähnt werden, richtet sich die Tarifzuständigkeit im Zweifel nach dem Betrieb, Unternehmen etc., dessen Bestandteil sie sind. Die Zuständigkeit erstreckt sich insoweit sowohl auf facheigene als auch fachfremde Betriebsabteilungen.[371] Umgekehrt bedarf es für facheigene selbständige Betriebsabteilungen in fachfremden Organisationseinheiten einer ausdrücklichen Regelung in der Satzung, da diese ansonsten von der im branchenfremden Bereich zuständigen Gewerkschaft erfasst werden.[372]

IV. Sonstige organisatorische Einheiten

Über die erläuterten Begriffe hinaus knüpfen die Satzungen begrifflich noch an zahlreiche weitere Bezugspunkte an, deren praktische Bedeutung als organisatorische Einheit neben den arbeitsrechtlichen Termini aber gering ist. So ist etwa eine „Zweigniederlassung"[373] in der Regel selbst ein Betrieb.[374] Im übrigen dienen die verwendeten Begriffe zumeist nicht der Schaffung einer neuen organisatorischen Einheit, son-

---

[368] Vgl. BAG, Urt. v. 19.9.1973 (4 AZR 485/72) = AP Nr. 14 zu § 1 TVG Tarifverträge: Bau m. Anm. Hadding; BAG, Urt. v. 8.10.1975 (4 AZR 432/74) = AP Nr. 25 zu § 1 TVG Tarifverträge: Bau m. Anm. Ottow; BAG, Urt. v. 11.9.1991 (4 AZR 40/91) = AP Nr. 145 zu § 1 TVG Tarifverträge: Bau; v. Hoyningen-Huene, NZA 1996, 617 (618).

[369] Vgl. BAG, Urt. v. 19.9.1973 (4 AZR 485/72) = AP Nr. 14 zu § 1 TVG Tarifverträge: Bau m. Anm. Hadding; BAG, Urt. v. 8.10.1975 (4 AZR 432/74) = AP Nr. 25 zu § 1 TVG Tarifverträge: Bau m. Anm. Ottow; BAG, Urt. v. 11.9.1991 (4 AZR 40/91) = AP Nr. 145 zu § 1 TVG Tarifverträge: Bau.

[370] Vgl. BAG, Urt. v. 19.9.1973 (4 AZR 485/72) = AP Nr. 14 zu § 1 TVG Tarifverträge: Bau m. Anm. Hadding; BAG, Urt. v. 8.10.1975 (4 AZR 432/74) = AP Nr. 25 zu § 1 TVG Tarifverträge: Bau m. Anm. Ottow; BAG, Urt. v. 11.9.1991 (4 AZR 40/91) = AP Nr. 145 zu § 1 TVG Tarifverträge: Bau; Wiedemann/Wank, TVG, § 4 Rn. 153.

[371] Vgl. BAG, Beschl. v. 22.11.1988 (1 ABR 6/87) = AP Nr. 5 zu § 2 TVG Tarifzuständigkeit; Blank, Die Tarifzuständigkeit der DGB-Gewerkschaften, S. 119; Link, Tarifzuständigkeit, S. 62 ff.; Wiedemann, RdA 1975, 78 (80); Wiedemann/Oetker, TVG, § 2 Rn. 56; Zachert, AuR 1982, 181.

[372] Ausführlich Link, Tarifzuständigkeit, S. 64 ff.

[373] § 3 IG Metall-Satzung.

[374] GK-BetrVG/Kraft, § 4 Rn. 48; Richardi/Richardi, BetrVG, § 1 Rn. 45.

dern der Einbeziehung von an sich branchenfremden Bereichen wie z.B. nach der Satzung der Gewerkschaft NGG die „Einrichtungen zur Marktforschung, Werbegesellschaften, Verkaufsorganisationen, ihrer Auslieferungsläger, Verkaufsstellen und Kundendienste"[375].

---

[375] § 2 a NGG-Satzung.

4. Teil: Behandlung von Zuständigkeitsüberschneidungen innerhalb des DGB

Infolge der dargelegten Zuständigkeitsüberschneidungen besteht die Notwendigkeit, Regelungen zur Vermeidung bzw. Beilegung von Abgrenzungsstreitigkeiten zu treffen, wenn es die Gewerkschaften nicht bei einem Nebeneinander von tarifpolitischen Maßnahmen belassen wollen. Hier besteht grundsätzlich die Möglichkeit, durch Abgrenzungsabkommen oder über den DGB als Dachverband zu einer Zuständigkeitsverteilung zu gelangen.

Richtungsentscheidungen für den Dienstleistungssektor wurden durch die mit Beschluss des DGB-Bundesvorstands vom 5. Dezember 2000 verabschiedeten „Grundsätze für die Organisationsbeziehungen und die Kooperation der DGB-Gewerkschaften aus Anlass der Gründung von ver.di und der Integration der DAG in den DGB" getroffen. Darüber hinaus bestehen im DGB allgemeine „Richtlinien für die Abgrenzung der Organisationsbereiche und eine Veränderung der Organisationsbezeichnung", welche gemäß § 15 Ziff. 1 DGB-Satzung Satzungsbestandteil sind. Flankiert werden diese Richtlinien durch zwei weitere Satzungsbestimmungen: Nach § 15 Ziff. 2 DGB-Satzung können die Mitgliedsgewerkschaften ihren Organisationsbereich nur in „Übereinstimmung mit den betroffenen Gewerkschaften und nach Zustimmung des Bundesausschusses" ändern. Zur Beilegung von Streitigkeiten unter den DGB-Gewerkschaften wurde schließlich in § 16 DGB-Satzung ein Schiedsgerichtsverfahren institutionalisiert.

§ 9 Verhältnis zwischen dem DGB und seinen Mitgliedsgewerkschaften

Die möglichen Auswirkungen dieser Regelungen auf die Tarifzuständigkeit der Mitgliedsgewerkschaften des DGB hängen zunächst davon ab, welche rechtlichen Befugnisse dem DGB im Verhältnis zu seinen Mitgliedsgewerkschaften zustehen.

I. Funktion des DGB als Dachverband seiner Mitgliedsgewerkschaften

Beim DGB als Spitzenorganisation der in ihm zusammengeschlossenen Gewerkschaften handelt es sich um einen – z.T. im vereinsrechtlichen Schrifttum auch als

Dachverband bezeichneten[376] – Vereinsverband.[377] Unter einem Vereinsverband ist der horizontal gegliederte Zusammenschluss selbständiger Vereine zur Verfolgung gemeinsamer Zwecke in einem Hauptverband zu verstehen.[378] Mitglieder in dem Dachverband sind regelmäßig ausschließlich die einzelnen Vereine,[379] deren rechtliche Selbständigkeit von dem Zusammenschluss unberührt bleibt.[380] Sie unterwerfen sich als selbständige Organisationen der Satzung des Hauptverbands.[381] Demgegenüber stehen die Mitglieder der angeschlossenen Vereine zu dem Dachverband in keinem Mitgliedschaftsverhältnis, sondern werden lediglich mittelbar über die dem Dachverband angehörenden Organisationen beteiligt.[382]

Die Tarifautonomie wird im DGB ausschließlich von den Mitgliedsgewerkschaften wahrgenommen. Der DGB selbst ist als Spitzenorganisation nicht tariffähig, da Voraussetzung hierfür nach § 2 Abs. 3 TVG eine Satzungsbestimmung des Inhalts ist, dass der Abschluss von Tarifverträgen zu den Aufgaben der Spitzenorganisation gehört.[383] Dies ist nach der Satzung des DGB jedoch nicht der Fall, sondern er hat lediglich nach § 2 Ziff. 4 f „die Erarbeitung von Grundsätzen der Tarifpolitik" zur Aufgabe. Infolgedessen besitzt der DGB auch keine eigene Tarifzuständigkeit. Es verbleibt daher nur die Möglichkeit eines Tarifabschlusses durch den DGB im Namen der jeweiligen Mitgliedsgewerkschaft, wenn diese ihm eine entsprechende Vollmacht

---

[376] Steinbeck, Vereinsautonomie und Dritteinfluß, S. 9; Stöber, Handbuch zum Vereinsrecht, Rn. 873.

[377] Reichert, Handbuch des Vereins- und Verbandsrechts, Rn. 2774; Jacobs, Tarifeinheit und Tarifkonkurrenz, S. 215.

[378] Vgl. Reichert, Handbuch des Vereins- und Verbandsrechts, Rn. 2758 f.; Stöber, Handbuch zum Vereinsrecht, Rn. 873; Buchner, Arbeitsrecht und Arbeitsgerichtsbarkeit (1999), S. 331 (338); Säcker/Oetker, Probleme der Repräsentation von Großvereinen, S. 10. Dem Vereinsverband wird der sog. Gesamtverein gegenübergestellt. Dieser untergliedert seine Organisation vertikal durch gebietsweise Erfassung seiner Mitglieder, die durch den Beitritt zu einer rechtlich selbständigen Untergliederung (sog. Zweigvereine) sowohl dem Gesamtverein als auch dem jeweiligen Zweigverein zugehören. Vgl. hierzu Reichert, Handbuch des Vereins- und Verbandsrechts, Rn. 2759 ff.; Sauter/Schweyer/Waldner, Der eingetragene Verein, Rn. 323 ff.; Steinbeck, Vereinsautonomie und Dritteinfluß, S. 7 ff.; Soergel/Hadding, BGB, vor § 21 Rn. 53.

[379] Reichert, Handbuch des Vereins- und Verbandsrechts, Rn. 2759; Soergel/Hadding, BGB, § 25 Rn. 34; Steinbeck, Vereinsautonomie und Dritteinfluß, S. 9 f., 151 ff. Nur in Ausnahmefällen sind die Mitglieder der angeschlossenen Vereine zugleich auch Mitglieder im Dachverband, so etwa bei einer statutarisch verankerten Doppelmitgliedschaft, siehe hierzu auch BGH, Urt. v. 18.9.1958 (II ZR 332/56) = BGHZ 28, 131 (134).

[380] Stöber, Handbuch zum Vereinsrecht, Rn. 874. Siehe auch Buchner, in: Arbeitsrecht und Arbeitsgerichtsbarkeit (1999), S. 331 (338).

[381] Stöber, Handbuch zum Vereinsrecht, Rn. 875.

[382] Säcker/Oetker, Probleme der Repräsentation von Großvereinen, S. 10; Soergel/Hadding, BGB, § 25 Rn. 34.

[383] Zur Tariffähigkeit und Tarifzuständigkeit von Spitzenverbänden siehe auch LAG Köln, Beschl. v. 20.11.1998 (11 TaBV 15/98) = NZA 1999, 331 (332); Buchner, Arbeitsrecht und Arbeitsgerichtsbarkeit (1999), S. 331 (337 f.); Rieble, DB 2001, 2194 ff.; Wiedemann/Thüsing, RdA 1995, 280 ff.; Löwisch/Rieble, TVG, § 2 Rn. 73 ff.; Kempen/Zachert, TVG, § 2 Rn. 59 ff.; Wiedemann/Oetker, TVG, § 2 Rn. 335 ff.

nach § 2 Abs. 2 TVG erteilt. In diesem Fall wird lediglich die Verhandlungskompetenz auf den DGB übertragen, Tarifpartei wird die bevollmächtigende Gewerkschaft.[384]

II. Möglichkeiten der rechtlichen Einflussnahme durch den DGB

Allerdings obliegt dem DGB als weitere Aufgabe nach § 2 Ziff. 4 h der Satzung „die Abgrenzung und Änderung der Organisationsgebiete der Gewerkschaften" und nach § 2 Ziff. 4 i die „Schlichtung von Streitigkeiten zwischen den Gewerkschaften". Sollen diese Aufgaben durch den DGB in einer für seine Mitgliedsgewerkschaften rechtsverbindlichen Weise wahrgenommen werden, sind zwei Ansatzpunkte denkbar:

1. Statutarischer Dritteinfluss

Zum einen ist eine Befugnis des DGB zur unmittelbaren Gestaltung des Inhalts der Satzungen seiner Mitgliedsgewerkschaften bzw. zur Einflussnahme auf die Wirksamkeit von Satzungsänderungen durch die Mitgliedsgewerkschaften in Betracht zu ziehen (sog. statutarischer Dritteinfluss[385]). Allerdings obliegt die Zuständigkeit für Satzungsänderungen nach den Satzungen der DGB-Gewerkschaften grundsätzlich dem Gewerkschaftstag[386] bzw. dem Bundeskongress[387] der jeweiligen Gewerkschaft. Zwischen den Gewerkschaftstagen/Bundeskongressen werden daneben teilweise noch dem Gewerkschaftsbeirat[388] in gewissem Umfang Satzungsänderungsrechte zugesprochen.

Ein statutarischer Einfluss des DGB wäre infolgedessen nur dann möglich, wenn und soweit die Satzungen der Mitgliedsgewerkschaften durch den Eintritt in den DGB um dessen Satzung erweitert (Inkorporation[389]) bzw. hierdurch überlagert (Geltungsvorrang[390]) würden. In diesem Fall könnte sich die Mitgliedschaft im DGB unmittelbar auf die satzungsmäßige Tarifzuständigkeit der angeschlossenen Gewerkschaften auswirken.

---

[384] Vgl. Buchner, Arbeitsrecht und Arbeitsgerichtsbarkeit (1999), S. 331 (338); Kempen/Zachert, TVG, § 2 Rn. 59.

[385] Vgl. Steinbeck, Vereinsautonomie und Dritteinfluß, S. 64, 147.

[386] § 20 IG Metall-Satzung, § 24 Ziff. 4 g IG BAU-Satzung, § 25 Ziff. 4 e Transnet-Satzung, § 29 Ziff. 7 NGG-Satzung, §§ 17, 22 GEW-Satzung, § 17 Ziff. 13 e IG BCE-Satzung.

[387] § 37 Ziff. 2 b ver.di-Satzung; § 13 Abs. 1 e GdP-Satzung.

[388] § 26 Ziff. 2 b Transnet-Satzung; § 28 Ziff. 3 NGG-Satzung; § 18 Ziff. 4 f, Ziff. 5, § 15 Ziff. 12 IG BCE-Satzung; § 41 Ziff. 4 m ver.di-Satzung; § 20 Abs. 5 GdP-Satzung; für die Änderung des Organisationskatalogs auch § 19 Ziff. 1 IG Metall-Satzung und § 23 Ziff. 2 d IG BAU-Satzung.

[389] Siehe dazu im Einzelnen unten § 10 I 1 a.

[390] Siehe dazu im Einzelnen unten § 10 I 1 b.

2. Begründung von Verhaltenspflichten

Zum anderen besteht die Möglichkeit einer Regelung, die nicht unmittelbar die Tarifzuständigkeit der Mitgliedsgewerkschaften beeinflussen soll, sondern lediglich eine Verpflichtung der Gewerkschaften im Verhältnis zum DGB begründet, bestimmte Vorgaben bei der Festlegung ihrer Tarifzuständigkeit zu beachten bzw. ihre grundsätzlich umfassend gegebene Tarifzuständigkeit nur eingeschränkt wahrzunehmen (sog. schuldrechtlicher Dritteinfluss[391]). In diesem Fall würde das Regelwerk des DGB nicht die Satzungen der angeschlossenen Gewerkschaften erweitern oder überlagern, sondern nur bestimmte Verhaltenspflichten der Mitgliedsgewerkschaften begründen.

Derartige Verhaltenspflichten eines Mitgliedsvereins gegenüber dem Dachverband entstehen allein durch den Beitritt zum Dachverband. Einer Bezugnahme in den Satzungen der Mitgliedsvereine auf die Satzung des Dachverbandes bedarf es dabei nicht. Selbst wenn in der Satzung des angeschlossenen Vereins noch nicht einmal die Mitgliedschaft im Vereinsverband erwähnt ist, entsteht eine Verpflichtung des Vereins, das Regelwerk des Dachverbandes zu beachten.[392] Dies folgt daraus, dass sich der Verein durch den Beitritt der Satzung des Dachverbandes unterwirft.[393] Insoweit kann nichts anderes gelten als sonst beim Vereinsbeitritt, durch den sich das Mitglied für seine Person mit der Satzung einverstanden erklärt und damit mitgliedschaftliche Rechte und Pflichten gemäß der Satzung erwirbt.[394] Bei Verstoß gegen die Regelungen des Dachverbandes sind Beschlüsse des Mitgliedsvereins nicht unwirksam, sondern können nur zu vereinsrechtlichen Sanktionen führen.

Übertragen auf die Tarifzuständigkeit der DGB-Gewerkschaften bedeutet dies, dass diese zwar bei Festlegung und Wahrnehmung der Tarifzuständigkeit das Regelwerk des DGB zu beachten hätten. Eine Verletzung dieser Pflicht hätte aber nicht die Unwirksamkeit der jeweiligen Satzungsbestimmung zur Tarifzuständigkeit bzw. des geschlossenen Tarifvertrages zur Folge, sondern allenfalls innerverbandliche Auswirkungen. Als solche sieht die Satzung des DGB in § 3 Ziff. 4 den Ausschluss aus dem Gewerkschaftsbund unter den dort näher geregelten Voraussetzungen vor. Ein Aus-

---

[391] Vgl. Steinbeck, Vereinsautonomie und Dritteinfluß, S. 186 ff., 199 ff. Steinbeck verwendet die Begrifflichkeit „schuldrechtliche" Pflichten, da sie entgegen der herrschenden modifizierten Normentheorie die Satzung nicht als durch Rechtsgeschäft begründete eigenständige Norm des Vereinslebens einordnet, sondern im Anschluss an die sog. Vertragstheorie als vertragliche Vereinbarung begreift, vgl. Steinbeck, a.a.O., S. 183 ff. m.w.N.

[392] Vgl. Steinbeck, Vereinsautonomie und Dritteinfluß, S. 198.

[393] Unter Umständen kann aber eine Vertretungsmacht des Vorstands für den Eintritt in den Dachverband fraglich sein, siehe dazu MünchKomm/Reuter, BGB, Vor § 21 Rn. 119; Steinbeck, Vereinsautonomie und Dritteinfluß, S. 199 ff.

[394] Vgl. dazu Soergel/Hadding, BGB, § 25 Rn. 33 f.; Stöber, Handbuch zum Vereinsrecht, Rn. 121 ff.; Reichert, Handbuch des Vereins- und Verbandsrechts, Rn. 470 ff.

schluss nach dieser Norm kommt allerdings nur in gravierenden Fällen in Betracht.[395] Davon abgesehen sind in der DGB-Satzung keine weiteren Sanktionsmöglichkeiten geregelt.

III. Beabsichtigte Wirkung der Abgrenzungsregelwerke des DGB

Bevor auf die rechtlichen Probleme im Zusammenhang mit statutarischen und schuldrechtlichen Dritteinfluss näher eingegangen wird, stellt sich die notwenige Vorfrage, welche Wirkungen mit den Regelwerken des DGB zur Organisationsabgrenzung bzw. -änderung im Einzelnen beabsichtigt sind.

1. §§ 15 Ziff. 2, 16 DGB-Satzung

Dies betrifft zunächst die mit dem Zustimmungsvorbehalt nach § 15 Ziff. 2 DGB-Satzung und dem Schiedsgerichtsverfahren gemäß § 16 DGB-Satzung bezweckten Rechtsfolgen. Zu deren Ermittlung können ergänzend die damit zusammenhängenden „Richtlinien für die Abgrenzung von Organisationsbereichen und die Veränderung der Organisationsbeziehungen gemäß § 15 Ziffer 1 der DGB-Satzung"[396] (im Folgenden: Richtlinien zur Organisationsabgrenzung) und die „Schiedsgerichtsordnung gemäß § 16 DGB-Satzung"[397] (im Folgenden: Schiedsgerichtsordnung) herangezogen werden.

Nach Ziff. 1 a der Richtlinien zur Organisationsabgrenzung ergibt sich die Organisationszuständigkeit der Mitgliedsgewerkschaften grundsätzlich aus deren Satzung in Verbindung mit der Satzung des DGB. In § 15 Ziff. 2 DGB-Satzung sowie Ziff. 1 b der Richtlinien zur Organisationsabgrenzung wird dementsprechend die Wirksamkeit einer Änderung der in den Satzungen der Mitgliedsgewerkschaften angegebenen Organisationsbereiche und Organisationsbezeichnungen unter den Vorbehalt der Zustimmung des DGB-Bundesausschusses gestellt.

Für das im Falle von Abgrenzungsstreitigkeiten vorgesehene Schiedsgerichtsverfahren findet sich in § 16 DGB-Satzung selbst keine Regelung bezüglich der Wirkung des Schiedsurteils. Jedoch bestimmt Ziff. 1 e der Richtlinien zur Organisationsabgrenzung, dass Schiedsurteile und Einigungen im Rahmen des Schiedsgerichtsverfah-

---

[395] So Oetker, gemeinsame Anm. zu den Beschlüssen des BAG v. 25.9.1996 (1 ABR 4/96) u. v. 12.11.1996 (1 ABR 33/96), AP Nr. 11 zu § 2 TVG Tarifzuständigkeit. Das Erfordernis eines gravierenden Verstoßes folgert Oetker aus dem Aufnahmezwang, dem der DGB aufgrund überragender Machtstellung im sozialen Bereich unterliegen soll, und nimmt dabei Bezug auf seine Ausführungen in ZfA 1998, 41, 60. Zum Aufnahmezwang bei Verbänden mit Monopolstellung siehe auch Reichert, Rn. 655 ff.

[396] Anlage 1 zur DGB-Satzung.

[397] Anlage 2 zur DGB-Satzung.

rens die Satzungen der DGB-Gewerkschaften nicht nur im Innenverhältnis, sondern „mit verbindlicher Wirkung nach außen" interpretieren. Hieraus geht hervor, dass das Schiedsurteil nicht nur bloße Verhaltenspflichten erzeugen, sondern sich unmittelbar auf die satzungsmäßige Tarifzuständigkeit der Mitgliedsgewerkschaften auswirken soll.[398]

Folglich ist mit den §§ 15 Ziff. 2, 16 DGB-Satzung eine statutarische Wirkung in dem Sinne beabsichtigt, dass eine Änderung der Tarifzuständigkeit nur mit Zustimmung des DGB-Bundesausschusses wirksam werden kann und bei Abgrenzungsstreitigkeiten die Tarifzuständigkeit unmittelbar durch den DGB-Schiedsspruch festgelegt wird.

Bezüglich des Schiedsgerichtsverfahrens nach § 16 DGB-Satzung werden in der Richtlinie zur Organisationsabgrenzung sowie in der Schiedsgerichtsordnung ergänzend noch einige Verhaltenspflichten der Mitgliedsgewerkschaften festgelegt: Nach Ziff. 1 d sind bei Abgrenzungsstreitigkeiten Verhandlungen zwischen den Vorständen der beteiligten Gewerkschaften aufzunehmen; im Falle der Erfolglosigkeit dieser Verhandlungen ist das Vermittlungs- bzw. Schiedsgerichtsverfahren nach § 16 DGB-Satzung einzuleiten und durchzuführen. Aus Ziff. 1 f ergibt sich ferner eine Verpflichtung der von dem Schiedsurteil betroffenen Gewerkschaften, alle Maßnahmen zu treffen, die erforderlich sind, „um das Schiedsurteil wirksam werden zu lassen und den Organisationsstreit zu beenden". Eine ähnliche Regelung trifft Ziff. 6 a der Schiedsgerichtsordnung. Weiterhin hat nach Ziff. 6 b der Schiedsgerichtsordnung die im Schiedsgerichtsverfahren unterlegene Partei ihre Mitglieder im Einvernehmen mit der obsiegenden Partei zum Übertritt in die zuständige Gewerkschaft aufzufordern und ist ferner dazu verpflichtet, „nach außen hin nicht mehr als zuständige Gewerkschaft in Erscheinung zu treten, insbesondere keine neuen Tarifverträge abzuschließen".

Zusammenfassend ist somit festzustellen, dass mit §§ 15 Ziff. 2, 16 DGB-Satzung primär eine unmittelbare Einflussnahme auf die Tarifzuständigkeit der Mitgliedsgewerkschaften beabsichtigt ist, welche durch bestimmte mitgliedschaftliche Verhaltenspflichten flankiert werden soll.

---

[398] Allerdings ist dieser Regelung nicht klar zu entnehmen, dass über die bloße Interpretation hinaus der Schiedsspruch auch satzungsgestaltende Wirkung haben soll, indem die Satzung einer Gewerkschaft einschränkend korrigiert wird. Siehe auch Buchner, gemeinsame Anm. zu den Beschlüssen des BAG v. 25.9.1996 (1 ABR 4/96) u. v. 12.11.1996 (1 ABR 33/96), SAE 1998, 262.

2. Grundsätze für die Organisationsbeziehungen und die Kooperation der DGB-Gewerkschaften aus Anlass der Gründung von ver.di und der Integration der DAG in den DGB

Fraglich ist jedoch, ob auch durch die „Grundsätze für die Organisationsbeziehungen und die Kooperation der DGB-Gewerkschaften aus Anlass der Gründung von ver.di und der Integration der DAG in den DGB" vom 5. Dezember 2000[399] (im folgenden: Organisationsgrundsätze) eine statutarische Bindung der Mitgliedsgewerkschaften erzielt werden soll.

Die Organisationsgrundsätze beinhalten allgemeine Regelungen für die Kooperation der Gewerkschaften im Falle von Abgrenzungsschwierigkeiten; außerdem werden exemplarisch für die Bereiche Telekommunikation, Informationstechnologie und Medien und Kultur konkrete Zuordnungen vorgenommen. Die Abgrenzungen beziehen sich dabei nicht nur auf die tarifpolitische Zuständigkeit, sondern auf die „Organisationszuständigkeit" als umfassende organisationspolitische Zuständigkeit und damit auf alle gewerkschaftlichen Betätigungen in einem Betrieb.[400]

Die noch der „praktischen Erprobung"[401] bedürfenden Organisationsgrundsätze wurden vom Bundesvorstand des DGB beschlossen, aber bisher nicht durch eine neue Satzungsbestimmung in die Satzung des DGB eingefügt. Auch wurden die Organisationsgrundsätze nicht durch eine entsprechende Änderung der nach § 15 Ziff. 1 vom DGB-Bundesausschuss zu beschließenden[402] Richtlinien zur Organisationsabgrenzung in die DGB-Satzung inkorporiert. Folglich sind die Organisationsgrundsätze kein Satzungsrecht des DGB. Ihrem Titel nach könnten darin sowohl Regelungen enthalten sein, mit denen eine statutarische Wirkung, d.h. eine Einflussnahme auf die Tarifzuständigkeit der Gewerkschaften beabsichtigt ist, als auch bloße organisationspolitische Handlungsanleitungen. Mithin ist für die weitere Einordnung eine genauere Befassung mit Hintergrund und Inhalt der Organisationsgrundsätze erforderlich.

a) Hintergrund

Die Organisationsgrundsätze gehen insbesondere auf eine Initiative der IG Metall zurück, welche im Mai 1999 den DGB und die fünf Fusionsgewerkschaften dazu aufforderte, die organisatorischen Zuständigkeits- und Satzungsfragen im Zusammenhang mit der Gründung der Dienstleistungsgewerkschaft vorab zu klären und vor allen Dingen den Organisationsbereich von ver.di auf die satzungsrechtliche Zustän-

---

[399] Zu finden unter http://www.einblick.dgb.de/archiv/0021/tx002101.htm.
[400] Kritisch hierzu Rieble, Anm. zu BAG, Beschl. v. 14.12.1999 (1 ABR 74/98), AP Nr. 14 zu § 2 TVG Tarifzuständigkeit.
[401] Vgl. I a) Ziff. 3 der Organisationsgrundsätze.
[402] Vgl. auch § 8 Ziff. 3 i DGB-Satzung.

digkeit der vier DGB-Gewerkschaften zu beschränken.[403] Im Sommer 1999 leitete der DGB-Bundesvorstand eine Art Güteverfahren zur Klärung der strittigen Fragen ein. Zugleich wurde eine gewerkschaftsübergreifende Arbeitsgruppe eingerichtet, deren Tätigkeit fortan in Anlehnung an den diplomatischen Sprachgebrauch als „2+2+2-Gespräche"[404] bezeichnet wurde. Nach erheblichen und lang andauernden Kontroversen kam es schließlich Ende Oktober 2000 zu einer endgültigen Einigung, welche am 7. November vom DGB-Bundesvorstand beschlossen und am 5. Dezember 2000 offiziell von den Vorstandsvorsitzenden von DGB und DAG unterzeichnet und verabschiedet wurde.[405] Dieses Übereinkommen setzt sich in der Präambel zum Ziel, „eine Einigung über ungelöste Organisationszuständigkeiten zwischen den beteiligten DGB-Gewerkschaften zu erreichen" und „organisationspolitische Streitigkeiten unter DGB-Gewerkschaften einschließlich ver.di zu vermeiden und beizulegen". Die exemplarischen Vereinbarungen zu den Bereichen Telekommunikation, Informationstechnologie und Medien- und Kultur sind vor dem Hintergrund getroffen worden, dass insbesondere in diesen Bereichen Abgrenzungsschwierigkeiten und -streitigkeiten aufgetreten sind.

Im Bereich Multimedia entfalteten neben der nunmehr in ver.di vereinten DPG, IG Medien und HBV auch die IG Metall Aktivitäten.[406] Auch in der Branche der Informations- und Kommunikationstechnologie (sog. IuK-Sektor), der an der Schnittstelle von traditionell abgegrenztem Industrie- und Dienstleistungsbereich anzusiedeln ist, bestand zum Zeitpunkt der Einigung eine ausgeprägte Organisationskonkurrenz mit einer sehr heterogenen tarifpolitischen Situation in den Unternehmen.[407] Soweit es den Gewerkschaften überhaupt gelungen ist, in diesem Sektor Fuß zu fassen, spiegeln die erzielten Tarifergebnisse häufig die Herkunftsbeziehungen der IuK-Unternehmen, die überwiegend ursprünglich zu traditionellen Industrieunternehmen gehörten, wider.[408] So erfolgten in der Telekommunikationsbranche Tarifabschlüsse sowohl durch die Industriegewerkschaften BCE und Metall, als auch durch die DPG, die Gewerkschaft Transnet und die Gewerkschaft ÖTV (Tabelle 1). Noch vielgestaltiger war die tarifpolitische Situation in der IT-Branche, in der Tarifverträge unter Beteiligung der IG Metall, IG BCE, IG BAU, DAG, HBV, DPG und ÖTV abgeschlossen wurden (Tabelle 2). Überwiegend handelte es sich dabei um Firmen-

---

[403] Vgl. Müller, Industrielle Beziehungen 2001, 108 (131).

[404] Der Arbeitskreis war mit je 6 Vertretern besetzt: Zwei für IG Metall und IG BCE, zwei für ver.di und DAG und zwei vom DGB, vgl. Müller, Industrielle Beziehungen 2001, 108 (131).

[405] Vgl. Müller, Industrielle Beziehungen 2001, 108 (131 ff.); Schulten, in: Industrial Relations in Germany 2000, S. 75.

[406] Koopmann, Gewerkschaftsfusion und Tarifautonomie, S. 177.

[407] Zu den tariflichen Standards des IuK-Sektors im Jahre 1998 siehe ausführlich Wagner/Schild, WSI-Mitteilungen 1999, 87 ff.

[408] Wagner/Schild, WSI-Mitteilungen 1999, 87 (89).

tarifverträge, einige der IT-Unternehmen waren aber auch an die Flächentarifverträge der Metall- und Elektroindustrie tarifgebunden.[409]

Tabelle 1: Ausgewählte Haustarifverträge der Telekommunikationsbranche[410]

Tarifschließende Gewerkschaft	Unternehmen
Transnet	Mannesmann Arcor AG & Co.
	DB Dialog GmbH
ÖTV	BeisNet Telekommunikation-Carrierdienste GmbH
	Corporate Network, Gesellschaft für Telekommunikation mbH
	DOKOM Gesellschaft für Telekommunikation mbH
	KomTel Gesellschaft für Kommunikation und Information
	NetCologne GmbH
	VEW TELNET Gesellschaft für Telekommunikation und Netzdienste GmbH
	Wiesbadener Informations- und Telekommunikations GmbH (WiTCOM)
IG BCE	Envi.tel GmbH*
	VEAGCOM Telekommunikationsgesellschaft mbH
	VIAG Interkom GmbH & Co.
IG Metall	D2 Mannesmann Mobilfunk*
DPG	Deutsche Telekom MobilNet GmbH (T-Mobil)

* in Verhandlung

---

[409] Schulten, in: Industrial Relations in Germany, S. 75 (76 f.).
[410] im Jahr 2000, Quelle: Schulten, in: Industrial Relations in Germany, S. 75 (77).

Tabelle 2: Ausgewählte Haustarifverträge der IT-Branche[411]

Tarifschließende Gewerkschaft	Unternehmen
IG BCE	CDA Datenträger Albrechts GmbH
	RAG Informatik GmbH
IG BCE / IG BAU	Informationsverarbeitungs- und Service GmbH (IVS)
IG Metall	Bull**
	Compaq**
	Ditec**
	IBM Speichersysteme**
	IT-subsidies of Siemens**
	Debis
	Infineon Technologies
	SINITEC
IG Metall/DAG	IBM-Informationssysteme
HBV	AVN Apotheken-Verrechnungsstelle Dr. Carl Carstens GmbH
	Apothekenrechenzentrum Brandenburg GmbH
	AZH GmbH
	DATAKOM Gesellschaft für Datenverarbeitung und Kommunikation mbH
	Datenverarbeitungszentrum Suhl GmbH
	Datenverarbeitungszentrum Halle
	Tarifgemeinschaft FIDUCIA Konzern- und Beteiligungsgesellschaften
	Rechenzentrale Bayrischer Genossenschaften eG
	Rechenzentrum nordrhein-westfälischer Apotheken AG
DPG	DeTeCard GmbH
	Deutsche Telekom Computer Service Management GmbH (DeTeCSM)
	Gesellschaft für Datenkommunikation (T-Data)
	Postbank Data GmbH
HBV/DAG	Genossenschaftsrechenzentrale Norddeutschland GmbH (GRZ)
DAG	Xerox*
ÖTV/DAG	Daten- und Informationszentrum Rheinland-Pfalz, AöR

* in Verhandlung; **Tarifbindung an Flächentarifvertrag

---

[411] im Jahr 2000, Quelle: Schulten, in: Industrial Relations in Germany, S. 75 (78).

Durch die Gründung von ver.di gehört die tarifpolitische Konkurrenz der in der Dienstleistungsgewerkschaft zusammengeschlossenen Gewerkschaften nunmehr der Vergangenheit an. Es stellt sich hier nur noch die innerverbandliche Frage nach der Zuordnung zu einem bestimmten Fachbereich.[412] In den Außenbeziehungen verbleiben aber Abgrenzungsstreitigkeiten mit den Industriegewerkschaften und Transnet, welche durch die Organisationsgrundsätze beigelegt werden sollen.

b) Regelungsgegenstand

Die Organisationsgrundsätze sind in fünf größere Abschnitte unterteilt. Zu Beginn werden allgemeine Grundsätze für die Organisationszuständigkeiten der DGB-Gewerkschaften einschließlich der Aufgaben des DGB festgelegt (unter I). Sodann werden konkrete Zuordnungen für den Bereich Telekommunikation, Informationstechnologie und Medien- und Kultur vorgenommen (unter II). Es schließen sich organisationspolitische Regelungen an, die anlässlich der Gründung von ver.di, insbesondere mit Blick auf die Einbeziehung der DAG in den DGB, für erforderlich gehalten wurden (unter III). Die beiden letzten Abschnitte betreffen allgemeine Leitgedanken für die Kooperation der DGB-Gewerkschaften auf nationaler sowie internationaler Ebene (unter IV) und die Beilegung von Streitigkeiten nach der „Schlichtungs- und Schiedsordnung des DGB" (unter V).

aa) Allgemeine Abgrenzungsprinzipien

Die allgemeinen Abgrenzungsrichtlinien (unter I) umfassen im wesentlichen folgende Regelungen: Zunächst wird das Organisationsprinzip „ein Betrieb, eine Gewerkschaft" betont (unter I a 1). Bei der Bestimmung des Betriebes soll der Betriebsbegriff des Betriebsverfassungsgesetzes und ergänzend die Betriebsdefinition durch Zuordnungstarifverträge gelten (I a 2). Die Gewerkschaften sollen sich darauf verständigen, für welche Betriebe sie jeweils zuständig sind (I a 3).

Im Falle mehrfacher Organisations- und Tarifzuständigkeit für einen Bereich oder Wirtschaftszweig ist ein organisationspolitisches Modell entwickelt worden, welches zunächst in den Bereichen Telekommunikation, Kommunikations- und Informationstechnologie sowie Medien und Kultur erprobt und auch auf andere Bereiche angewandt werden soll. Darin vorgesehen ist die Bildung eines Branchenarbeitskreises, in welchem gemeinsam festgelegt wird, welche Gewerkschaft einen Bereich koordiniert (I b 1). Die Koordinierung wird im Sinne eines Vorschlagsrechts der koordinierenden Gewerkschaft verstanden (Protokollnotiz 3); Gegenstände der Koordinierung sollen „die Abstimmung der notwendigen Aktivitäten für die Organisations- und Tarifpoli-

---

[412] Siehe oben § 7 I.

80

tik, die Bildung von Tarifgemeinschaften und die Organisation der Arbeit des jeweiligen Branchenarbeitskreises" (I b 2) sein. Weiterhin sind die Aufgaben des Branchenarbeitskreises geregelt, der bezüglich der beschlossenen Maßnahmen die Zustimmung der auf Bundesebene zuständigen Vorstände der beteiligten Gewerkschaften einzuholen hat (I b 3).

Die Funktion des DGB bei der Abgrenzung liegt darin, ein „Register über die Organisationszuständigkeit für Betriebe" zu führen (I c).

bb) Telekommunikation / Kommunikationstechnologie

In den Vereinbarungen zur Branche „Telekommunikation, Kommunikationstechnologie" (unter II a) werden Organisationsgrundsätze speziell für diesen Bereich festgelegt. Die Regelungen für die Telekommunikation, zu der „Telekommunikationsdienstleistungen sowie -anlagen und -geräte" gehören sollen, lauten wie folgt:

„1. Betriebe, die Telekommunikationsdienstleistungen erbringen, können sowohl zum Organisationsbereich von ver.di, als auch zu einer anderen DGB-Gewerkschaft gehören.

2. Betriebe, die Fernmeldedienste, insbesondere Betreiber von Fest- und Mobilfunknetzen, Satellitendienstleistungen, Breitbandverteilernetzen, Call-Centern, Internet und Online-Dienste, soweit sie Dienstleistungen der Allgemeinheit anbieten, gehören grundsätzlich zum Organisationsbereich von ver.di.

3. Betreiber von Telekommunikationsdienstleistungen von unternehmensinternen Netzen sowie Call-Centern, Internet und Online-Dienste, die z.B. eine Beratungs- und Service-Hotline für Produkte/Dienstleistungen anbieten und ausschließlich Nebenbetriebe in einem produktionswirtschaftlichen Zusammenhang darstellen, werden dem Organisationsbereich der Gewerkschaft zugeordnet, die für den Betrieb zuständig ist, der dem Unternehmen das wirtschaftliche Gepräge gibt.

4. Betriebe, die Telekommunikationsanlagen und -geräte einschließlich dazugehöriger Software, Beratungs- und Serviceleistungen entwickeln und produzieren, gehören zum Organisationsbereich der IG Metall.

5. Da mehrere DGB-Gewerkschaften (einschließlich ver.di) für Betriebe, die Telekommunikationsdienstleistungen erbringen, zuständig sein können (siehe II.a) Ziffer 1), besteht Einvernehmen, für diese Betriebe Übergangsregelungen zu verabreden, die auf die unter Punkt II. a) Ziffern 2. bis 4. beschriebenen Verabredungen hinzielen."

Zusammengefasst ergibt sich Folgendes: Im Grundsatz wird davon ausgegangen, dass die Zuständigkeit für Telekommunikationsdienstleistungen offen ist. Fernmeldedienste, die der Allgemeinheit angeboten werden, sind grundsätzlich ver.di zuzuordnen, wohingegen die Zuständigkeit für Telekommunikationsdienstleistungen für unternehmensinterne Zwecke bei der Gewerkschaft liegt, welche für den Betrieb zuständig ist, der dem Unternehmen das wirtschaftliche Gepräge gibt. Demgegenüber fällt die Herstellung von Telekommunikationsanlagen und -geräten einschließlich dazu gehörender Leistungen wie Software etc. in den Organisationsbereich der IG Metall. Anknüpfungspunkt für die Zuordnung ist der Betrieb, die Koordination im Falle von Zuständigkeitsüberschneidungen liegt bei ver.di.

In Abweichung hiervon ist in der Protokollnotiz des DGB-Vorstands „vorbehaltlich einer Gesamtverständigung für das noch auszuhandelnde Register für die Zuständigkeit für die Betriebe" bereits eine Zuordnung erfolgt, die sich nicht auf Betriebs-, sondern auf Unternehmensebene bezieht: VIAG Interkom (jetzt: „O2"[413]) wird grundsätzlich dem Organisationsbereich der IG BCE unterstellt und Mannesmann D2 (jetzt: „Vodafone D2"[414]) der IG Metall. Die Zuständigkeit für die einzelnen Betriebe dieser explizit genannten Unternehmen soll sich dann aber wiederum allgemein nach den Organisationsgrundsätzen richten. Weiterhin sollen Betriebe zur Herstellung von Telekommunikationsanlagen und -geräten im Sinne von II a „Ziffer 3" (gemeint ist dem Sinngehalt nach Ziffer 4) bei der IG BCE verbleiben, soweit sie „als Betrieb der Kunststoffherstellung und -weiterverarbeitung solche Anlagen und Geräte herstellen".

cc) Informationstechnologie

Der Bereich der Informationstechnologie (unter II b) umfasst nach den Organisationsgrundsätzen „insbesondere Betriebe der Hardwareproduktion (wie Herstellung und Wartung von Büromaschinen, Datenverarbeitungsgeräten und -einrichtungen, elektronische Bauelemente, Rundfunk- und Fernsehgeräte, phono- und videotechnische Geräte) einschließlich deren Entwicklung, Hardwareberatung und Service; Betriebe der Softwareproduktion und Softwaredienste, einschließlich deren Entwicklung, Beratung und Service, wie Datenverarbeitungsdienste, Datenbanken und sonstige mit Datenverarbeitung verbundene Tätigkeiten."

Für die Organisationszuständigkeit gelten folgende Regelungen:

„1. Betriebe des IT-Bereichs können sowohl zum Organisationsbereich der IG Metall als auch von ver.di gehören.

---

[413] Seit der Umfirmierung im Mai 2002.
[414] Seit der Umfirmierung Anfang 2002 in Folge der Fusion von Mannesmann mit Vodafone.

2. Betriebe, bei denen die Hardware-Produktion einschließlich Hardware-wartung das wirtschaftliche Gepräge darstellt, gehören zum Organisa-tionsbereich der IG Metall.

3. Betriebe, die ausgehend von der ursprünglichen Hardware-Produktion zusätzlich Software-Produkte erarbeiten oder Software-Produkte und IT-Dienstleistungen (Lösungsanbieter) anbieten, gehören grundsätzlich zum Organisationsbereich der IG Metall.

4. Betriebe, die originär Software-Produkte und IT-Dienstleistungen anbieten, können sowohl zum Organisationsbereich von ver.di als auch der IG Metall gehören.

5. Unternehmensinterne Software-Entwicklungen und IT-Dienstleistun-gen gehören zum Organisationsbereich der Gewerkschaft, die für den Be-trieb zuständig ist, der den Unternehmen das wirtschaftliche Gepräge gibt.

6. Die Koordination gemäß I.b) Ziffer 1 für die IT-Branche liegt bei der IG Metall."

Im Gegensatz zur Telekommunikationsbranche wird für den IT-Bereich im Aus-gangspunkt, abgesehen von den unternehmensinternen Software-Entwicklungen und IT-Dienstleistungen, nicht generell von einer offenen Zuständigkeit ausgegangen, sondern nur bezogen auf die IG Metall und ver.di. Hardware-Produktion, -Wartung und ausgehend von der ursprünglichen Hardware-Produktion erarbeitete und angebo-tene Software-Produkte und IT-Dienstleistungen gehören zum Organisationsbereich der IG Metall. Soweit demgegenüber Betriebe originär Software-Produkte und Dienstleistungen anbieten, ist neben der Zuständigkeit der IG Metall die der ver.di gegeben. Die Koordination liegt bei der IG Metall.

dd) Medien- und Kultursektor

Für den Medien- und Kultursektor wurde zwischen Herstellung und Dienstleistung differenziert (unter II c):

„1. Zum Medien- und Kulturbereich gehören insbesondere Betriebe des Verlagsgewerbes, der Werbung, Hörfunk- und Fernsehanstalten, Herstel-lung von Hörfunk- und Fernsehprogrammen, Film- und Video-Herstel-lung, -verleih und -vertrieb. Betriebe, deren wirtschaftliches Gepräge Dienstleistungen aus dem Medien- und Kulturbereich darstellen, gehören zum Organisationsbereich der ver.di-Gewerkschaften.

2. Die Erzeugung, Fertigung, Verarbeitung, Veredlung, Vertrieb bzw. Verkauf von Fotochemikalien, fototechnischen Papieren und Filmen sowie von Datenträgermaterialien (z.b. Magnetbänder und -platten, Schallplatten und CD's) gehören grundsätzlich zum Organisationsbereich der IG BCE.

3. Die Koordination für die Branche Medien und Kultur gemäß I. b) Ziffer 1 liegt bei ver.di."

ee) Gründung von ver.di

Anlässlich der Gründung von ver.di wird in den Organisationsgrundsätzen weiterhin klargestellt, dass bisherige Organisationszuständigkeiten innerhalb des DGB hiervon unberührt bleiben. Der im Organisationskatalog der ver.di-Satzung abschließend beschriebene Organisationsbereich soll den Organisationsbereichen der sich verschmelzenden DGB-Gewerkschaften sowie aller DAG-Mitglieder zum Zeitpunkt der Eintragung von ver.di in das Vereinsregister entsprechen. Diese Vorgabe an die Tarifzuständigkeit der in Gründung befindlichen Dienstleistungsgewerkschaft wurde in deren Satzung entsprechend umgesetzt.

Die übrigen „Festlegungen für die Gründung von ver.di" (unter III) betreffen im wesentlichen organisatorische Fragen bezüglich der Einbeziehung der DAG.

ff) Sonstiges

Abschließend wird in den Organisationsgrundsätzen noch das Ziel einer verstärkten gewerkschaftlichen Kooperation auf nationaler und internationaler Ebene festgelegt (unter IV) und darauf hingewiesen, dass bei Streitigkeiten aus der Vereinbarung nach der „Schlichtungs- und Schiedsordnung des DGB" zu verfahren sei (unter V).

c) Strukturmerkmale der Organisationsgrundsätze

Durch die getroffenen Regelungen wird neben dem Leitgedanken „ein Betrieb, eine Gewerkschaft" insbesondere das sog. Ursprungs- bzw. Herkunftsprinzip manifestiert. Nach diesem Grundsatz sollen bei Unternehmensumstrukturierungen die Standards der bisher betreuenden Gewerkschaft erhalten bleiben, wodurch eine Unterbietungskonkurrenz unter den Gewerkschaften verhindert werden soll.[415] Darüber hinaus sollen durch das Herkunftsprinzip der bisher zuständigen Gewerkschaft Einfluss und Mitglieder gesichert werden, indem die der bisherigen Organisationspraxis entsprechende Tarifzuständigkeit unberührt bleibt.[416] Im Rahmen der Organisationsgrund-

---

[415] Huber, GM 1999, 536 (543); Keller, WSI-Mitteilungen 2001, 546 (548).
[416] Bosch/Wagner, Dienstleistungen und Industrie, S. 43.

sätze sei hier beispielhaft auf die zur Organisationszuständigkeit der IG Metall in der IT-Branche getroffenen Regelungen bzw. auf die Vereinbarungen in der Protokollnotiz zur Sicherung der Tarifzuständigkeit für die dort erwähnten Unternehmen hingewiesen. Ob hiermit letztendlich dem Bedürfnis bisheriger und potentieller zukünftiger Mitglieder an einer angemessenen Interessenvertretung, die den Besonderheiten der neuen Branchen gerecht wird, Rechnung getragen wird, mag dahingestellt bleiben.

Dessen ungeachtet werfen die Organisationsgrundsätze zahlreiche Fragen auf und bringen Schwierigkeiten in der praktischen Handhabung mit sich. So erlauben die festgelegten Zuständigkeitsbereiche in der Praxis nicht immer eine klare Zuordnung.[417] Die Grenzen zwischen Hardware, Software und neuen Dienstleistungen, die aus einer Weiterentwicklung der Telekommunikationstechnik entstehen, sind fließend.[418] Unklarheiten bestehen zudem bezüglich der gewählten Anknüpfungspunkte für die Abgrenzung: Aufgrund der Betonung des Prinzips „ein Betrieb, eine Gewerkschaft" und der konsequenten Bezugnahme auf die Betriebsebene in den Organisationsgrundsätzen selbst deutet zunächst einiges darauf hin, dass die Abgrenzung – ungeachtet unternehmens- oder konzernbezogener Zuständigkeiten nach den Satzungen der Einzelgewerkschaften – zukünftig allein auf dieser Ebene erfolgen soll. Im Widerspruch dazu steht dann aber die Protokollnotiz, nach der bestimmte Unternehmen zunächst als Ganzes zugeordnet werden. Die beabsichtigte Einführung eines „Registers über die Organisationszuständigkeit für Betriebe", vorbehaltlich derer die Zuordnung in der Protokollnotiz nur vorläufig erfolgt ist, hat sich bislang als nicht durchführbar erwiesen.

Abgesehen von diesen Auslegungsproblemen sind weiterhin die rechtlichen Auswirkungen der Organisationsgrundsätze auf die Bestimmung der Tarifzuständigkeit der Einzelgewerkschaften fragwürdig.

d) Rechtliche Bewertung

Die Organisationsgrundsätze werden teilweise als Neuregelung der Tarifzuständigkeit[419] angesehen. Voraussetzung hierfür ist zunächst, dass mit dem Beschluss überhaupt eine entsprechende Wirkung beabsichtigt ist, er mithin statutarische Wirkung in den Satzungen der Mitgliedsgewerkschaften entfalten soll.

---

[417] Töpsch/Menez/Malanowski, Industrielle Beziehungen 2001, 306 (322 f.).
[418] Wagner/Schild, WSI-Mitteilungen 1999, 87.
[419] So Töpsch/Menez/Malanowski, Industrielle Beziehungen 2001, 306 (322 f.).

aa) Keine Neuregelung der Tarifzuständigkeit

In den Organisationsgrundsätzen finden sich jedoch keine Bestimmungen, welche die Auswirkungen auf die Satzungen der DGB-Gewerkschaften allgemein festlegen, so wie dies etwa bezüglich des DGB-Schiedsgerichtsverfahren geschehen ist, das nach Ziff. 1 e der Richtlinien zur Organisationsabgrenzung die Satzungen der Mitgliedsgewerkschaften mit verbindlicher Wirkung nach außen interpretieren soll. Allein bezüglich ver.di wurden konkrete Regelungen getroffen, wie deren Organisationsbereich zu fassen ist, was dann auch in der ver.di Satzung[420] umgesetzt wurde. Im übrigen wird in den Organisationsgrundsätzen lediglich für bestimmte Bereiche bzw. Unternehmen eine Zuordnung zum Organisationsbereich einer Gewerkschaft vorgenommen. Dies könnte bedeuten, dass die jeweilige Gewerkschaft in diesem Bereich alleinzuständig sein soll, die Zuständigkeit anderer Gewerkschaften insoweit also ausgeschlossen ist. Mithin könnte auch eine statutarische Wirkung in der Weise beabsichtigt sein, dass die Satzungen der Mitgliedsgewerkschaften künftig im Sinne der vorgenommenen Zuordnungen zu verstehen sind und dadurch gegebenenfalls eine Mehrfachzuständigkeit von vornherein ausgeschlossen wird.

Dagegen spricht jedoch, dass bei den Zuordnungen nicht auf die Satzungen der Einzelgewerkschaften Bezug genommen wird. Ebenso wenig wurden die Organisationsgrundsätze in die Satzung des DGB inkorporiert. Nach den Richtlinien zu § 15 Ziff. 1 der DGB-Satzung ergibt sich aber die Tarifzuständigkeit aus der Satzung des DGB und denen der Einzelgewerkschaften. Von Vorstandsbeschlüssen des DGB ist nicht die Rede. Folglich wird diesen auch grundsätzlich keine statutarische Wirkung beigemessen, sondern sie ziehen nur eine Durchführungsverpflichtung der Mitgliedsgewerkschaften nach § 3 Ziff. 3 DGB-Satzung nach sich. Gegen eine beabsichtigte statutarische Wirkung spricht ferner, dass die Organisationsgrundsätze unter I b) als „organisationspolitisches Modell" bezeichnet werden, das noch der praktischen Erprobung bedürfe.

bb) Organisationspolitische Handlungsanleitung und Beurteilungsmaßstab im DGB-Schiedsgerichtsverfahren

Aus den vorstehenden Ausführungen ergibt sich, dass die Zuordnungen in den Vereinbarungen zur Telekommunikation, Informationstechnologie und Medien und Kultur lediglich als organisationspolitische Handlungsanleitung in Bezug darauf zu verstehen sind, welche Gewerkschaft im Falle von Mehrfachzuständigkeiten von ihrer Organisations- und Tarifzuständigkeit Gebrauch machen darf. Eine unmittelbare Einflussnahme auf die Satzungsbestimmungen der Mitgliedsgewerkschaften zur Tarifzu-

---

[420] § 4 Ziff. 1, Ziff. 2 ver.di-Satzung i.V.m. dem Organisationskatalog.

ständigkeit ist demgegenüber nicht beabsichtigt, ebenso wenig ist von einer Verpflichtung zur Satzungsänderung im Sinne der Organisationsgrundsätze die Rede. Hält sich eine Gewerkschaft nicht an die getroffenen Zuordnungen, wird dies nicht als sanktionsfähige Pflichtverletzung gesehen. Vielmehr sind Abgrenzungsstreitigkeiten zunächst im Branchenarbeitskreis zu behandeln und anschließend, soweit dort keine Einigung erzielt werden kann, im Schlichtungs- und Schiedsgerichtsgerichtsverfahren des DGB. Hierin dürfte die eigentliche Bedeutung der Organisationsgrundsätze liegen, da davon auszugehen ist, dass diese beim Schiedsgerichtsverfahren nach § 16 Ziff. 1 der Satzung des DGB Berücksichtigung finden werden.[421] Inwieweit sich die Organisationsgrundsätze dadurch zumindest mittelbar auf die Tarifzuständigkeit der DGB-Gewerkschaften auswirken können, wird unten näher ausgeführt.[422]

3. Ergebnis

Während die Organisationsgrundsätze ihrem Sinn und Zweck nach nicht rechtsverbindlich sind, soll mit den Regelungen der §§ 15 Ziff. 2, 16 DGB-Satzung eine unmittelbare Einflussnahme auf die Satzungsregelungen der Mitgliedsgewerkschaften zur Tarifzuständigkeit erreicht werden. Ergänzend werden im Zusammenhang mit dem DGB-Schiedsgerichtsverfahren den Gewerkschaften bestimmte Verhaltenspflichten auferlegt. Infolgedessen stellt sich die Frage nach der rechtlichen Zulässigkeit der mit den §§ 15 Ziff. 2, 16 DGB-Satzung bezweckten Begrenzung der Tarifzuständigkeit und der damit einhergehenden Begründung von Verhaltenspflichten der Mitgliedsgewerkschaften.

§ 10 Rechtswirkungen der §§ 15 Ziff. 2, 16 DGB-Satzung

Es ist umstritten, ob die Tarifzuständigkeit der Mitgliedsgewerkschaften des DGB durch den Zustimmungsvorbehalt in § 15 Ziff. 2 DGB-Satzung und das Schiedsgerichtsverfahren nach § 16 DGB-Satzung eingeschränkt werden kann. Diese Bestimmungen der DGB-Satzung dienen dem organisationspolitischen Ziel „ein Betrieb, eine Gewerkschaft" und damit zugleich der Tarifeinheit im Betrieb. Erkennt man die Rechtsverbindlichkeit der §§ 15 Ziff. 2, 16 DGB-Satzung für die Festlegung der

---

[421] So auch Rieble, Anm. zu BAG, Beschl. v. 14.12.1999 (1 ABR 74/98), AP Nr. 14 zu § 2 TVG Tarifzuständigkeit. Im Tarifzuständigkeitsstreit zwischen ver.di und der IG Metall bezüglich der STN Atlas Elektronik GmbH hat das Schiedsgericht allerdings mit Urteil v. 4.4.2002 eine Anwendung der Organisationsgrundsätze abgelehnt, da der Streit nicht aus Anlass der Gründung von ver.di entstanden sei, vgl. AuR 2002, 431 (433).
[422] Vgl. § 10 II.

Tarifzuständigkeit der Mitgliedsgewerkschaften an, wird in diesem Umfang das Entstehen einer Tarifkonkurrenz oder -pluralität vermieden und die Entscheidung über die Vereinheitlichung der Tarifgeltung nicht mehr der Arbeitsgerichtsbarkeit überlassen, sondern auf die Ebene des DGB vorverlagert. *Richardi*[423] wertet diese Lösung als „Stärkung des Gedankens der sozialen Autonomie", weil insoweit nicht dem Richter die Entscheidungskompetenz eingeräumt werde, sondern den Gewerkschaften das letzte Wort zustehe. Jedoch trifft dies nur eingeschränkt zu, da das letzte Wort eben nicht den Gewerkschaften, sondern dem DGB als Dachverband zugesprochen wird. Ob die Kompetenz hierzu den Organen des DGB zu Recht verliehen werden kann, hängt davon ab, inwieweit die Mitgliedschaft im DGB bei den angeschlossenen Gewerkschaften zu einer Einbuße ihrer Satzungsautonomie führt.

I. Zustimmungsvorbehalt nach § 15 Ziff. 2 DGB-Satzung als Grenze der Tarifzuständigkeit

Nach § 15 Ziff. 2 DGB-Satzung können die in den Satzungen der Mitgliedsgewerkschaften angegebenen Organisationsbereiche und Organisationsbezeichnungen nur mit Zustimmung des DGB-Bundesausschusses rechtswirksam geändert werden. Die praktische Bedeutung dieser Norm ist durch den in jüngster Zeit zu beobachtenden Konzentrationsprozeß unter den DGB-Gewerkschaften, in dessen Verlauf deren Gesamtzahl von 16 Mitte der 90er Jahre auf nunmehr 8 Gewerkschaften zurückgegangen ist,[424] verringert worden. Die Neuzuordnung von Branchen und Sparten betrifft innerhalb der fusionierten Gewerkschaften lediglich die innerorganisatorische Kompetenzverteilung unter den gebildeten Fachbereichen.[425] Diese sind als rechtlich unselbständige Untergliederungen[426] weder tariffähig noch tarifzuständig.[427] Der Anwendungsbereich des § 15 Ziff. 2 DGB-Satzung ist mithin erst dann eröffnet, wenn der satzungsmäßige Organisationsbereich verändert wird.

Nach dem Wortlaut der Regelung des § 15 Ziff. 2 DGB-Satzung soll dabei für die Gewerkschaften nicht nur eine innerverbandliche Verpflichtung gegenüber dem DGB zur Einholung der Zustimmung begründet werden. Vielmehr wird eine Außenwirkung gegenüber dem potentiellen Tarifpartner bezweckt, indem die ohne Zustimmung vorgenommene Änderung der Tarifzuständigkeit für unwirksam erklärt wird und da-

---

[423] Richardi, gemeinsame Anm. zu den Beschlüssen des BAG v. 17.2.1970 (1 ABR 14/69) u. v. 17.2.1970 (1 ABR 15/69), AP Nr. 2 u. 3 zu § 2 TVG Tarifzuständigkeit.

[424] Zu den Fusionen siehe im Einzelnen MünchArbR/Löwisch/Rieble, § 248 Rn. 13.

[425] Vgl. etwa § 22 Ziff. 3, §§ 46 ff. ver.di-Satzung.

[426] Siehe z.B. § 22 Ziff. 1, 3, 6 ver.di-Satzung.

[427] Insoweit missverständlich aber § 69 Ziff. 4 ver.di-Satzung, wenn dort von einer „Überschneidung der Tarifzuständigkeit mehrerer Fachbereiche" die Rede ist; siehe auch oben § 7 I.

her ein auf dieser Grundlage geschlossener Tarifvertrag mangels Tarifzuständigkeit keine normative Wirkung entfalten kann.[428] In Rechtsprechung und Literatur ist umstritten, ob dem Zustimmungserfordernis diese statutarische Wirkung in den Satzungen der Mitgliedsgewerkschaften zukommt.

In seiner früheren Rechtsprechung hat das BAG[429] der Nichtbeachtung des Zustimmungserfordernisses nur für die innerverbandlichen Beziehungen zwischen der satzungsändernden Gewerkschaft und dem DGB sowie den betroffenen Mitgliedsgewerkschaften[430] Bedeutung zugemessen. Außenstehende Dritte könnten sich hingegen nicht auf einen Verstoß gegen den Zustimmungsvorbehalt berufen, die Satzungsänderung sei ihnen gegenüber wirksam. Die gleiche Ansicht hat auch das LAG München[431] im Fall „Agfa-Gevaert" vertreten, wohingegen das BAG[432] in seiner Nachfolgeentscheidung zu diesem instanzgerichtlichen Beschluss nunmehr ausdrücklich offen lässt, ob der Wirksamkeit einer Satzungsänderung § 15 Ziff. 2 DGB-Satzung entgegenstehen kann.

Das arbeitsrechtliche Schrifttum bewertet den Zustimmungsvorbehalt nahezu einhellig als rein innerverbandlich wirkende Regelung.[433] Reuter[434] diskutiert die zwingende tarifrechtliche Wirkung des § 15 Ziff. 2 DGB-Satzung über den Grundsatz der Tarifeinheit, lehnt dies aber im Ergebnis ab. Allein Delheid[435] geht uneingeschränkt von der Unwirksamkeit eines unter Verstoß gegen die DGB-Satzung geschlossenen Tarifvertrages aus, da wegen der durch das Wirksamkeitserfordernis der Tarifzuständigkeit bewirkten satzungsrechtlichen Außenwirkung auch die Satzung des DGB für

[428] Siehe auch oben § 9 III 1.

[429] BAG, Beschl. v. 19.11.1985 (1 ABR 37/83) = AP Nr. 4 zu § 2 TVG Tarifzuständigkeit m. Anm. Reuter.

[430] Die Inbezugnahme der Mitgliedsgewerkschaften folgt daraus, dass nach der damaligen Fassung des § 15 Abs. 2 DGB-Satzung die Satzungsänderung nicht nur die Zustimmung des Bundesausschusses erforderte, sondern zudem in „Übereinstimmung mit den betroffenen Gewerkschaften" erfolgen sollte. Dieses Merkmal wurde mittlerweile aus der DGB-Satzung gestrichen. In der vereins- und tarifrechtlichen Diskussion ist es nie problematisiert worden, vgl. Jacobs, Tarifeinheit und Tarifkonkurrenz, S. 213.

[431] LAG München, Beschl. v. 29.11.1995 (5 [7] TaBV 36/92) = LAGE Nr. 1 zu § 2 TVG Tarifzuständigkeit.

[432] BAG, Beschl. v. 25.9.1996 (1 ABR 4/96) = AP Nr. 10 zu § 2 TVG Tarifzuständigkeit.

[433] Vgl. Heß, ZfA 1976, 45 (53); Jacobs, Tarifeinheit und Tarifkonkurrenz, S. 213 ff.; Konzen, FS Kraft (1998), S. 311 f.; Kutscher, Tarifzuständigkeit, S. 39 f.; Löwisch/Rieble, TVG, § 2 Rn. 96; MünchArbR/Löwisch/Rieble, § 255 Rn. 70; Martens, Anm. zu BAG, Beschl. v. 19.11.1985 (1 ABR 37/83), SAE 1987, 7 (8 f.). Nach Rieble, Arbeitsmarkt und Wettbewerb, Rn. 1833, entsteht noch nicht einmal eine schuldrechtliche Verpflichtung.

[434] Reuter, Anm. zu BAG, Beschl. v. 19.11.1985 (1 ABR 37/83), AP Nr. 4 zu § 2 TVG Tarifzuständigkeit. Reuter zieht dabei eine Parallele zum satzungsrechtlichen Erfordernis der Urabstimmung vor Streikbeginn, welches über das ultima-ratio-Prinzip in zwingendes Tarifrecht transformiert wurde.

[435] Delheid, Tarifzuständigkeit, S. 36 ff.

die Mitgliedsgewerkschaften in den Außenbeziehungen verbindlich sei. Demgegenüber macht *Blank*[436] die Nichtigkeit der Satzungsänderung davon abhängig, ob ein besonders schwerwiegender Verstoß gegen § 15 Ziff. 2 DGB-Satzung vorliegt.

Das vereins- und gesellschaftsrechtliche Meinungsspektrum zur Zulässigkeit von Zustimmungsvorbehalten ist demgegenüber äußerst uneinheitlich. Teilweise wird vertreten, dass Zustimmungsvorbehalte zugunsten Dritter als unzulässige Beeinträchtigung der Vereinsautonomie generell abzulehnen[437] bzw. nur ausnahmsweise zulässig[438] seien. Die Gegenansicht weist demgegenüber darauf hin, dass auch die Einräumung eines Zustimmungsvorbehalts Ausdruck der Vereinsautonomie und daher grundsätzlich unbedenklich sei.[439] Diese vereinsrechtliche Diskussion ist grundsätzlich auch auf Fragen der Binnenverfassung der Koalitionen übertragbar, wobei die vereinsrechtlichen Fragestellungen in das durch Art. 9 Abs. 3 GG geprägte koalitionsverfassungsrechtliche Umfeld einzustellen sind.[440]

Die einfachgesetzliche Ausgangslage im Vereinsrecht ist insofern offen: Nach § 33 Abs. 1 BGB obliegt die Änderung von Satzungen zwar grundsätzlich der Mitgliederversammlung. Diese Norm ist jedoch nach § 40 BGB dispositiv, so dass der Verein grundsätzlich auch andere Regelungen treffen kann. Hiermit ist unabhängig von dem Meinungsstreit über die Zulässigkeit von Zustimmungsvorbehalten die notwendige Vorfrage angesprochen, ob der jeweilige Verein selbst überhaupt eine anderweitige Regelung getroffen hat bzw. ob eine entsprechende Bestimmung, die nicht durch den Verein selbst in seiner Satzung festgelegt wurde, auf ihn Anwendung finden kann.[441]

---

[436] Blank, Die Tarifzuständigkeit der DGB-Gewerkschaften, S. 131 f. Blank erläutert dabei jedoch nicht, wann ein besonders schwerwiegender Verstoß in Betracht kommt. Da die Änderung entweder mit oder ohne Zustimmung des Bundesausschusses erfolgt und insofern keine „Zwischenstufen" ersichtlich sind, kann sich die Schwere des Verstoßes allenfalls danach richten, wie weit der Übergriff auf die Organisationsbereiche anderer Mitgliedsgewerkschaften reicht.

[437] RG, Urt. v. 30.3.1942 (II 96/41) = RGZ 169, 65 (81); LG Hildesheim, Urt. v. 30.3.1942 (5 T 282/65) = NJW 1965, 2400; OLG Stuttgart, Beschl. v. 27.1.1986 (8 W 252/85) = NJW-RR 1986, 995 (996); RGRK/Steffen, BGB, § 33 Rn. 2; Steinbeck, Vereinsautonomie und Dritteinfluß, S. 86 ff.

[438] Stöber, Handbuch zum Vereinsrecht, Rn. 618; Reichert, Handbuch des Vereins- und Verbandsrechts, Rn. 429; K. Schmidt, Gesellschaftsrecht, § 5 I 3 b, S. 82 ff.; Flume, Juristische Person, § 7 I 4, S. 199 ff.

[439] KG , Beschl. v. 22.10.1973 (1 W 1332/71) = MDR 1975, 140 f.; OLG Köln, Beschl. v. 20.9.1991 (2 Wx 64/90) = NJW 1992, 1048 ff.; LG Oldenburg, Beschl. v. 22.8.1991 (5 T 374/91) = JZ 1992, 250 (251); Sauter/Schweyer/Waldner, Der eingetragene Verein, Rn. 136; Staudinger/Weick, BGB, § 33 Rn. 8; Soergel/Hadding, BGB, § 33 Rn. 7; differenzierend MünchKomm/Reuter, BGB, § 33 Rn. 18 f.

[440] Vgl. Oetker, RdA 1999, 96 (97).

[441] Die gebotene Differenzierung zwischen innerverbandlichen Pflichten und statutarischer Wirkung wird dabei auch nicht durch die im Rahmen der Tarifzuständigkeit begründete Außenwirkung der Satzung hinfällig. Wenn Delheid (Tarifzuständigkeit, S. 36 ff.) hieraus den Schluss zieht, dass kon-

Im Zusammenhang mit dem Zustimmungsvorbehalt gemäß § 15 Ziff. 2 DGB-Satzung ist mithin vorab zu klären, inwieweit dieser als Wirksamkeitsvoraussetzung für eine Satzungsänderung auf die DGB-Gewerkschaften Anwendung findet. Erst im Anschluss daran wird auf die Frage eingegangen, ob eine entsprechende Selbstbeschränkung überhaupt mit der Satzungsautonomie nach Art. 9 Abs. 3 GG vereinbar wäre.

1. Satzungen der Mitgliedsgewerkschaften und DGB-Satzung

Wenn der DGB die Wirksamkeit einer Satzungsänderung durch die Mitgliedsgewerkschaften zu beeinflussen sucht, kann er dieses Ziel nicht durch eine einseitige Geltungsanordnung in seiner Satzung im Sinne einer sog. self-executing Norm erreichen, da die Rechte und Pflichten des angeschlossenen Vereins nicht allein durch die Satzungsregelung des Dachverbands zu Rechten und Pflichten der Mitglieder der angeschlossenen Vereine werden.[442] Diese Konzeption liefe der mitgliedschaftlichen Struktur des Vereinsverbands zuwider, bei dem nur die angeschlossenen Vereine Mitglied sind, nicht aber deren Mitglieder.[443] Eine statutarische Wirkung des Satzung des Dachverbands in den Mitgliedsvereinen setzt daher grundsätzlich deren Inkorporation in die Satzung der Mitgliedsvereine voraus. Dieser Gesichtspunkt wird in der arbeitsrechtlichen Rechtsprechung[444] und Literatur[445] häufig vernachlässigt, indem die statutarische Wirkung bereits aufgrund der mitgliedschaftlichen Unterwerfung der dem DGB angeschlossenen Gewerkschaften unter die DGB-Satzung angenommen

---

sequenterweise auch der DGB-Satzung eine Außenwirkung für die Tarifzuständigkeit seiner Mitgliedsgewerkschaften zukommen müsse, so übersieht er, dass diese Außenwirkung nicht weiter reichen kann als die Satzungsgewalt des DGB, die aber grundsätzlich nur gegenüber seinen Mitgliedsgewerkschaften besteht.

[442] Steinbeck, Vereinsautonomie und Dritteinfluß, S. 161 f.; a.A. OLG Karlsruhe, Urt. v. 28.11.1969 (10 W 50/69) = MDR 1970, 324 f.

[443] Vgl. Säcker/Oetker, Probleme der Repräsentation von Großvereinen, S. 10.

[444] Vgl. BAG, Beschl. v. 17.2.1970 (1 ABR 15/69) = AP Nr. 3 zu § 2 TVG Tarifzuständigkeit; BAG, Beschl. v. 19.11.1985 (1 ABR 37/83) = AP Nr. 4 zu § 2 TVG Tarifzuständigkeit m. Anm. Reuter; BAG, Beschl. v. 22.11.1988 (1 ABR 6/87) = AP Nr. 5 zu § 2 TVG Tarifzuständigkeit; BAG, Beschl. v. 25.9.1996 (1 ABR 4/96) = AP Nr. 10 zu § 2 TVG Tarifzuständigkeit; BAG, Beschl. v. 12.11.1996 (1 ABR 33/96) = AP Nr. 11 zu § 2 TVG Tarifzuständigkeit; BAG, Beschl. v. 14.12.1999 (1 ABR 74/98) = AP Nr. 14 zu § 2 TVG Tarifzuständigkeit.

[445] Blank, Die Tarifzuständigkeit der DGB-Gewerkschaften, S. 124, 130 ff.; wohl auch Buchner, gemeinsame Anm. zu den Beschlüssen des BAG v. 25.9.1996 (1 ABR 4/96) u. v. 12.11.1996 (1 ABR 33/96), SAE 1998, 262 (264). Siehe auch Oetker, gemeinsame Anm. zu den Beschlüssen des BAG v. 25.9.1996 (1 ABR 4/96) u. v. 12.11.1996 (1 ABR 33/96), AP Nr. 11 zu § 2 TVG Tarifzuständigkeit, Bl. 8 R: Oetker hält zwar die vereinsrechtliche Legitimation für bedenklich, gelangt aber im Ergebnis dennoch zu einer statutarischen Wirkung der DGB-Satzung. Wegen des Zusammenschlusses im Dachverband gelte das Gebot, dass die Satzungen „im Zweifel" so auszulegen seien, dass kein Widerspruch zur Satzung des DGB eintrete. Anders Konzen, FS Kraft (1998), S. 311 f; Jacobs, Tarifeinheit und Tarifkonkurrenz, S. 216 f.

wird, die für sich genommen jedoch nur zu Begründung von innerverbandlichen Rechten und Pflichten führen kann.

In den Satzungen der Mitgliedsgewerkschaften findet sich jedoch keine dem § 15 Ziff. 2 DGB vergleichbare Regelung. Auch wird an keiner Stelle ausdrücklich auf diese Satzungsbestimmung verwiesen. Die Regelungen der Mitgliedsgewerkschaften weisen insoweit keine einheitlichen Formulierungen auf und nehmen teilweise überhaupt nicht auf die Satzung des DGB Bezug. So wird in den meisten Satzungen[446] lediglich die Mitgliedschaft im DGB erwähnt bzw. allgemein auf die Mitarbeit in der nationalen und internationalen Gewerkschaftsbewegung verwiesen[447]. Weitergehende Regelungen enthalten die Satzungen der IG Metall[448] und der Gewerkschaft NGG[449], in denen die Verpflichtung festgelegt wird, die Satzung des DGB einzuhalten und seine Beschlüsse durchzuführen. Den konkretesten Bezug zum Zustimmungsvorbehalt weist die Satzung von ver.di[450] auf, wenn dort in den Regelungen zum Organisationsbereich die „satzungsrechtliche Funktion des DGB zur Klärung von Organisationszuständigkeiten zwischen dessen Mitgliedsgewerkschaften" anerkannt wird. Allerdings steht diese Bestimmung in einem gewissen Spannungsverhältnis zur vorangehenden Satzungsregelung des § 2, in der es um das Verhältnis von ver.di zu anderen Organisationen geht. Hier erkennt ver.di die Satzung des DGB nur unter „Wahrung ihrer organisatorischen Selbständigkeit" an.

a) Inkorporation des § 15 Ziff. 2 DGB-Satzung

Angesichts dieser höchst unterschiedlichen Regelungen fragt sich, welche Anforderungen an die Inkorporation des § 15 Ziff. 2 DGB-Satzung in die Satzungen seiner Mitgliedsgewerkschaften zu stellen sind. Einigkeit besteht darüber, dass allein der Hinweis auf die Mitgliedschaft nicht genügt, sondern jedenfalls eine Verweisung auf die Regelungen des Dachverbandes erforderlich ist.[451] Folglich sind allenfalls die Satzungsbestimmungen der Gewerkschaft NGG, der IG Metall und von ver.di geeignet, eine Inkorporation der DGB-Satzung herbeizuführen. Dann müssten diese weiterhin die Anforderungen erfüllen, welche vereinsrechtlich an eine solche Verweisung zu stellen sind.

---

[446] § 1 Ziff. 2 a Transnet-Satzung, § 2 IG BCE-Satzung, § 1 Ziff. 2 GEW Satzung.
[447] § 2 Ziff. 4 IG-BAU Satzung.
[448] § 32.
[449] § 11. Siehe auch § 4 Ziff. 1.
[450] § 4 Ziff. 3.
[451] Konzen, FS Kraft (1998), S. 291 (312).

Teilweise wird eine allgemeine Verweisung auf das Regelwerk des Dachverbandes für ausreichend erachtet. [452] Dem ist jedoch entgegenzusetzen, dass hierdurch allenfalls dann eine statutarische Wirkung in den Satzungen der Mitgliedsvereine erreicht werden kann, wenn die Satzung des Dachverbandes nicht nur anerkannt wird, sondern darüber hinaus auch deren Geltung angeordnet wird. Allein durch die Anerkennung der Satzung kann eine statutarische Wirkung nicht begründet werden, da die gewählte Formulierung nichts anderes als den Hinweis auf die mitgliedschaftliche Bindung des angeschlossenen Vereins an die Satzung des Dachverbandes beinhaltet. [453] Darüber hinaus begegnet ein Pauschalverweis mit Blick auf die Interessen der betroffenen Mitglieder der angeschlossenen Vereine erheblichen Bedenken. Den Umfang seiner vereinsrechtlichen Rechte und Pflichten könnte das Mitglied erst bei Durchsicht aller Satzungen auf für sich möglicherweise maßgebende Regelungen feststellen; eine derart umfangreiche Nachforschungspflicht ist aber unzumutbar. [454] Das schützenswerte Interesse an Klarheit und Transparenz erhält bei den Mitgliedern der DGB-Gewerkschaften noch dadurch ein besonderes Gewicht, dass von der Wirksamkeit der Satzungsänderung nicht nur die innerverbandlichen Beziehungen der Mitglieder zur jeweiligen Gewerkschaft betroffen sind, sondern auch die Wirksamkeit des Tarifvertrages und damit die Außenbeziehungen zur Arbeitgeberseite. Aus diesem Grund und wegen des Öffentlichkeitsstatus der Koalitionen ist eine besondere mitgliedschaftliche Legitimation, wie sie im Erfordernis der demokratischen Binnenverfassung postuliert wird, [455] zu fordern. [456] Zwar macht dies keine wörtliche Wiederholung des Satzungstexts der DGB-Satzung in den Satzungen der Mitgliedsgewerkschaften erforderlich. [457] Jedoch ist eine konkrete Verweisung in die Satzung der Mitgliedsgewerkschaften aufzunehmen, die so bestimmt und widerspruchsfrei gehalten sein muss, dass kein Zweifel darüber aufkommen kann, welche Bestimmungen der anderen Satzung gemeint sind. [458] Diesen Voraussetzungen nähert sich allenfalls § 4

---

[452] Vgl. BAG, Beschl. v. 3.6.1975 (1 ABR 98/74) = BAGE 27, 164 (170); BayObL, Urt. v. 23.12.1986 (BReg 3 Z 126/86) = BayObLGZ 1986, 528 (534); Pfister, SpuRt 1996, 48 (50).

[453] Vgl. Steinbeck, Vereinsautonomie und Dritteinfluß, S. 173.

[454] Vgl. Steinbeck, Vereinsautonomie und Dritteinfluß, S. 167 ff.

[455] MünchArbR/Löwisch/Rieble, § 255 Rn. 3 ff.; Wiedemann/Oetker, TVG, § 2 Rn. 272 ff. Es ist umstritten, inwieweit die demokratische Binnenorganisation Voraussetzung für die Koalitionseigenschaft bzw. für die Tariffähigkeit ist, siehe hierzu MünchArbR/Löwisch/Rieble u. Wiedemann/ Oetker, a.a.O. Eine Konkretisierung hat die Diskussion im Rahmen der Frage erfahren, unter welchen Voraussetzungen eine Delegiertenversammlung die Mitgliederversammlung ersetzen kann, vgl. hierzu ausführlich Säcker/Oetker, Probleme der Repräsentation von Großvereinen, S. 16 ff.

[456] Vgl. Rieble, Anm. zu BAG, Beschl. v. 14.12.1999 (1 ABR 74/98), AP Nr. 14 zu § 2 TVG Tarifzuständigkeit; MünchArbR/Löwisch/Rieble, § 249 Rn. 27.

[457] So aber jedenfalls für den rechtsfähigen Verein wegen des Erfordernisses der Eintragung der Satzung in das Vereinsregister gemäß § 59 Abs. 2 BGB Stöber, Handbuch zum Vereinsrecht, Rn. 34.

[458] Vgl. aus der vereinsrechtlichen Rechtsprechung und Literatur OLG Hamm, Beschl. v. 24.7.1987 (15 W 7/87), NJW-RR 1988, 183 (184), Sauter/Schweyer/Waldner, Der eingetragene Verein,

Ziff. 2 ver.di-Satzung an, wenn dort die satzungsrechtliche Funktion des DGB zur Klärung von Organisationszuständigkeiten zwischen dessen Mitgliedsgewerkschaften anerkannt wird. Jedoch wird über die Formulierung „anerkennt" nicht die unmittelbare Geltung der DGB-Satzung hinreichend deutlich, zudem besteht ein Widerspruch zu der Satzungsbestimmung des § 2 Ziff. 1, in der die organisatorische Selbständigkeit von ver.di betont wird. Im Ergebnis ist festzuhalten, dass die DGB-Satzung in keine der Satzungen seiner Mitgliedsgewerkschaften inkorporiert wurde.

b) Geltungsvorrang

Eine unmittelbare Geltung der DGB-Satzung kommt daher nur dann in Betracht, wenn ihr im Verhältnis zu den Satzungen der Mitgliedsgewerkschaften ein Geltungsvorrang zukäme, wie er neuerdings im Vereinsrecht diskutiert wird.[459]

Behandelt man die Vereinssatzung mit der modifizierten Normentheorie[460] wie eine Norm, ist als Ansatz für den Geltungsvorrang das im Staatsrecht geltende Prinzip „Bundesrecht bricht Landesrecht" heranzuziehen, welches in Art. 31 GG verankert ist.[461] Hiernach hat im Kollisionsfalle das Bundesrecht (die Satzung des Dachverbands) Vorrang vor Landesrecht (die jeweilige Satzung der Mitgliedsvereine). Jedoch begegnet die Übertragung dieses Grundsatzes auf Vereinsverbände schon allein deshalb Bedenken, weil das Prinzip „Bundesrecht bricht Landesrecht" voraussetzt, dass Bund und Länder gleichermaßen zur Gesetzgebung berufen sind. Es geht bei diesem Grundsatz nicht um die Begründung von Rechtsetzungsbefugnissen, sondern um die Auflösung einer Normenkollision.[462] Beim Vereinsverband ist aber die satzungsmäßige Regelungsmacht des Dachverbandes zunächst einmal nur für die Mitglieder des Dachverbandes, also die angeschlossenen Vereine, nicht aber auch für deren Mitglieder verbindlich.[463] Infolgedessen kann keine Konkurrenzsituation entstehen. Etwas anderes gilt, wie bereits erörtert, nur dann, wenn die Bestimmungen der Satzung des Dachverbandes durch eine hinreichend konkrete Verweisung in die Satzungen der Mitgliedsvereine inkorporiert wurden.[464] Dann ist es in der Tat zu befürworten, dass

---

Rn. 132, 323; Reichert, Handbuch des Vereins- und Verbandsrechts, Rn. 348; Steinbeck, Vereinsautonomie und Dritteinfluß, S. 165 f., 167 ff. Ebenso im arbeitsrechtlichen Schrifttum Konzen, FS Kraft (1998), S. 291 (311 f.); Jacobs, Tarifeinheit und Tarifkonkurrenz, S. 216 f.

[459] Vgl. Steinbeck, Vereinsautonomie und Dritteinfluß, S. 179 ff.

[460] Vgl. BGH, Urt. v. 4.10.1956 (II ZR 121/55) = BGHZ 21, 370 (373); BGH, Urt. v. 6.3.1967 (II ZR 231/64) = BGHZ 47, 172 (179 ff.); Reichert, Handbuch des Vereins- und Verbandsrechts, Rn. 70 f.; RGRK/Steffen, BGB, § 25 Rn. 5; Sauter/Schweyer/Waldner, Der eingetragene Verein, Rn. 36; K. Schmidt, Gesellschaftsrecht, § 5 I 1, S. 75 ff.

[461] Vgl. Steinbeck, Vereinsautonomie und Dritteinfluß, S. 183. Offengelassen von LG Stuttgart, Urt. v. 22.4.1993 (10 O 49/93) = SpuRt 1995, 73 (74).

[462] Vgl. März, in: v. Mangoldt/Klein/Starck, GG, Art. 31 Rn. 40.

[463] Säcker/Oetker, Probleme der Repräsentation von Großvereinen, S. 10.

[464] Siehe oben § 10 I 1 a.

diesen Bestimmungen des Dachverbandes Vorrang vor etwaigen widersprechenden Satzungsregelungen der angeschlossenen Vereine zukommt. Fehlt hingegen wie im Falle der DGB-Gewerkschaften eine hinreichend konkrete Bezugnahme, entsteht keine Konkurrenzsituation, die zu einem Geltungsvorrang der DGB-Satzung führen könnte.

Weiterhin wird eine satzungsüberlagernde Wirkung in Parallele zum Konzernrecht diskutiert.[465] Hier wird bei Abschluss eines Beherrschungsvertrags die Satzung des beherrschten Unternehmens durch die Satzung des herrschenden Unternehmens für die Dauer des Beherrschungsvertrags außer Kraft gesetzt.[466] Ein entscheidender Unterschied zum Verhältnis zwischen Dachverband und den angeschlossenen Vereinen liegt jedoch darin, dass sich das abhängige Unternehmen durch den Beherrschungsvertrag der Leitung durch das herrschende Unternehmen unterstellt.[467] Eine solche hierarchische Struktur ist aber dem Vereinsverband als horizontal gegliedertem Zusammenschluss grundsätzlich gleichgeordneter Organisationen fremd. Dementsprechend besteht auch im DGB weniger eine Abhängigkeit der Mitgliedsgewerkschaften vom DGB, sondern umgekehrt wird die Politik des DGB durch die Mitgliedsgewerkschaften bestimmt, wodurch sich eine Steuerung nicht von „oben nach unten", sondern von „unten nach oben" vollzieht.[468] Eine satzungsüberlagernde Wirkung der Satzung des Dachverbandes ist mit diesem Verständnis des Vereinsverbands nicht vereinbar.

c) Ergebnis

Nach alledem entfaltet § 15 Ziff. 2 DGB-Satzung keine statutarische Wirkung in den Satzungen seiner Mitgliedsgewerkschaften. Der Zustimmungsvorbehalt wurde weder in die Satzungen der Mitgliedsgewerkschaften inkorporiert, noch besitzt er diesen gegenüber Geltungsvorrang. Bereits aus diesem Grund ist die Regelung des § 15 Ziff. 2 DGB-Satzung keine Wirksamkeitsvoraussetzung für eine Satzungsänderung durch die Mitgliedsgewerkschaften.

---

[465] Vgl. Steinbeck, Vereinsautonomie und Dritteinfluß, S. 188 ff.
[466] BGH, Beschl. v. 24.10.1988 (II ZB 7/88) = BGHZ 105, 324 (331); K. Schmidt, Gesellschaftsrecht, § 38 III 1, S. 1190 f.; Lutter/Hommelhoff, NJW 1988, 1240 (1241) m.w.N.
[467] Vgl. etwa BGH, Beschl. v. 24.10.1988 (II ZB 7/88) = BGHZ 105, 324 (331); K. Schmidt, Gesellschaftsrecht, § 31 II 2, S. 950, § 39 II 3, S. 1257; Lutter/Hommelhoff, NJW 1988, 1240 (1241) m.w.N.
[468] So zutreffend Jacobs, Tarifeinheit und Tarifkonkurrenz, S. 215; Konzen, FS Kraft (1998), S. 291 (312).

2. Zulässigkeit des Zustimmungsvorbehalts

Das Problem der Zulässigkeit des Zustimmungsvorbehalts wird daher nur dann virulent, wenn die Mitgliedsgewerkschaften ihre Satzung ändern und eine hinreichend bestimmte Verweisung auf § 15 Ziff. 2 DGB-Satzung aufnehmen. Aber selbst unter dieser Bedingung ist die Wirksamkeit des Zustimmungsvorbehalts fraglich. Es könnte damit ein unzulässiger Fremdeinfluss auf die Satzungsautonomie der DGB-Gewerkschaften bewirkt werden.

a) Dachverband und Fremdeinfluss

Dann müsste zunächst einmal eine Fremdbestimmung im Verhältnis des DGB als Dachverband zu der satzungsändernden Mitgliedsgewerkschaft vorliegen. Hierfür spricht, dass nach der Konzeption des Vereinsverbandes die angeschlossenen Vereine gerade nicht unter Verlust ihrer Eigenständigkeit in diesem aufgehen, sondern rechtlich selbständig bleiben.[469] Zudem erfolgt keine hierarchische Unterordnung, da sich der Zusammenschluss auf horizontaler Ebene vollzieht.[470] Infolgedessen führt die gemeinsame Zweckverfolgung im Dachverband nicht dazu, dass im Verhältnis der Mitgliedsgewerkschaften untereinander und zum DGB nicht mehr von Fremdheit die Rede sein kann. Wenn im DGB-Bundesausschuss insgesamt 70 von den Gewerkschaften zu entsendende Mitglieder sowie der Bundesvorstand und die Bezirksvorsitzenden[471] über die Satzungsänderung seitens einer Mitgliedsgewerkschaft entscheiden, ist dies aus Sicht der betroffenen Gewerkschaft ein Einfluss von außen. Mithin unterliegt der von Organen des DGB als Dachverband ausgeübte Einfluss den gleichen Grenzen, die sonst für den statutarischen Dritteinfluss gelten.[472]

b) Grenzen des statutarischen Dritteinflusses

Die Grenzen des statutarischen Dritteinflusses sind umstritten, da die Vereinsautonomie letztlich von zwei gegenläufigen Prinzipien bestimmt wird: Einerseits soll eine Selbstentmündigung des Vereins durch Einflussnahme Dritter verhindert werden, andererseits ist die Entscheidung, sich einem gewissen Fremdeinfluss zu unterwerfen, gerade als Ausübung der Vereinsautonomie zu werten.[473] Für die Zulässigkeit des

---

[469] Stöber, Handbuch zum Vereinsrecht, Rn. 874. Siehe auch Buchner, Arbeitsrecht und Arbeitsgerichtsbarkeit (1999), S. 331 (338).

[470] Vgl. Reichert, Handbuch des Vereins- und Verbandsrechts, Rn. 2758 f.; Stöber, Handbuch zum Vereinsrecht, Rn. 873; Buchner, in: Arbeitsrecht und Arbeitsgerichtsbarkeit (1999), S. 331 (338); Säcker/Oetker, Probleme der Repräsentation von Großvereinen, S. 10.

[471] Vgl. § 8 Ziff. 2 DGB-Satzung.

[472] So zutreffend allgemein für Dachverbände Steinbeck, Vereinsautonomie und Dritteinfluß, S. 171.

[473] BVerfG, Beschl. v. 5.2.1991 (2 BvR 263/86) = BVerfGE 83, 341 (359); Steinbeck, Vereinsautonomie und Dritteinfluß, S. 83.

Zustimmungsvorbehalts kommt es somit darauf an, welches dieser Prinzipien man stärker akzentuiert. Die Unwirksamkeit einer Satzungsbestimmung, durch die einem außenstehenden Dritten ein zu weitgehender Einfluss auf das Vereinsgeschehen eingeräumt werde, soll dabei nach dem vereinsrechtlichen Schrifttum aus § 138 BGB folgen.[474] Bezüglich § 15 Nr. 2 DGB-Satzung ließe sich die Unwirksamkeit gegebenenfalls unmittelbar aus Art. 9 Abs. 3 S. 2 GG herleiten.[475] Art. 9 Abs. 3 GG enthält eine Spezialgewährleistung der allgemeinen Vereinigungsfreiheit für Koalitionen.[476] Die Koalitionen verfügen demnach insbesondere über die Satzungsautonomie und die Freiheit der inneren Willenbildung.[477] Nach Art. 9 Abs. 3 S. 2 GG sind „Abreden, die dieses Recht einschränken oder zu behindern suchen" nichtig.

aa) Meinungsstand

Nach einer Auffassung sind Zustimmungsvorbehalte zugunsten Dritter grundsätzlich unwirksam[478] bzw. nur in bestimmten Sonderkonstellationen zuzulassen[479]. Als solche Ausnahmefälle werden zum einen Vereine genannt, die mit kirchlichen Stellen eng verbunden sind. Ein Zustimmungsvorbehalt zugunsten dieser kirchlichen Stellen rechtfertige sich daraus, dass das Vereinsrecht im Rahmen der Art. 4, 140 GG i.V.m. 137 WRV die glaubensbedingten Anforderungen an die Organisation des Vereins besonders zu berücksichtigen habe.[480] Eine weitere Ausnahme soll dann gelten, wenn der Dritte die Funktion eines Schirmherrn bzw. Förderers einnimmt, soweit die Satzungsänderung dessen Förderleistung berührt.[481]

Die gegenteilige Ansicht[482] geht demgegenüber davon aus, dass Zustimmungsvorbehalte unbedenklich seien. Die Grenze des unzulässigen Fremdeinflusses sei erst

---

[474] Steinbeck, Vereinsautonomie und Dritteinfluß, S. 208.

[475] Vgl. Oetker, RdA 1999, 96 (97).

[476] Vgl. statt aller Maunz/Dürig-Scholz, GG, Art. 9 Rn. 202 ff., 246 ff.

[477] Maunz/Dürig-Scholz, GG, Art. 9 Rn. 246.

[478] RG, Urt. v. 30.3.1942 (II 96/41) = RGZ 169, 65 (81); LG Hildesheim, Urt. v. 30.3.1942 (5 T 282/65) = NJW 1965, 2400; OLG Stuttgart, Beschl. v. 27.1.1986 (8 W 252/85) = NJW-RR 1986, 995 (996); RGRK/Steffen, BGB, § 33 Rn. 2; Steinbeck, Vereinsautonomie und Dritteinfluß, S. 86 ff.

[479] Flume, Juristische Person, § 7 I 4, S. 199 ff.; Reichert, Handbuch des Vereins- und Verbandsrechts, Rn. 429; K. Schmidt, Gesellschaftsrecht, § 5 I 3 b, S. 85 ff.; Stöber, Handbuch zum Vereinsrecht, Rn. 618.

[480] Reichert, Handbuch des Vereins- und Verbandsrechts, Rn. 429; K. Schmidt, Gesellschaftsrecht, § 5 I 3, S. 86; Stöber, Handbuch zum Vereinsrecht, Rn. 618.

[481] K. Schmidt, Gesellschaftsrecht, § 5 I 3, S. 86 f.; Reichert, Handbuch des Vereins- und Verbandsrechts, Rn. 429 unter Bezugnahme der betrieblichen Unterstützungseinrichtung im Fall BAG, Urt. v. 8.12.1981 (3 AZR 518/80) = NJW 1982, 1773 ff.

[482] KG, Beschl. v. 22.10.1973 (1 W 1332/71) = MDR 1975, 140 f.; BayObLG, Beschl. v. 23.8.1979 (BReg. 2 Z 14/79) = NJW 1980, 1757 f.; OLG Köln, Beschl. v. 20.9.1991 (2 Wx 64/90) = NJW 1992, 1048 ff.; LG Oldenburg, Beschl. v. 22.8.1991 (5 T 374/91) = JZ 1992, 250 (251); Sauter/

dann erreicht, wenn nach dem Gesamtzusammenhang der Satzung die Selbstbestimmung und Selbstverwaltung nicht nur in bestimmten Hinsichten, sondern in weitem Umfang ausgeschlossen würden, so dass der Verein seine Bedeutung als selbständige Personengemeinschaft verliere und zu einer bloßen Verwaltungsstelle oder einem Sondervermögen eines Dritten absinke.[483] Die in der Rechtsprechung unter Verweis auf diese Grenze des Fremdeinflusses entschiedenen Fälle stehen allerdings durchweg in einem staatskirchenrechtlichen Kontext. Dies gilt auch für die vielzitierte Bahá'í-Entscheidung des Bundesverfassungsgerichts[484], in der es darum ging, dass die Religionsgemeinschaft der Bahá'í ihre Satzungsänderung von der Genehmigung eines anderen Vereins, der aus religiösen Gründen als übergeordnete Instanz erachtet wurde, abhängig machte. Das BVerfG verwies in diesem Zusammenhang zur Begründung insbesondere auf die „glaubensgebundene hierarchische innere Organisation von Religionsgesellschaften", in deren Rahmen die Selbstbestimmung des Vereins gewahrt bleibe, solange dieser nicht zur bloßen Verwaltungsstelle eines anderen herabsinke.[485]

Aufgrund dieser Besonderheiten von religiösen Vereinen wird die Bahá'í-Entscheidung teilweise nicht für übertragbar auf das allgemeine Vereinsrecht gehalten; es könnten hieraus keine grundsätzlichen Folgerungen für die Zulässigkeit von Zustimmungsvorbehalten gezogen werden.[486] Dies gelte insbesondere für den nicht hierarchisch, sondern horizontal gegliederten DGB, bei dem jegliche Vergleichbarkeit mit einer religiösen Autorität fehle.[487]

Dem ist bezogen auf den DGB letztlich zuzustimmen. Nicht zutreffend ist es allerdings, dass aus der Bahá'í-Entscheidung keine allgemeingültigen Folgerungen für die Zulässigkeit von Zustimmungsvorbehalten gezogen werden können. Im Rahmen der allgemeinen Ausführungen des BVerfG zur Vereinsautonomie wird deutlich, dass die Beurteilung der Zulässigkeit von einer Abwägung im Einzelfall abhängen soll. Bei dieser Abwägung sind als gegenläufige Tendenzen der Schutz vor einer Selbstent-

---

Schweyer/Waldner, Der eingetragene Verein, Rn. 136; Staudinger/Weick, BGB, § 33 Rn. 8; Soergel/Hadding, BGB, § 33 Rn. 7; differenzierend MünchKomm/Reuter, BGB, § 33 Rn. 18 f.

[483] BVerfG, Beschl. v. 5.2.1991 (2 BvR 263/86) = BVerfGE 83, 341 (360); KG, Beschl. v. 22.10.1973 (1 W 1332/71) = MDR 1975, 140 f.; BayObLG, Beschl. v. 23.8.1979 (BReg. 2 Z 14/79) = NJW 1980, 1756 (1757); OLG Köln, Beschl. v. 20.9.1991 (2 Wx 64/90) = NJW 1992, 1048 ff.; LG Oldenburg, Beschl. v. 22.8.1991 (5 T 374/91) = JZ 1992, 250 (251); Sauter/Schweyer/Waldner, Der eingetragene Verein, Rn. 136; Soergel/Hadding, BGB, § 33 Rn. 7.

[484] BVerfG, Beschl. v. 5.2.1991 (2 BvR 263/86) = BVerfGE 83, 341 ff.

[485] BVerfG, Beschl. v. 5.2.1991 (2 BvR 263/86) = BVerfGE 83, 341 (360).

[486] So allgemein zu den Gerichtsentscheidungen bezüglich religiöser Vereinigungen Flume, Juristische Person, § 7 I 4, S. 199 ff.

[487] Jacobs, Tarifeinheit und Tarifkonkurrenz, S. 214 f.; Konzen, FS Kraft (1998), S. 297 (311 f.). Für das DGB-Schiedsgerichtsverfahren siehe auch Rieble, Anm. zu BAG, Beschl. v. 14.12.1999 (1 ABR 74/98), AP Nr. 14 zu § 2 TVG Tarifzuständigkeit.

mündigung einerseits, und die vereinsautonome Entscheidung zur Schaffung eines gewissen Fremdeinflusses andererseits, „unter Berücksichtigung des konkreten Falles, d.h. auch bezogen auf die Zweckausrichtung und die Eigenart des in Frage stehenden Vereins, in Ausgleich zu bringen"[488].

bb) Gesamtabwägung

Für die Gesamtabwägung bezüglich des vorliegend in Frage stehenden Zustimmungsvorbehalts des DGB-Bundesausschusses nach § 15 Ziff. 2 DGB-Satzung müssen mithin die Vorgaben des Art. 9 Abs. 3 GG als Spezialgewährleistung zur allgemeinen Vereinigungsfreiheit im Sinne des Art. 9 Abs. 1 GG[489] und die besondere Situation im Dachverband Berücksichtigung finden.[490] Infolgedessen ist der Zustimmungsvorbehalt nach § 15 Ziff. 2 DGB-Satzung als unzulässig zu bewerten.

Zwar werden die Mitgliedsgewerkschaften nach dem Gesamtzusammenhang der DGB-Satzung durch den Zustimmungsvorbehalt und die weiteren Regelungen des DGB zur Organisationsabgrenzung nicht zur bloßen Verwaltungsstelle des DGB, da dieses dachverbandliche Regelwerk nur die Satzungsbestimmungen der Mitgliedsgewerkschaften zum Organisationsbereich betrifft und andere Satzungsregelungen unberührt lässt. Andererseits haben gerade die satzungsrechtlichen Bestimmungen zur Tarifzuständigkeit besondere Bedeutung für die Mitgliedsgewerkschaften, wird hierdurch doch ihr mögliches Tätigkeitsfeld für den durch Art. 9 Abs. 3 GG grundrechtlich geschützten Abschluss von Tarifverträgen festgelegt. Bei den DGB-Gewerkschaften wird mithin durch den Zustimmungsvorbehalt nicht nur die Satzungsautonomie, sondern auch die Tarifautonomie beeinträchtigt. Hinzu kommt, dass in dem vom BVerfG entschiedenen Fall die Grenzen des zulässigen Fremdeinflusses weit zu ziehen waren, da für religiöse Vereinigungen die Wahrung der Identität der Glaubenslehre durch Einordnung in die größere Religionsgemeinschaft von existenzieller Bedeutung ist. Der Zustimmungsvorbehalt des DGB-Bundesausschusses dient hingegen lediglich dem organisationspolitischen Ziel „ein Betrieb, eine Gewerkschaft", welches für die DGB-Gewerkschaften keine existentielle Bedeutung hat.[491] Zudem könnte dieses organisationspolitische Interesse auch auf weniger einschneidende Weise gefördert werden, indem beispielsweise bei fehlender Zustimmung des Bundesausschusses nicht die Unwirksamkeit der Satzungsänderung, sondern eine anderweitige Sanktionsmöglichkeit wie eine Vereinsstrafe in der DGB-Satzung vorgesehen

---

[488] BVerfG, Beschl. v. 5.2.1991 (2 BvR 263/86) = BVerfGE 83, 341 (359).
[489] Zum Charakter des Art. 9 Abs. 3 GG als lex specialis zu Art. 9 Abs. 1 GG siehe Maunz/Dürig-Scholz, GG, Art. 9 Rn. 7; v. Münch/Kunig-Löwer, GG, Art. 9 Rn. 3, 54; MünchArbR/Löwisch/Rieble, § 243 Rn. 45; Oetker, RdA 1999, 96 (97).
[490] Oetker, RdA 1999, 96 (97).
[491] So zutreffend Jacobs, Tarifeinheit und Tarifkonkurrenz, S. 215.

würde. Eine solche Alternative war hingegen im Rahmen der glaubensbedingten Unterordnung der Bahá'í unter eine hierarchisch übergeordnete Leitungsinstanz nicht ersichtlich.

Nach alledem wird mit dem Zustimmungsvorbehalt nach § 15 Ziff. 2 DGB-Satzung ein zu weitgehender Einfluss des DGB-Bundesausschusses auf die durch Art. 9 Abs. 3 GG geschützte Satzungs- und Tarifautonomie der DGB-Gewerkschaften bezweckt. Infolgedessen ist die Norm nach Art. 9 Abs. 3 S. 2 GG nichtig.

c) Ergebnis

Der Verstoß einer DGB-Gewerkschaft gegen die Bestimmung des § 15 Ziff. 2 DGB-Satzung lässt die Wirksamkeit der Satzungsänderung unberührt. Für die Tarifzuständigkeit der satzungsändernden Gewerkschaft ist die Verletzung von § 15 Ziff. 2 DGB-Satzung mithin unbeachtlich. Ein Tarifvertrag entfaltet auch in dem Bereich normative Geltung, für den nach § 15 Ziff. 2 DGB-Satzung die Zustimmung des DGB-Bundesausschusses hätte eingeholt werden müssen. Mithin kann sich ein infolge der Satzungsänderung in Anspruch genommener Arbeitgeber bzw. Arbeitgeberverband nicht auf die fehlende Tarifzuständigkeit der Gewerkschaft wegen Verletzung von § 15 Ziff. 2 DGB-Satzung berufen.

3. Exkurs: Reaktionsmöglichkeiten des DGB bei Verstoß gegen den Zustimmungsvorbehalt

Fraglich ist jedoch, ob der DGB mit verbandsrechtlichen Mitteln verhindern könnte, dass eine seiner Mitgliedsgewerkschaften infolge einer Satzungserweiterung unter Verletzung von § 15 Ziff. 2 DGB-Satzung einen Tarifvertrag abschließt. Da es insofern an einer einschlägigen Regelung in der DGB-Satzung fehlt, ist allenfalls ein Unterlassungsanspruch des DGB gegenüber der Gewerkschaft wegen Verletzung der verbandsrechtlichen Treuepflicht in Erwägung zu ziehen.[492] Zeigt ein Mitglied ein Verhalten, das seiner Treuepflicht gegenüber dem Verein widerspricht, kann dieser auf Unterlassung klagen.[493]

Dann müsste in dem durch die Gewerkschaft angestrebten Tarifabschluss eine Verletzung der Treuepflicht gegenüber dem DGB zu sehen sein. Die Treuepflicht gegenüber einem Verband geht in ihrer Intensität über die allgemeine Bindung an den Grundsatz von Treu und Glauben nach § 242 BGB hinaus und wird durch die Mitgliedschaft, aufgrund derer der satzungsmäßige Vereinszweck anerkannt wird, be-

---

[492] I.E. bejahend: Blank, Die Tarifzuständigkeit der DGB-Gewerkschaften, S. 134.

[493] Vgl. Reichert, Handbuch des Vereins- und Verbandsrechts, Rn. 1763; MünchKomm/Reuter, BGB, § 38 Rn. 43.

gründet.[494] Bei der Frage, ob ein Verstoß gegen diese Treuepflicht vorliegt, ist eine Interessenabwägung unter Berücksichtigung des Verhältnismäßigkeitsprinzips vorzunehmen.[495] Da auch der Verein auf die schützenswerte Belange seiner Mitglieder Rücksicht zu nehmen hat, ist den mitgliedschaftlichen Interessen der Vorzug zu geben, wenn der Verein keine höherrangigen Eigeninteressen ins Feld führen kann.[496] An solchen höherrangigen Eigeninteressen des DGB fehlt es hier, da der Zustimmungsvorbehalt allein dem organisationspolitischen Prinzip „ein Betrieb, eine Gewerkschaft" dient und damit nachrangig zu der grundrechtlich geschützten Tarifautonomie der DGB-Gewerkschaften ist. Bereits aus diesem Grund steht dem DGB kein Unterlassungsanspruch gegen die der Norm des § 15 Ziff. 2 DGB-Satzung zuwiderhandelnde Gewerkschaft zu. Es kann daher an dieser Stelle dahingestellt bleiben, ob eine entsprechende Verpflichtung in der DGB-Satzung überhaupt wirksam begründet werden könnte.[497]

Darüber hinaus bestehen auch keine innerverbandlichen Sanktionen des DGB, um den Verstoß gegen § 15 Ziff. 2 DGB-Satzung zu ahnden. Einzige Sanktionsnorm für ein Zuwiderhandeln gegen die DGB-Satzung ist der Verbandsausschluss nach § 3 Ziff. 4 der DGB-Satzung. Dieser Ausschluss kommt aber nur in gravierenden Fällen und nicht allein aufgrund der Verletzung von § 15 Ziff. 2 DGB-Satzung in Betracht.[498] Im übrigen erscheint die Inanspruchnahme dieser Sanktionsmöglichkeit durch den DGB auch aus praktischer Sicht als unwahrscheinlich, da sich der DGB hierdurch letztlich selbst schwächen würde.[499]

4. Ergebnis

Die Verletzung des Zustimmungsvorbehalts nach § 15 Ziff. 2 DGB-Satzung führt nicht zur Unwirksamkeit der Satzungsänderung. Dies folgt bereits aus der fehlenden Inkorporation des § 15 Ziff. 2 DGB-Satzung in die Satzungen der Mitgliedsgewerkschaften. Infolgedessen findet der Zustimmungsvorbehalt in seiner Eigenschaft als Wirksamkeitsvoraussetzung für Änderungen des satzungsmäßigen Organisationsbereichs auf die DGB-Gewerkschaften keine Anwendung. Davon abgesehen ist § 15

---

[494] Vgl. Reichert, Handbuch des Vereins- und Verbandsrechts, Rn. 608.

[495] Reichert, Handbuch des Vereins- und Verbandsrechts, Rn. 611. Siehe auch MünchKomm/Reuter, BGB, § 38 Rn. 41.

[496] Reichert, Handbuch des Vereins- und Verbandsrechts, Rn. 615.

[497] Siehe dazu § 10 II 1 c.

[498] Vgl. Oetker, gemeinsame Anm. zu den Beschlüssen des BAG v. 25.9.1996 (1 ABR 4/96) u. v. 12.11.1996 (1 ABR 33/96), AP Nr. 11 zu § 2 TVG Tarifzuständigkeit. Das Erfordernis eines gravierenden Verstoßes folgert Oetker aus dem Aufnahmezwang, dem der DGB aufgrund überragender Machtstellung im sozialen Bereich unterliegen soll, und nimmt dabei Bezug auf seine Ausführungen in ZfA 1998, 41 (60).

[499] Siehe auch Blank, Die Tarifzuständigkeit der DGB-Gewerkschaften, S. 133.

Ziff. 2 DGB-Satzung nach Art. 9 Abs. 3 S. 2 GG nichtig, da durch den Zustimmungsvorbehalt des DGB-Bundesausschusses ein mit der Satzungs- und Tarifautonomie unvereinbarer Fremdeinfluss auf die DGB-Gewerkschaften ausgeübt werden soll.

Darüber hinaus stehen dem DGB auch keinerlei Ansprüche oder Sanktionen im Falle einer Zuwiderhandlung gegen § 15 Ziff. 2 DGB-Satzung zur Verfügung. Er kann weder den Tarifabschluss infolge einer Verletzung des Zustimmungsvorbehalts im Wege der Unterlassungsklage verhindern, noch hat er mangels einer geeigneten Satzungsbestimmung verbandsrechtliche Sanktionsmöglichkeiten.

Eine mittelbare Wirkung könnte der Verstoß gegen § 15 Ziff. 2 DGB-Satzung jedoch über das DGB-Schiedsgerichtsverfahren nach § 16 DGB-Satzung entfalten. Wehrt sich eine betroffene Gewerkschaft in diesem Rahmen gegen die Satzungsänderung, müsste das DGB-Schiedsgericht die verbandsinterne Rechtswidrigkeit des Vorgehens berücksichtigen, zumal der Zustimmungsvorbehalt nochmals in Ziff. 1 b der „Richtlinien für die Abgrenzung von Organisationsbereichen und die Veränderung der Organisationsbezeichnung gem. § 15 Ziff. 1 der DGB-Satzung" betont wird.[500] Im folgenden sollen daher die rechtlichen Wirkungen des DGB-Schiedsgerichtsverfahrens insbesondere in Bezug auf die Tarifzuständigkeit untersucht werden.

II. Schiedsgerichtsverfahren gem. § 16 DGB-Satzung

Das Schiedsgerichtsverfahren ist in § 16 DGB-Satzung und in der vom Bundesausschuss beschlossenen Schiedsgerichtsordnung geregelt, welche nach § 16 Ziff. 2 DGB-Satzung Bestandteil der Satzung ist. Dem eigentlichen Schiedsgerichtsverfahren vorgeschaltet ist nach Ziff. 1 der Schiedsgerichtsordnung ein Vermittlungsverfahren, welches der Geschäftsführende Bundesvorstand auf Ersuchen einer Partei vor der Vermittlungsstelle durchführt. Soweit die Parteien hier zu einer Einigung gelangen, hat dies nach Ziff. 1 c der Schiedsgerichtsordnung die Wirkung eines Schiedsurteils.

Bleibt das Vermittlungsverfahren hingegen erfolglos, findet auf Antrag das Schiedsgerichtsverfahren statt. Das Schiedsgericht besteht nach Ziff. 3 der Schiedsgerichtsordnung aus je bis zu drei von den streitenden Parteien benannten Beisitzerinnen bzw. Beisitzern, sowie einer bzw. einem unparteiischen Vorsitzenden und zwei unparteiischen stellvertretenden Vorsitzenden, welche vom Bundesvorstand für die Dauer von 2 Jahren gewählt werden. Wird das Schiedsgerichtsverfahren nicht durch eine Einigung (Ziff. 5 a) beendet, ergeht ein Schiedsurteil (Ziff. 5 b).

---

[500] Vgl. Blank, Die Tarifzuständigkeit der DGB-Gewerkschaften, S. 131.

1. Streitentscheid durch Schiedsurteil

Der mögliche Inhalt des Schiedsurteils wird in der Schiedsgerichtsordnung nur lückenhaft dargelegt. Mit Änderung der Schiedsgerichtsordnung vom 6.3.2002 wurde lediglich klargestellt, dass das Urteil „auch die Bildung einer Tarifgemeinschaft für eine Übergangszeit vorsehen" kann (Ziff. 5 b), mithin nicht zwingend einseitig zu Lasten oder Gunsten einer Partei ausfallen muss. Weiterhin sind in das Schiedsurteil erforderlichenfalls auch Nebenentscheidungen aufzunehmen wie beispielsweise Übergangszeiten und Regelungen für die Betreuung der Mitglieder, welche im Einzelnen in Ziff. 5 c der Schiedsgerichtsordnung geregelt sind.

Das Schiedsurteil hat unter den Parteien die Wirkung eines rechtskräftigen Urteils (Ziff. 5 d). Gegen das Schiedsurteil ist unter den in Ziff. 7 benannten Voraussetzungen ein Rechtsmittel an den Bundesvorstand gegeben. In Eilfällen ist nach Ziff. 8 auch eine einstweilige Regelung möglich, welche zu befristen ist und die Wirkung eines Schiedsurteils hat. (Ziff. 8 c).

a) Abgrenzung zur Verbandsschiedsgerichtsbarkeit

Die rechtlichen Wirkungen des Schiedsurteils hängen zunächst davon ab, als welche Form der privaten Gerichtsbarkeit es einzustufen ist. Im Vereinsrecht werden insoweit das Vereinsgericht und das Vereinsschiedsgericht unterschieden.[501] Das Vereinsgericht nimmt durch ein Vereinsorgan die vereinsinterne Gerichtsbarkeit wahr, wohingegen das Vereinsschiedsgericht als organisatorisch, personell und wirtschaftlich unabhängige Einrichtung materielle Rechtsprechung gemäß den §§ 1025 ff. ZPO ausübt.[502] Die Befugnisse des Vereinsschiedsgerichts sind insbesondere unter zwei Gesichtspunkten weitreichender als die des Vereinsgerichts. Zum einen ist der ordentliche Rechtsweg ausgeschlossen, d.h. das Gericht hat bei Angelegenheiten, die Gegenstand einer Schiedsklausel sind, die Klage nach § 1032 Abs. 1 ZPO als unzulässig abzuweisen, es sei denn, das Gericht stellt die Nichtigkeit oder Unwirksamkeit der Schiedsklausel fest. Zum anderen stehen dem Vereinsschiedsgericht bei einer entsprechenden Schiedsklausel auch Rechtsgestaltungsbefugnisse wie etwa die Befugnis zu, eine Satzungslücke zu schließen oder unklare Satzungsbestimmungen zu ersetzen.[503] Das Vereinsgericht ist demgegenüber nicht zur Gestaltung, sondern nur zur Durchsetzung des Rechts ermächtigt.[504]

---

[501] Siehe hierzu ausführlich Reichert, Handbuch des Vereins- und Verbandsrechts, Rn. 1639 ff., 2530 ff.

[502] Vgl. BGH, Urt. v. 15.5.1986 (III ZR 192/84) = BGHZ 98, 70 (72); Reichert, Handbuch des Vereins- und Verbandsrechts, Rn. 2530 f.

[503] Reichert, Handbuch des Vereins- und Verbandsrechts, Rn. 2561.

[504] Reichert, Handbuch des Vereins- und Verbandsrechts, Rn. 1639.

Maßgebende Abgrenzungskriterien sind insbesondere die Überparteilichkeit und Neutralität der Schiedsrichter sowie eine Bestimmung in der Schiedsklausel, dass das Schiedsgericht unter Ausschluss des Rechtswegs zu den ordentlichen Gerichten zur Streitentscheidung berufen ist.[505] Unbrauchbar für die Abgrenzung sind hingegen die gewählten Bezeichnungen für die streitentscheidende Stelle.[506] Mithin ist es irrelevant, dass der DGB mittlerweile die Bezeichnungen „Schiedsgericht" und „Schiedsgerichtsordnung"[507] verwendet; es kommt vielmehr darauf an, ob die Regelungen des DGB die allgemeinen Voraussetzungen für die Schiedsgerichtsbarkeit erfüllen. Dies ist jedoch nicht der Fall, da insbesondere die nach § 1066 i.V.m. §§ 1029 Abs. 1 ZPO erforderliche Klausel[508] fehlt, dass das Schiedsgericht unter Ausschluss des Rechtsweges zu den ordentlichen Gerichten zur Entscheidung berufen ist. Insoweit genügt nicht der Hinweis in Ziff. 5 d der Schiedsgerichtsordnung, dass der Spruch des Schiedsgerichts die Wirkung eines rechtskräftigen Urteils habe.[509] Darüber hinaus ist aber auch die erforderliche Neutralität des Schiedsgerichts zweifelhaft, da der Vorsitzende und dessen Stellvertreter vom Bundesvorstand, der als Verbandsorgan schiedsrichterunfähig ist,[510] für die Dauer von zwei Jahren bestellt werden. Zwar schließt es das Neutralitätsgebot grundsätzlich nicht aus, dass die Bestellung der Schiedsrichter durch ein Verbandsorgan erfolgt,[511] jedoch darf das Verbandsorgan nicht Dienstgeber der Schiedsrichter sein.[512] Infolgedessen ist ein Abschluss von Schiedsrichterverträgen mit den einzelnen Streitparteien erforderlich.[513] Aus der Schiedsgerichtsordnung ist aber nicht ersichtlich, in welchem Verhältnis gegebenenfalls Schiedsrichterverträge geschlossen werden.

Nach alledem ist das Schiedsgericht nach § 16 DGB-Satzung kein Vereinsschiedsgericht, sondern ein Vereinsgericht, welches den ordentlichen Rechtsweg nicht ausschließt.[514] Die Befugnis zur Errichtung eines Vereinsgerichts folgt aus der Ermächti-

---

[505] Vgl. Reichert, Handbuch des Vereins- und Verbandsrechts, Rn. 2531.

[506] Vgl. Reichert, Handbuch des Vereins- und Verbandsrechts, Rn. 2532.

[507] Anders noch die „Richtlinien über die Durchführung des Vermittlungs- und Schiedsverfahrens gemäß § 16 DGB-Satzung" v. 11.3.1992, abgedruckt bei Blank, Die Tarifzuständigkeit der DGB-Gewerkschaften, S. 161 f. Hier ist von „Schiedsstelle" und „Schiedsverfahren" die Rede.

[508] Das Erfordernis einer solchen Klausel ergibt sich aus der in § 1029 ZPO vorausgesetzten Unterwerfung unter die Schiedsgerichtsbarkeit.

[509] So BAG, Beschl. v. 25.9.1996 (1 ABR 4/96) = AP Nr. 10 zu § 2 TVG Tarifzuständigkeit.

[510] Reichert, Handbuch des Vereins- und Verbandsrechts, Rn. 2651; Blank, Die Tarifzuständigkeit der DGB-Gewerkschaften, S. 129.

[511] A.A. wegen der Schiedsrichterunfähigkeit des Vorstands Blank, Die Tarifzuständigkeit der DGB-Gewerkschaften, S. 129.

[512] Vgl. Reichert, Handbuch des Vereins- und Verbandsrechts, Rn. 2539, 2621.

[513] Vgl. Reichert, Handbuch des Vereins- und Verbandsrechts, Rn. 2539, 2621.

[514] Blank, Die Tarifzuständigkeit der DGB-Gewerkschaften, S. 130 f. Zurückhaltend BAG, Beschl. v. 25.9.1996 (1 ABR 4/96) = AP Nr. 10 zu § 2 TVG Tarifzuständigkeit; siehe weiterhin BAG, Beschl. v. 12.11.1996 (1 ABR 33/96) = AP Nr. 11 zu § 2 TVG Tarifzuständigkeit.

gung zur Rechtsetzung gemäß § 25 BGB, von der auch die Rechtsdurchsetzung durch den Spruch einer Vereinsinstanz umfasst wird.[515] Das Vereinsgericht[516] sowie die wesentlichen Verfahrensvorschriften[517] müssen in der Satzung verankert sein. Dies ist beim DGB-Schiedsgericht der Fall, da die Schiedsgerichtsordnung mittlerweile Satzungsbestandteil ist.[518]

Der sachliche Regelungsbereich der Vereinsgerichtsbarkeit umfasst Streitigkeiten aus Verhältnissen, welche durch Satzung regelbar sind. Dies sind neben den Beziehungen des Vereins zu seinen Mitgliedern auch ausnahmsweise die der Mitglieder untereinander, soweit diese einer korporativen Regelung bedürfen.[519]

b) Auswirkungen auf die Tarifzuständigkeit

Ist das DGB-Schiedsgericht in seiner Funktion als Vereinsgericht nur zur Rechtsdurchsetzung, nicht aber zur Rechtsgestaltung befugt, fragt sich, inwieweit das Schiedsurteil Einfluss auf die satzungsmäßige Tarifzuständigkeit der Gewerkschaften haben kann. Dieses Problem wird in Rechtsprechung und Literatur äußerst kontrovers diskutiert. Bevor auf den Meinungsstreit näher eingegangen wird, sollen nochmals die zwei möglichen Wirkungen des Schiedsurteils verdeutlicht werden:

Von vornherein ohne Auswirkung auf die Tarifzuständigkeit der am Schiedsgerichtsverfahren beteiligten Gewerkschaften wäre ein Schiedsurteil, das zwecks Durchsetzung des organisationspolitischen Ziels „ein Betrieb, eine Gewerkschaft" im Falle von Abgrenzungsstreitigkeiten bestimmte Verhaltenspflichten der Parteien regelt. In diesem Kontext ist die Regelung des Ziff. 6 der Schiedsgerichtsordnung zur

---

[515] Reichert, Handbuch des Vereins- und Verbandsrechts, Rn. 1639; Blank, Die Tarifzuständigkeit der DGB-Gewerkschaften, S. 130.

[516] Reichert, Handbuch des Vereins- und Verbandsrechts, Rn. 1640, 1655 ff.

[517] Reichert, Handbuch des Vereins- und Verbandsrechts, Rn. 1655 ff.; i.E. auch MünchArbR/ Löwisch/Rieble, § 255 Rn. 77; Löwisch/Rieble, TVG, § 2 Rn. 99. Zur entsprechenden Voraussetzung beim Vereinsschiedsgericht siehe BGH, Urt. v. 25.10.1983 (KZR 27/82) = BGHZ 88, 314 (316).

[518] Anders aber noch die „Richtlinien über die Durchführung des Vermittlungs- und Schiedsverfahrens gemäß § 16 DGB-Satzung" v. 11.3.1992, abgedruckt bei Blank, Die Tarifzuständigkeit der DGB-Gewerkschaften, S. 161 f. Gegen eine genügende satzungsmäßige Verankerung sprechen sich auch nach der Inkorporation der Regelungen zum Schiedsverfahren in die DGB-Satzung noch Löwisch/Rieble (in: MünchArbR, § 255 Rn. 77) aus. Es fehle weiterhin die satzungsmäßige Grundlage, da die Schiedsgerichtsordnung vom Bundesausschuss beschlossen werde, satzungsänderndes Organ aber der Bundeskongress (vgl. § 7 Ziff. 3 c DGB-Satzung) sei. Dem ist jedoch entgegenzusetzen, dass nach weit überwiegender Ansicht im Vereinsrecht die Befugnis zur Satzungsänderung auch an andere Vereinsorgane vergeben werden kann, dies gilt insbesondere für die Änderungsbefugnis bezüglich bestimmter Satzungsbestandteile wie etwa Nebenordnungen, vgl. Reichert, Handbuch des Vereins- und Verbandsrechts, Rn. 418; Soergel/Hadding, BGB, § 33 Rn. 6; Staudinger/ Weick, BGB, § 33 Rn. 7.

[519] Vgl. Reichert, Handbuch des Vereins- und Verbandsrechts, Rn. 1654; Blank, Die Tarifzuständigkeit der DGB-Gewerkschaften, S. 130.

Durchführung des Schiedsurteils einzuordnen, in der unter anderem die Verpflichtung der unterlegenen Partei festgelegt wird, „nach außen hin nicht mehr als zuständige Gewerkschaft in Erscheinung zu treten, insbesondere keine neuen Tarifverträge abzuschließen."

Über bloße Verpflichtungen dieser Art geht aber Ziff. 1 e der Richtlinien für die Abgrenzung von Organisationsbereichen und die Veränderung der Organisationsbezeichnung gem. § 15 Ziff. 1 der DGB-Satzung" hinaus, wenn dort festgelegt wird, dass Schiedsurteile im Rahmen eines Schiedsgerichtsverfahrens nach § 16 DGB-Satzung „die Satzungen der Gewerkschaften des DGB im Innenverhältnis und mit verbindlicher Wirkung nach außen" interpretieren. In diesem Umfang wird dem DGB-Schiedsgericht die Befugnis gewährt, die Tarifzuständigkeit seiner Mitgliedsgewerkschaften zu beeinflussen mit der Folge, dass ein unter Verletzung des Schiedsurteils abgeschlossener Tarifvertrag insoweit keine normative Wirkung entfalten könnte. Diese satzungsrechtsgestaltende Kompetenz steht aber im Widerspruch dazu, dass das Schiedsgericht in seiner rechtlichen Ausgestaltung und Funktion als Vereinsgericht noch nicht einmal zur Rechtsgestaltung bezogen auf die eigene Satzung berufen ist.

aa) Beschränkung der Tarifzuständigkeit durch das DGB-Schiedsgericht

Nicht ohne Grund ordnet das BAG[520] daher das DGB-Schiedsgericht nicht klar als Vereinsgericht ein, sondern bezeichnet es als zusätzliches Vereinsorgan, welches „mit einem Vereinsgericht zu vergleichen" sei. Mit dieser offenen Formulierung erhält sich das BAG zugleich die Möglichkeit, dem DGB-Schiedsgericht bezogen auf seine Mitgliedsgewerkschaften eine Befugnis zur Satzungsgestaltung zu gewähren. Eine derartige Kompetenz eines DGB-Organs hielt das BAG allerdings in seiner früheren Rechtsprechung zunächst für nicht gegeben. In einem Beschluss aus dem Jahre 1964[521] führt es noch aus:

> „Ob der DGB als Dachorganisation eine reinliche Scheidung hinsichtlich der Zuständigkeit der in ihm zusammengeschlossenen Gewerkschaften herbeiführen kann, bedarf keiner Entscheidung. Jedenfalls könnte er es nur durch die Anregung, dass die DGB-Gewerkschaften ihre Satzungen entsprechend ausgestalten."

---

[520] BAG, Beschl. v. 25.9.1996 (1 ABR 4/96) = AP Nr. 10 zu § 2 TVG Tarifzuständigkeit, Bl. 5 R.
[521] BAG, Beschl. v. 27.11.1964 (1 ABR 13/63) = AP Nr. 1 zu § 2 TVG Tarifzuständigkeit, Bl. 3 R.

Dennoch stellte das BAG[522] bereits 6 Jahre später erstmals fest, dass der Spruch des DGB-Schiedsgerichts die jeweiligen Satzungen der Mitgliedsgewerkschaften authentisch interpretiere oder ergänze und damit die Tarifzuständigkeit auch im Verhältnis zum potentiellen Tarifpartner kläre. Diese Rechtsansicht entspricht seither der ständigen Rechtsprechung des BAG[523]. Zur Begründung verweist das Gericht darauf, aus §§ 15, 16 der Satzung des DGB ergebe sich, dass für einen bestimmten Betrieb stets nur eine DGB-Gewerkschaft zuständig sein solle.[524] Wenn in Streitfällen das DGB-Schiedsverfahren[525] durchgeführt werde, so hätten die beteiligten Gewerkschaften durch ihre Zugehörigkeit zum DGB das jeweilige Ergebnis des Schiedsverfahrens für sich als maßgebend erklärt.[526] Dabei müsse sich die Zuständigkeit der nach dem Schiedsspruch zuständigen Gewerkschaft gleichwohl aus der Satzung ergeben, diese werde lediglich dahingehend näher bestimmt, dass sie nicht mit der Zuständigkeit einer anderen DGB-Gewerkschaft konkurriere.[527] Die unterlegene Gewerkschaft sei aufgrund ihrer Treueverpflichtung gegenüber dem DGB zukünftig daran gehindert, die umstrittene Zuständigkeit für sich in Anspruch zu nehmen.[528] Damit werde zugleich für den sozialen Gegenspieler geklärt, welche Gewerkschaft für ihn zuständig sei.[529]

---

[522] BAG, Beschl. v. 17.2.1970 (1 ABR 15/69) = AP Nr. 3 zu § 2 TVG Tarifzuständigkeit m. Anm. Richardi.

[523] Vgl. BAG, Beschl. v. 19.11.1985 (1 ABR 37/83) = AP Nr. 4 zu § 2 TVG Tarifzuständigkeit m. Anm. Reuter; BAG, Beschl. v. 22.11.1988 (1 ABR 6/87) = AP Nr. 5 zu § 2 TVG Tarifzuständigkeit; BAG, Beschl. v. 25.9.1996 (1 ABR 4/96) = AP Nr. 10 zu § 2 TVG Tarifzuständigkeit; BAG, Beschl. v. 12.11.1996 (1 ABR 33/96) = AP Nr. 11 zu § 2 TVG Tarifzuständigkeit; BAG, Beschl. v. 14.12.1999 (1 ABR 74/98) = AP Nr. 14 zu § 2 TVG Tarifzuständigkeit.

[524] BAG, Beschl. v. 17.2.1970 (1 ABR 15/69) = AP Nr. 3 zu § 2 TVG Tarifzuständigkeit; BAG, Beschl. v. 22.11.1988 (1 ABR 6/87) = AP Nr. 5 zu § 2 TVG Tarifzuständigkeit.

[525] In der damaligen Fassung der DGB-Satzung wurden die Bezeichnungen „Schiedsverfahren", „Schiedsstelle" und „Schiedsspruch" verwendet, vgl. BAG, Beschl. v. 25.9.1996 (1 ABR 4/96) = AP Nr. 10 zu § 2 TVG Tarifzuständigkeit unter dem Tatbestand (A).

[526] BAG, Beschl. v. 17.2.1970 (1 ABR 15/69) = AP Nr. 3 zu § 2 TVG Tarifzuständigkeit; BAG, Beschl. v. 22.11.1988 (1 ABR 6/87) = AP Nr. 5 zu § 2 TVG Tarifzuständigkeit; BAG, Beschl. v. 25.9.1996 (1 ABR 4/96) = AP Nr. 10 zu § 2 TVG Tarifzuständigkeit; BAG, Beschl. v. 12.11.1996 (1 ABR 33/96) = AP Nr. 11 zu § 2 TVG Tarifzuständigkeit.

[527] BAG, Beschl. v. 19.11.1985 (1 ABR 37/83) = AP Nr. 4 zu § 2 TVG Tarifzuständigkeit m. Anm. Reuter.

[528] BAG, Beschl. v. 17.2.1970 (1 ABR 15/69) = AP Nr. 3 zu § 2 TVG Tarifzuständigkeit (zu den damaligen §§ 18, 19 DGB-Satzung); BAG, Beschl. v. 22.11.1988 (1 ABR 6/87) = AP Nr. 5 zu § 2 TVG Tarifzuständigkeit; BAG, Beschl. v. 25.9.1996 (1 ABR 4/96) = AP Nr. 10 zu § 2 TVG Tarifzuständigkeit.

[529] BAG, Beschl. v. 17.2.1970 (1 ABR 15/69) = AP Nr. 3 zu § 2 TVG Tarifzuständigkeit; BAG, Beschl. v. 22.11.1988 (1 ABR 6/87) = AP Nr. 5 zu § 2 TVG Tarifzuständigkeit; BAG, Beschl. v. 12.11.1996 (1 ABR 33/96) = AP Nr. 11 zu § 2 TVG Tarifzuständigkeit; BAG, Beschl. v. 14.12.1999 (1 ABR 74/98) = AP Nr. 14 zu § 2 TVG Tarifzuständigkeit.

Das Ausmaß der dem DGB-Schiedsgericht eingeräumten Entscheidungskompetenz wurde erst im Fall „Agfa-Gevaert" deutlich. Hier ging es darum, ob die IG Chemie-Papier-Keramik oder die IG Metall für drei Metallbetriebe der Agfa-Gevaert AG, damals noch Tochter des Chemiekonzerns Bayer AG, tarifzuständig war. Während aus der vorherigen höchstrichterlichen Rechtsprechung nicht eindeutig hervorging, ob die DGB-Schiedsstelle lediglich im „Zweifel"[530], also z.b. bei unklaren Satzungsbestimmungen bzw. Zuordnungsschwierigkeiten im Falle eines Mischbetriebs, zu einer Entscheidung mit Außenwirkung befugt sein sollte, billigte das BAG[531] im Fall „Agfa-Gevaert" ausdrücklich die „Beschränkung des satzungsmäßigen Organisationsbereichs" der IG Chemie durch die DGB-Schiedsstelle. Dementsprechend wurde der IG-Chemie im Ergebnis die Tarifzuständigkeit aberkannt, obwohl sie nach den Feststellungen des BAG ihrer Satzung nach tarifzuständig war.

In diesem Beschluss verteidigt das BAG seine Rechtsprechung nachdrücklich und versucht unter Verweis auf die Bahá'í-Entscheidung des BVerfG[532] vereinsrechtliche Bedenken damit auszuräumen, dass der Grundsatz der Vereinsautonomie eine satzungsmäßige Selbstbeschränkung der Satzungskompetenz nicht von vornherein ausschließe. Die Selbstbeschränkung der DGB-Gewerkschaften durch die Anerkennung des Schiedsverfahrens sei unbedenklich, da sie dem tarifpolitisch legitimen Ziel diene, unter Wahrung des Organisationsgrundsatzes „ein Betrieb, eine Gewerkschaft" Zuständigkeitsüberschneidungen zu verhindern.

Weiterhin stellt das BAG nochmals klar, dass die Schiedsstelle eine Satzung nicht im Sinne einer echten Zuständigkeitserweiterung ergänzen könne. Vielmehr müsse die Entscheidung im Bereich einer möglichen Satzungsauslegung bleiben.[533] Hierbei sei der Schiedsstelle ein Beurteilungsspielraum zuzubilligen. Soweit das Ergebnis vertretbar sei, handele es sich um eine interpretatorische Klarstellung, die ihre Satzungsgrundlage wahre. Insoweit überprüft das BAG eingehend die Einhaltung der Grenzen des Satzungswortlauts durch den Schiedsspruch, wohingegen es die „Beschränkung des satzungsmäßigen Organisationsbereichs" der unterlegenen Gewerkschaft lediglich einer Willkürkontrolle unterzieht.[534]

---

[530] So BAG, Beschl. v. 17.2.1970 (1 ABR 15/69) = AP Nr. 3 zu § 2 TVG Tarifzuständigkeit, Bl. 4 R. Bei dem streitgegenständlichen Betrieb handelte es sich um einen Mischbetrieb mit Tätigkeiten sowohl aus dem Chemie- als auch aus dem Metallbereich.

[531] BAG, Beschl. v. 25.9.1996 (1 ABR 4/96) = AP Nr. 10 zu § 2 TVG Tarifzuständigkeit, Bl. 8 R.

[532] BVerfG, Beschl. v. 5.2.1991 (2 BvR 263/86) = BVerfGE 83, 341 ff.

[533] Siehe auch BAG, Beschl. v. 14.12.1999 (1 ABR 74/98) = AP Nr. 14 zu § 2 TVG Tarifzuständigkeit.

[534] Vgl. BAG, Beschl. v. 25.9.1996 (1 ABR 4/96) = AP Nr. 10 zu § 2 TVG Tarifzuständigkeit, Bl. 8 R, 9.

Diese Rechtsprechung hat in der Literatur[535] teilweise Zustimmung gefunden. Hierbei wird überwiegend die unmittelbare Bedeutung des Schiedsspruchs für die Satzungen der beteiligten Gewerkschaften anerkannt, indem ihm entweder ein satzungserläuternder Charakter beigemessen wird[536] oder der Schiedsspruch als zulässige Satzungsgestaltung durch das DGB-Schiedsgericht gewertet wird.[537] Demgegenüber wirkt nach *Kempen/Zachert*[538] der Schiedsspruch „nicht satzungsrechtsgestaltend, sondern nur tarifpolitisch handlungsanleitend", da die Frage der Beanspruchung der Tarifzuständigkeit keine Satzungsfrage sei, sondern im Ermessen der Gewerkschaft liege, welches durch den Schiedsspruch gebunden werde. Die Unwirksamkeit dennoch geschlossener Tarifverträge folge daraus, dass die Satzungskompetenz durch das im Schiedsspruch enthaltene Ausübungsverbot „praktisch suspendiert" werde.[539]

bb) Außenwirkung des Schiedsurteils nur in Bezug auf die obsiegende Gewerkschaft

Eine vermittelnde Ansicht vertritt *Gamillscheg*[540]. Zwar stellt er zunächst uneingeschränkt fest, dass Entscheidungen nach § 16 DGB-Satzung auch in Bezug auf den sozialen Gegenspieler verbindlich seien.[541] Wenn sich aber die unterlegene Gewerkschaft dem Schiedsspruch nicht unterwerfe, sondern auf ihrer selbstgewählten Zuständigkeit beharre, stelle dies im Ergebnis lediglich eine Pflichtverletzung gegenüber dem Verband dar, der keine Außenwirkung zukomme.[542] Die streikweise Inanspruch-

---

[535] Blank, Die Tarifzuständigkeit der DGB-Gewerkschaften, S. 132 ff., 136 ff.; Buchner, gemeinsame Anm. zu den Beschlüssen des BAG v. 25.9.1996 (1 ABR 4/96) u. v. 12.11.1996 (1 ABR 33/96), SAE 98, 262 (264 f.); Däubler, TVG, Rn. 88 f.; Hromadka/Maschmann/Wallner, Der Tarifwechsel, Rn. 28; Oetker, gemeinsame Anm. zu den Beschlüssen des BAG v. 25.9.1996 (1 ABR 4/96) u. v. 12.11.1996 (1 ABR 33/96), AP Nr. 11 zu § 2 TVG Tarifzuständigkeit; Schaub, Arbeitsrechtshandbuch, § 199 Rn. 15, S. 2061; Wiedemann, RdA 1975, 78 (82); Wiedemann/Oetker, TVG, § 2 Rn. 68 ff., i.E. auch Kempen/Zachert, TVG, § 2 Rn. 115 ff., § 3 Rn. 44. Siehe auch noch Konzen, ZfA 1972, 131 (136), anders jetzt aber ders., FS Kraft (1998), S. 291 (313).

[536] Oetker, gemeinsame Anm. zu den Beschlüssen des BAG v. 25.9.1996 (1 ABR 4/96) u. v. 12.11.1996 (1 ABR 33/96), AP Nr. 11 zu § 2 TVG Tarifzuständigkeit; Wiedemann/Oetker, TVG, § 2 Rn. 70.

[537] Buchner, gemeinsame Anm. zu den Beschlüssen des BAG v. 25.9.1996 (1 ABR 4/96) u. v. 12.11.1996 (1 ABR 33/96), SAE 98, 262 (264 f.); Wiedemann, RdA 1975, 78 (82). So auch noch Konzen, ZfA 1972, 131 (136).

[538] Kempen/Zachert, TVG, § 2 Rn. 115.

[539] Kempen/Zachert, TVG, § 2 Rn. 116.

[540] Gamillscheg, Kollektives Arbeitsrecht I, § 14 II 2 b, S. 533.

[541] Gamillscheg, Kollektives Arbeitsrecht I, § 14 II 2 b, S. 533; ders., ArbuR 1998, 200 (201).

[542] Gamillscheg (a.a.O.) beruft sich insoweit in Fn. 65 auf die Entscheidung des BAG, Beschl. v. 19.11.1985 (1 ABR 37/83) = AP Nr. 4 zu § 2 TVG Tarifzuständigkeit. In dieser Entscheidung, in der es u.a. um die Rechtswirkungen des Zustimmungsvorbehalts nach § 15 Nr. 2 DGB-Satzung ging, stellte das BAG fest, dass den „Satzungsbestimmungen des DGB hinsichtlich des Organisationsbereiches der Mitgliedsgewerkschaften nicht schlechthin eine Außenwirkung" zukomme. Auch im Falle der verbindlichen Entscheidung durch das DGB-Schiedsgericht müsse sich die Zuständig-

nahme des sozialen Gegenspielers durch die im Schiedsverfahren unterlegene Gewerkschaft sei daher zulässig.[543] Im Ergebnis erachtet *Gamillscheg* somit nur die für die obsiegende Gewerkschaft positive Entscheidung als im Verhältnis zum sozialen Gegenspieler verbindlich.[544]

cc) Rein innerverbandliche Wirkung des Schiedsurteils

Demgegenüber lehnen die Instanzgerichte[545] und eine starke Literaturmeinung[546] die Rechtsprechung des BAG in der Ausprägung, die sie im Fall „Agfa-Gevaert" erfahren hat, grundsätzlich ab. Nach Ansicht des LAG München[547] darf der Schiedsspruch nicht zu einem Ausschluss der Tarifzuständigkeit einer ihrer Satzung nach zweifelsfrei zuständigen Gewerkschaft führen, sondern kann überhaupt nur in dem Fall verbindlich sein, dass der Satzungswortlaut der beteiligten Gewerkschaften Anlass zu Zweifeln bezüglich deren Zuständigkeit gibt. Die seitens der Literatur erhobenen Einwände sind überwiegend vereinsrechtlicher Art[548], daneben werden insbesondere auch Bedenken mit Blick auf die durch Art. 9 Abs. 3 GG geschützte Satzungsautono-

---

keit der obsiegenden Gewerkschaft aus deren Satzung ergeben, die durch den Schiedsspruch lediglich näher dahin bestimmt werde, dass sie nicht mit der Zuständigkeit einer anderen Gewerkschaft konkurriere. Aus diesen Ausführungen des BAG können jedoch keinerlei Rückschlüsse für die unterlegene Gewerkschaft gezogen werden, zu der sich das BAG nicht äußert. Ebenso wenig kann dieser Entscheidung entnommen werden, dass Schiedssprüche nur im Innenverhältnis verbindlich sein sollen, so aber Martens in seiner diesbezüglichen Entscheidungsanmerkung, SAE 1987, 7 (8) u. Weyand, Anm. zu BAG, Beschl. v. 22.11.1988 (1 ABR 6/87), SAE 1991, 323 (324).

[543] Gamillscheg, Kollektives Arbeitsrecht I, § 22 4 b, S. 1072.

[544] Siehe aber auch Gamillscheg, ArbuR 1998, 200 (201). Hier schließt sich Gamillscheg ohne diese Einschränkung der im Ergebnis dem BAG vollumfänglich zustimmenden Auffassung von Kempen/ Zachert, TVG, § 2 Rn. 115 ff. an.

[545] LAG Hamm, Urt. v. 31.1.1991 (16 Sa 119/91) = DB 1991, 1126 (1128); LAG München, Beschl. v. 29.11.1995 (5 [7] TaBV 36/92) = LAGE Nr. 1 zu § 2 TVG Tarifzuständigkeit.

[546] v. Eisenhart Rothe, Tarifzuständigkeit, S. 105 f.; Kutscher, Tarifzuständigkeit, S. 39 ff.; Heinze, DB 1997, 2122 (2124 ff.); Jacobs, Tarifeinheit und Tarifkonkurrenz, S. 220 ff.; Konzen, FS Kraft (1998), S. 291 (313); Martens, Anm. zu BAG, Beschl. v. 19.11.1985 (1 ABR 37/83), SAE 1987, 7 (9 f.); MünchArbR/Löwisch/Rieble, § 255 Rn. 71 ff.; Löwisch/Rieble, TVG, § 2 Rn. 97 ff.; Rieble, Arbeitsmarkt und Wettbewerb, Rn. 1834 ff.; ders., Anm. zu BAG, Beschl. v. 14.12.1999 (1 ABR 74/98), AP Nr. 14 zu § 2 TVG Tarifzuständigkeit; Weyand, Anm. zu BAG, Beschl. v. 22.11.1988 (1 ABR 6/87), SAE 1991, 323 (324 f.); kritisch auch Heß, ZfA 1976, 45 (51). Allerdings hält Heß in arbeitskampfrechtlicher Hinsicht die Durchführung des Schiedsverfahren wegen des Prinzips des Übermaßverbots für erforderlich, a.a.O., S. 76.

[547] LAG München, Beschl. v. 29.1.1995 (5 [7] TaBV 36/92) = LAGE Nr. 1 zu § 2 TVG Tarifzuständigkeit.

[548] Jacobs, Tarifeinheit und Tarifkonkurrenz, S. 220; Konzen, FS Kraft (1998), S. 291 (313); Löwisch/ Rieble, TVG, § 2 Rn. 97 ff.; MünchArbR/Löwisch/Rieble, § 255 Rn. 71 ff.; Rieble, Arbeitsmarkt und Wettbewerb, Rn. 1834 ff.; ders., Anm. zu BAG, Beschl. v. 14.12.1999 (1 ABR 74/98), AP Nr. 14 zu § 2 TVG Tarifzuständigkeit; Weyand, Anm. zu BAG, Beschl. v. 22.11.1988 (1 ABR 6/87), SAE 1991, 323 (324 f.) Siehe auch LAG München, Beschl. v. 29.1.1995 (5 [7] TaBV 36/92) = LAGE Nr. 1 zu § 2 TVG Tarifzuständigkeit.

mie der beteiligten Gewerkschaften[549] bzw. die Koalitionsfreiheit des sozialen Gegen-spielers[550] geltend gemacht.

dd) Stellungnahme

Bevor auf diese rechtlichen Einwände gegen die Außenwirkung des DGB-Schieds-urteils näher eingegangen wird, stellt sich zunächst einmal die Frage, ob es überhaupt interessengerecht erscheint, dem DGB die Entscheidungskompetenz darüber zuzu-sprechen, welche Gewerkschaft mit dem sozialen Gegenspieler einen wirksamen Tarifvertrag abschließen kann. *Rieble*[551] bezeichnet in diesem Zusammenhang das Bundesarbeitsgericht als „Organisationshelfer des DGB", was insofern seine Berech-tigung hat, als bei der Entscheidung des DGB-Schiedsgerichts rein organisationspoli-tische Interessen zum Tragen kommen, wie sie sich aus den Richtlinien zur Organi-sationsabgrenzung[552] ergeben. Hier werden als in jedem Fall zu beachtende Kriterien der Organisationsabgrenzung in Ziff. 2 a der Richtlinien genannt: die DGB-Satzung; die Beachtung des Prinzips „ein Betrieb, eine Gewerkschaft"; die Satzungen der be-troffenen Gewerkschaften und die bisherige Organisationspraxis. Fakultative Krite-rien, die zur Organisationsabgrenzung dienen können, sind nach Ziff. 2 b: die Opti-mierung der Betreuung von Gewerkschaftsmitgliedern; Ursprungsart und Materialart von Gütern; Herstellungsverfahren, Be- und Verarbeitungsgrad von Gütern; Verwen-dungsart und Verwendungszweck von Gütern; der produktionswirtschaftliche Zusam-menhang; der wirtschaftliche Schwerpunkt bzw. das wirtschaftliche Gepräge von Betrieben, hilfsweise Unternehmen; die Art der Dienstleistung und öffentliche Auf-gaben. Demgegenüber sind nach dem Negativkatalog der Ziff. 2 c keine Kriterien zur Organisationsabgrenzung: die Änderung der Unternehmensorganisation, der Eintritt in und/oder Austritt aus einem Arbeitgeberverband sowie Entscheidungen und Ver-einbarungen von Belegschaften/Betriebsräten über die Organisationszugehörigkeit.

Mithin erhält in den Richtlinien insbesondere die bisherige Organisationspraxis ein besonderes Gewicht, indem sie einerseits als Positivkriterium in Ziff. 1 a ausdrücklich betont wird und andererseits die Änderung der Unternehmensorganisation als Nega-

---

[549] Kutscher, Tarifzuständigkeit, S. 39 ff.; Heinze, DB 1997, 2122 (2125); Jacobs, Tarifeinheit und Tarifkonkurrenz, S. 220 f.; Rieble, Arbeitsmarkt und Wettbewerb, Rn. 1836; ders., Anm. zu BAG, Beschl. v. 14.12.1999 (1 ABR 74/98), AP Nr. 14 zu § 2 TVG Tarifzuständigkeit. Die Verfassungs-beschwerde der IG Chemie im Fall „Agfa-Gevaert" wurde vom BVerfG durch Beschluss v. 26.2.1999 (1 BvR 522/97) nicht zur Entscheidung angenommen, vgl. die Mitteilung in ArbuR 1999, 395.

[550] Heinze, DB 1997, 2122 (2123 ff.).

[551] Rieble, Anm. zu BAG, Beschl. v. 14.12.1999 (1 ABR 74/98), AP Nr. 14 zu § 2 TVG Tarifzustän-digkeit, Bl. 6 R.

[552] Richtlinien für die Abgrenzung von Organisationsbereichen und die Veränderung der Organisati-onsbeziehungen gemäß § 15 Ziff. 1 der DGB Satzung.

tivkriterium in Ziff. 1 c verankert wird. Demgegenüber kann das Merkmal der besseren Betreuung von Mitgliedern als rein fakultatives Kriterium zwar im Rahmen einer Interessenabwägung zum Abweichen von der bisherigen Organisationspraxis führen,[553] jedoch ist in Zweifelsfällen die Mitgliederbetreuung aufgrund der durch die Unterscheidung nach fakultativen und zwingenden Kriterien vorgenommene Wertung von nachrangiger Bedeutung. Wenn die konkurrierende Gewerkschaft nicht eine im Vergleich zur ursprünglich alleinzuständigen Gewerkschaft bessere Mitgliederbetreuung nachweisen kann, was praktisch ohnehin mangels geeigneter allgemeingültiger Bewertungsmaßstäbe[554] schwierig sein dürfte, bleibt es bei der bisherigen Organisationspraxis. Im industriellen Dienstleistungsbereich enthält die bisherige Organisationspraxis zudem durch die im DGB-Schiedsgerichtsverfahren zu berücksichtigenden „Grundsätze für die Organisationsbeziehungen und die Kooperation der DGB-Gewerkschaften aus Anlass der Gründung von ver.di und der Integration der DAG in den DGB" ein erhebliches Gewicht.[555] Letztendlich wird hierdurch ein Wettbewerb unter den DGB-Gewerkschaften insbesondere bei Unternehmensumstrukturierungen bzw. der Entstehung neuer Branchen erheblich behindert.

Bereits augrund dieser praktischen Erwägungen spricht einiges dagegen, dass die Entscheidung des DGB-Schiedsgerichts für die Tarifzuständigkeit und damit für die Wirksamkeit des angestrebten Tarifabschlusses maßgebend sein soll. Daneben greifen aber auch die durch die Instanzgerichte und die Literatur erhobenen rechtlichen Einwände durch.

aaa) Satzungsrechtliche Legitimation

Die vorangegangenen Untersuchungen haben ergeben, dass die Satzung des DGB nur im Wege der Inkorporation statutarische Wirkung in den Satzungen der Mitgliedsgewerkschaften entfalten kann.[556] Ohne eine solche Inkorporation kann sich das DGB-Schiedsverfahren nicht auf die satzungsrechtliche Tarifzuständigkeit der Mitgliedsgewerkschaften auswirken, sondern allenfalls Rechte und Pflichten auf Seiten der Mitgliedsgewerkschaften begründen. Die Begründung des BAG[557], in der für die satzungsrechtliche Legitimation auf die Treueverpflichtung der Mitgliedsgewerk-

---

[553] Vgl. Blank, Die Tarifzuständigkeit der DGB-Gewerkschaften, S. 127.

[554] Im Tarifzuständigkeitsstreit bei der STN Atlas Elektronik GmbH stellte das DGB-Schiedsgericht mit Urteil v. 4.4.2002 darauf ab, wie stark die Gewerkschaft in der Belegschaft verwurzelt sei, was sich insbesondere beim Ergebnis der Wahlen zum Betriebs- und Aufsichtsrat zeigen könne, vgl. AuR 2002, 431 (433).

[555] Siehe dazu oben unter § 9 III 2, insbes. c.

[556] Siehe oben § 10 I 1 a.

[557] BAG, Beschl. v. 17.2.1970 (1 ABR 15/69) = AP Nr. 3 zu § 2 TVG Tarifzuständigkeit (zu den damaligen §§ 18, 19 DGB-Satzung); BAG, Beschl. v. 22.11.1988 (1 ABR 6/87) = AP Nr. 5 zu § 2 TVG Tarifzuständigkeit;

schaften im Verhältnis zum DGB und auf die Satzungsanerkennung durch die Mitgliedschaft abgestellt wird, trägt daher das gewünschte Ergebnis nicht. Das BAG differenziert insoweit nicht hinreichend zwischen bloßen innerverbandlichen Rechten und Pflichten der dem DGB angeschlossenen Gewerkschaften, die infolge der Mitgliedschaft begründet sein mögen, und der statutarischen Wirkung der DGB-Satzung bei den DGB-Gewerkschaften, die eine Inkorporation in die Satzungen der Mitgliedsgewerkschaften erfordert.

Voraussetzung der Inkorporation ist eine Verweisung, die so bestimmt gehalten sein muss, dass kein Zweifel darüber aufkommen kann, welche Bestimmungen der anderen Satzung gemeint sind. [558] Diese Voraussetzungen erfüllen die Satzungen der DGB-Gewerkschaften aber nicht, da sie sich überwiegend mit einem Verweis auf die Mitgliedschaft im DGB[559] oder auf eine pauschale Anerkennung der Satzung des DGB[560] begnügen. Die konkreteste Bezugnahme enthält die Satzung von ver.di, wenn dort in § 4 Ziff. 3 die „satzungsrechtliche Funktion des DGB zur Klärung von Organisationszuständigkeiten zwischen dessen Mitgliedsgewerkschaften" anerkannt wird. Aber auch diese Bestimmung lässt im Gesamtzusammenhang der Satzung die erforderliche Klarheit und Transparenz insbesondere deshalb vermissen, weil im Widerspruch dazu in § 2 Ziff. 1 der Satzung von ver.di die Anerkennung der Satzung des DGB unter dem Vorbehalt der Wahrung der eigenen organisatorischen Selbständigkeit steht. Mangels Inkorporation der Bestimmungen zum DGB-Schiedsgerichtsverfahren in die Satzungen der Mitgliedsgewerkschaften liegt daher entgegen der Rechtsprechung des BAG keine „satzungsförmige Selbstbeschränkung der Satzungskompetenz"[561] vor. Ebenso wenig kann davon die Rede sein, dass die Satzungen der Mitgliedsgewerkschaften „dachverbandsoffen"[562] sind bzw. die satzungsmäßige Tarifzuständigkeit einer Gewerkschaft „unter dem Vorbehalt des Abgleichens"[563] steht. Auch dem DGB scheint dieses Legitimationsproblem nicht entgangen zu sein, da vom Bundeskongress im Jahre 2002 ein Antrag zur Organisationspolitik beschlossen

---

[558] Vgl. aus der vereinsrechtlichen Rechtsprechung und Literatur OLG Hamm, Beschl. v. 24. Juli 1987 (15 W 7/87), NJW-RR 1988, 183 (184), Sauter/Schweyer/Waldner, Der eingetragene Verein, Rn. 132, 323; Reichert, Handbuch des Vereins- und Verbandsrechts, Rn. 348; Steinbeck, Vereinsautonomie und Dritteinfluß, S. 165 f., 167 ff. Ebenso im arbeitsrechtlichen Schrifttum Konzen, FS Kraft (1998), S. 291, 311 f.; Jacobs, Tarifeinheit und Tarifkonkurrenz, S. 216 f.

[559] § 1 Ziff. 2 a Transnet-Satzung, § 2 IG BCE-Satzung, § 1 Ziff. 2 GEW-Satzung, § 2 Ziff. 4 IG BAU-Satzung.

[560] § 32 IG Metall-Satzung, § 11 NGG-Satzung.

[561] Vgl. BAG, Beschl. v. 25.9.1996 (1 ABR 4/96) = AP Nr. 10 zu § 2 TVG Tarifzuständigkeit Bl. 5.

[562] So Blank, Die Tarifzuständigkeit der DGB-Gewerkschaften, S. 131.

[563] So Buchner, gemeinsame Anm. zu den Beschlüssen des BAG v. 25.9.1996 (1 ABR 4/96) u. v. 12.11.1996 (1 ABR 33/96), SAE 1998, 262 (264).

wurde, in dem die Mitgliedsgewerkschaften ausdrücklich aufgefordert wurden, „ihre Zusage einzuhalten, das Schiedsverfahren auch in ihren Satzungen zu verankern".[564] Gegen die hinreichende satzungsrechtliche Legitimation eines die Satzungsbestimmungen zur Tarifzuständigkeit der DGB-Gewerkschaften einschränkenden DGB-Schiedsurteils bestehen aber unabhängig von der fehlenden Inkorporation in die Satzungen der Mitgliedsgewerkschaften noch aus einem weiteren Grund Bedenken: Weder aus der DGB-Satzung selbst, noch aus der im Anhang zur Satzung niedergelegten Schiedsgerichtsordnung bzw. den Richtlinien zur Organisationsabgrenzung ergibt sich mit hinreichender Klarheit, dass das DGB-Schiedsgericht auch zu einer Einschränkung der nach der Satzung der Mitgliedsgewerkschaft an sich gegebenen Tarifzuständigkeit befugt sein soll. Nach dem vereinsrechtliche Bestimmtheitsgrundsatz[565], der im Tarifrecht noch durch das Erfordernis der demokratischen Organisation[566] verstärkt wird, muss das vom Verein gesetzte Recht aber transparent und verständlich gestaltet sein.

Die einzige Regelung mit Bezug zu den Satzungen der Mitgliedsgewerkschaften ist die des Ziff. 1 e der Richtlinien zur Organisationsabgrenzung[567], wonach Schiedsurteile und Einigungen im Rahmen eines Schiedsgerichtsverfahrens nach § 16 DGB-Satzung die Satzungen der Gewerkschaften des DGB „im Innenverhältnis und mit verbindlicher Wirkung nach außen" „interpretieren". Aus Sicht des unvoreingenommenen Lesers ist diese Bestimmung so zu verstehen, dass das DGB-Schiedsgericht in Zweifelsfällen, in denen die Tarifzuständigkeit nicht klar aus der Satzung der Mitgliedsgewerkschaften hervorgeht und infolgedessen Abgrenzungsschwierigkeiten im Verhältnis zu anderen Gewerkschaften auftreten, eine klarstellende Satzungsinterpretation vornimmt. Hingegen wird von dem Begriff „interpretieren" nicht ohne weiteres die weiterreichende Folge umfasst, dass eine der Satzung nach zweifelsfrei bestehende Tarifzuständigkeit durch das Schiedsurteil eingeschränkt werden kann. Eine solche Kompetenz des DGB-Schiedsgerichts kann auch nicht dem Satzungszusammenhang mit Blick auf das in den Richtlinien zur Organisationsabgrenzung festgelegte Organisationsprinzip „ein Betrieb, eine Gewerkschaft"[568] entnommen werden, da dieser Grundsatz es nicht zwingend nahe legt, dass der Satzung nach immer nur eine Gewerkschaft tarifzuständig sein darf. Vielmehr könnte dieses organisationspoli-

---

[564] So der erste Antrag im Antragsblock „DGB-Modernisierung und Organisationspolitik", beschlossen von den Delegierten des 17. ordentlichen DGB-Bundeskongresses im Mai 2002, zu finden unter: http://www.dgb.de/dgb/dgb_kongress/beschluesse/beschluesse_01.pdf

[565] Vgl. Reichert, Handbuch des Vereins- und Verbandsrechts, Rn. 292.

[566] MünchArbR/Löwisch/Rieble, § 255 Rn. 3 ff.; Wiedemann/Oetker, TVG, § 2 Rn. 272 ff.

[567] Richtlinien für die Abgrenzung von Organisationsbereichen und die Veränderung der Organisationsbeziehungen gemäß § 15 Ziff. 1 der DGB Satzung.

[568] Ziff. 2 a der Richtlinien für die Abgrenzung von Organisationsbereichen und die Veränderung der Organisationsbeziehungen gemäß § 15 Ziff. 1 der DGB Satzung.

tische Ziel ebenso gut dadurch realisiert werden, dass letztlich nur eine der ihrer jeweiligen Satzung nach an sich zuständigen Gewerkschaften auch von dieser Zuständigkeit Gebrauch machen darf. In diese Richtung gehen schließlich auch die nunmehr für den industriellen Dienstleistungssektor vom DGB-Bundesvorstand verabschiedeten Organisationsgrundsätze[569], wenn dort prinzipiell Mehrfachzuständigkeiten anerkannt werden und die Gewerkschaften im Wege der Bildung eines Branchenarbeitskreises zu einer Einigung kommen sollen, welcher Gewerkschaft der Vorrang zu geben ist.

Nach alledem fehlt es an der satzungsrechtlichen Legitimation des DGB-Schiedsgerichts für ein die Satzungen der beteiligten Mitgliedsgewerkschaften änderndes Schiedsurteil nicht nur wegen der fehlenden Verankerung in den Satzungen der Mitgliedsgewerkschaften, sondern auch mangels einer hinreichend klaren Satzungsbestimmung auf DGB-Ebene, aus der sich eine solch weitreichende Kompetenz des DGB-Schiedsgerichts, mit der zudem auch noch die herkömmlichen Befugnisse eines Vereinsgerichts überschritten würden[570], ergibt.

bbb) Unzulässigkeit der Satzungsänderung durch ein DGB-Organ

Im übrigen wäre aber auch die teilweise Übertragung der Kompetenz zur Satzungsänderung auf ein Organ des DGB als nach Art. 9 Abs. 3 S. 2 GG unzulässige Fremdbestimmung zu qualifizieren. Die vereinsrechtliche Rechtsprechung[571] und Literatur[572] erachten überwiegend ein Alleinentscheidungsrecht eines Dritten zur Änderung der Satzung als verbotene Selbstentmündigung des Vereins. Dies soll auch dann gelten, wenn dem Dritten lediglich die Befugnis zur authentischen Interpretation der Satzung eingeräumt werde, da dies einer Satzungsänderungsbefugnis gleichkomme.[573]

Zwar wird dem DGB-Schiedsgericht, soweit man seinen Spruch als satzungsänderenden Akt erachtet, ein im Vergleich zu einem Alleinentscheidungsrecht über die Satzungsänderung geringerer Einfluss eingeräumt. Denn zum einen ist das Schiedsgericht nach der Rechtsprechung des BAG nicht zur Satzungserweiterung, sondern nur

---

[569] Grundsätze für die Organisationsbeziehungen und die Kooperation der DGB-Gewerkschaften aus Anlass der Gründung von ver.di und der Integration der DAG in den DGB, siehe dazu oben § 9 III 2.

[570] Siehe oben § 10 II 1 a.

[571] OLG Frankfurt am Main, Beschl. v. 9.3.1982 (20 W 577/81) = NJW 1983, 2576 ff., a.A. OLG Stuttgart, Beschl. v. 17.1.1986 (8 W 252/85) = NJW-RR 1986, 995 (996).

[572] Flume, Juristische Person, § 7 I 3, S. 193 ff.; Reichert, Handbuch des Vereins- und Verbandsrechts, Rn. 418, 429; Sauter/Schweyer/Waldner, Der eingetragene Verein, Rn. 136; K. Schmidt, Gesellschaftsrecht, § 5 I 3 b, S. 84 f.; Soergel/Hadding, BGB, § 33 Rn. 7; Stöber, Handbuch zum Vereinsrecht, Rn. 619; Steinbeck, Vereinsautonomie und Dritteinfluß, S. 85 f., 89 ff. m.w.N.

[573] RGRK/Steffen, BGB, § 33 Rn. 2.

zur Einschränkung der Satzung befugt, zum anderen kommt seine Entscheidungskompetenz nur bei Abgrenzungsstreitigkeiten zum Tragen.

Dennoch ist die Grenze des zulässigen Fremdeinflusses überschritten. Dies folgt daraus, dass nach der hier vertretenen Auffassung bereits der Zustimmungsvorbehalt des DGB-Bundesausschusses als unzulässige Fremdbestimmung zu erachten ist.[574] Wenn aber nach der Rechtsprechung des BAG eine Einschränkung des satzungsmäßigen Organisationsbereichs der unterlegenen Gewerkschaft durch das DGB-Schiedsgericht möglich sein soll, geht dies über einen bloßen Zustimmungsvorbehalt hinaus. Denn bei einem Zustimmungsvorbehalt bleibt immerhin der status quo der Satzung erhalten, wohingegen durch das Schiedsurteil nach der Rechtsprechung des BAG eine Verschlechterung des satzungsrechtlichen status quo der unterlegenen Gewerkschaft ermöglicht wird.

ccc) Tarifpolitische Handlungsanleitung durch das DGB-Schiedsgericht

Darüber hinaus ist es aber auch der Sache nach bedenklich, das Schiedsurteil als satzungsändernden bzw. satzungseinschränkenden Akt einzuordnen, wenn man sich die der Rechtsprechung des BAG zum DGB-Schiedsgerichtsverfahren zugrundeliegenden Sachverhalte vor Augen führt.

In den vom BAG entschiedenen Fällen, in denen ein Schiedsspruch vorlag, hatte das Schiedsgericht nicht abstrakt darüber zu entscheiden, ob eine bestimmte Branche von der Tarifzuständigkeit einer Gewerkschaft umfasst wurde, sondern es hatte über die Tarifzuständigkeit der Gewerkschaft für ein bestimmtes Unternehmen bzw. dessen Betrieb(e) zu befinden.[575] Ordnet man das DGB-Schiedsgericht als zur Satzungsbeschränkung befugtes Organ ein, wäre infolge des Schiedsurteils zu der Satzung der unterlegenen Gewerkschaft eine Satzungsbestimmung des Inhalts hinzuzudenken, dass keine Zuständigkeit für das streitgegenständliche Unternehmen bzw. den Betrieb besteht. Soweit ein Schiedsurteil nur eine einstweilige Regelung trifft, wie dies in Ziff. 8 der Schiedsgerichtsordnung vorgesehen ist, hätte die entsprechende Satzungsbestimmung nur vorläufigen Charakter. Dies erscheint aber nicht sachgerecht, da mit dem Schiedsgerichtsverfahren in Fällen dieser Art nicht eine abstrakte Regelung getroffen, sondern eine konkrete Streitigkeit entschieden werden soll. Insoweit hat das Schiedsurteil keinen satzungsändernden Charakter, sondern durch das Schiedsgericht wird eine bestimmte Anwendung der Satzung vorgegeben bzw. bei begrifflich unklaren Satzungsbestimmungen gegebenenfalls auch eine Satzungserläuterung vorge-

---

[574] Siehe oben § 10 I 2.

[575] Vgl. BAG, Beschl. v. 17.2.1970 (1 ABR 15/69) = AP Nr. 3 zu § 2 TVG Tarifzuständigkeit; BAG, Beschl. v. 25.9.1996 (1 ABR 4/96) = AP Nr. 10 zu § 2 TVG Tarifzuständigkeit; siehe auch BAG, Beschl. v. 14.12.1999 (1 ABR 74/98) = AP Nr. 14 zu § 2 TVG Tarifzuständigkeit.

nommen. Die Einordnung des DGB-Schiedsurteils als satzungsändernden Akt, durch den die Tarifzuständigkeit der unterlegenen Gewerkschaft eingeschränkt wird, erscheint daher als ein an der Sache vorbeigehender Kunstgriff zur Erzeugung einer Außenwirkung im Verhältnis zum sozialen Gegenspieler.

Insoweit ist es zutreffend, wenn *Kempen/Zachert*[576] das DGB-Schiedsurteil lediglich als eine „tarifpolitische Handlungsleitung" für die Gewerkschaften sehen. Bei der Entscheidung des DGB-Schiedsgerichts geht es nicht um eine Satzungsfrage, sondern darum, ob die satzungsmäßige Tarifzuständigkeit „auch praktisch real beansprucht und (gegebenenfalls streikweise) durchgesetzt" werden darf.[577]

Nicht zuzustimmen ist *Kempen/Zachert* aber darin, dass diese tarifpolitische Handlungsanleitung die Tarifzuständigkeit suspendieren und insoweit zur Unwirksamkeit eines Tarifabschlusses führen soll.[578] Zur Begründung wird ein grundrechtlich bewirkter „Außeneffekt" angeführt. Dieser soll darauf zurückzuführen sein, dass die DGB-Gewerkschaften durch § 16 DGB-Satzung und die Mitwirkung am Schiedsgerichtsverfahren für sich eine autonome Entscheidung „im Rahmen des Gesamtverbandes über die Ausübung ihrer Koalitionsfreiheit" getroffen hätten, welche dadurch grundrechtseffektiv werde, dass Dritte keine Tarifverträge mit der unterlegenen Gewerkschaft schließen könnten.

Es ist jedoch kein Grund ersichtlich, warum eine „im Rahmen des Gesamtverbandes" eingegangene Verpflichtung über Art. 9 Abs. 3 GG zur Unwirksamkeit des mit dem sozialen Gegenspieler geschlossenen Tarifvertrages führen sollte. Im Ergebnis mag dies zwar im Interesse der im DGB-Schiedsgerichtsverfahren obsiegenden Gewerkschaft liegen. Jedoch ist es wegen des Prinzips der Relativität von Schuldverhältnissen[579] dogmatisch nicht begründbar, dass sich eine innerverbandliche Verpflichtung auf die Wirksamkeit von mit außenstehenden Dritten geschlossenen Rechtsgeschäften auswirken soll. Besonders deutlich wird dies bei einem Vergleich mit dem individualarbeitsrechtlichen Problem der Wettbewerbsbeschränkungen des Arbeitnehmers. Verstößt der Arbeitnehmer gegen ein solches Wettbewerbsverbot, ist das Konkurrenzgeschäft gleichwohl wirksam, da der Arbeitnehmer lediglich einer schuldrechtlichen Verpflichtung zuwiderhandelt.[580] Der Arbeitgeber kann das Konkurrenzgeschäft nur dann verhindern, wenn er seinen Unterlassungsanspruch, gegebenenfalls im Wege der einstweiligen Verfügung, gerichtlich geltend macht.[581] Der rechtliche Bestand eines bereits getätigten Konkurrenzgeschäfts bleibt hingegen un-

---

[576] Kempen/Zachert, TVG, § 2 Rn. 115.
[577] Kempen/Zachert, TVG, § 2 Rn. 115.
[578] So Kempen/Zachert, TVG, § 2 Rn. 116.
[579] Vgl. Rieble, NZA 2000, 224 (230).
[580] Vgl. Schaub, § 57 Rn. 14, S. 505 u. § 58 Rn. 68, S. 528.
[581] Vgl. Schaub, a.a.O.

berührt. Hier wird mithin nicht der durch Art. 2 Abs. 1 GG geschützten individual-
vertraglichen Vereinbarung eines nachvertraglichen Wettbewerbsverbots Grund-
rechtseffektivität verliehen, indem ein unter Verletzung dieser Vereinbarung ge-
schlossenes Rechtsgeschäft für rechtsungültig erklärt wird. Dies ist die rechtslogische
Konsequenz der bloß schuldrechtlichen Wirkung des Verbots.

Auch über das Prinzip der Tarifeinheit kann dem Schiedsurteil keine Außenwirkung im Verhältnis zum sozialen Gegenspieler beigelegt werden.[582] Selbst wenn man
den Grundsatz der Tarifeinheit als Rechtsprinzip anerkennt, so greift dieses erst dann
ein, wenn mehrere Tarifverträge in einem Betrieb Anwendung finden.[583] Der Grundsatz des DGB, dass für einen Betrieb von vornherein nur eine Gewerkschaft organi-
sationszuständig sein soll, ist als rein organisationspolitisches Ziel kein verbindlicher
Rechtsgrundsatz.[584]

ee) Ergebnis

Die Tarifzuständigkeit der an dem DGB-Schiedsgerichtsverfahren beteiligten Gewerkschaften bleibt von dem Schiedsurteil unberührt. Bei dem Schiedsurteil handelt
es sich um eine tarifpolitische Handlungsanleitung, die allenfalls innerverbandliche
Verpflichtungen der unterlegenen Gewerkschaft gegenüber dem DGB sowie den beteiligten Gewerkschaften begründet. Wenn im Gegensatz dazu die überwiegende Ansicht in dem Schiedsurteil eine verbindliche Klärung und gegebenenfalls Einschränkung der Tarifzuständigkeit der beteiligten Gewerkschaften sieht, ist dies als ein an
der Sache vorbeigehender Kunstgriff zur Erzeugung einer Außenwirkung gegenüber
dem sozialen Gegenspieler zu werten. Im übrigen wäre eine derartige Einflussnahme
des DGB-Schiedsgerichts auf die Satzungsbestimmungen der Mitgliedsgewerkschaften zum Organisationsbereich aber auch nicht zulässig. Zum einen entbehrt sie der
satzungsrechtlichen Grundlage in der DGB-Satzung und den Satzungen der Mitgliedsgewerkschaften. Zum anderen wären selbst bei einer hinreichend bestimmten
satzungsrechtlichen Grundlage die Grenzen des zulässigen Dritteinflusses auf die
Satzungs- und Tarifautonomie der DGB-Gewerkschaften überschritten, mit der Folge,
dass die entsprechende Satzungsbestimmung nach Art. 9 Abs. 3 S. 2 GG nichtig
wäre.

---

[582] So argumentiert aber u.a. Blank, Die Tarifzuständigkeit der DGB-Gewerkschaften, S. 140 f.
[583] Siehe oben § 3 III.
[584] Heinze, DB 1997, 2122.

c) Unterlassungsanspruch gegen die unterlegene Gewerkschaft nach § 16 Ziff. 2 DGB-Satzung i.V.m. Ziff. 6 b der Schiedsgerichtsordnung

Wenn der DGB-Schiedsspruch die Tarifzuständigkeit der beteiligten Gewerkschaften nach der hier vertretenen Auffassung nicht zu beschränken vermag, wird die Frage praktisch relevant, ob der DGB bzw. die im Schiedsgerichtsverfahren obsiegende Gewerkschaft einen schiedsspruchwidrigen Tarifabschluss durch die unterlegene Gewerkschaft über die gerichtliche Geltendmachung eines Unterlassungsanspruchs, gegebenenfalls auch im Wege der einstweiligen Verfügung, verhindern und damit mittelbar eine Außenwirkung für den sozialen Gegenspieler realisieren könnte.

Nach der DGB-Satzung ist einzig mögliche Sanktion gegenüber einer Gewerkschaft, die das Schiedsurteil nicht anerkennt, der Ausschluss aus dem DGB gemäß § 3 Ziff. 4 der Satzung. Wie bereits erörtert, ist die Inanspruchnahme dieser gravierenden Sanktion in derartigen Fällen aber nicht nur rechtlich bedenklich, sondern wegen einer damit verbundenen Schwächung des DGB auch wenig zweckmäßig.[585]

Jedoch ist es dem Verband neben satzungsmäßigen Sanktionen unbenommen, seine Mitglieder auf Pflichterfüllung zu verklagen.[586] Je nach Zwecksetzung des Vereins bestehen die Mitgliedspflichten nicht nur im Vereinsinnenbereich, sondern daneben kann auch ein bestimmtes Verhalten außerhalb der Vereinssphäre zur Pflicht erhoben werden.[587] Der geltend gemachte Erfüllungsanspruch muss dabei nicht zwingend in der Satzung verankert sein, sondern kann sich auch aus der Treuepflicht als allgemeine Pflicht des Vereinsmitglieds zur Förderung der Vereinsziele ergeben.[588]

aa) § 16 Ziff. 2 DGB-Satzung i.V.m. Ziff. 6 b der Schiedsgerichtsordnung als Anspruchsgrundlage des DGB sowie der obsiegenden Gewerkschaft

Für einen etwaigen Unterlassungsanspruch des DGB gegen die im Schiedsgerichtsverfahren unterlegene Gewerkschaft muss diese Treuepflicht anders als beim Zustimmungsvorbehalt nach § 15 Ziff. 2 DGB-Satzung nicht bemüht werden, da sich aus Ziff. 6 b der Schiedsgerichtsordnung, die nach § 16 Ziff. 2 DGB-Satzung Satzungsbestandteil ist, u.a. die Verpflichtung der unterlegenen Gewerkschaft ergibt, „nach außen hin nicht mehr als zuständige Gewerkschaft in Erscheinung zu treten, insbesondere keine neuen Tarifverträge abzuschließen".

Diese Norm des Ziff. 6 b Schiedsgerichtsordnung ist zugleich Anspruchsgrundlage der obsiegenden Gewerkschaft. Dies folgt daraus, dass in einem Verband nicht nur Rechtsbeziehungen im Verhältnis des Verbands zu seinen Mitgliedern bestehen, son-

---

[585] Siehe oben § 9 II 2, § 10 I 3.

[586] Vgl. Reichert, Handbuch des Vereins- und Verbandsrechts, Rn. 1762.

[587] Reichert, Handbuch des Vereins- und Verbandsrechts, Rn. 1591.

[588] Vgl. Reichert, Handbuch des Vereins- und Verbandsrechts, Rn. 1763, 619.

dern auch unter den Mitgliedern, soweit diese gegenseitig verpflichtet sind, die gemeinsamen Ziele des Verbands zu fördern und alles zu unterlassen, was diese Ziele gefährdet.[589]

Vereinsrechtlicher Anknüpfungspunkt für das Entstehen der in Ziff. 6 der Schiedsgerichtsordnung festgelegten Pflicht der unterlegenen Gewerkschaft ist grundsätzlich allein die Mitgliedschaft im DGB. Das Problem der Inkorporation dieser Norm in die Satzungen der Mitgliedsgewerkschaften stellt sich in diesem Zusammenhang nicht, da die Inkorporation nur für die statutarische Wirkung des dachverbandlichen Regelwerks bei den Mitgliedsgewerkschaften erforderlich ist.[590]

Problematisch ist jedoch, ob eine verbandsrechtliche Verpflichtung, im Falle des Unterliegens im DGB-Schiedsgerichtsverfahren künftig Tarifabschlüsse zu unterlassen, durch die Mitgliedschaft im DGB wirksam begründet werden kann. Der durch eine solche Verpflichtung bewirkte Einfluss der obsiegenden Gewerkschaft bzw. des DGB könnte ebenso wie die Einflussnahme eines Dritten auf Satzungsänderungen des Verbands als ein Fall unzulässiger Fremdbestimmung zu werten sein.

In der Literatur ist dieses Problem im Kontext des DGB-Schiedsverfahrens bislang nur vereinzelt diskutiert worden. Die Autoren, die das DGB-Schiedsurteil als Beschränkung der Tarifzuständigkeit der unterlegenen Gewerkschaft erachten, müssen a maiore ad minus auch einen entsprechenden Unterlassungsanspruch gegen die unterlegene Gewerkschaft als zulässige Selbstbeschränkung bewerten.[591] Offen ist demgegenüber die Ausgangslage bei den Gegnern einer tarifzuständigkeitsbeschränkenden Wirkung des DGB-Schiedsurteils. Hier wird eine innerverbandliche Verpflichtung zur Beachtung des Schiedsurteils teilweise pauschal bejaht.[592] Zum Teil wird aber auch im Zusammenhang mit dem DGB-Schiedsgerichtsverfahren ganz allgemein auf die Parallele zur tarifvertraglichen dynamischen Verweisung auf die

---

[589] Vgl. Reichert, Handbuch des Vereins- und Verbandsrechts, Rn. 475.

[590] Vgl. oben § 9 II, § 10 I 1, § 10 II 1 b dd aaa.

[591] So Blank, Die Tarifzuständigkeit der DGB-Gewerkschaften, S. 133 f. Ähnlich Buchner, der sich nicht mit dem Unterlassungsanspruch befasst, aber eine Verpflichtung zur Satzungsänderung als zulässig erachtet, vgl. gemeinsame Anm. zu den Beschlüssen des BAG v. 25.9.1996 (1 ABR 4/96) u. v. 12.11.1996 (1 ABR 33/96), SAE 1998, 262 (264). Jedoch wird im Vereinsrecht dem Vorstand die Vertretungsmacht dafür abgesprochen, den Verein im Außenverhältnis zu Maßnahmen zu verpflichten, die im Innenverhältnis in den Entscheidungsbereich der Mitgliederversammlung fallen, vgl. BGH, Urt. v. 30.3.1953 (IV ZR 176/52) = JZ 1953, 474 (475); Reichert, Handbuch des Vereins- und Verbandsrechts, Rn. 1397; Soergel/Hadding, BGB, § 26 Rn. 20; Sauter/Schweyer/ Waldner, Der eingetragene Verein, Rn. 233; Steinbeck, Vereinsautonomie und Dritteinfluß, S. 200 f.; Stöber, Handbuch zum Vereinsrecht, Rn. 286, 621. Siehe auch v. Eisenhart Rothe, Tarifzuständigkeit, S. 104 f.

[592] Weyand, Anm. zu BAG, Beschl. v. 22.11.1988 (1 ABR 6/87), SAE 1991, 323 (325); ebenso für eine Verpflichtung zur Satzungsänderung v. Eisenhart Rothe, Tarifzuständigkeit, S. 105 f.

Tarifverträge anderer Sozialpartner verwiesen,[593] die nach Rechtsprechung des BAG[594] und überwiegender Ansicht der Literatur[595] nur eingeschränkt zulässig ist. Hieraus ließe sich dann auch die Unwirksamkeit einer Vereinbarung bzw. verbandsrechtlichen Verpflichtung herleiten, die grundsätzlich gegebene Tarifzuständigkeit nicht in Anspruch zu nehmen. *Natzel*[596] setzt insoweit die Einwirkung auf die Satzungsgestaltung mit der Ausübung von Druck auf den „Nichtvollzug einer die Tarifzuständigkeit festlegenden Satzungsbestimmung" gleich. Nach *Rieble*[597] soll aufgrund der in Art. 9 Abs. 3 S. 2 GG angeordneten unmittelbaren Drittwirkung der Koalitionsfreiheit jedweder Vertrag untersagt sein, durch den ein Träger der Koalitionsfreiheit über diese verfügt und sie dadurch unmittelbar beschränkt. Dieses Verbot des Art. 9 Abs. 3 S. 2 GG sei kartellrechtlicher Natur und schütze den in der Koalitionsfreiheit angelegten Systemwettbewerb vor wettbewerbsbeschränkenden Verträgen.[598]

bb) Verbot wettbewerbsbeschränkender Abreden konkurrierender Koalitionen

Um eine wettbewerbsbeschränkende Abrede handelt es sich letztendlich auch bei der hier in Frage stehenden verbandsrechtlichen Verpflichtung der im Schiedsgerichtsverfahren unterlegenen Gewerkschaft nach § 16 Nr. 2 DGB-Satzung i.V.m. § 6 b Schiedsgerichtsordnung, den Schiedsspruch des DGB zu beachten und keine Tarifverträge mehr in dem streitgegenständlichen Bereich abzuschließen. Die Wirksamkeit dieser verbandsrechtlichen Verpflichtung muss daher den gleichen Maßstäben unterliegen wie unter den Gewerkschaften vereinbarte Absprachen, wem eine Branche oder ein einzelner Betrieb zufallen soll. Die rechtliche Verbindlichkeit solcher Absprachen ist wiederum umstritten.

Nach *v. Eisenhart Rothe*[599] sind Abgrenzungsabkommen dieser Art grundsätzlich zulässig, da kein Grund ersichtlich sei, eine Vereinbarung über die Zuständigkeit anders zu behandeln als die nach Art. 9 Abs. 3 GG ohne weiteres zulässige Zuständig-

---

[593] Vgl. Natzel, Anm. zu BAG, Beschl. v. 14.12.1999 (1 ABR 74/98), SAE 2001, 43 (46); Rieble, Anm. zu BAG, Beschl. v. 14.12.1999 (1 ABR 74/98), AP Nr. 14 zu § 2 TVG Tarifzuständigkeit; ders., Arbeitsmarkt und Wettbewerb, Rn. 1834.

[594] Vgl. etwa BAG, Urt v. 4.4.2001 (4 AZR 215/00) = AP Nr. 9 zu § 3 TVG Verbandsaustritt; BAG, Urt. v. 17.5.2000 (4 AZR 363/99) = SAE 2002, 205 (206 f.) m. Anm. Henssler/Parpart, instruktiv BAG, Urt. v. 10.11.1982 (4 AZR 1203/79) = AP Nr. 8 zu § 1 TVG Form m. Anm. Mangen.

[595] Vgl. Kempen/Zachert, TVG, § 1 Rn. 378 ff.; Löwisch/Rieble, TVG, § 1 Rn. 129 ff.; Wiedemann/Wiedemann, TVG, § 1 Rn. 198 ff. m.w.N.

[596] Vgl. Natzel, Anm. zu BAG, Beschl. v. 14.12.1999 (1 ABR 74/98), SAE 2001, 43 (46).

[597] Rieble, Arbeitsmarkt und Wettbewerb, Rn. 1676 ff., inbes. Rn. 1677 u. Rn. 1827 ff.

[598] Rieble, Arbeitsmarkt und Wettbewerb, Rn. 1678.

[599] v. Eisenhart Rothe, Tarifzuständigkeit, S. 101 ff.

keitsabgrenzung in der Satzung. Demgegenüber bestehen nach der Gegenansicht[600] unter mehreren Gesichtspunkten Bedenken gegen die Rechtsverbindlichkeit derartiger Abgrenzungsabkommen. *Biedenkopf*[601] sieht durch einen solchen „Gebietsaufteilungsvertrag" die „Koalitionsfreiheit im Sinne der Wahlfreiheit" potentieller Mitglieder unter mehreren Koalitionen beschränkt. Daher seien Gebietsaufteilungsverträge nach Art. 9 Abs. 3 S. 2 GG nichtig.[602] Auch *Rieble*[603] hält bei solchen Vereinbarungen die Voraussetzungen des Art. 9 Abs. 3 S. 2 GG für gegeben. Dies begründet er allerdings nicht mit der individuellen Koalitionsfreiheit potentieller Mitglieder, sondern er sieht in Art. 9 Abs. 3 S. 2 GG ein generelles Verbot des jeweiligen Grundrechtsträgers, „über seine Koalitionsfreiheit vertraglich zu verfügen und sie dadurch unmittelbar zu beschränken".[604] Im folgenden soll untersucht werden, inwieweit diese Einwände berechtigt sind.

aaa) Verletzung der individuellen Koalitionsfreiheit der Mitglieder

Dies betrifft zunächst einmal die Bedenken, die aus der individuellen Koalitionsfreiheit hergeleitet werden. Zu unterscheiden ist insoweit zwischen den Interessen potentieller und bereits aufgenommener Mitglieder.

Hinsichtlich der potentiellen Mitglieder ist festzustellen, dass die Einschränkung der Wahlmöglichkeit unter mehreren Koalitionen durch die kollektive Koalitionsfreiheit gedeckt ist, aus der das Recht der Koalitionen folgt, ihren satzungsrechtlichen Zuständigkeitsbereich autonom zu bestimmen.[605] Da bereits aus diesem Grund kein uneingeschränktes Wahlrecht des potentiellen Mitglieds grundrechtlich garantiert ist, kann insoweit *von Eisenhart Rothe*[606] darin zugestimmt werden, dass es keinen Unterschied machen kann, ob eine Gewerkschaft satzungsmäßig ihre Zuständigkeit beschränkt oder mit einer weiteren Gewerkschaft eine Vereinbarung über die Zuständigkeit schließt.

Aber auch auf Seiten des bereits aufgenommenen Mitglieds, für welches der Verband infolge der Abgrenzungsvereinbarung keine Tarifverträge abschließt, liegt keine Verletzung der individuellen Koalitionsfreiheit vor. Zwar entspricht der Verantwortung der Tarifvertragsparteien für die ihnen überlassene autonome Regelung der Ar-

---

[600] Biedenkopf, Grenzen der Tarifautonomie, S. 90; Rieble, Arbeitsmarkt und Wettbewerb, Rn. 1676 ff.; Rn. 1827 ff. Kritisch zu derartigen Verpflichtungen des Arbeitgebers, mit dem Konkurrenzverband keine Tarifverträge zu schließen, auch Gamillscheg, Kollektives Arbeitsrecht I, § 7 I 5 a, S. 281.

[601] Biedenkopf, Grenzen der Tarifautonomie, S. 90.

[602] Biedenkopf, a.a.O., S. 90.

[603] Rieble, Arbeitsmarkt und Wettbewerb, Rn. 1676 ff., Rn. 1827 ff.

[604] Rieble, a.a.O., Rn. 1677.

[605] Siehe auch MünchArbR/Löwisch/Rieble, § 245 Rn. 19.

[606] v. Eisenhart Rothe, Tarifzuständigkeit, S. 102.

beitsbedingungen ihrer Mitglieder an sich auch die Pflicht zum Tätigwerden in deren Interesse.[607] Jedoch ist diese Pflicht keine Rechtspflicht, da ansonsten in die interne tarifliche Willensbildung des jeweiligen Verbandes und in den Prozess freier vertraglicher Einigung eingegriffen würde.[608] Daher besteht kein Anspruch des Arbeitnehmers oder Arbeitgebers gegen den Verband auf tarifliche Regelung des Arbeitsverhältnisses überhaupt oder in einem bestimmten Sinne. Die Entscheidung der Tarifvertragsparteien darüber, ob und für welche Mitglieder sie tätig werden, unterliegt deren freier und autonomer Selbstbestimmung.[609] Die Verletzung der individuellen Koalitionsfreiheit der betroffenen Mitglieder scheitert also an einer entsprechenden Rechtspflicht der Tarifvertragspartei zum Tätigwerden.

bbb) Unzulässiger Grundrechtsverzicht der Gewerkschaft
Allerdings ist damit noch nichts darüber gesagt, ob sich die insoweit den Tarifvertragsparteien gewährte freie und autonome Entscheidung über das „ob" der Regelung der Arbeitsbedingungen ihrer Mitglieder in einem Recht zur Passivität[610] erschöpft, oder ob darüber hinaus von der Tarifautonomie auch die Eingehung einer rechtsverbindlichen Pflicht zum Untätigbleiben gedeckt ist. Von *Gamillscheg* wurde in anderem Zusammenhang einmal der Grundsatz begründet: „Was man tun darf, darf man auch versprechen."[611] Dem ist jedoch entgegenzuhalten, dass es einen erheblichen Unterschied macht, ob die Gewerkschaft lediglich untätig bleibt bzw. ihre Satzung ändert, oder aber durch das Eingehen einer vertraglichen Bindung einem Dritten einen gerichtlich durchsetzbaren Anspruch darauf verschafft, dass sie in dem streitgegenständlichen Bereich nicht tätig wird. Aufgrund der Vereinbarung mit dem Dritten hat der jeweilige Verband – anders als bei bloßer Untätigkeit oder einer satzungsrechtlichen Änderung seiner Tarifzuständigkeit – nicht mehr ohne weiteres die Möglichkeit, die eingegangene Selbstbeschränkung in autonomer Selbstbestimmung zu revidieren. Im Umfang dieser Verpflichtung wird damit letztlich die Autonomie des Verbandes – wenn auch als Folge seiner freien Entscheidung – beschränkt.

---

[607] MünchArbR/Löwisch/Rieble, § 258 Rn. 10.

[608] MünchArbR/Löwisch/Rieble, § 258 Rn. 10; i.E. auch Dieterich, FS Schaub (1998), S. 117 (300 ff.); Säcker/Oetker, Grundlagen und Grenzen der Tarifautonomie, S. 93 f.; Wiedemann, Anm. zu BAG, Urt. v. 9.7.1980 (4 AZR 564/78), AP Nr. 7 zu § 1 TVG Form.

[609] BAG, Urt. v. 24.4.1985 (4 AZR 457/83) = AP Nr. 4 zu § 3 BAT m. Anm. Wiedemann/Lembke; BAG, Urt. v. 18.9.1985 (4 AZR 75/84) = AP Nr. 20 zu § 23a BAT; BAG, Urt. v. 20.8.1986 (4 AZR 272/85) = AP Nr. 6 zu § 1 TVG Tarifverträge: Seniorität m. Anm. v. Hoyningen-Huene; BAG, Urt v. 7.11.1995 (3 AZR 952/94) = AP Nr. 1 zu § 1 TVG Tarifverträge: Bühnen; MünchArbR/Löwisch/Rieble, § 258 Rn. 10.

[610] Nach Wiedemann darf die Untätigkeit aber nicht so weit gehen, dass dies einer Selbstaufgabe der Koalition gleichkommt, vgl. Anm. zu BAG, Urt. v. 9.7.1980 (4 AZR 564/78), AP Nr. 7 zu § 1 TVG Form.

[611] Gamillscheg, Die Differenzierung nach der Gewerkschaftszugehörigkeit, S. 48.

Das BAG[612] konnte die Rechtsverbindlichkeit entsprechender Vereinbarungen bislang offen lassen. Problematisch ist deren Vereinbarkeit mit der in Art. 9 Abs. 3 S. 2 GG angeordneten unmittelbaren Drittwirkung[613] des Grundrechts der Koalitionsfreiheit. Hiernach sind Abreden, welche die Koalitionsfreiheit „einschränken oder zu behindern suchen", nichtig. Unter Berücksichtigung dieser Regelung könnten Abgrenzungsabkommen unter konkurrierenden Gewerkschaften als Fall eines unzulässigen Grundrechtsverzichts zu werten sein.

Die prinzipiellen Grenzen eines Grundrechtsverzichts werden kontrovers diskutiert.[614] Mit dem Begriff des Grundrechtsverzichts ist dabei nicht die bloße tatsächliche Nichtausübung des Grundrechts oder die negative Ausübungsfreiheit von Grundrechten gemeint, sondern die rechtsverbindliche Verfügung über bestimmte Grundrechtspositionen im Sinne einer Selbstverpflichtung zu deren Nichtgebrauch.[615] Dabei besteht im Ausgangspunkt eine gewisse Einigkeit darüber, dass wegen der klassischen liberalen Konzeption der Grundrechte auch die Verfügung über Grundrechtspositionen eine wesentliche Form des Grundrechtsgebrauchs darstellt.[616] So schützt das Grundrecht des Art. 2 Abs. 1 GG die Privatautonomie, die in der vertraglichen Bindung grundsätzlich auch den wirksamen Verzicht auf Grundrechtspositionen einschließt.[617] Ebenso umfassen die vertragsnahen Grundrechte aus Art. 12 und 14 GG die Bindung an den Beruf bzw. die Verfügung über das Eigentum.[618] Jedoch sind nicht alle Grundrechte beliebig verfügbar, da der Grundrechtskatalog auch Gewährleistungen enthält, die zugleich öffentlichen Interessen dienen.[619] In diesem Zusam-

---

[612] Vgl. etwa BAG, Urt. v. 4.5.1955 (1 AZR 493/54) = BAGE 2, 75 (77 f.). In dieser Entscheidung stellte das BAG fest, dass eine vertraglich eingegangene Verpflichtung des Arbeitgeberverbandes gegenüber einer Gewerkschaft, mit konkurrierenden Gewerkschaften keine Tarifverträge zu schließen, nicht dazu führe, dass der von der konkurrierenden Gewerkschaft veranlasste Streik in Betrieben eines Mitglieds des Arbeitgeberverbandes rechtswidrig sei. Ausdrücklich offengelassen hat das BAG die Vereinbarkeit mit der Tarifautonomie für den umgekehrten Fall einer vertraglichen Selbstbindung der Tarifpartner, tarifvertraglich tätig zu werden, vgl. BAG, Urt. v. 7.11.1995 (3 AZR 952/94) = AP Nr. 1 zu § 1 TVG: Bühnen.

[613] BVerfG, Beschl. v. 17.2.1981 (2 BvR 384/78) = BVerfGE 57, 220 (245); v. Münch/Kunig-Löwer, GG, Art. 9 Rn. 70; Maunz/Dürig-Scholz, GG, Art. 9 Rn. 171, 332; Kemper, in: v. Mangoldt/Klein/Starck, GG, Art. 9 Rn. 278.

[614] Siehe zum Ganzen ausführlich Bleckmann, JZ 1988, 57 ff.; Robbers, JuS 1985, 925 ff.

[615] ErfK/Dieterich, Einl. GG Rn. 62; v. Münch/Kunig-v. Münch, GG, Vorb. Art. 1-19 Rn. 62; Robbers, JuS 1985, 925 f.; Sachs/Sachs, GG, Vor Art. 1 Rn. 54.

[616] v. Münch/Kunig-v. Münch, GG, Vorb. Art. 1-19 Rn. 63; Robbers, JuS 1985, 925 (926 f.); ErfK/Dieterich, Einl. GG Rn. 63.

[617] Robbers, JuS 1985, 925 (926); Sachs/Murswiek, GG, Art. 2 Rn. 54. A.A. Bleckmann, JZ 1988, 57 (59): Art. 2 Abs. 1 GG trage nicht die rechtliche Verbindlichkeit von Verträgen etc., hierfür bedürfe es der Anordnung durch die Rechtsordnung.

[618] Robbers, JuS 1985, 925 (926); ErfK/Dieterich, Einl. GG Rn. 64.

[619] ErfK/Dieterich, Einl. GG Rn. 64; v. Münch/Kunig-v. Münch, GG, Art. 9 Rn. 63; Robbers, JuS 1985, 925 (927 f.).

menhang wird insbesondere die Regelung des Art. 9 Abs. 3 S. 2 GG als grundrechts-immanenter Ausschluss des Verzichts auf durch die Koalitionsfreiheit gewährte Rechte gesehen.[620]

Unter „Abreden" im Sinne von Art. 9 Abs. 3 S. 2 GG fallen dabei alle rechtsver-bindlichen Vereinbarungen, und zwar auch zwischen Koalitionen der gleichen Tarif-vertragsseite.[621] Indes wäre es ein „logisch evidenter Fehlschluß"[622], jede Vereinba-rung, durch welche die Koalitionsfreiheit beschränkt wird, als unvereinbar mit Art. 9 Abs. 3 S. 2 GG zu erachten.[623] Soweit die Koalitionsfreiheit gerade die Freiheit ga-rantiert, sich gegenüber dem sozialen Gegenspieler in bestimmter Weise zu verhalten, liegt in der Ausübung dieser Freiheit keine Abrede oder Maßnahme im Sinne von Art. 9 Abs. 3 S. 2 GG.[624] Dies wird insbesondere am Beispiel von Arbeitskampfmaß-nahmen deutlich, die grundrechtlich garantiert sind, obwohl sie gerade darauf abzie-len, den sozialen Gegenspieler gegen dessen Willen zu einem Tarifabschluss zu ver-anlassen.[625]

Für den umgekehrten Fall der vertraglichen Selbstbeschränkung werden daher ins-besondere solche Abreden grundsätzlich als zulässig erachtet, die gerade dem Sinn und Zweck der Tarifautonomie entsprechen, wie etwa die Vereinbarung einer Min-destlaufzeit eines Tarifvertrages mit entsprechender Friedenspflicht.[626] Die Grenze zum unzulässigen Grundrechtsverzicht soll hier ebenso wie bei der dynamischen Verweisung auf die Tarifvertragsnormen anderer Sozialpartner erst bei einer zeitlich langen Bindung überschritten sein.[627] Das BAG[628] weist insoweit in seiner Rechtspre-

---

[620] ErfK/Dieterich, Einl. GG Rn. 64; Robbers, JuS 1985, 925 (927); Blanke, ZTR 2000, 211 (213).

[621] Kemper, in: v. Mangoldt/Klein/Starck, GG, Art. 9 Rn. 284; v. Münch/Kunig-Löwer, GG, Art. 9 Rn. 86.

[622] So in Zusammenhang mit der Vereinbarkeit von Aussperrungsmaßnahmen des Arbeitgebers mit Art. 9 Abs. 3 S. 2 GG Maunz/Dürig-Scholz, GG, Art. 9 Rn. 333 Fn. 3.

[623] Kemper, in: v. Mangoldt/KleinStarck, GG, Art. 9 Rn. 280.

[624] Kemper, in: v. Mangoldt/Klein/Starck, GG, Art. 9 Rn. 281; Maunz/Dürig-Scholz, GG, Art. 9 Rn. 333 Fn. 3.

[625] Kemper, in: v. Mangoldt/Klein/Starck, GG, Art. 9 Rn. 281; Maunz/Dürig-Scholz, GG, Art. 9 Abs. 3 S. 2 GG siehe Seiter, Streikrecht und Aussperrungsrecht, S. 93 ff. Weiterführend zur Bewertung von Arbeitskampfmaßnahmen am Maßstab des Art. 9

[626] Vgl. BAG, Urt. v. 31.10.1958 (1 AZR 632/57) = BAGE 6, 321 (358 f.); Kemper, in: v. Mangoldt/ Klein/Starck, GG, Art. 9 Rn. 280; Seiter, Streikrecht und Aussperrungsrecht, S. 94 ff.

[627] BAG, Urt. v. 10.11.1982 (4 AZR 1203/79) = AP Nr. 8 zu § 1 TVG Form m. Anm. Mangen; BAG, Urt. v. 17.5.2001 (4 AZR 363/99) = AP Nr. 8 zu § 3 TVG Verbandsaustritt m. Anm. Zachert = SAE 2002, 205 (207) m. insoweit zust. Anm. Henssler/Parpart; BAG, Urt. v. 4.4.2001 (4 AZR 215/00) = AP Nr. 9 zu § 3 TVG Verbandsaustritt; Buchner, NZA 1993, 289 (292); Hanau/Kania, DB 1995, 1229 (1230); MünchArbR/Löwisch/Rieble, § 258 Rn. 12 f., 277 Rn. 13. Zum verwandten Fall sog. tarifvertraglicher Selbstbeschränkungsklauseln, durch welche für die Tarifvertragsparteien bestimmt werden, dass ihr Tarifvertrag im Hinblick auf evtl. mehrfach tarifgebundene Personen hinter ei-nem konkurrierenden Tarifvertrag zurücktreten soll, siehe ausführlich Waas, Tarifkonkurrenz und Tarifpluralität, S. 31 ff. Selbstbeschränkungsklauseln sind nach überwiegender Ansicht insbeson-dere deshalb weiteres zulässig, weil sich die Lage nicht wesentlich anders darstellt, als wenn

125

chung zu Blankettverweisungen in Tarifverträgen darauf hin, dass die Tarifparteien nicht den Kernbereich des ihnen übertragenen Aufgabenkreises aufgeben dürften. Zwar sei der Kernbereich nicht im Sinne einer Pflicht der Tarifvertragsparteien zur selbständigen Regelung der Arbeits- und Wirtschaftsbedingungen zu interpretieren.[629] Jedoch gehöre zum unverzichtbaren Kernbereich die Befugnis, entsprechende Regelungen treffen zu können.[630] Diese Rechtsetzungsmacht bestehe im Falle der dynamischen Verweisung auf die Tarifverträge anderer Sozialpartner aber nur dann fort, wenn sich die Tarifvertragsparteien in angemessener Frist von den Verweisungsnormen lösen könnten. Hingegen sei eine unzulässige Aufgabe des Kernbereichs gegeben, wenn die Unkündbarkeit der Verweisungsnorm oder einer anderweitige zeitlich lange Bindung vereinbart werde.[631] Hinsichtlich der Bindungsdauer hat das BAG[632] einen Zeitraum von 2,5 bis 3 Jahren als zulässig erachtet, im übrigen aber keine allgemeine zeitliche Höchstgrenze festgelegt. Im Schrifttum wird diesbezüglich teilweise als zeitlicher Richtwert eine maximale Mindestlaufzeit von 4[633] oder 5[634] Jahren vorgeschlagen.

Unter Zugrundelegung dieser Grundsätze spricht einiges gegen die Wirksamkeit einer Vereinbarung, von der Tarifzuständigkeit für eine bestimmte Branche oder einzelne Betriebe keinen Gebrauch zu machen. Dies gilt für entsprechende Verpflichtungen aus dem DGB-Schiedsurteil insbesondere deshalb, weil hier keine zeitliche Beschränkung vorgesehen ist. Hinzu kommt, dass diese verbandsrechtliche Verpflichtung nach Ziff. 6 b der Schiedsgerichtsordnung den Inhalt hat, Tarifverträge sowie jegliche anderweitige Betätigung in dem streitgegenständlichen Bereich zu unterlassen. Anders als bei der Vereinbarung einer bestimmten Laufzeit eines Tarifvertrages

---

die Tarifvertragsparteien gegenüber bestimmten Mitgliedern eine Beschränkung des Geltungsbereichs des Tarifvertrages vorgenommen hätten. Dies ist ihnen aber bis zur Willkürgrenze unbenommen, vgl. Waas, a.a.O., m.w.N.

[628] BAG, Urt. v. 10.11.1982 (4 AZR 1203/79) = AP Nr. 8 zu § 1 TVG Form m. Anm. Mangen; BAG, Urt. v. 17.5.2001 (4 AZR 363/99) = AP Nr. 8 zu § 3 TVG Verbandsaustritt m. Anm. Zachert = SAE 2002, 205 (207) m. insoweit zust. Anm. Henssler/Parpart; BAG, Urt. v. 4.4.2001 (4 AZR 215/00) = AP Nr. 9 zu § 3 TVG Verbandsaustritt.

[629] BAG, Urt. v. 10.11.1982 (4 AZR 1203/79) = AP Nr. 8 zu § 1 TVG Form m. Anm. Mangen.

[630] BAG, Urt. v. 10.11.1982 (4 AZR 1203/79) = AP Nr. 8 zu § 1 TVG Form m. Anm. Mangen. Siehe auch Rieble, NZA 2000, 225 (230). Zur Unzulässigkeit eines Verzichts des Arbeitgebers auf seine Tariffähigkeit vgl. Blanke, ZTR 2000, 211 (213 f.).

[631] BAG, Urt. v. 10.11.1982 (4 AZR 1203/79) = AP Nr. 8 zu § 1 TVG Form m. Anm. Mangen; BAG, Urt. v. 17.5.2001 (4 AZR 363/99) = AP Nr. 8 zu § 3 TVG Verbandsaustritt m. Anm. Zachert = SAE 2002, 205 (207) m. insoweit zust. Anm. Henssler/Parpart; BAG, Urt. v. 4.4.2001 (4 AZR 215/00) = AP Nr. 9 zu § 3 TVG Verbandsaustritt.

[632] BAG, Urt. v. 4.4.2001 (4 AZR 215/00) = AP Nr. 9 zu § 3 TVG Verbandsaustritt.

[633] So Buchner, NZA 1993, 289 (292).

[634] MünchArbR/Löwisch/Rieble, § 258 Rn. 12 f., § 277 Rn. 13; Hanau/Kania, DB 1995, 1229 (1230): Hiernach ist eine ordentliche Kündigung nach 5 Jahren mit einer 6-monatigen Kündigungsfrist gemäß § 624 BGB analog zuzulassen.

oder bei der Verweisung auf die Tarifverträge anderer Sozialpartner bindet sich die Gewerkschaft nicht an bestimmte tarifvertragliche Regelungen, die sie zuvor in Ausübung ihrer Regelungsmacht selbst getroffen oder in Bezug genommen hat, sondern sie verpflichtet sich, von vornherein keine entsprechenden Tarifvertragsnormen zu setzen bzw. sich im Vorfeld auch nicht gewerkschaftlich zu betätigen. Hierdurch tritt eine umfassende Beschränkung der Möglichkeit einer Koalitionsbetätigung im streitgegenständlichen Bereich ein, die sich mit dem dahinterstehenden rein ordnungspolitischen Interesse nicht rechtfertigen lässt. Demnach liegt ein nach Art. 9 Abs. 3 S. 2 GG unzulässiger Grundrechtsverzicht vor, wenn sich Verbände auf diese Weise rechtsverbindlich ihrer Regelungsmacht begeben. Infolgedessen ist Ziff. 6 b der Schiedsgerichtsordnung nichtig.

ccc) Zwischenergebnis

Abgrenzungsabkommen unter den Koalitionen, welche die Verpflichtung beinhalten, von der Tarifzuständigkeit für eine bestimmte Branche oder einzelne Betriebe keinen Gebrauch zu machen, sind nach Art. 9 Abs. 3 S. 2 BGB nichtig. Dementsprechend kann auch keine inhaltsgleiche Verpflichtung durch das DGB-Schiedsurteil nach Ziff. 6 der Schiedsgerichtsordnung begründet werden. Zwar ist keine Verletzung der individuellen Koalitionsfreiheit der Mitglieder der Verbände gegeben. Dies folgt daraus, dass der Verband gegenüber seinen Mitgliedern nicht grundrechtlich verpflichtet ist, Tarifverträge zu schließen. Es liegt aber auf Seiten des Verbands ein nach Art. 9 Abs. 3 S. 2 GG unzulässiger Verzicht auf seine kollektive Koalitionsfreiheit vor. Aus diesem Grund kann dem DGB-Schiedsurteil ebenso wie Abgrenzungsabkommen unter konkurrierenden Gewerkschaften nur die Wirkung einer unverbindlichen Empfehlung zukommen. Ziff. 6 b der Schiedsgerichtsordnung ist nach Art. 9 Abs. 3 S. 2 GG nichtig.

cc) Verbandsrechtliche Grenzen eines „schuldrechtlichen" Dritteinflusses

Darüber hinaus bestehen gegen eine verbandsrechtliche Verpflichtung, von der Tarifzuständigkeit in bestimmtem Umfang keinen Gebrauch zu machen, auch Bedenken aus dem Vereinsrecht. Die vorangegangenen Untersuchungen haben ergeben, dass ein statutarischer Einfluss des DGB auf seine Mitgliedsgewerkschaften mit der Vereinsautonomie nicht vereinbar ist.[635] Es fehlt dem DGB nicht nur an einer entsprechenden Legitimation in den Satzungen der Mitgliedsgewerkschaften. Hinzu kommt, dass ein Zustimmungsrecht des DGB-Bundesausschusses bei Satzungsänderungen bzw. eigene Satzungsänderungsrechte von DGB-Organen jeweils als eine nach Art. 9

---

[635] Siehe § 10 I 2 b, § 10 II 1 b dd bbb.

Abs. 3 S. 2 GG unzulässige Selbstentmündigung der Mitgliedsgewerkschaften zu werten sind. Gleiches könnte aber auch für einen nur „schuldrechtlichen" Einfluss im Sinne einer verbandsrechtlichen Verpflichtung gegenüber dem Dachverband gelten, die gewerkschaftliche Betätigung aufgrund des DGB-Schiedsurteils in einem bestimmten Bereich zu unterlassen.

Allerdings wird im Vereinsrecht gemeinhin eine Gleichbehandlung von statutarischen und schuldrechtlichen Dritteinfluss abgelehnt.[636] Für den mit einer Verpflichtung zum Nichtvollzug der Satzungsnormen zur Tarifzuständigkeit vergleichbaren Fall, dass sich der Verein gegenüber einem Dritten zu einer Satzungsänderung verpflichtet, wird überwiegend nicht die Zulässigkeit des Fremdeinflusses, sondern allein die Vertretungsmacht des Vorstands problematisiert. Zwar ist diese nach § 26 Abs. 2 S. 2 BGB grundsätzlich umfassend und unbeschränkt. Der Vorstand ist nach einhelliger Auffassung jedoch nicht ermächtigt, den Verein im Außenverhältnis zu einer Satzungsänderung zu verpflichten, die im Innenverhältnis in den Zuständigkeitsbereich eines anderen Vereinsorgans, d.h. in der Regel die Mitgliederversammlung, fällt.[637] Ansonsten würde die gesetzliche Zuständigkeitsordnung im Verein durch eine schuldrechtliche Verpflichtung umgangen, die allein vom Vorstand begründet wurde.[638]. Dementsprechend wird bezogen auf den Beitritt zu einem Dachverband ein legitimierender Beschluss der Mitglieder des Vereins gefordert, soweit aus der Mitgliedschaft im Dachverband Verpflichtungen hinsichtlich des „ob" und „wie" von Satzungsänderungen resultieren.[639]

Von dieser vertretungsrechtlichen Besonderheit abgesehen, wendet sich allein *Flume*[640] gegen die Zulässigkeit einer schuldrechtlichen Verpflichtung des Vereins

[636] BGH, Urt. v. 30.3.1953 (IV ZR 176/52) = JZ 1953, 474 (475); Steinbeck, Vereinsautonomie und Dritteinfluß, S. 208 f. Kontrovers verläuft hingegen die vergleichbare Diskussion im GmbH-Recht bezüglich sog. Stimmrechtsverträge, durch die sich ein Gesellschafter gegenüber einem gesellschaftsfremden Dritten zu einem bestimmten Abstimmungsverhalten verpflichtet. Nach teilweise vertretener Auffassung soll eine entsprechende Abstimmungsvereinbarung unzulässig sein, soweit sie sich auf Satzungsänderungen bezieht. Dies wird insbesondere damit begründet, dass mit einem entsprechenden Erfüllungsanspruch eines Dritten auf vertragsgemäße Stimmabgabe, der nach § 894 ZPO vollstreckbar wäre, der Willensbildungsprozess der Gesellschafterversammlung beeinträchtigt werde, vgl. Flume, Juristische Person, § 7 VI, S. 242; Lutter/Hommelhoff, GmbHG, § 47 Rn. 3; einschränkend auch Scholz/K. Schmidt, GmbHG, § 47 Rn. 42; MünchKomm-Reuter, BGB, § 32 Rn. 37; a.A. Koppensteiner, in: Rowedder/Schmidt-Leithoff/, GmbHG, § 47 Rn. 28; Baumbach/Hueck-Zöllner, GmbHG, § 47 Rn. 77.
[637] BGH, Urt. v. 30.3.1953 (IV ZR 176/52) = JZ 1953, 474 (475); Reichert, Handbuch des Vereins- und Verbandsrechts, Rn. 1397; Soergel/Hadding, BGB, § 26 Rn. 20; Sauter/Schweyer/Waldner, Der eingetragene Verein, Rn. 233; Steinbeck, Vereinsautonomie und Dritteinfluß, S. 200 f.; Stöber, Handbuch zum Vereinsrecht, Rn. 286, 621.
[638] Steinbeck, Vereinsautonomie und Dritteinfluß, S. 200.
[639] Steinbeck, Vereinsautonomie und Dritteinfluß, S. 201 ff. Siehe auch MünchKomm/Reuter, BGB, vor § 21 Rn. 119.
[640] Flume, Juristische Person, § 7 I 3, S. 298 f.

zur Satzungsänderung. Demgegenüber hält *Steinbeck*[641] den nur schuldrechtlichen Einfluss nicht für vergleichbar mit dem statutarischem Dritteinfluss, da der schuldrechtliche Dritteinfluss gerade nicht auf die Satzung des Mitgliedsvereins durchgreife und der Mitgliedsverein daher trotz entgegenstehender vertraglicher Vereinbarungen Entscheidungen bezüglich des inneren Vereinslebens wirksam autonom treffen könne.

Für die Auffassung von *Steinbeck* spricht, dass die Satzungsautonomie ausschließlich auf die Freiheit der Verbandsverfassung abzielt, nicht auch auf die Freiheit des Verbandes selbst.[642] Ist infolgedessen eine Verpflichtung zur Satzungsänderung – von der problematischen Vertretungsmacht des Vorstands abgesehen – ohne weiteres zulässig, müsste dies an sich erst Recht für eine Verpflichtung gelten, die sich wie Ziff. 6 b der Schiedsgerichtsordnung nicht unmittelbar auf die Satzungsgestaltung bezieht, sondern lediglich auf den Vollzug der entsprechenden Satzungsbestimmungen der DGB-Gewerkschaften zur Tarifzuständigkeit. Bei den Gewerkschaften liegt die Entscheidung über das „ob" und „wie" von Tarifabschlüssen nicht bei den Mitgliedern, sondern im Ermessen des Vorstands als insoweit im Innen- sowie im Außenverhältnis vertretungsbefugtem Vereinsorgan.[643] Daher wird durch die verbandsrechtliche Verpflichtung der Gewerkschaft, einen Tarifabschluss zu unterlassen, nicht in die Zuständigkeitenordnung der Gewerkschaft zu Lasten ihrer Mitglieder eingegriffen.

Andererseits bleibt bei dieser Argumentation aber die Besonderheit unberücksichtigt, dass die Satzungsbestimmungen der Gewerkschaften im Zusammenhang mit der Tarifzuständigkeit als Voraussetzung für die tarifvertragliche Normengeltung Außenwirkung entfalten. Ihre wesentliche Bedeutung bezieht sich also auf die Vereinsbetätigung im Außenverhältnis. Durch eine Verpflichtung zum Nichtvollzug dieser Satzungsbestimmungen laufen diese aber letztlich leer, wodurch dann auch mittelbar die Satzungsautonomie betroffen ist. Zwar bleibt die Tarifzuständigkeit der Gewerkschaft und damit auch die Wirksamkeit des Tarifabschlusses unberührt. Jedoch könnte der

---

[641] Steinbeck, Vereinsautonomie und Dritteinfluß, S. 209.

[642] K. Schmidt, Gesellschaftsrecht, § 5 I 3 b, S. 83.

[643] Die allgemeine Vertretungsbefugnis des Vorstands umfasst nach den Satzungen der Mitgliedsgewerkschaften grundsätzlich auch den Abschluss von Tarifverträgen, vgl. § 18 Ziff. 3 a, § 16 Ziff. 4 b, § 14 Ziff. 4 k IG Metall-Satzung; § 10 Ziff. 1, § 19, § 32 Ziff. 12 IG BCE-Satzung; § 21 Ziff. 2 i, Ziff. 8, § 22 Ziff. 1, Ziff. 2 c IG BAU-Satzung; §§ 27 Ziff. 1, 30 Transnet-Satzung; § 24 Ziff. 11, § 25 Ziff. 5 c NGG-Satzung; § 26 GEW-Satzung i.V.m. Ziff. 1.3 der Richtlinien für die Durchführung von Tarifverhandlungen und die Führung von Arbeitskämpfen. Darüber hinaus wird in § 35 e IG BCE-Satzung auch dem Bezirksleiter eine eigenständige, nicht an Weisungen des Hauptvorstands gebundene Befugnis zum Tarifabschluss eingeräumt. Demgegenüber ist nach § 42 Ziff. 3 ver.di-Satzung der Bundesvorstand zwar Vertretungsorgan i.S.v. § 26 BGB. Die Zuständigkeit für den Abschluss von Tarifverträgen liegt aber nach § 68 Ziff. 1 der Satzung bei Tarifkommissionen, dem Bundesvorstand kommt insoweit lediglich ein Vetorecht nach § 69 Ziff. 3 ver.di-Satzung zu.

DGB bzw. die im Schiedsgerichtsverfahren obsiegende Gewerkschaft im Falle der Wirksamkeit einer entsprechenden Verpflichtung den Tarifabschluss und darüber hinaus jegliche gewerkschaftliche Betätigung im streitgegenständlichen Bereich im Wege der Unterlassungsklage verhindern. Trotz rechtlichen Fortbestands der Tarifzuständigkeit könnte auf diese Weise erreicht werden, dass die einschlägigen Satzungsbestimmungen partiell ins Leere gehen. Stellt man also allein auf den Umfang des gewährten Dritteinflusses ab, macht es im Ergebnis keinen Unterschied, ob der Tarifvertrag bereits infolge fehlender Tarifzuständigkeit unwirksam ist oder aber der DGB bzw. die im Schiedsgerichtsverfahren obsiegende Gewerkschaft einen Tarifvertrag aufgrund eines Unterlassungsanspruchs klageweise, gegebenenfalls im Wege der einstweiligen Verfügung, verhindern kann. Daher würde mit einer entsprechenden verbandsrechtlichen Verpflichtung letztlich das Verbot des statutarischen Dritteinflusses umgangen.[644]

Aufgrund dieser besonderen Konstellation bei den Satzungsbestimmungen zur Tarifzuständigkeit ist eine nur schuldrechtliche Verpflichtung zum teilweisen Nichtvollzug der entsprechenden Satzungsbestimmungen ebenso unwirksam wie ein statutarischer Dritteinfluss.

dd) Zwischenergebnis

Aus dem Schiedsurteil des DGB folgt keine justiziable Pflicht der unterlegenen Mitgliedsgewerkschaft, Tarifabschlüsse im streitgegenständlichen Bereich zu unterlassen. Zum einen würde ansonsten das Verbot eines statutarischen Dritteinflusses umgangen. Zum anderen liegt in einer entsprechenden verbandsrechtlichen Verpflichtung ein nach Art. 9 Abs. 3 S. 2 GG unzulässiger Grundrechtsverzicht. Infolgedessen ist Ziff. 6 b der Schiedsgerichtsordnung unwirksam. Dem Schiedsurteil kommt lediglich die Wirkung einer unverbindlichen Empfehlung zu.

d) Ergebnis

Die Tarifzuständigkeit der am Schiedsgerichtsverfahren beteiligten Mitgliedsgewerkschaften bleibt von dem DGB-Schiedsurteil gemäß § 16 DGB-Satzung i.V.m. der hierzu ergangenen Schiedsgerichtsordnung unberührt.

Ein Einfluss des Schiedsurteils auf die Satzungen der Mitgliedsgewerkschaften scheitert zunächst bereits an einer entsprechenden Legitimation in den Satzungen der Mitgliedsgewerkschaften, die eine hinreichend konkrete Verweisung auf die ein-

---

[644] Dieser Aspekt der Umgehung spielt auch bei der vergleichbaren Diskussion im Tarifrecht eine Rolle, ob in schuldrechtlichen Tarifvertragsvorschriften Regelungen getroffen werden können, die als normative Tarifvertragsbestimmungen unzulässig wären. Siehe hierzu ausführlich Giesen, Tarifvertragliche Rechtsgestaltung für den Betrieb, S. 229 f., 514 ff., insbes. S. 516.

schlägigen Bestimmungen der DGB-Satzung sowie der Schiedsgerichtsordnung erfordern würde. Weiterhin fehlt auch in den Regelungen des DGB zur Wirkung des Schiedsurteils eine hinreichend klare und transparente Bestimmung, aus der sich eine möglicherweise satzungseinschränkende Wirkung des DGB-Schiedsurteils ergibt. Davon abgesehen wäre ein statutarischer Einfluss des DGB-Schiedsgerichts als im Verhältnis zu den Mitgliedsgewerkschaften vereinsfremdem Organ nach Art. 9 Abs. 3 S. 2 GG unzulässig.

Weiterhin besteht auch keine verbandsrechtliche Verpflichtung zur Beachtung des Schiedsurteils. Zum einen würde ansonsten das Verbot des statutarischen Dritteinflusses umgangen. Zum anderen steht einer entsprechenden verbandsrechtlichen Verpflichtung das Verbot wettbewerbsbeschränkender Abreden nach Art. 9 Abs. 3 S. 2 GG entgegen. Folglich haben weder der DGB noch die im Schiedsgerichtsverfahren obsiegende Gewerkschaft gegen die unterlegene Gewerkschaft einen Anspruch auf Unterlassung jeglicher koalitionsmäßiger Betätigung im streitgegenständlichen Bereich.

Das DGB-Schiedsurteil hat mithin keine weitergehende Bedeutung als die einer unverbindlichen Empfehlung an die beteiligten Gewerkschaften, ihre Tarifzuständigkeit in einer bestimmten Weise zu handhaben. Dabei ist es der unterlegenen Gewerkschaft unbenommen, sich freiwillig an das Schiedsurteil zu halten, da aus der individuellen Koalitionsfreiheit ihrer Mitglieder keine Pflicht der Gewerkschaft zum Tätigwerden folgt.

2. Einigung im Rahmen des DGB-Schiedsgerichtsverfahrens

Das BAG[645] hat im Gegensatz zu der hier vertretenen Auffassung jedoch seine Rechtsprechung zum DGB-Schiedsgerichtsverfahren im Jahre 1999 dadurch bestätigt, dass es einer Einigung im Vermittlungsverfahren nach Ziff. 1 c S. 3 der Schiedsgerichtsordnung i.V.m. § 16 Ziff. 2 DGB-Satzung die gleiche Wirkung beigemessen hat wie einem Schiedsurteil des DGB-Schiedsgerichts. Der Entscheidung lag folgender Sachverhalt zugrunde:

Das antragsstellende Handelsunternehmen, das bis zu seiner rechtlichen Verselbständigung im Jahre 1986 Verkaufsabteilung eines Metallunternehmens war, verkaufte über den Fachgroßhandel Möbel- und Baubeschläge und sonstige Gegenstände aus dem Beschlagbereich. Auch nach seiner rechtlichen Verselbständigung wandte es zunächst weiterhin die Tarifverträge der Metallindustrie an und war Mitglied des regionalen Metallarbeitgeberverbandes. Zum 31.12.1996 kündigte es jedoch die Mitglied-

---

[645] BAG, Beschl. v. 14.12.1999 (1 ABR 74/98) = AP Nr. 14 zu § 2 TVG Tarifzuständigkeit m. Anm. Rieble = EzA Nr. 7 zu § 2 TVG Tarifzuständigkeit m. Anm. Oetker.

schaft und trat dem regionalen Arbeitgeberverband des Groß- und Außenhandels bei, dessen Tarifverträge allgemeinverbindlich waren. Die IG Metall bemühte sich vergeblich um den Abschluss eines Firmentarifvertrags mit der Antragstellerin. Diese bestritt die Tarifzuständigkeit der IG Metall. In einem von der IG Metall angestrengten Vermittlungs- und Schiedsverfahren nach § 16 DGB-Satzung kam es zu einer Einigung mit der Gewerkschaft Handel, Banken und Versicherungen (HBV), wonach die IG Metall für den Betrieb der Antragstellerin weiterhin zuständig sein sollte. Die Antragsstellerin meint jedoch, als rechtlich selbständiges Handelsunternehmen nicht in den Zuständigkeitsbereich der IG Metall zu fallen.

Das ArbG Herford[646] entschied entsprechend dem Antrag des Handelsunternehmens. Der hiergegen gerichteten Beschwerde der IG Metall gab das LAG Hamm[647] statt. Allerdings leitete das LAG Hamm die Tarifzuständigkeit der IG Metall nicht aus der Einigung zwischen IG Metall und HBV her, da zur authentischen Interpretation von deren Satzung ein Schiedsspruch erforderlich sei.[648] Die Tarifzuständigkeit ergebe sich jedoch unmittelbar aus der Satzung der IG Metall, die nach ihrem Organisationskatalog zuständig war für „Betriebe, deren Zweck überwiegend darauf gerichtet ist, die unter diesen Organisationskatalog fallenden Betriebe bei der Verwirklichung ihrer Zielsetzung zu unterstützen ...". Dies sollte nach dem Organisationskatalog insbesondere auch für solche Betriebe gelten, die aufgrund von Auf- und Abspaltungen und Ausgliederungen entstanden sind.[649]

Das BAG[650] hat demgegenüber in seiner Folgeentscheidung die Tarifzuständigkeit der IG Metall allein auf die im Rahmen des Vermittlungsverfahrens erfolgte Einigung mit der Gewerkschaft HBV gestützt. Dies ist aus Sicht des BAG nur konsequent, hat doch die Einigung im Rahmen des Vermittlungsverfahrens nach Ziff. 1 c der Schiedsgerichtsordnung die gleiche Wirkung wie ein Schiedsurteil. Bei der Fortführung seiner Rechtsprechung ließ das BAG die Kritik der Literatur[651] unbeachtet, und verwies allein auf seine ständige Rechtsprechung. Eigens problematisiert wurde

[646] ArbG Herford, Beschl. v. 29.7.1997 (3 BV 13/97) n.v.

[647] LAG Hamm, Beschl. v. 29.7.1998 (3 TaBV 9/98) = NZA-RR 1999, 196 ff.

[648] LAG Hamm, Beschl. v. 29.7.1998 (3 TaBV 9/98) = NZA-RR 1999, 196 (197).

[649] Die heutigen Bestimmungen unter Organisationsbereich III B der IG Metall-Satzung sind insofern inhaltlich identisch.

[650] BAG, Beschl. v. 14.12.1999 (1 ABR 74/98) = AP Nr. 14 zu § 2 TVG Tarifzuständigkeit m. Anm. Rieble = EzA Nr. 7 zu § 2 TVG Tarifzuständigkeit m. Anm. Oetker.

[651] v. Eisenhart Rothe, Tarifzuständigkeit, S. 105 f.; Kutscher, Tarifzuständigkeit, S. 39 ff.; Heinze, DB 1997, 2122 (2124 ff.); Jacobs, Tarifeinheit und Tarifkonkurrenz, S. 220 ff.; Konzen, FS Kraft (1998), S. 291 (313); Martens, Anm. zu BAG, Beschl. v. 19.11.1985 (1 ABR 37/83), SAE 1987, 7 (9 f.); MünchArbR/Löwisch/Rieble, § 255 Rn. 71 ff.; Löwisch/Rieble, TVG, § 2 Rn. 97 ff.; Rieble, Arbeitsmarkt und Wettbewerb, Rn. 1834 ff.; ders., Anm. zu BAG, Beschl. v. 14.12.1999 (1 ABR 74/98), AP Nr. 14 zu § 2 TVG Tarifzuständigkeit; Weyand, Anm. zu BAG, Beschl. v. 22.11.1988 (1 ABR 6/87), SAE 1991, 323 (324 f.); kritisch auch Heß, ZfA 1976, 45 (51).

lediglich die Abgrenzung zu dem Fall, dass eine für die Tarifzuständigkeit in Frage kommende Gewerkschaft außerhalb des Schiedsverfahrens erklärt, sie sei nicht zuständig. Eine solche Erklärung soll nach Auffassung des 1. Senats keine Auswirkung auf die Tarifzuständigkeit haben, da anders als beim Vermittlungs- und Schiedsverfahren nicht sichergestellt sei, dass die betreffende Gewerkschaft vorher die Sach- und Rechtslage eingehend geprüft habe.

Diese Rechtsprechung hat in der Literatur teils Zustimmung[652] gefunden, teils aber auch vehemente Ablehnung[653] erfahren. Die Kritik bezieht sich dabei zu Recht[654] auf die fehlende Legitimation durch die Satzungen der Mitgliedsgewerkschaften[655] sowie auf die Unzulässigkeit eines Verzichts der Verbände auf ihre Rechtsetzungsmacht[656]. Insoweit stellen sich die gleichen rechtlichen Probleme wie beim Schiedsurteil.[657] Der einzige wesentliche Unterschied besteht darin, dass nicht ein außenstehender Dritter den Streit entscheidet, sondern die beteiligten Gewerkschaften diesen einvernehmlich beilegen. Gerade in dieser Konstellation wird aber deutlich, dass die Konzeption des BAG, dass das Schiedsurteil sowie die Einigung im Rahmen des Vermittlungs- und Schiedsverfahrens sich unmittelbar auf die Satzungen der beteiligten Gewerkschaften auswirken sollen, ein Kunstgriff ist, der jeder Rechtsgrundlage entbehrt.

Der Vorstand ist nach den Satzungen der Mitgliedsgewerkschaften vertretungsberechtigtes Organ; er ist aber nicht zu Satzungsänderungen befugt.[658] Vielmehr sind hierfür der Gewerkschaftstag[659] bzw. der Bundeskongress[660] als höchste Gewerkschaftsorgane zuständig. Zwischen den Gewerkschaftstagen/Bundeskongressen werden daneben teilweise noch dem Gewerkschaftsbeirat[661] in gewissem Umfang Sat-

---

[652] Vgl. Oetker, Anm. zu BAG, Beschl. v. 14.12.1999 (1 ABR 74/98), EzA Nr. 7 zu § 2 TVG Tarifzuständigkeit.

[653] Natzel, Anm. zu BAG, Beschl. v. 14.12.1999 (1 ABR 74/98), SAE 2001, 43 ff.; Rieble, Anm. zu BAG, Beschl. v. 14.12.1999 (1 ABR 74/98), AP Nr. 14 zu § 2 TVG Tarifzuständigkeit.

[654] Siehe oben § 10 I 1, § 10 II 1 b dd aaa.

[655] Natzel, Anm. zu BAG, Beschl. v. 14.12.1999 (1 ABR 74/98), SAE 2001, 43 (46); Rieble, Anm. zu BAG, Beschl. v. 14.12.1999 (1 ABR 74/98), AP Nr. 14 zu § 2 TVG Tarifzuständigkeit.

[656] Natzel, Anm. zu BAG, Beschl. v. 14.12.1999 (1 ABR 74/98), SAE 2001, 43 (46); Rieble, Anm. zu BAG, Beschl. v. 14.12.1999 (1 ABR 74/98), AP Nr. 14 zu § 2 TVG Tarifzuständigkeit.

[657] Siehe oben § 10 II 1.

[658] Etwas anderes ergibt sich auch nicht aus § 2 a.E. NGG-Satzung. Hiernach ist der Vorstand zwar dazu befugt, den Organisationsbereich auf weitere Betriebe zu erstrecken, soweit in diesen Mitglieder der NGG beschäftigt sind. Jedoch betrifft diese Bestimmung nicht die hier zu behandelnde Frage, ob der Vorstand auch den Organisationsbereich im Rahmen der Einigung mit einer konkurrierenden Gewerkschaft einschränken kann.

[659] § 20 IG Metall-Satzung, § 24 Ziff. 4 g IG BAU-Satzung, § 25 Ziff. 4 e Transnet-Satzung, § 29 Ziff. 7 NGG-Satzung, §§ 17, 22 GEW-Satzung, § 17 Ziff. 13 e IG BCE-Satzung.

[660] § 37 Ziff. 2 b ver.di-Satzung; § 13 Abs. 1 e GdP-Satzung.

[661] § 26 Ziff. 2 b Transnet-Satzung; § 28 Ziff. 3 NGG-Satzung; § 18 Ziff. 4 f, Ziff. 5, § 15 Ziff. 12 IG BCE-Satzung; § 41 Ziff. 4 m ver.di-Satzung; § 20 Abs. 5 GdP-Satzung; für die Änderung des Organisationskatalogs auch § 19 Ziff. 1 IG Metall-Satzung und § 23 Ziff. 2 d IG BAU-Satzung.

zungsänderungsrechte zugesprochen. Dem Vorstand müsste eine entsprechende Kompetenz folglich erst noch mit hinreichender Klarheit in den Satzungen der Mitgliedsgewerkschaften eingeräumt werden. Für diesen Fall stellt sich dann allerdings die im Vereinsrecht umstrittene Frage, ob von der gesetzlichen Zuständigkeitenordnung für Satzungsänderungen gemäß § 33 BGB abgewichen werden kann.

Nach *Flume*[662] und *Karsten Schmidt*[663] besteht für die Ausübung der Satzungsautonomie eine ausschließliche Kompetenz der Mitgliederversammlung. Eine Ausnahme hiervon wird man aufgrund der Notwendigkeit einer repräsentativen Organisationsstruktur von Großvereinen zwar zumindest insoweit zulassen müssen, als die Kompetenz der Mitgliederversammlung bei den DGB-Gewerkschaften auf eine Delegiertenversammlung wie den Gewerkschaftstag bzw. Bundeskongress übertragen wird.[664] Eine dahingehende praktische Notwendigkeit besteht aber bei der Übertragung der Satzungsänderungskompetenz auf den Vorstand nicht.

Dennoch hält die herrschende Lehre[665] eine entsprechende Abweichung von der gesetzlichen Zuständigkeitenordnung als Bestandteil der Satzungsautonomie nach § 40 BGB für zulässig. Die Richtigkeit dieser Ansicht unterstellt, käme dann aber die entsprechende Satzungsänderung nicht über die Einigung mit einer konkurrierenden Gewerkschaft, die wiederum durch ihren Vorstand vertreten wird, zustande. Vielmehr bedürfte es der Umsetzung durch einen entsprechenden Vorstandsbeschluss nach § 28 BGB, da die Beschlussfassung Wirksamkeitsvoraussetzung für die inneren und äußeren Handlungen des Vorstands ist.[666]

Insgesamt spricht deshalb alles dagegen, dass sich die Einigung im Rahmen des Vermittlungs- und Schiedsgerichtsverfahrens gemäß § 16 Nr. 2 DGB-Satzung i.V.m. Ziff. 1 c S. 3 der Schiedsgerichtsordnung auf die Tarifzuständigkeit der beteiligten Gewerkschaften auswirkt.

Ebenso wenig resultieren aus der Einigung schuld- oder verbandsrechtliche Pflichten der unterlegenen Gewerkschaft, von ihrer Tarifzuständigkeit keinen Gebrauch zu machen. Wie die Untersuchungen zu den Wirkungen des DGB-Schiedsurteils ergeben haben, sind vergleichbare wettbewerbsbeschränkende Abgrenzungsabkommen wegen

---

[662] Flume, Juristische Person, § 7 I 3, S. 193 ff.

[663] K. Schmidt, Gesellschaftsrecht, § 5 I 3 b, S. 84; ebenso für Vereine ohne Aufnahmefreiheit, zu denen nach der Rechtsprechung des BGH auch Großgewerkschaften hören, MünchKomm/Reuter, BGB, § 32 Rn. 11, § 33 Rn. 10. Zum Aufnahmezwang von Großgewerkschaften vgl. BGH, Urt. v. 10.12.1984 (II ZR 91/84) = BGHZ 93, 151 (153); BGH, Urt. v. 19.10.1987 (II ZR 43/87) = BGHZ 102, 265 (267 f.); BGH, Urt. v. 15.10.1990 (II ZR 255/89) = NJW 1991, 485.

[664] MünchKomm/Reuter, BGB, § 32 Rn. 5 ff., 11; Oetker, RdA 1999, 96 (103); Säcker/Oetker, Probleme der Repräsentation von Großvereinen, S. 2 ff.

[665] Reichert, Handbuch des Vereins- und Verbandsrechts, Rn. 418; RGRK/Steffen, BGB, § 33 Rn. 2; Sauter/Schweyer/Waldner, Der eingetragene Verein, Rn. 135; Soergel/Hadding, BGB, § 33 Rn. 6; Steinbeck, Vereinsautonomie und Dritteinfluß, S. 84.

[666] Erman/Westermann, BGB, § 28 Rn. 2.

Verstoßes gegen Art. 9 Abs. 3 S. 2 GG unwirksam und infolgedessen lediglich als unverbindliche Empfehlungen zu werten.[667]

3. Konkurrierende Tarifzuständigkeit ohne DGB-Schiedsgerichtsverfahren

Da das Schiedsurteil des DGB-Schiedsgerichts nur die Wirkung einer unverbindlichen Empfehlung hat, ist es für die Tarifzuständigkeit der Einzelgewerkschaften unerheblich, ob ein Schiedsgerichtsverfahren eingeleitet wird oder aber unterbleibt. Aufgrund der grundrechtlich durch Art. 9 Abs. 3 GG garantierten Satzungsautonomie sind Mehrfachzuständigkeiten unter den Gewerkschaften grundsätzlich zulässig.[668] Dies gilt auch für die DGB-Gewerkschaften, da der Organisationsgrundsatz „ein Betrieb, eine Gewerkschaft" kein Rechtssatz ist.[669] Folglich sind auch durch die Zugehörigkeit der Gewerkschaften zum DGB keine konkurrierenden Tarifzuständigkeiten ausgeschlossen.

Das Gegenteil nimmt jedoch das BAG[670] in einer Entscheidung vom 12.11.1996 an. Da der 1. Senat dem Schiedsspruch Außenwirkung beimisst, stellte sich für ihn die Frage, welche Auswirkungen es auf die Tarifzuständigkeit konkurrierender Gewerkschaften hat, wenn diese ein Schiedsgerichtsverfahren noch nicht eingeleitet haben bzw. auf dieses ganz verzichten. Während es nach nahezu einhelliger Ansicht im Schrifttum[671] in diesen Fällen bei einer Mehrfachzuständigkeit bleiben soll, will der 1. Senat dies bei den DGB-Gewerkschaften in der Regel ausschließen, solange kein Schiedsgerichtsverfahren durchgeführt worden ist. Statt dessen soll die Zuständigkeit allein diejenige Gewerkschaft innehaben, die vor Entstehen der Konkurrenzsituation als zuständig angesehen wurde. Wie zu verfahren ist, wenn im Falle einer Neugründung eines Unternehmens von vornherein mehrere DGB-Gewerkschaften ihre Zuständigkeit geltend machen, lässt das BAG dabei ausdrücklich dahingestellt. Von diesem Sonderfall der Neugründung abgesehen, kommt nach der Rechtsprechung des 1. Senats eine Mehrfachzuständigkeit unter den DGB-Gewerkschaften mithin nur

[667] Siehe oben § 10 II 1 c.
[668] Siehe oben § 6.
[669] Heinze, DB 1997, 2122; Blank, Die Tarifzuständigkeit der DGB-Gewerkschaften, S. 124 f.
[670] BAG, Beschl. v. 12.11.1996 (1 ABR 33/96) = AP Nr. 11 zu § 2 TVG Tarifzuständigkeit m. zust. Anm. Oetker = SAE 1998, 258 m. Anm. Buchner. Ebenso LAG Stuttgart, Beschl. v. 25.5.2000 (1 TaBV 1/99) = juris.
[671] Blank, Die Tarifzuständigkeit der DGB-Gewerkschaften, S. 131 f., 147; Buchner, gemeinsame Anm. zu den Beschlüssen des BAG v. 25.9.1996 (1 ABR 4/96) u. v. 12.11.1996 (1 ABR 33/96), SAE 1998, 262 (265); Gamillscheg, Kollektives Arbeitsrecht I, § 14 II 2 b, S. 533; MünchArbR/ Löwisch/Rieble, § 255 Rn. 72; Jacobs, Tarifeinheit und Tarifkonkurrenz, S. 223 ff.; Konzen, FS Kraft (1998), S. 291 (314); a.A. Oetker, gemeinsame Anm. zu den Beschlüssen des BAG v. 25.9.1996 (1 ABR 4/96) u. v. 12.11.1996 (1 ABR 33/96), AP Nr. 11 zu § 2 TVG Tarifzuständigkeit; Henssler, FS Schaub (1998), S. 311 (332).

noch dann in Betracht, wenn ein dahingehendes DGB-Schiedsurteil ergeht, was in der Regel nicht der Fall sein wird.

Im Schrifttum ist diese Entscheidung bislang nur vereinzelt aufgegriffen und besprochen worden.[672] Dies verwundert insbesondere deshalb, weil sich als unmittelbare Folge der BAG-Rechtsprechung das vieldiskutierte Problem, wie bei Geltung mehrerer Tarifverträge im Betrieb zu verfahren ist, nahezu erledigt, soweit an den jeweiligen Tarifabschlüssen DGB-Gewerkschaften beteiligt waren. Kann von vornherein nur eine der DGB-Gewerkschaften im Betrieb tarifzuständig sein, ist der Geltung mehrerer, mit verschiedenen Gewerkschaften abgeschlossener Tarifverträge (Tarifpluralität[673]) die Grundlage entzogen. Dies ist aus Sicht des BAG insoweit vorteilhaft, als sich das von ihm für diesen Fall favorisierte Prinzip der Tarifeinheit[674] seitens der Literatur[675] insbesondere dem Einwand ausgesetzt sah, wegen Verletzung von Art. 9 Abs. 3 GG verfassungswidrig zu sein. Mit dem Konzept des weitgehenden Ausschlusses von Mehrfachzuständigkeiten im Wege der verbandlichen Selbstbeschränkung hat das BAG mithin einen neuen – vermeintlich verfassungsgemäßen – Weg zur Durchsetzung der Tarifeinheit im Betrieb eingeschlagen.

In dem zugrundeliegenden Fall unterhielt die Arbeitgeberin u.a. einen Betrieb in Neuss, in dem sie aus Kartonbögen, die überwiegend von den papiererzeugenden Betrieben der Arbeitgeberin geliefert wurden, Verpackungen aller Art fertigte. Für das Werk Neuss war die Arbeitgeberin zunächst Mitglied des Arbeitgeberverbandes der papierverarbeitenden Industrie und wandte die von diesem mit der IG Medien abgeschlossenen Tarifverträge an. Zum 1. Januar 1995 wechselte sie zum Arbeitgeberverband der papiererzeugenden Industrie und betrachtete seither die mit der IG Chemie-Papier-Keramik (im Folgenden: IG Chemie) abgeschlossenen Tarifverträge als maßgebend. Die IG Medien hielt sich dennoch weiterhin für tarifzuständig. Ihre Aufforderung zum Abschluss eines Firmentarifvertrages lehnte die Arbeitgeberin mit der

---

[672] Zustimmend Oetker, gemeinsame Anm. zu den Beschlüssen des BAG v. 25.9.1996 (1 ABR 4/96) u. v. 12.11.1996 (1 ABR 33/96), AP Nr. 11 zu § 2 TVG Tarifzuständigkeit; ders., in: Wiedemann, TVG, § 2 Rn. 57; Henssler, FS Schaub (1998), S. 311 (332); a.A. Buchner, gemeinsame Anm. zu den Beschlüssen des BAG v. 25.9.1996 (1 ABR 4/96) u. v. 12.11.1996 (1 ABR 33/96), SAE 1998, 262 (265); MünchArbR/Löwisch/Rieble, § 255 Rn. 72; Jacobs, Tarifeinheit und Tarifkonkurrenz, S. 223 ff.; Konzen, FS Kraft (1998), S. 291 (314).

[673] Weitere Voraussetzung der Tarifpluralität ist in Abgrenzung zur sog. Tarifkonkurrenz, dass die Tarifverträge nicht auf einzelne Arbeitsverhältnisse gleichzeitig anwendbar sind, vgl. Wiedemann/Wank, TVG, § 2 Rn. 274 und oben § 3 III. Dies ist bei Tarifabschlüssen mit unterschiedlichen Gewerkschaften der Regelfall, zu den denkbaren Ausnahmen siehe jedoch Wiedemann/Wank, TVG, § 4 Rn. 271.

[674] BAG, Urt. v. 26.1.1994 (10 AZR 611/92) = AP Nr. 22 zu § 4 TVG Tarifkonkurrenz; BAG, Urt. v. 20.3.1991 (4 AZR 455/90) = AP Nr. 20 zu § 4 TVG Tarifkonkurrenz m.w.N.

[675] Vgl. statt aller Jacobs, Tarifeinheit und Tarifkonkurrenz, S. 411 ff.; Wiedemann/Wank, TVG, § 4 Rn. 271 ff. m.w.N.

Begründung ab, nur die IG Chemie sei für das Werk Neuss tarifzuständig. Daraufhin leitete die IG Medien beim Arbeitsgericht Mönchengladbach ein Beschlussverfahren ein mit dem Antrag festzustellen, dass sie allein tarifzuständig sei. Die Arbeitgeberin und in 2. Instanz auch die IG Chemie beantragten demgegenüber die Feststellung der alleinigen Zuständigkeit der IG Chemie. Während das Arbeitsgericht[676] dem Antrag der IG Medien entsprach, stellte das LAG Düsseldorf[677] in zweiter Instanz fest, dass sowohl die IG Chemie als auch die IG Medien tarifzuständig seien.

Auf die hiergegen eingeleitete Rechtsbeschwerde der Arbeitgeberin hin stellte das BAG[678] fest, dass zwar ihren Satzungen nach beide Gewerkschaften zuständig seien. In Fortführung des Gedankens der Selbstbeschränkung der dem DGB angehörenden Gewerkschaften soll es nach Auffassung des 1. Senats dennoch bei der Alleinzuständigkeit derjenigen Gewerkschaft bleiben, die vor Entstehen der Konkurrenzsituation als zuständig angesehen worden war. Dies folgert der Senat daraus, dass nach der DGB-Satzung Überschneidungen der Organisationsbereiche möglichst von vornherein ausgeschlossen werden sollen und daher nicht einmal eine nur vorübergehende Zuständigkeitsüberschneidung gewollt sei. Eine Doppelzuständigkeit führe zu einer wesentlichen Beeinträchtigung des Grundsatzes „ein Betrieb, eine Gewerkschaft" und zugleich zu erheblichen Unsicherheiten auf der Gegenseite. Daher müsse es bis zur Klärung im Schiedsgerichtsverfahren beim „status quo" bleiben. Dies entspreche dem allgemeinen Rechtsverständnis und der Zweckmäßigkeit. Zudem sei auch der Organisationsgrad der Gewerkschaft, die vor Entstehen der Konkurrenzsituation als zuständig anzusehen war, im umstrittenen Betrieb regelmäßig höher. Die vorübergehende Zurückdrängung des satzungsmäßigen Organisationsbereichs der konkurrierenden Gewerkschaft sei hingegen durch die Selbstbeschränkung im Rahmen der Mitgliedschaft im DGB legitimiert. Allerdings folge daraus nicht, dass die Schiedsstelle nicht auch eine Doppelzuständigkeit bejahen könne, wenn ihr dies ausnahmsweise sinnvoll erscheine. Es gebe keinen gesetzlichen Grundsatz, der dies ausschließen würde.

Das BAG stellt mithin in seiner Begründung weitestgehend auf Zweckmäßigkeitserwägungen ab; der einzige rechtliche Anknüpfungspunkt ist die vermeintliche Selbstbeschränkung durch die Mitgliedschaft im DGB, für die aber keine Grundlage in den Satzungen der Mitgliedsgewerkschaften besteht und die darüber hinaus rechtlich unzulässig wäre.[679] Davon abgesehen könnte eine entsprechende Selbstbeschränkung, selbst wenn man insoweit der Ansicht des BAG folgt, denknotwendig nicht weiter reichen, als die DGB-Satzung dies vorsieht. Hier findet sich aber keine

---

[676] ArbG Mönchengladbach, Beschl. v. 26.7.1995 (5 BV 8/95) n.v.
[677] LAG Düsseldorf, Beschl. v. 1.3.1996 (9 TaBV 78/95) = juris (Leitsätze).
[678] BAG, Beschl. v. 12.11.1996 (1 ABR 33/96) = AP Nr. 11 zu § 2 TVG Tarifzuständigkeit.
[679] Siehe oben § 10 I 1, 2; § 10 II 1.

Regelung für den Fall, dass ein Schiedsgerichtsverfahren nicht stattfindet.[680] Zwar ist es zutreffend, dass die DGB-Satzung Zuständigkeitsüberschneidungen weitgehend ausschließen will. Dies führt indes nicht zu einem generellen Verbot von Mehrfachzuständigkeiten, wie das BAG – insoweit widersprüchlich – selbst einräumt.[681] Die DGB-Satzung setzt vielmehr in ihrem Regelwerk zum Schiedsgerichtsverfahren gerade die Existenz von Mehrfachzuständigkeiten voraus, über die erst mit dem Schiedsurteil entschieden werden soll.[682] Dies wird auch in den Organisationsgrundsätzen des DGB-Bundesvorstands aus Anlass der Gründung von ver.di[683] deutlich, wenn dort im Bereich bestimmter Dienstleistungssektoren wie der Telekommunikation Mehrfachzuständigkeiten anerkannt werden.[684] Diese sind nach dem Vorstandsbeschluss nicht zwingend im Wege einer bestimmten Zuordnung aufzulösen, sondern bei einer entsprechenden Einigung der betroffenen Gewerkschaften kommt auch die Bildung einer Tarifgemeinschaft in Betracht.[685] Gleiches gilt für den Fall, dass eine entsprechende Einigung nicht erzielt und infolgedessen das DGB-Schiedsgerichtsverfahren eingeleitet wird. Ein aktuelles Beispiel bildet die Beilegung des Streits zwischen ver.di und der IG Metall um die Zuständigkeit für den Computerkonzern IBM Deutschland.[686] Hier einigten sich auf Vorschlag des DGB-Schiedsgerichts die IG Metall und ver.di im Rahmen des Schiedsgerichtsverfahrens am 12.12.2001 darauf, eine Tarifgemeinschaft zu gründen.[687] Die Schiedsgerichtsordnung des DGB wurde nachfolgend entsprechend geändert, so dass nunmehr seit dem 6.3.2002 in Ziff. 5 b der Schiedsgerichtsordnung ausdrücklich geregelt ist, dass auch das Schiedsgericht für eine Übergangszeit die Bildung einer Tarifgemeinschaft vorsehen kann.

Die unterbliebene Einleitung des Schiedsgerichtsverfahrens mag wegen der Regelung in Ziff. 1 d der Organisationsrichtlinien gemäß § 15 Ziff. 2 DGB-Satzung, nach der bei Streitigkeiten über die Organisationszuständigkeiten ein Schiedsgerichtsverfahren einzuleiten ist, pflichtwidrig sein.[688] Aus der DGB-Satzung lässt sich aber nicht herleiten, dass aus diesem Grund nur eine Gewerkschaft tarifzuständig sein soll.

---

[680] So auch Konzen, FS Kraft (1998), S. 291 (314).

[681] Ebenso Blank, Die Tarifzuständigkeit der DGB-Gewerkschaften, S. 147.

[682] Jacobs, Tarifeinheit und Tarifkonkurrenz, S. 223.

[683] Grundsätze für die Organisationsbeziehungen und die Kooperation der DGB-Gewerkschaften aus Anlass der Gründung von ver.di und der Integration der DAG in den DGB; siehe dazu oben § 9 III 2.

[684] Unter II a Ziff. 5.

[685] Unter I a Ziff. 3; II b Ziff. 2.

[686] Zu diesem Zuständigkeitskonflikt siehe auch Töpsch/Menez/Manalowski, Industrielle Beziehungen 2001, 306 (323).

[687] Der Wortlaut der Einigung ist zu finden unter www.ibm.verdi-it.de/verdi-Sondermemo-1201.pdf. IBM hat im Januar 2002 beim ArbG Frankfurt/Main (Az.: 14 BV 47/02) die Feststellung beantragt, dass die IG Metall nicht tarifzuständig sei.

[688] A.A. Blank, Die Tarifzuständigkeit der DGB-Gewerkschaften, S. 147.

Gegen die Alleinzuständigkeit der Gewerkschaft, die ursprünglich alleinige Vertreterin im Betrieb war, ist zudem einzuwenden, dass die bisherige Organisationspraxis nur eines von mehreren Abgrenzungskriterien ist.[689] Zwar ist wegen des erheblichen Gewichts dieses zwingenden Abgrenzungskriteriums in der Regel davon auszugehen, dass im Schiedsurteil der ursprünglich zuständigen Gewerkschaft der Vorzug gegeben wird.[690] Solange nach der DGB-Satzung in Abweichung hiervon aber auch die Möglichkeit besteht, dass aufgrund der in die Gesamtabwägung einzubeziehenden weiteren Abgrenzungskriterien zugunsten der anderen Gewerkschaft entschieden oder aber eine Tarifgemeinschaft gebildet wird, besteht keine Grundlage dafür, der Satzung des DGB bis zur Einleitung des Schiedsgerichtsverfahrens den Grundsatz zu entnehmen, dass es bei der Alleinzuständigkeit der vor Entstehen der Konkurrenzsituation zuständigen Gewerkschaft bleibt.

III. Einigungen und Erklärungen außerhalb des DGB-Schiedsgerichtsverfahrens

Schließlich bleiben auch Einigungen und Erklärungen der konkurrierenden Gewerkschaften außerhalb des DGB-Schiedsgerichtsverfahrens ohne Einfluss auf deren Tarifzuständigkeit. Derartige Einigungen haben keinen satzungsrechtsgestaltenden Charakter. Auch kann hierdurch nicht die Verpflichtung begründet werden, die Satzung zu ändern oder von der gegebenen Tarifzuständigkeit in bestimmtem Umfang keinen Gebrauch zu machen.[691] Zunächst wird häufig bereits zweifelhaft sein, ob eine rechtsverbindliche Erklärung überhaupt von der jeweiligen Gewerkschaft gewollt ist, was im Einzelfall durch Auslegung nach §§ 133, 157 BGB zu ermitteln ist. So kann etwa der Erklärung einer für die Zuständigkeit in Frage kommenden Gewerkschaft, sie sei nicht zuständig, keine rechtliche Wirkung beigelegt werden, wenn diese Mitteilung im Rahmen einer entsprechenden Anfrage der konkurrierenden Gewerkschaft oder des sozialen Gegenspielers erfolgt.[692] Es handelt sich hierbei um eine bloße Auskunft, die nicht auf die Herbeiführung eine Rechtsfolge zielt. Davon abgesehen wäre eine entsprechende vertragliche Selbstbindung aber auch wegen Verstoßes gegen Art. 9 Abs. 3 S. 2 GG unwirksam.[693]

---

[689] Jacobs, Tarifeinheit und Tarifkonkurrenz, S. 223.
[690] Siehe dazu oben § 10 II 1 b dd.
[691] A.A. v. Eisenhart Rothe, Tarifzuständigkeit, S. 101 ff.
[692] I.E. für eine Anfrage des Gerichts auch BAG, Beschl. v. 22.11.1988 (1 ABR 6/87) = AP Nr. 5 zu § 2 TVG Tarifzuständigkeit. Das BAG begründet dies allerdings damit, dass anders als beim Schiedsspruch hier nicht sichergestellt sei, dass die betreffende Gewerkschaft vor einer solchen Erklärung die Sach- und Rechtslage eingehend geprüft habe.
[693] Siehe oben § 10 II 1 c bb.

5. Teil: Besonderheiten beim Firmentarifvertrag

Die vorstehenden Untersuchungen haben gezeigt, dass das DGB-Schiedsgerichtsverfahren nicht zu einer Beschränkung der Tarifzuständigkeit der DGB-Gewerkschaften führt. In den vom BAG entschiedenen Fällen stand dabei stets die Tarifzuständigkeit für den Abschluss eines Firmentarifvertrages in Frage.[694] Der Firmentarifvertrag, auch Unternehmens-, Werks-, oder Haustarif genannt,[695] hat in dieser Konstellation die Funktion eines „Lückenbüßers". Wenn der Arbeitgeber keinem Arbeitgeberverband angehört oder jedenfalls nicht demjenigen Arbeitgeberverband, dessen Tarifzuständigkeit mit der Tarifzuständigkeit der Gewerkschaft bezüglich des angestrebten Tarifabschlusses korrespondiert, bleibt der Firmentarifvertrag das einzige Mittel zur tarifvertraglichen Bindung des nicht oder „nicht passend" organisierten Unternehmens. Die Durchsetzung bzw. Abwehr von Firmentarifverträgen ist damit ein praktisch wichtiger Anwendungsbereich der Tarifzuständigkeit.

Seine einfachgesetzliche Grundlage findet der Firmentarifvertrag in der Bestimmung des § 2 Abs. 1 TVG, durch die dem einzelnen Arbeitgeber die Tariffähigkeit verliehen wird. Die verfassungsrechtliche Absicherung der Tariffähigkeit nicht verbandsangehöriger Arbeitgeber folgt aus der in Art. 9 Abs. 3 GG verankerten Betätigungsgarantie der Koalitionen und der grundsätzlich gewährleisteten Tarifautonomie.[696] Für die Funktionsfähigkeit der tariflichen Ordnung der Arbeits- und Wirtschaftsbedingungen ist der Firmentarifvertrag unverzichtbar.[697] Da für die Gewerkschaftsseite wegen der negativen Koalitionsfreiheit keine Möglichkeit besteht, den Arbeitgeber in den Arbeitgeberverband zu zwingen, hätte sie ansonsten keine Hand-

---

[694] BAG, Beschl. v. 17.2.1970 (1 ABR 15/69) = AP Nr. 3 zu § 2 TVG Tarifzuständigkeit; BAG, Beschl. v. 22.11.1988 (1 ABR 6/87) = AP Nr. 5 zu § 2 TVG Tarifzuständigkeit; BAG, Beschl. v. 25.9.1996 (1 ABR 4/96) = AP Nr. 10 zu § 2 TVG Tarifzuständigkeit; BAG, Beschl. v. 12.11.1996 (1 ABR 33/96) = AP Nr. 11 zu § 2 TVG Tarifzuständigkeit; BAG, Beschl. v. 14.12.1999 (1 ABR 74/98) = AP Nr. 14 zu § 2 TVG Tarifzuständigkeit. Auch im Rahmen der höchstrichterlichen Entscheidungen, in denen das DGB-Schiedsgerichtsverfahren keine Rolle gespielt hat, ging es meist um den Abschluss eines Firmentarifvertrages, so etwa BAG, Beschl. v. 27.11.1964 (1 ABR 13/63) = AP Nr. 1 zu § 2 TVG Tarifzuständigkeit; BAG, Beschl. v. 19.11.1985 (1 ABR 37/83) = AP Nr. 4 zu § 2 TVG Tarifzuständigkeit m. Anm. Reuter; BAG, Beschl. v. 12.12.1995 (1 ABR 27/95) = AP Nr. 8 zu § 2 TVG Tarifzuständigkeit.
[695] Vgl. Wiedemann/Wiedemann, TVG, § 1 Rn. 161.
[696] Henssler, ZfA 1998, 517 (519); Gamillscheg, Kollektives Arbeitsrecht I, § 14 I 2 b, S. 524.
[697] Henssler, ZfA 1998, 517 (519); Löwisch/Rieble, TVG, Grundl. Rn. 33; Wiedemann/Wiedemann, TVG, § 1 Rn. 165.

habe gegenüber Unternehmen, die sich der Tarifordnung durch das Fernbleiben von bzw. den Austritt aus den Verbänden entziehen.[698]

Kehrseite dessen ist, dass sich der Arbeitgeber möglicherweise der Inanspruchnahme durch mehrere Gewerkschaften ausgesetzt sieht. So machte beispielsweise im Fall „Agfa-Gevaert"[699] die IG Metall ihre Zuständigkeit für drei bayerische Metallbetriebe des Chemieunternehmens geltend. Dieses war aber Mitglied in den regionalen Arbeitgeberverbänden der chemischen Industrie, in deren Zuständigkeitsbereichen seine Betriebsstätten bestanden, und wandte unternehmenseinheitlich die Tarifverträge der chemischen Industrie an.

In Fällen dieser Art, in denen ein Unternehmen mehrere Betriebe verschiedener fachlicher Ausrichtung unterhält, stellt sich die Frage, ob und inwieweit der Arbeitgeber vor der Inanspruchnahme durch mehrere konkurrierende Gewerkschaften zu schützen ist. Insoweit kommen verschiedene rechtliche Ansatzpunkte in Betracht.

Bezogen auf den verbandsangehörigen Arbeitgeber wird teilweise die Auffassung vertreten, dieser verliere nach dem Sinn und Zweck des § 2 Abs. 1 TVG mit dem Verbandsbeitritt seine Tariffähigkeit.[700] Andere Stimmen stellen demgegenüber nicht die Tariffähigkeit des verbandsangehörigen Arbeitgebers in Frage, sondern lehnen in dieser Konstellation lediglich die Erstreikbarkeit von Firmentarifverträgen unter Berufung auf die individuelle Koalitionsfreiheit des Arbeitgebers[701] bzw. die kollektive Koalitionsfreiheit seines Verbandes[702] ab.[703]

---

[698] Vgl. Henssler, ZfA 1998, 517 (519); Löwisch/Rieble, TVG, Grundl. Rn. 33; Wiedemann/Wiedemann, TVG, § 1 Rn. 165.

[699] Vgl. BAG, Beschl. v. 25.9.1996 (1 ABR 4/96) = AP Nr. 10 zu 2 TVG Tarifzuständigkeit.

[700] LAG Schleswig Holstein, Urt. v. 25.11.1999 (4 Sa 584/99) = AP Nr. 157 zu Art. 9 GG Arbeitskampf; Kleinke/Kley/Walter, ZTR 2000, 499 (500 f.); Matthes, FS Schaub (1998), S. 476 (482 ff.); Natzel, Anm. zu BAG, Beschl. v. 14.12.1999 (1 ABR 74/98), SAE 2001, 43 (49); ders., Anm. zu BAG, Urt. v. 20.4.1999 (1 AZR 631/98), SAE 2000, 115 (117). A.A. BAG, Beschl. v. 25.9.1996 (1 ABR 4/96) = AP Nr. 10 zu § 2 TVG Tarifzuständigkeit; Delheid, Tarifzuständigkeit, S. 85; Gamillscheg, Kollektives Arbeitsrecht I, § 14 I 2 b, S. 524; Jacobs, ZTR 2001, 249 (250 f.); Kempen/Zachert, TVG, § 2 Rn. 99; Heß, ZfA 1976, 45 (54, 65); Kutscher, Tarifzuständigkeit, S. 74; MünchArbR/Löwisch/Rieble, § 255 Rn. 36; Löwisch/Rieble, FS Schaub (1998), S. 457 (469); Rieble, NZA 2000, 225 (229); Stein, RdA 2000, 129 (136); Wiedemann/Oetker, TVG, § 2 Rn. 112 ff., 128; Wieland, Recht der Firmentarifverträge, Rn. 120; Thüsing, NZA 1997, 294; Zachert, NZA 2000 Sonderbeil. Heft 24, 17 (22).

[701] Buchner, DB 1970, 2074 (2076 ff.); ders., ZfA 1995, 95 (120); ders., gemeinsame Anm. zu den Beschlüssen des BAG v. 25.9.1996 (1 ABR 4/96) u. v. 12.11.1996 (1 ABR 33/96), SAE 1998, 262 (266); ders., DB 2001 Beil. 9, 13 f.; Delheid, Tarifzuständigkeit, S. 100 ff.; Krichel, NZA 1986, 731 (732 f.); Kutscher, Tarifzuständigkeit, S. 59 ff.; Lieb, DB 1999, 2058 (2062 f.); Schleusener, NZA 1998, 239 (241 f.); nach Erst- und Zweitgewerkschaft differenzierend Heß, ZfA 1976, 45 (63 ff., 72 ff.).

[702] Krichel, NZA 1997, 731 (732); Reuter, NZA 2001, 1097, 1101 ff.; Schleusener, NZA 1998, 239 (243 f).; differenzierend nach Erst- und Zweitgewerkschaft Heß, ZfA 1976, 45 (68 ff., 72 ff.).

[703] A.A. BAG, Urt. v. 4.5.1955 (1 AZR 493/54) = AP Nr. 2 zu Art. 9 GG Arbeitskampf; LAG Düsseldorf, Urt. v. 31.7.1985 (13 Sa 1082/85) = LAGE Nr. 21 zu Art. 9 GG Arbeitskampf; LAG Hamm,

Darüber hinaus ist in jüngster Zeit der Aspekt der Tarifzuständigkeit in den Vordergrund gerückt worden. Gegenstand der Diskussion ist, ob besondere Anforderungen an die Tarifzuständigkeit für den Abschluss eines Firmentarifvertrages zu stellen sind. In Erwägung gezogen werden sowohl eine nur unternehmensbezogene Tarifzuständigkeit auf Gewerkschaftsseite sowie die autonome Bestimmung der Tarifzuständigkeit durch den einzelnen Arbeitgeber.

§ 11 Gewerkschaftliche Tarifzuständigkeit

Die Satzungen der DGB-Gewerkschaften enthalten keine Bestimmungen, die sich speziell auf den Abschluss von Firmentarifverträgen beziehen. Insoweit bestehen nach der Satzungslage keine Besonderheiten im Vergleich zum Verbandstarifvertrag. Stellt die Satzung – wie die der IG Metall[704] – auf die betriebliche Ebene ab, dann bezieht sich dies sowohl auf Verbandstarifverträge als auch auf Firmentarifverträge.

I. Keine Begrenzung der Tarifzuständigkeit auf das Unternehmen

In scheinbarer Abweichung hierzu nahm allerdings das BAG[705] in einer älteren Entscheidung an, dass sich bei einem Firmentarifvertrag die Tarifzuständigkeit im Bereich des Industrieverbandsprinzips nach dem überwiegenden Unternehmensgegen-

---

Urt. v. 8.8.1985 (8 Sa 1498/85) = DB 1985, 2155; LAG Köln, Urt. v. 14.6.1996 (4 Sa 177/96) = AP Nr. 149 zu Art. 9 GG Arbeitskampf; LAG Köln, Urt. v. 21.11.2001 (5 Sa 818/01) = AP Nr. 160 zu Art. 9 GG Arbeitskampf; Gamillscheg, Kollektives Arbeitsrecht I, § 21 II 5 c, S. 1006 f.; Hensche, RdA 1971, 9 ff.; Henssler, ZfA 1998, 517 (534 ff.); Kempen/Zachert, TVG, § 2 Rn. 100; Jacobs, ZTR 2001, 249 (251 ff.); Konzen, FS Kraft (1998), S. 315 f.; MünchArbR/Löwisch/Rieble, § 255 Rn. 36; Löwisch/Rieble, FS Schaub (1998), S. 457 (469 f.); Stein, RdA 2000, 129 (138 f.); Zachert, NZA 2000 Sonderbeil. Heft 24, 17 (22 f.); offengelassen in BAG, Beschl. v. 25.9.1996 (1 ABR 4/96) = AP Nr. 10 zu § 2 TVG Tarifzuständigkeit.
Wird der Arbeitgeber nicht von einer konkurrierenden, sondern von derjenigen Gewerkschaft, die den Verbandstarifvertrag geschlossen hat, mit dem Ziel des Abschlusses eines Firmentarifvertrages bestreikt, so ist der Streik bezüglich solcher Ziele verboten, die zum Regelungsbereich des Verbandstarifes gehören und daher unter die relative Friedenspflicht der Tarifvertragsparteien fallen, durch die auch der Arbeitgeber als Verbandsmitglied begünstigt wird, vgl. LAG Köln, Urt. v. 21.11.2001 (5 Sa 818/01) = AP Nr. 160 zu Art. 9 GG Arbeitskampf; ArbG Bonn, Teilurt. v. 17.5.2001 (3 Ca 2135/00) = NZA-RR 2002, 315 (317 f.); Heß, ZfA 1976, 45 (61 f.); MünchArbR/ Löwisch/Rieble, § 255 Rn. 36; Löwisch/Rieble, FS Schaub (1998), S. 457 (470 ff.); Schleusener, NZA 1998, 239 ff.; Stein, RdA 2000, 129 (139); Thüsing, NZA 1997, 294 (295 f.); Wiedemann/ Oetker, TVG, § 2 Rn. 135 ff.; Zachert, NZA 2000, Sonderbeil. Heft 24, 17 (23). Zum Umfang der Friedenspflicht und deren Folgen für Arbeitskampfmaßnahmen siehe im Einzelnen Schleusener, NZA 1998, 239 ff.
[704] §§ 1, 3 IG Metall-Satzung i.V.m. dem Organisationskatalog III B.
[705] BAG, Beschl. v. 22.11.1988 (1 ABR 6/87) = AP Nr. 5 zu § 2 TVG Tarifzuständigkeit.

stand des Arbeitgebers richte. Es sei diejenige Gewerkschaft zuständig, deren satzungsrechtlicher Organisationsbereich der Tätigkeit entspreche, die dem Unternehmen das Gepräge gebe. Dabei komme es allein auf den Gegenstand des Unternehmens an, nicht einzelner Betriebe, Betriebsabteilungen oder Nebenbetriebe, da diese Unterorganisationen nicht tariffähig seien. Da nach Auffassung des BAG auf der Grundlage der Feststellungen des vorinstanzlichen LAG-Beschlusses[706] nicht beurteilt werden konnte, welche Tätigkeit dem Unternehmen, das teilweise Arbeitnehmer mit dem Baubereich zugeordneten Aufgaben, teilweise mit Transportaufgaben beschäftigte, das Gepräge verlieh, wies es den Rechtsstreit an das LAG Düsseldorf zurück.

Dieser Entscheidung wurde im Schrifttum teilweise der Bedeutungsgehalt beigemessen, dass eine Gewerkschaft den Abschluss eines Firmentarifvertrages stets nur bezogen auf das gesamte Unternehmen verlangen dürfe.[707] Betriebsbezogene Firmentarifverträge seien demgegenüber selbst dann ausgeschlossen, wenn in der Satzung der Gewerkschaft u.a. auch an Betriebe angeknüpft werde. Im Ergebnis könne daher bei der gewerkschaftlichen Tarifzuständigkeit für den Abschluss von Haustarifverträgen anders als bei Verbandstarifverträgen nicht ausschließlich auf die Satzung abgestellt werden. Die Gewerkschaft sei bei Haustarifverträgen hinsichtlich ihrer Tarifzuständigkeit Einschränkungen unterworfen, die bei Verbandstarifverträgen nicht gelten.

Allerdings war Gegenstand des Rechtsstreits die Tarifzuständigkeit der IG Bau-Steine-Erden für das gesamte Unternehmen und nicht für einzelne Betriebe im Unternehmen des Arbeitgebers. Es bestand daher kein Anlass, sich mit der qualitativ anderen Fragestellung der Tarifzuständigkeit für einzelne Betriebe des Unternehmens auseinanderzusetzen.[708] Vor diesem Hintergrund lassen sich aus der Aussage des BAG zur unternehmensbezogenen Tarifzuständigkeit für den Abschluss eines Firmentarifvertrages keine Rückschlüsse für den Fall ziehen, dass die Gewerkschaft einen Tarifvertrag nur für einzelne Betriebe des Unternehmens schließen will.[709]

Anlass zu Missverständnissen gibt allein der generelle und vorbehaltlose Hinweis des 1. Senats, dass es auf Betriebe, Betriebsteile oder Nebenbetriebe als Unterorganisationen des Unternehmens mangels Tariffähigkeit nicht ankommen könne.[710] Im Fall

---

[706] LAG Düsseldorf, Beschl. v. 31.10.1986 (4 TaBV 72/86) n.v.
[707] Buchner, ZfA 1995, 95 (107 f.); ders., gemeinsame Anm. zu den Beschlüssen des BAG v. 25.9.1996 (1 ABR 4/96) u. v. 12.11.1996 (1 ABR 33/96), SAE 1998, 262 (263); Henssler, FS Schaub (1998), S. 311 (332); ders., ZfA 1998, 517 (522); Wieland, Recht der Firmentarifverträge, Rn. 150, 158.
[708] So BAG, Beschl. v. 25.9.1996 (1 ABR 4/96) = AP Nr. 10 zu § 2 TVG Tarifzuständigkeit.
[709] So LAG München, Beschl. v. 29.11.1995 (5 [7] TaBV 36/92) = LAGE Nr. 1 zu § 2 TVG Tarifzuständigkeit. A.A. Buchner, ZfA 1995, 95 (108).
[710] Siehe insoweit auch Heinze, DB 1997, 2122 (2125); Henssler, ZfA 1998, 517 (522).

„Agfa-Gevaert"[711] hat der 1. Senat aber mittlerweile klargestellt, dass die fehlende Tariffähigkeit der Unterorganisationen eines Unternehmens nicht der Tarifzuständigkeit einer Gewerkschaft, die in ihrem Organisationsstatut auf diese Unterorganisationen abstelle, entgegenstehe. Da es dem Arbeitgeber unbenommen sei, auch für einzelne Betriebe seines Unternehmens Tarifverträge abzuschließen, könne auch die Gewerkschaft, die ihrer Satzung nach nur für Teile des Unternehmens zuständig sei, ohne weiteres einen auf diese beschränkten Firmentarifvertrag abschließen. Wegen der grundsätzlichen Zulässigkeit von Zuständigkeitsüberschneidungen stehe dem auch nicht entgegen, dass sich der Arbeitgeber unter Umständen der Inanspruchnahme durch mehrere Gewerkschaften ausgesetzt sehe.[712] Infolgedessen sei es einer Gewerkschaft, die ihren Organisationsbereich betriebsbezogen ausgestaltet habe, unbenommen, auch mit überwiegend branchenfremden Unternehmen Firmentarifverträge für solche Betriebe abzuschließen, die in ihren Organisationsbereich fallen.

Dem ist unter dem Blickwinkel der Tarifzuständigkeit auf Gewerkschaftsseite vorbehaltlos zuzustimmen. Die Tariffähigkeit der im Organisationsstatut in Bezug genommenen Einheit spielt für die autonome Bestimmung der Tarifzuständigkeit der Gewerkschaft keine Rolle, vielmehr ist die Abgrenzung des arbeitgeberseitigen Tarifpartners allein für den Abschluss des Tarifvertrages relevant.[713] Dies folgt daraus, dass die Tarifzuständigkeit im Rahmen des Industrieverbandsprinzips nicht die von der Tariffähigkeit der Gegenseite abhängige Frage betrifft, mit welcher organisatorischen Einheit ein Tarifvertrag abgeschlossen werden darf. Vielmehr regeln die DGB-Gewerkschaften die Tarifzuständigkeit im Hinblick auf die eigenen Mitglieder. Genau genommen geht es somit auch nicht unmittelbar darum, für welche Organisationseinheiten auf Arbeitgeberseite ein Tarifvertragsabschluss in Betracht kommt. Vielmehr ist die gewählte organisatorische Einheit lediglich Anknüpfungspunkt dafür, auf welcher Grundlage zu beurteilen ist, ob die Arbeitnehmer der jeweiligen Branche angehören. Soweit gemeinhin von der Tarifzuständigkeit für ein bestimmtes Unternehmen etc. die Rede ist, wird damit lediglich verkürzt zum Ausdruck gebracht, dass die dort beschäftigten Arbeitnehmer der Tarifzuständigkeit der jeweiligen Gewerkschaft unterfallen.

Eine entsprechende Beschränkung auf bestimmte Vertragspartner ist hingegen nicht gewollt und wäre auch unzulässig.[714] Ein tariffähiger Verband hat weder einen

---

[711] BAG, Beschl. v. 25.9.1996 (1 ABR 4/96) = AP Nr. 10 zu § 2 TVG Tarifzuständigkeit.

[712] A.A. Hanau, ZfA 1990, 115 (129).

[713] Vgl. Windbichler, Arbeitsrecht im Konzern, S. 478 u. Fn. 104.

[714] Vgl. Löwisch/Rieble, TVG, § 2 Rn. 91; Wiedemann/Oetker, TVG, § 2 Rn. 67; a.A. Gamillscheg, Kollektives Arbeitsrecht I, § 14 II 2 a, S. 531.

Anspruch auf einen bestimmten Verhandlungspartner,[715] noch kann er sich umgekehrt von vornherein einem unerwünschten potentiellen Tarifpartner entziehen, da dies die positive Koalitionsfreiheit des sozialen Gegenspielers verletzen würde.[716]

Zur Verdeutlichung sei nochmals das Beispiel einer konzernbezogenen Tarifzuständigkeit auf Gewerkschaftsseite[717] angeführt. Die konzernbezogene Tarifzuständigkeit soll nicht den Tarifabschluss mit dem nach allgemeiner Ansicht nicht tariffähigen[718] Konzern als Tarifpartner ermöglichen, sondern dient lediglich der Einbeziehung von Arbeitnehmern branchenfremder Unterorganisationen des Konzerns in die Tarifzuständigkeit der Gewerkschaft. Dadurch wird dieser beispielsweise die Möglichkeit eröffnet, branchenfremde Unternehmen in den Geltungsbereich eines Verbandstarifvertrages mit einzuschließen bzw. unmittelbar auf Abschluss eines Firmentarifvertrages in Anspruch zu nehmen. Sollte die Gewerkschaft versuchen, von dem Konzern als solchen einen Tarifabschluss zu verlangen, scheitert dies nicht an ihrer Tarifzuständigkeit, sondern allein an der fehlenden Tariffähigkeit des Konzerns.

Auch aus der Gefahr einer mehrfachen Inanspruchnahme des Arbeitgebers kann nicht eine Beschränkung der Tarifzuständigkeit der Gewerkschaft hergeleitet werden. Insoweit ist der Ansatz bei der Tarifzuständigkeit der Gewerkschaft verfehlt,[719] da aus Sicht des Tarifrechts keine Bedenken dagegen bestehen, dass der Arbeitgeber freiwillig Firmentarifverträge für bestimmte Betriebe seines Unternehmens abschließt.[720] Allein problematisch ist, ob vom Arbeitgeber auch gegen seinen Willen ein entsprechender Tarifabschluss verlangt werden kann. Hiermit ist aber nicht die Frage der Tarifzuständigkeit der Gewerkschaft angesprochen, sondern es geht darum, ob die Gewerkschaft ihre gegebene Tarifzuständigkeit im Einzelfall auch in Anspruch nehmen darf.[721] Hiergegen werden nicht nur arbeitskampfrechtliche Bedenken geltend

---

[715] Vgl. BAG, Beschl. v. 14.12.1999 (1 ABR 74/98) = AP Nr. 14 zu § 2 TVG Tarifzuständigkeit; Blank, Die Tarifzuständigkeit der DGB-Gewerkschaften, S. 138; Heinze, DB 1997, 2122 (2123).

[716] Wiedemann/Oetker, TVG, § 2 Rn. 67.

[717] § 2 Ziff. 2 IG BAU-Satzung i.V.m. Ziff. 1 des Organisationskatalogs; § 1 Ziff. 3 IG BCE-Satzung.

[718] Siehe oben § 8 I.

[719] Jacobs, Tarifeinheit und Tarifkonkurrenz, S. 219 f. Siehe auch Buchner, ZfA 1995, 95 (118), ders., SAE 1998, 262 (263); Henssler, ZfA 1998, 517 (522 ff.): Während Jacobs insoweit eine Beschränkung der Tarifzuständigkeit generell für ausgeschlossen hält, setzen Buchner und Henssler bei der Tarifzuständigkeit des Arbeitgebers an, siehe dazu unten § 12 II.

[720] Henssler, ZfA 1998, 517 (522).

[721] Siehe insoweit auch die Problematik der sog. relativen Tariffähigkeit. In diesem Zusammenhang wird diskutiert, ob die Tariffähigkeit einer Arbeitnehmervereinigung für Firmentarifverträge im Einzelfall zu verneinen ist, wenn die Gewerkschaft aufgrund eines sehr niedrigen Organisationsgrads im Unternehmen des Arbeitgebers diesem gegenüber nicht durchsetzungsfähig ist. Das BAG hat diese Problematik bislang offengelassen, vgl. BAG, Beschl. v. 25.9.1996 (1 ABR 25/96) = AP Nr. 4 zu § 97 ArbGG. Oetker hält in seiner Anmerkung zu dieser Entscheidung der relativen Tariffähigkeit entgegen, dass die Rechtsordnung keine Relativierung der Rechts- oder Geschäftsfähigkeit im Hinblick auf den Vertragspartner kenne. Zudem stehe der Anerkennung einer relativen Tariffähigkeit mangels klarer Abgrenzungskriterien das Gebot der Rechtssicherheit entgegen; siehe

gemacht,[722] sondern es wird auch eine entgegenstehende Tarifzuständigkeit auf Seiten des Arbeitgebers in Erwägung gezogen.

II. Geprägetheorie

Richtet sich mithin die Tarifzuständigkeit der Gewerkschaft auch beim Firmentarifvertrag allein nach ihrer Satzung, so kann jedoch im Einzelfall fraglich sein, welcher Branche der Betrieb bzw. die anderweitige Organisationseinheit, bezüglich derer die Tarifzuständigkeit geltend gemacht wird, zuzuordnen ist.[723] Die Abgrenzung wird insbesondere dann problematisch, wenn in einem Betrieb, Unternehmen etc. verschiedenartige Tätigkeiten durchgeführt werden, die jede für sich genommen in die Zuständigkeit unterschiedlicher Gewerkschaften fallen würden. In diesem Fall kommt es nach der sog. Geprägetheorie auf den überwiegenden Gegenstand der Organisationseinheit, welcher ihr das Gepräge gibt, an.[724]

1. Kriterien für die Bestimmung des Gepräges

Für die Bestimmung des Gepräges wurde bereits in der ständigen Rechtsprechung des BAG[725] zum betrieblichen Geltungsbereich eines Tarifvertrages in Übereinstimmung mit der Literatur[726] ausschließlich auf den arbeitstechnischen Zweck des Betriebs abgestellt, welcher danach bestimmt wird, mit welchen Tätigkeiten die Arbeitnehmer arbeitszeitlich überwiegend beschäftigt sind. Auf wirtschaftliche bzw. handels- und

---

auch die Anmerkung von Benecke, SAE 1998, 60 (61 f.) u. Wiedemann/Oetker, TVG, § 2 Rn. 314. Demgegenüber will Dütz für die Durchsetzungskraft auf den jeweils angestrebten Tarifabschluss abstellen, vgl. DB 1996, 2385 (2388 f.). Zur Durchsetzungskraft bei Verbandstarifverträgen siehe auch BAG, Beschl. v. 6.6.2000 (1 ABR 10/99) = AP Nr. 55 zu § 2 TVG. Hier stellt das BAG in Fortsetzung seiner bisherigen Rechtsprechung nicht auf den Organisationsgrad in den Unternehmen ab, in denen die Arbeitnehmervereinigung vertreten war, sondern auf den Organisationsgrad im Verhältnis zur Tarifzuständigkeit.

[722] Siehe oben 5. Teil.

[723] Beim Verbandstarifvertrag ist dies wegen abstrakten Fassung des Geltungsbereichs kein Problem der Tarifzuständigkeit, sondern der Subsumtion unter den Geltungsbereich.

[724] BAG, Beschl. v. 27.11.1964 (1 ABR 13/63) = AP Nr. 1 zu § 2 TVG Tarifzuständigkeit; BAG, Beschl. v. 22.11.1988 (1 ABR 6/87) = AP Nr. 5 zu § 2 TVG Tarifzuständigkeit; Gamillscheg, Kollektives Arbeitsrecht I, § 14 II 2 d, S. 534; Heinze, DB 1997, 2122 (2125); Löwisch/Rieble, TVG, § 2 Rn. 101; Wiedemann/Oetker, TVG, § 2 Rn. 56.

[725] BAG, Urt. v. 14.11.2001 (10 AZR 76/01) = EzA Nr. 8 zu § 2 TVG Tarifzuständigkeit; BAG, Urt. v. 26.9.2001 (10 AZR 669/00) = EzA Nr. 110 zu § 4 TVG Bauindustrie; BAG, Beschl. v. 20.9.2000 (4 ABR 63/98) = AP Nr. 238 zu § 1 Tarifverträge: Bau; BAG, Urt. v. 17.1.1996 (10 AZR 34/95) = AP Nr. 1 zu § 1 TVG Tarifverträge: Bäcker; BAG, Urt. v. 25.11.1987 (4 AZR 361/87) = AP Nr. 18 zu § 1 TVG Tarifverträge: Einzelhandel m.w.N.

[726] Vgl. Kempen/Zachert, TVG, § 2 Rn. 24, Löwisch/Rieble, TVG, § 4 Rn. 31; Wiedemann/Wank, TVG, § 4 Rn. 151 m.w.N. Demgegenüber ist nach Gamillscheg, Kollektives Arbeitsrecht I, § 17 III 3 b, S. 748 f. eine ergänzende Auslegung möglich.

gewerberechtliche Gesichtspunkte wie Umsatz, Verdienst, Handelsregistereintragung, Firmierung, Gewerbeanmeldung und Registrierung bei der IHK soll es demgegenüber nicht ankommen, sondern diese dürfen ergänzend nur zur Bestätigung herangezogen werden.

Diese Rechtsprechung wurde vom BAG auf die Tarifzuständigkeit übertragen, indem das Gericht auch hier in erster Linie auf den arbeitstechnischen Zweck und die Tätigkeit der überwiegend im Betrieb beschäftigten Arbeitnehmer abstellt und dies zutreffend damit begründet, dass Hauptaufgabe eines Tarifvertrages die normative Regelung des Inhalts von Arbeitsverhältnissen sei.[727] Der Umsatz könne demgegenüber nur ein nachrangiges Indiz sein.

Bezüglich der unternehmensbezogenen Tarifzuständigkeit für ein konzernangehöriges Unternehmen wird darüber hinaus in der Literatur[728] vertreten, dass die Aktivität der Muttergesellschaft für das Gepräge des Unternehmens ein Indiz bilden soll. Dies erscheint jedoch bedenklich, weil dem Unternehmensgegenstand der Konzernmutter zumeist wenig Aussagekraft für das Gepräge des jeweiligen rechtlich selbständigen Konzernunternehmens zukommt.[729] Dies wird insbesondere deutlich, wenn man sich die Situation einer Holdingstruktur[730] vor Augen führt, bei der die Konzernmutter nur zentrale Leitungs- und Verwaltungskompetenzen ausübt. Aus diesem Grund kann auch in dem Fall, dass die Gewerkschaft ihre konzernbezogene Tarifzuständigkeit für den Tarifabschluss mit einem an sich branchenfremden konzernangehörigen Unternehmen geltend macht, für die Bestimmung des Konzerngepräges nicht auf die Konzernmutter abgestellt werden. In erster Linie maßgebend ist vielmehr die im gesamten Konzern arbeitszeitlich überwiegend ausgeübte Tätigkeit. In Zweifelsfällen können ergänzend die bereits erwähnten wirtschaftlichen und handels- und gewerberechtlichen Kriterien herangezogen werden.

2. Arbeitszeitlich überwiegende Tätigkeit

Bei der Ermittlung der arbeitszeitlich überwiegenden Tätigkeit kommt es darauf an, welchem Zweck die Mehrzahl der Arbeitsplätze zuzurechnen ist.[731] Hierbei sind nicht einzelne verrichtete Tätigkeiten ins Verhältnis zueinander zu setzen, sondern es ist

---

[727] BAG, Beschl. v. 22.11.1988 (1 ABR 6/87) = AP Nr. 5 zu § 2 TVG Tarifzuständigkeit. Siehe auch Gamillscheg, § 14 II 2 d, S. 534; Heinze, DB 1997, 2122 (2124); Wiedemann/Oetker, TVG, § 2 Rn. 56.
[728] Windbichler, Arbeitsrecht im Konzern, S. 477; kritisch Wiedemann, FS Fleck (1998), 447 (452).
[729] Siehe auch Martens, Anm. zu BAG, Beschl. v. 19.11.1985 (1 ABR 37/83), SAE 1987, 7 (10).
[730] Siehe dazu Willemsen/Hohenstatt, Umstrukturierung, Rn. B 35.
[731] Vgl. BAG, Urt. v. 18.4.1973 (4 AZR 297/72) = AP Nr. 13 zu § 1 TVG Tarifverträge: Bau.

jeweils auf den einheitlichen Arbeitsvorgang abzustellen.[732] Dieser darf als solcher nicht künstlich aufgespalten werden, sondern ist als Gesamtheit zuzuordnen.

3. Zuordnung einer Tätigkeit

Im Rahmen der Zuordnung einer Tätigkeit zu einer Branche sind die heutigen Anschauungen maßgebend. Dementsprechend darf nicht auf althergebrachte berufliche Traditionen zurückgegriffen werden, wenn sich die Anschauungen aufgrund von inzwischen eingetretenen Entwicklungen im Arbeits- und Wirtschaftsleben geändert haben.[733] Von Bedeutung ist insbesondere, von welcher Branche derartige Tätigkeiten üblicherweise durchgeführt werden (Üblichkeit im Arbeits- und Wirtschaftsleben)[734], welche fachspezifische Ausbildung die Arbeitnehmer haben bzw. welche Ausbildung der Aufsicht führende Vorsitzende hat, sollte es sich um ungelernte Arbeitnehmer handeln[735].

III. Ergebnis

Die Tarifzuständigkeit einer Gewerkschaft für den Abschluss eines Firmentarifvertrages bestimmt sich wie beim Verbandstarifvertrag nach der Satzung. Sie ist nicht auf Tarifabschlüsse für das Unternehmen als Ganzes begrenzt. Ob die in der Satzung als Anknüpfungspunkt gewählte Organisationseinheit unter die fachliche Tarifzuständigkeit der Gewerkschaft fällt, richtet sich nach dem Gepräge der Organisationseinheit, d.h. nach der arbeitszeitlich überwiegenden Tätigkeit.

---

[732] Vgl. BAG, Urt. v. 26.9.2001 (10 AZR 669/00) = EzA Nr. 110 zu § 4 TVG Bauindustrie.

[733] BAG, Urt. v. 14.10.1987 (4 AZR 317/87) = AP Nr. 87 zu § 1 TVG Tarifverträge: Bau; v. Hoyningen-Huene, NZA 1996, 617 (618).

[734] Vgl. etwa BAG, Urt. v. 17.3.1976 (4 AZR 188/75) = AP Nr. 28 zu § 1 TVG Tarifverträge: Bau m. Anm. Henrich; BAG, Urt. v. 14.10.1987 (4 AZR 317/87) = AP Nr. 87 zu § 1 TVG Tarifverträge: Bau.

[735] Vgl. etwa BAG, Urt. v. 14.10.1987 (4 AZR 317/87) = AP Nr. 87 zu § 1 TVG Tarifverträge: Bau. Zur tariflichen Zuordnung sog. „Sowohl-als-auch Tätigkeiten", welche gleichzeitig mehreren Berufsbildern zugeordnet werden können, siehe auch BAG, Urt. v. 14.11.2001 (10 AZR 76/01) = EzA Nr. 8 zu § 2 TVG Tarifzuständigkeit; BAG, Urt. v. 17.1.1996 (10 AZR 138/95) = AP Nr. 1 zu § 1 TVG Tarifverträge: Bäcker m.w.N.: Maßgebend soll in diesen Fällen die Berufszugehörigkeit der jeweiligen Arbeitnehmer sein. Handelt es sich um überwiegend ungelernte Arbeitnehmer, kommt es auf die Berufszugehörigkeit der bei der Überwachung des Produktionsprozesses und der fachlichen Anleitung eingesetzten Arbeitnehmer an.

§ 12 Tarifzuständigkeit des einzelnen Arbeitgebers

Ein Tarifvertrag ist nur wirksam, soweit die Tarifzuständigkeiten der Tarifpartner miteinander korrespondieren.[736] Die Tarifzuständigkeit einer Gewerkschaft läuft mithin letztlich leer, wenn ihr nicht eine entsprechende Tarifzuständigkeit auf Arbeitgeberseite gegenübersteht. Die ihrerseits tarifzuständige Gewerkschaft kann den jeweiligen sozialen Gegenspieler nur gemäß dessen Tarifzuständigkeit in Anspruch nehmen. Für die Arbeitgeberverbände gilt hierbei nichts anderes als für die Gewerkschaften, d.h. die Zuständigkeit bemisst sich nach den einschlägigen Satzungsbestimmungen.[737] Umstritten ist jedoch, wonach sich die Tarifzuständigkeit des einzelnen Arbeitgebers für den Abschluss eines Haustarifvertrages richtet. Bevor hierauf näher eingegangen wird, stellt sich vorab die Frage nach der Tariffähigkeit des einzelnen Arbeitgebers.

I. Tariffähigkeit des Arbeitgebers

Die Tariffähigkeit des einzelnen Arbeitgebers ist in § 2 Abs. 1 TVG gesetzlich zwingend festgelegt. Hierdurch soll dem berechtigten Anliegen auf Arbeitnehmerseite Rechnung getragen werden, stets auf eine Tarifpartei zugreifen zu können.[738] Der Arbeitgeber soll sich nicht durch das Fernbleiben von einem Verband der Tarifbindung entziehen können.[739] Zu diesem Zweck stünde es in Widerspruch, an die Tariffähigkeit des Arbeitgebers noch weitere Anforderungen zu stellen. Er ist daher voraussetzungslos tariffähig und muss weder durchsetzungsfähig noch tarifwillig sein oder eine andere Bedingung der Verbandstariffähigkeit erfüllen.[740] Die so verstandene Tariffähigkeit des Arbeitgebers dient in erster Linie dem Schutz der Gewerkschaften, mittelbar aber auch der negativen Koalitionsfreiheit des Arbeitgebers, da er aus dem Ver-

---

[736] Buchner, ZfA 1995, 95 (105 f.); Hromadka/Maschmann/Wallner, Der Tarifwechsel, Rn. 34; Löwisch/Rieble, TVG, § 2 Rn. 88, § 4 Rn. 21; MünchArbR/Löwisch/Rieble, § 255 Rn. 61; Wiedemann, ZfA 1975, 78 (79); Wiedemann/Oetker, TVG, § 2 Rn. 47.

[737] Aus der Rechtsprechung vgl. statt aller BAG, Beschl. v. 12.12.1995 (1 ABR 27/95) = AP Nr. 8 zu § 2 TVG Tarifzuständigkeit; Gamillscheg, Kollektives Arbeitsrecht I, § 14 II 2 a, S. 531; MünchArbR/Löwisch/Rieble, § 255 Rn. 61, 63; Wiedemann/Oetker, TVG, § 2 Rn. 53. Speziell zur Beschränkung der persönlichen Tarifzuständigkeit durch die sog. OT-Mitgliedschaft siehe auch BAG, Urt. v. 23.10.1996 (4 AZR 409/95) = AP Nr. 15 zu § 3 TVG Verbandszugehörigkeit

[738] Gamillscheg, Kollektives Arbeitsrecht I, § 14 I 2 b, S. 524; Wiedemann/Oetker, TVG, § 2 Rn. 21.

[739] Matthes, FS Schaub (1998), S. 477 (482); Wiedemann/Oetker, TVG, § 2 Rn. 95.

[740] Vgl. Gamillscheg, Kollektives Arbeitsrecht I, § 14 I 2 b, S. 524; Kempen/Zachert, TVG, § 2 Rn. 66 ff.; MünchArbR/Löwisch/Rieble, § 255 Rn. 37; Stein, RdA 2000, 129 (136); Wiedemann/Oetker, TVG, § 2 Rn. 21, 102 ff.

band austreten kann, ohne auf die mit der Tarifautonomie verbundenen Vorteile verzichten zu müssen.[741]

Umgekehrt ändert die Verbandszugehörigkeit des Arbeitgebers nichts an seiner Tariffähigkeit. Anders als die Norm des § 54 Abs. 3 Nr. 1 HandwO[742], in der eine nur subsidiäre Tariffähigkeit der Handwerksinnungen vorgesehen ist, differenziert § 2 Abs. 1 TVG seinem Wortlaut nach nicht nach der Verbandszugehörigkeit des Arbeitgebers. Daraus folgert die überwiegende Ansicht in Rechtsprechung[743] und Literatur[744], dass dem Arbeitgeber die Tariffähigkeit auch im Falle des Verbandsbeitritts erhalten bleibe.

Allerdings wird die Tariffähigkeit des verbandsangehörigen Arbeitgebers neuerdings unter Hinweis auf die Historie sowie den Sinn und Zweck des § 2 Abs. 1 TVG in Frage gestellt.[745] Wenn § 2 Abs. 1 TVG dem Anliegen der Arbeitnehmerseite diene, auf eine Tarifpartei zugreifen zu können, so sei dem Genüge getan, wenn der Arbeitgeber seine Kompetenz zum Abschluss von Tarifverträgen einem Arbeitgeberverband überlasse.[746] Infolgedessen verliere der Arbeitgeber mit dem Verbandsbeitritt

---

[741] Wiedemann/Oetker, TVG, § 2 Rn. 95.

[742] Nach § 54 Abs. 3 Nr. 1 HandwO kommt den Handwerksinnungen die Tariffähigkeit nur zu, „soweit und solange" der Innungsverband nach § 82 S. S. 2 Nr. 3 HandwO keine Tarifverträge abgeschlossen hat.

[743] BAG, Urt. v. 4.5.1955 (1 AZR 493/54) = AP Nr. 2 zu Art. 9 GG Arbeitskampf; BAG, Beschl. v. 25.9.1996 (1 ABR 4/96) = AP Nr. 10 zu § 2 TVG Tarifzuständigkeit; BAG, Urt. v. 24.1.2001 (4 AZR 655/99) = AP Nr. 173 zu § 1 TVG Tarifverträge: Metallindustrie m. Anm. Wieland; BAG, Urteil v. 4.4.2001 (4 AZR 237/00) = SAE 2002, 215 (217) m. Anm. Krebs; LAG Düsseldorf, Urt. v. 31.7.1985 (13 Sa 1082/85) = LAGE Nr. 21 zu Art. 9 GG Arbeitskampf; LAG Hamm, Urt. v. 8.8.1985 (8 Sa 1498/85) = DB 1985, 2155; LAG Köln, Urt. v. 14.6.1996 (4 Sa 177/96) = AP Nr. 149 zu Art. 9 GG Arbeitskampf; LAG Köln, Urt. v. 21.11.2001 (5 Sa 818/01) = AP Nr. 160 zu Art. 9 GG Arbeitskampf.

[744] Blank, Die Tarifzuständigkeit der DGB-Gewerkschaften, S. 81, 91; Delheid, Tarifzuständigkeit, S. 85; Gamillscheg, Kollektives Arbeitsrecht I, § 14 I 2 b, S. 524; Kutscher, Tarifzuständigkeit, S. 74; Heß, ZfA 1976, 45 (54, 65); Jacobs, ZTR 2001, 249 (250 f.); Kempen/Zachert, TVG, § 2 Rn. 70; Lieb, DB 1999, 2058 f.; Löwisch/Rieble, FS Schaub (1998), S. 457 (469); MünchArbR/ Löwisch/Rieble, § 255 Rn. 36; Rieble, NZA 2000, 225 (229); Reuter, NZA 2001, 1097 ff.; Schaub, Arbeitsrechtshandbuch, § 199 Rn. 5, S. 2058; Stein, RdA 2000, 129 (136); Wiedemann/Oetker, TVG, § 2 Rn. 112 ff.; Thüsing, NZA 1997, 294 (295); Wieland, Recht der Firmentarifverträge, Rn. 120; Zachert, NZA 2000, Sonderbeil. Heft 24, 17 (22); Zöllner/Loritz, Arbeitsrecht, § 34 II, S. 383.

[745] LAG Schleswig Holstein, Urt. v. 25.11.1999 (4 Sa 584/99) = AP Nr. 157 zu Art. 9 GG Arbeitskampf; Kleinke/Kley/Walter, ZTR 2000, 499 (500 f.); Matthes, FS Schaub (1998), S. 476, 481 ff.; Natzel, Anm. zu BAG, Beschl. v. 14.12.1999 (1 ABR 74/98), SAE 2001, 43 (49); ders., Anm. zu BAG, Urt. v. 20.4.1999 (1 AZR 631/98), SAE 2000, 115 (117).

[746] LAG Schleswig Holstein, Urt. v. 25.11.1999 (4 Sa 584/99) = AP Nr. 157 zu Art. 9 GG Arbeitskampf; Matthes, FS Schaub (1998), S. 477 (482); Natzel, Anm. zu BAG, Beschl. v. 14.12.1999 (1 ABR 74/98), SAE 2001, 43 (49).

die Tariffähigkeit. Als geeignetes Mittel einer betriebsnahen Tarifpolitik stehe der Abschluss eines firmenbezogenen Verbandstarifvertrages offen.[747]

Rechtspolitisch sprechen diese Gründe durchaus für eine Beschränkung der Tariffähigkeit auf nicht verbandsangehörige Arbeitgeber.[748] Eine entsprechende Differenzierung im Wege der teleologischen Reduktion ist jedoch nicht geboten, da es nicht grundsätzlich negativ zu bewerten ist, dass es zu Firmentarifabschlüssen einzelner verbandsangehöriger Arbeitgeber kommt.[749] Ganz im Gegenteil widerspricht eine solche Auslegung dem Zweck der Tarifautonomie, sachnahe Regelungen zu treffen.[750] Diesem praktischen Bedürfnis nach einer dezentralen Regelung kann durch den Abschluss firmenbezogener Verbandstarifverträge nicht ebenso gut entsprochen werden, da diese einem komplizierteren Verfahren unterliegen und stärker durch das Verbandsinteresse geprägt sind.[751] Die These vom Verlust der Tariffähigkeit des Arbeitgebers durch den Verbandsbeitritt geht mithin insoweit zu weit, als auch der freiwillige Abschluss eines Firmentarifvertrages ausgeschlossen wird.[752] Selbst wenn der Verband seinen Mitgliedern den Abschluss eigener Firmentarifverträge untersagt, wird hierdurch allenfalls eine Pflicht gegenüber dem Arbeitgeberverband begründet, entsprechende Tarifabschlüsse zu unterlassen; diese interne Verbandspflicht steht aber nicht der Tariffähigkeit des Arbeitgebers bzw. der Wirksamkeit eines Firmentarifvertrages entgegen.[753] Sollte sich der einzelne Arbeitgeber durch den Verbandsbeitritt tatsächlich einer eigenen tarifpolitischen Inanspruchnahme entziehen wollen und daher den Abschluss eines Firmentarifvertrages ablehnen, kann dem gegebenenfalls über eine

---

[747] Matthes, FS Schaub (1998), S. 477 (484).

[748] Buchner, DB 2001, Beil. 9, 4; Wiedemann/Oetker, TVG, § 2 Rn. 112.

[749] Buchner, DB 2001, Beil. 9, 4.

[750] Zachert, NZA 2000 Sonderbeil. Heft 24, 17 (22).

[751] Lieb, DB 1999, 2058; Zachert, NZA 2000, Sonderbeil. Heft 24, 17 (22).

[752] Lieb, DB 1999, 2058 f.

[753] BAG, Urt. v. 4.5.1955 (1 AZR 493/54) = AP Nr. 2 zu Art. 9 GG Arbeitskampf; BAG, Urt. v. 24.1.2001 (4 AZR 655/99) = AP Nr. 173 zu § 1 TVG Tarifverträge: Metallindustrie; BAG, Urteil v. 4.4.2001 (4 AZR 237/00) = SAE 2002, 215 (217) m. Anm. Krebs; Jacobs, ZTR 2001, 249 (251); Schaub, Arbeitsrechtshandbuch, § 199 Rn. 6, S. 2058 f.; Stein, RdA 2000, 129 (136); Wiedemann/Oetker, TVG, § 2 Rn. 114; Zöllner/Loritz, Arbeitsrecht, § 34 II, S. 383. Gegen eine entsprechende verbandsinterne Verpflichtung bestehen keine Bedenken. Die Einwände von Rieble gegen eine Verpflichtung der DGB-Gewerkschaften gegenüber dem DGB, Tarifabschlüsse zu unterlassen (vgl. oben § 10 II 1 c), greifen hier nicht durch, da der Abschluss von Firmentarifverträgen nicht Bestandteil der Koalitionsfreiheit des Arbeitgebers nach Art. 9 Abs. 3 GG ist. Wenn der einzelne Arbeitgeber nach § 2 Abs. 1 TVG mit Tarifautonomie versehen ist, so ist dies Ausdruck seiner Privatautonomie, er fällt insoweit aber nicht unter den Schutzbereich von Art. 9 Abs. 3 GG, vgl. Rieble, NZA 2000, 225 (230); Henssler, ZfA 1998, 517 (520). Siehe zum Ganzen aber auch Blanke, ZTR 2000, 211 ff. Blanke erachtet das Verbot von Haustarifverträgen in den Satzungen der Kommunalen Arbeitgeberverbände als Verzicht der Verbandsmitglieder auf ihre Tariffähigkeit und misst die entsprechenden Satzungsbestimmungen daher Außenwirkung bei. Soweit in der Satzung nicht nur ein partieller, sondern ein umfassender Verzicht geregelt sei, soll dieser jedoch nach Art. 9 Abs. 3 S. 2 GG unzulässig sein.

entsprechende Beschränkung des Streikrechts der Gewerkschaften Rechnung getragen werden.[754]

II. Festlegung der Tarifzuständigkeit durch den Arbeitgeber

Wenn somit von einer uneingeschränkten Tariffähigkeit auch im Falle der Verbandszugehörigkeit auszugehen ist, so ist damit noch nicht die umstrittene Frage beantwortet, inwieweit sich der Arbeitgeber unter dem rechtlichen Aspekt der Tarifzuständigkeit der Inanspruchnahme auf Abschluss eines Firmentarifvertrages entziehen kann.

1. Identität von Tariffähigkeit und Tarifzuständigkeit

Nach teilweise vertretener Ansicht im Schrifttum stellt sich das Problem der Tarifzuständigkeit für den einzelnen Arbeitgeber nicht.[755] Dieser sei im Rahmen seiner den

---

[754] Buchner, DB 1970, 2074 (2076 ff.); ders., ZfA 1995, 95 (120); ders., gemeinsame Anm. zu den Beschlüssen des BAG v. 25.9.1996 (1 ABR 4/96) u. v. 12.11.1996 (1 ABR 33/96), SAE 1998, 262 (266); ders., DB 2001, Beil. 9, 13 f.; Delheid, Tarifzuständigkeit, S. 100 ff.; Krebs, Anm. zu BAG, Urt. v. 4.4.2001 (4 AZR 237/00), SAE 2002, 218 (219); Krichel, NZA 1986, 731 (732 f.); Lieb, DB 1999, 2058 (2062 f.); Kutscher, Tarifzuständigkeit, S. 59 ff.; Reuter, NZA 2001, 1097 (1101 ff.); Schleusener, NZA 1998, 239 (241 ff.); nach Erst- und Zweitgewerkschaft differenzierend Heß, ZfA 1976, 45 (63 ff., 72 ff.); offengelassen in BAG, Beschl. v. 25.9.1996 (1 ABR 4/96) = AP Nr. 10 zu § 2 TVG Tarifzuständigkeit. Die herrschende Ansicht lehnt demgegenüber eine Beschränkung des Streikrechts allein aufgrund der Verbandszugehörigkeit ab, vgl. BAG v. 4.5.1955 (1 AZR 493/54) = AP Nr. 2 zu Art. 9 GG Arbeitskampf; LAG Düsseldorf, Urt. v. 31.7.1985 (13 Sa 1082/85) = LAGE Nr. 21 zu Art. 9 GG Arbeitskampf; LAG Hamm, Urt. v. 8.8.1985 (8 Sa 1498/85) = DB 1985, 2155; LAG Köln, Urt. v. 14.6.1996 (4 Sa 177/96) = AP Nr. 160 zu Art. 9 GG Arbeitskampf; LAG Köln, Urt. v. 21.11.2001 (5 Sa 818/01) = AP Nr. 160 zu Art. 9 GG Arbeitskampf; Hensche, RdA 1971, 9 ff.; Gamillscheg, Kollektives Arbeitsrecht I, § 21 II 5 c; S. 1006 f.; Jacobs, ZTR 2001, 249 (251 ff.); Kempen/Zachert, TVG, § 2 Rn. 100; Konzen, FS Kraft (1998), S. 315 f.; MünchArbR/Löwisch/Rieble, § 255 Rn. 36; Löwisch/Rieble, FS Schaub (1998), S. 457 (469 f.); Stein, RdA 2000, 129 (138 f.); Zachert, NZA 2000 Sonderbeil. Heft 24, 17 (22 f.). Etwas anderes soll nur dann gelten, wenn der Arbeitgeber nicht von einer konkurrierenden, sondern von derjenigen Gewerkschaft, die den Verbandstarifvertrag geschlossen hat, auf den Abschluss eines Firmentarifvertrages in Anspruch genommen wird. In diesem Fall ist der Streik bezüglich solcher Ziele verboten, die zum Regelungsbereich des Verbandstarifes gehören und daher unter die relative Friedenspflicht der Tarifvertragsparteien fallen, durch die auch der Arbeitgeber als Verbandsmitglied begünstigt wird, vgl. LAG Köln, Urt. v. 21.11.2001 (5 Sa 818/01) = AP Nr. 160 zu Art. 9 GG Arbeitskampf; ArbG Bonn, Teilurt. v. 17.5.2001 (3 Ca 2135/00) = NZA-RR 2002, 315 (317 f.); Heß, ZfA 1976, 45 (61 f.); MünchArbR/Löwisch/Rieble, § 255 Rn. 36; Löwisch/Rieble, FS Schaub (1998), S. 457 (470 ff.); Schleusener, NZA 1998, 239 ff.; Stein, RdA 2000, 129 (139); Thüsing, NZA 1997, 294 (295 f.); Wiedemann/Oetker, TVG, § 2 Rn. 135 ff.; Zachert, NZA 2000 Sonderbeil. Heft 24, 17 (23). Zum Umfang der Friedenspflicht und deren Folgen für Arbeitskampfmaßnahmen siehe im Einzelnen Schleusener, NZA 1998, 239 ff.

[755] Vgl. Blank, Die Tarifzuständigkeit der DGB-Gewerkschaften, S. 83; DLW/Pfeiffer, H/Rn. 38; Gamillscheg, § 14 II 2 d, S. 534 f.; Kasseler Handbuch/Dörner, 8.1 Rn. 100; Kempen/Zachert, TVG, § 2 Rn. 67; MünchArbR/Löwisch/Rieble, § 255 Rn. 77; Löwisch/Rieble, TVG, § 2 Rn. 101;

Gewerkschaften garantierten Tariffähigkeit nach § 2 Abs. 1 TVG gesetzlich tarifzuständig für alle seine Betriebe und Arbeitnehmer und besitze insoweit keine rechtlichen Gestaltungsmöglichkeiten zur näheren Konkretisierung bzw. Einschränkung seiner Tarifzuständigkeit.[756] Eine dahingehende Dispositionsbefugnis finde ihre Rechtfertigung allein in der Organisationsautonomie der Koalitionen, auf die sich nur der Gruppenzusammenschluss, nicht aber der Einzelne berufen könne.[757] Zudem führe eine Kompetenz des Arbeitgebers zur näheren Konkretisierung seiner Tarifzuständigkeit zu praktischen Schwierigkeiten, da Unternehmen anders als Verbände nicht ihre Tarifzuständigkeit in Satzungen fixieren könnten und es folglich an einem objektiven Maßstab zur Beurteilung der Tarifzuständigkeit fehle.[758] Letztendlich bestünde damit die Gefahr, dass der Arbeitgeber seine Zuständigkeit gegenüber jeder für sein Unternehmen in Frage kommenden Gewerkschaft verneine und sich damit seiner gesetzlich garantierten Tariffähigkeit entziehe.[759] Auch durch den Verbandsbeitritt ändere sich nichts an der Tarifzuständigkeit des Arbeitgebers.[760]

2. Beschränkung des Arbeitgebers auf eine unternehmensbezogene Tarifzuständigkeit

Auch *Buchner*[761] geht von einer starren Tarifzuständigkeit des Arbeitgebers aus, will diese aber auf den Abschluss nur unternehmensbezogener Tarifverträge beschränkt wissen. Eine Tarifzuständigkeit für den Abschluss von Tarifverträgen bezüglich einzelner Unterorganisationen seines Unternehmens stehe dem Arbeitgeber hingegen nicht zu. *Buchner* versucht auf diese Weise der Gefahr einer Inanspruchnahme des Arbeitgebers durch mehrere Gewerkschaften zu begegnen. Der Arbeitgeber dürfe nicht den tarifpolitischen Forderungen jeder Gewerkschaft ausgesetzt werden, die nach ihrer Satzung für Teile sein Unternehmens zuständig sei.[762] Wenn § 2 Abs. 1 TVG sicherstellen solle, dass sich ein Arbeitgeber nicht durch Fernbleiben vom Ar-

---

Oetker, gemeinsame Anm. zu den Beschlüssen des BAG v. 25.9.1996 (1 ABR 4/96) u. v. 12.11.1996 (1 ABR 33/96), AP Nr. 11 zu § 2 TVG Tarifzuständigkeit; Stein, RdA 2000, 129 (137).

[756] Vgl. DLW/Pfeiffer, H/Rn. 38; Kasseler Handbuch/Dörner, 8.1 Rn. 100; Kempen/Zachert, TVG, § 2 Rn. 67; MünchArbR/Löwisch/Rieble, § 255 Rn. 77; Löwisch/Rieble, TVG, § 2 Rn. 101.

[757] Oetker, gemeinsame Anm. zu den Beschlüssen des BAG v. 25.9.1996 (1 ABR 4/96) u. v. 12.11.1996 (1 ABR 33/96), AP Nr. 11 zu § 2 TVG Tarifzuständigkeit.

[758] Stein, RdA 2000, 129 (137).

[759] Stein, RdA 2000, 129 (137).

[760] Stein, RdA 200, 129 (137); siehe auch BAG, Beschl. v. 25.9.1996 (1 ABR 4/96) = AP Nr. 10 zu § 2 TVG Tarifzuständigkeit.

[761] Buchner, ZfA 1995, 95 (106 ff., 113 ff., 118); ders., gemeinsame Anm. zu den Beschlüssen des BAG v. 25.9.1996 (1 ABR 4/96) u. v. 12.11.1996 (1 ABR 33/96), SAE 1998, 262 (263); wohl auch Kutscher, Tarifzuständigkeit, S. 24.

[762] Buchner, ZfA 1995, 95 (114); ders., gemeinsame Anm. zu den Beschlüssen des BAG v. 25.9.1996 (1 ABR 4/96) u. v. 12.11.1996 (1 ABR 33/96), SAE 1998, 262 (263).

beitgeberverband der Tarifgebundenheit entziehe, werde dem Genüge getan, wenn er sich der unternehmenseinheitlichen Tarifforderung der Gewerkschaft stellen müsse, die ihrer Satzung nach für den überwiegenden Gegenstand seines Unternehmens zuständig sei.[763] Damit werde sowohl den tarifpolitischen Mindestinteressen der Arbeitnehmerseite als auch dem Interesse des Arbeitgebers Rechnung getragen, sich bei vielfältiger wirtschaftlicher Ausrichtung der Betriebe und Betriebsabteilungen seines Unternehmens nicht mit den Tarifforderungen unterschiedlicher Gewerkschaften auseinandersetzen zu müssen.[764] Auf diese Weise sei arbeitsrechtlichen Konfliktlagen, die dem Arbeitgeber unter Umständen nicht mehr zumutbar seien, von vornherein die Grundlage entzogen.[765]

3. Privatautonome Bestimmung der Tarifzuständigkeit durch den Arbeitgeber

Als weitere Möglichkeit zur Verhinderung einer streikweisen Inanspruchnahme des Arbeitgebers durch mehrere Gewerkschaften wird in der Literatur teilweise vorgeschlagen, dass dem Arbeitgeber die Festlegung seiner Tarifzuständigkeit in gewissem Umfang zur freien Disposition gestellt wird.[766] Der Arbeitgeber sei insoweit aufgrund seiner grundrechtlich durch Art. 12 GG abgesicherten unternehmerischen Entscheidungsfreiheit mit den Verbänden gleichzustellen, denen es jederzeit freistehe, den Zuständigkeitsbereich in ihrer Satzung zu ändern.[767] Bezüglich der Art und Weise der Bestimmung der Zuständigkeit durch den Arbeitgeber werden unterschiedliche Möglichkeiten in Erwägung gezogen.

a) Freie Entscheidung über den Abschluss von unternehmens- oder betriebsbezogenen Firmentarifverträgen

Heinze[768] und *Henssler*[769] räumen dem Arbeitgeber ein Wahlrecht zwischen dem Abschluss von unternehmens- oder betriebsbezogenen Haustarifen ein. Der Arbeitgeber könne autonom darüber entscheiden, ob er nur einen unternehmensweiten Firmentarifvertrag abschließen oder die Arbeitsbedingungen über mehrere betriebsbezogene Firmentarifverträge differenzieren wolle.

Diese Entscheidungsbefugnis des Arbeitgebers entspricht dem Grunde nach dem allgemeinen Rechtsverständnis. Die Besonderheit dieser Auffassung besteht aber

---

[763] Buchner, ZfA 1995, 95 (114); ders., gemeinsame Anm. zu den Beschlüssen des BAG v. 25.9.1996 (1 ABR 4/96) u. v. 12.11.1996 (1 ABR 33/96), SAE 1998, 262 (263).

[764] Buchner, ZfA 1995, 95 (114 f.).

[765] Buchner, ZfA 1995, 95 (115 ff.).

[766] Heinze, DB 1997, 2122 (2123 f.); Henssler, ZfA 1998, 517 (521 ff.).

[767] Heinze, DB 1997, 2122 (2124); Henssler, ZfA 1998, 517 (521 ff.).

[768] Heinze, DB 1997, 2122 (2123 f.).

[769] Henssler, ZfA 1998, 517 (521 ff.).

darin, dass durch die Ausübung des Wahlrechts eine Festlegung der Tarifzuständigkeit durch den Arbeitgeber erfolgen soll.[770] Wenn sich der Arbeitgeber etwa bezüglich des Abschlusses betriebsbezogener Firmentarifverträge nicht für tarifzuständig erachten sollte, dann wäre insoweit ein gegen ihn gerichteter Streik mangels tariflich regelbaren Ziels rechtswidrig. Die freie unternehmerische Entscheidung des Arbeitgebers zwischen unternehmens- und betriebsbezogenen Firmentarifverträgen dürfte nicht durch Streikmaßnahmen beeinflusst werden, sondern die Gewerkschaften hätten sie als Festlegung der Tarifzuständigkeit durch den Arbeitgeber zu akzeptieren.[771] Mithin bleibt es nach dieser Ansicht nicht dem Ausgang von – gegebenenfalls durch Arbeitskampfmaßnahmen flankierten – Tarifvertragsverhandlungen überlassen, inwieweit der Arbeitgeber seine Vorstellungen durchsetzen kann.

Begründet wird dies mit dem grundrechtlichen Schutz der unternehmerischen Organisationsautonomie[772] und dem in Art. 9 Abs. 3 GG verankerten Grundsatz der Verhandlungsparität[773]. Ein Streik, bei dem die selbst gewählte Tarifzuständigkeit des Arbeitgebers missachtet und diesem gegen seinen Willen eine Tarifzuständigkeit aufgezwungen werde, sei wegen Verstoßes gegen Art. 12 GG verfassungswidrig.[774]

b) Beschränkung der Tarifzuständigkeit durch den Verbandsbeitritt

Nach *Heinze*[775] soll die Tarifzuständigkeit des Arbeitgebers weiterhin eine Beschränkung erfahren, wenn dieser einem für das Unternehmen oder dessen Unterorganisationen tarifzuständigen Arbeitgeberverband beitritt. Mit dem Verbandsbeitritt wähle der Arbeitgeber die satzungsautonome Tarifzuständigkeit des Arbeitgeberverbands und erkläre diese zu seiner eigenen. Ein wirksamer Tarifvertrag könne mithin nur zwischen dem tarifzuständigen Arbeitgeberverband und der entsprechend zuständigen Gewerkschaft geschlossen werden.[776] Ein gegen den verbandsangehörigen Arbeitgeber gerichteter Streik sei rechtswidrig, da es dem angestrebten Tarifabschluss an der Rechtmäßigkeitsvoraussetzung der Tarifzuständigkeit fehle.[777]

---

[770] Vgl. Heinze, DB 1997, 2122 (2123 f.); Henssler, ZfA 1998, 517 (521 ff.).

[771] Sind für das Unternehmen als solches und dessen Unterorganisationen jeweils unterschiedliche Gewerkschaften zuständig, so wird nach dieser Ansicht mithin dem Arbeitgeber letztlich ein Wahlrecht zwischen mehreren Gewerkschaften gewährt, die nicht durch Arbeitskampfmaßnahmen beeinflussbar sein soll. Hiergegen siehe aber BAG, Beschl. v. 12.11.1996 (1 ABR 33/96) = AP Nr. 11 zu § 2 TVG Tarifzuständigkeit.

[772] Heinze, DB 1997, 2122 (2124); Henssler, ZfA 1998, 517 (523 ff.).

[773] Henssler, ZfA 1998, 517 (524).

[774] Henssler, ZfA 1998, 517 (526).

[775] Heinze, DB 1997, 2122 (2123 f., 2125 f.).

[776] Heinze, DB 1997, 2122 (2123).

[777] Heinze, DB 1997, 2122 (2126).

Der Unterschied zu der Auffassung, nach der durch den Verbandsbeitritt die Tariffähigkeit des Arbeitgebers entfällt, wird deutlich, wenn man sich die von *Heinze* zugrunde gelegte Definition der Tarifzuständigkeit vor Augen führt: Hiernach ist die Tarifzuständigkeit als Befugnis des Arbeitgebers und der Koalitionen aufzufassen, „im Rahmen ihrer autonomen Zwecksetzung beidseitig selbst zu bestimmen, für welchen Raum, welche Branche und welchen Personenkreis sie Tarifnormen setzen wollen"[778]. Der Akzent liegt also nicht auf der *Fähigkeit* zum Abschluss von Tarifverträgen mit einem bestimmten Geltungsbereich, sondern auf der *autonomen Entscheidung* über diesen Geltungsbereich. Beim Verbandsbeitritt kommt als weitere Komponente die in das Belieben des Arbeitgebers gestellte Entscheidung darüber hinzu, sich einer individuellen Inanspruchnahme als Tarifpartner zu entziehen. Logische Konsequenz eines entsprechenden Selbstbestimmungsrechts muss es dann aber auch sein, dass sich der Arbeitgeber durch den freiwilligen Abschluss eines Firmentarifvertrages wieder des Schutzes des Arbeitgeberverbandes begeben kann. Bei einer so verstandenen Beschränkung der Tarifzuständigkeit ist mithin der freiwillige Abschluss eines Haustarifvertrages durch den verbandsangehörigen Arbeitgeber nicht ausgeschlossen, da durch die Freiwilligkeit das Selbstbestimmungsrecht des Arbeitgebers gewahrt bleibt.

4. Stellungnahme

Das Kriterium der Tarifzuständigkeit ist an sich auf die Verbände zugeschnitten. Dies folgt daraus, dass Verbände zweckgebundene Organisationen sind, die sich über die gemeinsame Zielsetzung ihrer Mitglieder definieren. Insofern erhält die Willenskomponente bei den Verbänden von vornherein eine besondere Bedeutung, da der gemeinsame Zweck das Verbindungsglied der Mitglieder ist, durch welches diese zu einer organisatorischen Einheit zusammengefasst werden. Diese Zielsetzung wird in der Satzung festgelegt, der sich die Mitglieder durch ihren Beitritt unterwerfen. Dementsprechend ist ein Verband u.a. nur tariffähig, wenn in der Satzung die Tarifwilligkeit festgeschrieben ist.[779] Die Tarifzuständigkeit beschränkt sich auf den in der Sat-

---

[778] Heinze, DB 1997, 2122.

[779] St. Rspr. des BAG, vgl. Urt. v. 6.6.2000 (1 ABR 10/99) = AP Nr. 55 zu § 2 TVG; Gamillscheg, Kollektives Arbeitsrecht , § 14 I 2 a, S. 522; Hueck/Nipperdey Arbeitsrecht II/1, § 6 III 3, S. 105; Löwisch/Rieble, TVG, § 2 Rn. 32; Löwisch, ZfA 1974, 29 (32 ff.); Richardi, Kollektivgewalt und Individualwille, S. 153 ff.; Säcker, AR-Blattei D Tarifvertrag II A, I 2 a; Sbresny-Uebach, AR-Blattei D Tarifvertrag II A, I 2 a aa; Wiedemann/Oetker, TVG, § 2 Rn. 291; Zöllner/Loritz, Arbeitsrecht, § 34 I 2 b, S. 381. A.A. Nikisch, Arbeitsrecht II, § 70 III 2, S. 244, der zwischen Gewerkschaften und Arbeitgeberverbänden unterscheidet und die Tarifwilligkeit nur von den Gewerkschaften fordert; E.R. Huber, Wirtschaftsverwaltungsrecht II, S. 446; Stein, Tarifvertragsrecht, Rn. 42. Für die Spitzenorganisationen ist das Erfordernis der Tarifwilligkeit ausdrücklich in § 2 Abs. 3 TVG normiert.

zung festgelegten Geschäftsbereich. Geht der Vorstand beim Tarifabschluss über diesen Geschäftsbereich heraus, entfaltet der Tarifvertrag insoweit keine Normenwirkung, weil er sich mangels kollektiver mitgliedschaftlicher Legitimation nicht in den Grenzen der durch Art. 9 Abs. 3 GG gewährleisteten Regelungsmacht hält.[780] Unter diesem Legitimationsgesichtspunkt ist die Tarifzuständigkeit auf Seiten des einzelnen Arbeitgebers entbehrlich, da ihm durch § 2 Abs. 1 TVG die Tariffähigkeit ohne weitere Voraussetzungen gesetzlich zuerkannt wird. Einer besonderen Willensbildung des Arbeitgebers bedarf es nicht. Ganz im Gegenteil soll es auf eine Tarifwilligkeit des Arbeitgebers grundsätzlich nicht ankommen, da er sich ansonsten der individuellen Inanspruchnahme durch die Gewerkschaft entziehen könnte.[781]

Mithin ist die Tarifzuständigkeit in ihrer Funktion als Legitimationserfordernis wegen § 2 Abs. 1 TVG überflüssig. Allerdings ist damit jedoch noch nichts darüber gesagt, ob die unternehmerische Entscheidungsfreiheit des Arbeitgebers bezüglich des Abschlusses von Firmentarifverträgen unter das Merkmal der Tarifzuständigkeit gefasst werden kann. Denn Kehrseite der Beschränkung der Koalitionen auf ihre Tarifzuständigkeit ist, dass sie ihren Geschäftsbereich frei festlegen können. Dies könnte letztlich dafür sprechen, auch dem Arbeitgeber eine gewisse Dispositionsbefugnis über seine Tarifzuständigkeit zuzuerkennen. Dem Problem, dass der Arbeitgeber seine Dispositionsbefugnis missbraucht und auf Anforderung die Tarifzuständigkeit gegenüber jeder Gewerkschaft verneint,[782] ließe sich unter Umständen dadurch begegnen, dass die Zuständigkeitswahl nur über eine objektiv manifestierte Willensäußerung wie etwa den Verbandsbeitritt oder den Abschluss eines unternehmens- oder betriebsbezogenen Firmentarifvertrages erfolgen dürfte. Bloßes Nichtstun bzw. allein die Weigerung gegenüber der gewerkschaftlichen Forderung nach einem Tarifabschluss dürfte hingegen nicht genügen.[783]

Indes passt eine entsprechende Dispositionsbefugnis nicht zum herkömmlichen Verständnis des Begriffs der Tarifzuständigkeit. Als Tarifzuständigkeit wird gemeinhin die Fähigkeit[784] bzw. Befugnis[785] einer tariffähigen Partei bezeichnet, Tarifverträge mit einem bestimmten Geltungsbereich abzuschließen. Die Tarifzuständigkeit beant-

---

[780] Siehe oben § 5 I 3 c.

[781] Vgl. Gamillscheg, Kollektives Arbeitsrecht I, § 14 I 2 b, S. 524; Kempen/Zachert, TVG, § 2 Rn. 66 ff.; MünchArbR/Löwisch/Rieble, § 255 Rn. 37; Wiedemann/Oetker, TVG, § 2 Rn. 21, 102 ff.

[782] So die Kritik von Stein, RdA 2000, 129 (137).

[783] Vgl. Heinze, DB 1997, 2122 (2124).

[784] BAG, Beschl. v. 27.11.1964 (1 ABR 13/63) = AP Nr. 1 zu § 2 TVG Tarifzuständigkeit; BAG, Urt. v. 11.6.1975 (4 AZR 395/74) = AP Nr. 29 zu § 2 TVG; BAG, Beschl. v. 24.7.1990 (1 ABR 46/89) = AP Nr. 7 zu § 2 TVG Tarifzuständigkeit; BAG, Beschl. v. 12.12.1995 (1 ABR 27/95) = AP Nr. 8 zu § 2 TVG Tarifzuständigkeit; Buchner, ZfA 1995, S. 95 (97); Gamillscheg, Kollektives Arbeitsrecht I, § 14 II 1, S. 530; Konzen, FS Kraft (1998), S. 291; Kutscher, Tarifzuständigkeit, S. 2; Richardi, Kollektivgewalt und Individualwille, S. 158.

[785] BAG, Urt. v. 23.10.1996 (4 AZR 409/95) = AP Nr. 15 zu § 3 TVG Verbandszugehörigkeit.

wortet mithin die Frage nach dem maximalen betrieblichen, fachlichen, räumlichen und persönlichen Bereich, innerhalb dessen eine tariffähige Partei Tarifverträge abschließen kann.[786] Folglich ist nach dem allgemeinen Begriffsverständnis zu unterscheiden zwischen der Entscheidung über den konkret beabsichtigten Tarifabschluss und der autonomen Bestimmung des Geschäftsbereichs, innerhalb dessen Tarifverträge abgeschlossen werden können. Die Entscheidung über den Tarifabschluss selbst betrifft die Vereinbarung des tarifvertraglichen Geltungsbereichs und damit die Frage, für welchen Teil des Geschäftsbereichs die tarifliche Regelung gelten soll.[787] Mit der Tarifzuständigkeit wird hingegen festgelegt, für welchen Bereich grundsätzlich Tarifverträge abgeschlossen werden können.

Dieser maximale Geltungsbereich eines Tarifvertrages ist aber auf Seiten des einzelnen Arbeitgebers immer sein Unternehmen. Arbeitgeber im Sinne von § 2 Abs. 1 TVG ist jeder, der einen anderen aufgrund eines abhängigen Arbeitsverhältnisses beschäftigt.[788] Dementsprechend ist der Arbeitgeber zur tarifvertraglichen Regelung sämtlicher zu ihm bestehender Arbeitsverhältnisse befugt. Infolgedessen stellt sich die Entscheidung darüber, ob er Firmentarifverträge betriebs- oder unternehmensbezogen abschließt, nicht als *Regelung* seiner Tarifzuständigkeit dar, sondern vielmehr je nach Sachlage als teilweiser oder vollständiger *Gebrauch* der umfassend gegebenen Tarifzuständigkeit. Der Arbeitgeber entscheidet über das „wie" des Tarifabschlusses und damit über den konkreten Geltungsbereich des Tarifvertrages, nicht aber bestimmt er den Geschäftsbereich, in dem er Tarifverträge schließen kann.

Auch der Verbandsbeitritt lässt sich nach dem allgemeinen Begriffsverständnis nicht unter das Merkmal der Tarifzuständigkeit fassen. Mit dem Verbandsbeitritt wird nicht der maximale Geltungsbereich des Tarifvertrages festgelegt. Vielmehr wird allenfalls eine Bestimmung über den möglichen Tarifpartner auf Arbeitgeberseite getroffen, falls sich der Arbeitgeber mit dem Verbandsbeitritt generell der isolierten Inanspruchnahme zu entziehen sucht und sich unter den Schutz des Verbandes begeben will.

---

[786] BAG, Beschl. v. 22.11.1988 (1 ABR 6/87) = AP Nr. 5 zu § 2 TVG Tarifzuständigkeit; BAG, Beschl. v. 25.9.1996 (1 ABR 4/96) = AP Nr. 10 zu § 2 TVG Tarifzuständigkeit; BAG, Beschl. v. 12.11.1996 (1 ABR 33/96) = AP Nr. 11 zu § 2 TVG Tarifzuständigkeit; BAG, Beschl. v. 14.12.1999 (1 ABR 74/98) = AP Nr. 14 zu § 2 TVG Tarifzuständigkeit; Löwisch/Rieble, TVG, § 2 Rn. 87; Kempen/Zachert, TVG, § 2 Rn. 108; Wiedemann/Oetker, TVG, § 2 Rn. 47.

[787] Richardi, Kollektivgewalt und Individualwille, S. 158; Wiedemann/Wank, TVG, § 4 Rn. 106.

[788] Wiedemann/Oetker, TVG, § 2 Rn. 96. Genau genommen richtet es sich nach dem Charakter der Tarifnormen, wer Arbeitgeber ist. Für die Individualnormen ist Arbeitgeber der individualarbeitsrechtliche Vertragspartner des Arbeitnehmers. Für Betriebsnormen ist hingegen der betriebsverfassungsrechtliche Arbeitgeberbegriff maßgebend. In der Regel ergeben sich hier keine Unterschiede; etwas anderes gilt jedoch, wenn sich mehrere Arbeitgeber zur Führung eines gemeinsamen Betriebs zusammenschließen, vgl. MünchArbR/Löwisch/Rieble, § 255 Rn. 38.

Infolgedessen können solche Entscheidungen des Arbeitgebers nur dann unter den Begriff der Tarifzuständigkeit gefasst werden, wenn man diesen weiter fasst und wie *Heinze*[789] darunter ganz allgemein die autonome Entscheidungsbefugnis darüber versteht, für welchen Bereich der jeweilige Tarifpartner Tarifverträge schließen will. Bei einer so verstandenen Tarifzuständigkeit spielen dann auch Aspekte eine Rolle, die in der bisherigen Diskussion allein unter dem Gesichtspunkt des Arbeitskampfrechts in Erwägung gezogen wurden, wie etwa die Erstreikbarkeit von Firmentarifverträgen gegenüber verbandsangehörigen Arbeitgebern.[790] Anliegen der vorliegenden Untersuchung ist jedoch nicht eine Neudefinition des Begriffs der Tarifzuständigkeit, sondern es sollen allein die unter Zugrundelegung des herkömmlichen Begriffsverständnis auftretenden rechtlichen Probleme behandelt werden. Es mag zwar einiges dafür sprechen, dass dem Arbeitgeber in bestimmten Konstellationen, wie z.B. im Falle der Zugehörigkeit zu einem Arbeitgeberverband, kein Firmentarifvertrag gegen seinen Willen durch Arbeitskampfmaßnahmen aufgezwungen werden darf. Nach der zugrundegelegten herkömmlichen Definition der Tarifzuständigkeit handelt es sich hierbei aber um rein arbeitskampfrechtliche Fragen, denen hier nicht weiter nachgegangen werden soll.

Umgekehrt ist es mit dem Begriff der Tarifzuständigkeit auch nicht vereinbar, die Tarifzuständigkeit des Arbeitgebers zum Abschluss von Firmentarifverträgen entsprechend dem Vorschlag von *Buchner*[791] allein auf unternehmensbezogene Tarifverträge zu beschränken. Der Geschäftsbereich des Arbeitgebers im Sinne eines maximal möglichen Geltungsbereich des Tarifvertrages muss nicht identisch sein mit dem Geltungsbereich des konkret zu schließenden Tarifvertrages. Vielmehr ist es dem Arbeitgeber ebenso wie den Koalitionen unbenommen, seine Tarifzuständigkeit nicht vollumfänglich wahrzunehmen und lediglich bezogen auf Unterorganisationen des Unternehmens Firmentarifverträge zu schließen.[792]

Demnach ist die Tarifzuständigkeit des Arbeitgebers unter Zugrundelegung der herkömmlichen Definition identisch mit seiner Tariffähigkeit nach § 2 Abs. 1 TVG. Der Arbeitgeber ist gesetzlich zuständig für alle seine Betriebe und Arbeitnehmer und kann seine Tarifzuständigkeit nicht konkretisieren oder einschränken.

---

[789] Heinze, DB 1997, 2122.
[790] Siehe oben 5. Teil.
[791] Buchner, ZfA 1995, 95 (106 ff., 113 ff., 118); wohl auch Kutscher, Tarifzuständigkeit, S. 24.
[792] Siehe oben § 3 II.

III. Ergebnis

Es besteht keine gespaltene Tarifzuständigkeit für Verbands- und für Firmentarifverträge. Die Tarifzuständigkeit einer Gewerkschaft für den Abschluss eines Firmentarifvertrages mit dem Arbeitgeber richtet sich allein nach ihrer Satzung. Der Arbeitgeber wiederum ist kraft seiner Tariffähigkeit nach § 2 Abs. 1 TVG gesetzlich tarifzuständig für alle seine Betriebe und Arbeitnehmer.

6. Teil: Rechtsfolgen fehlender Tarifzuständigkeit

Die tarifvertragliche Normenwirkung setzt voraus, dass sich der vorgesehene Geltungsbereich des Tarifvertrages im Rahmen der Tarifzuständigkeit der Tarifvertragsparteien hält.[793] Da die Tarifzuständigkeit jedenfalls zum Zeitpunkt des Tarifabschlusses vorliegen muss, kann deren Fehlen auch nicht für die Vergangenheit oder Zukunft dadurch geheilt werden, dass der Verband seine Zuständigkeit durch Satzungsänderung erweitert.[794] Ein Arbeitskampf ist nur zulässig, wenn die sozialen Gegenspieler für den angestrebten Tarifabschluss zuständig sind.[795]

Dem Vertragscharakter entsprechend ist eine korrespondierende Tarifzuständigkeit der Tarifpartner erforderlich.[796] Der Tarifvertrag entfaltet keine normative Wirkung, wenn und soweit keine korrespondierende Tarifzuständigkeit für den Geltungsbereich des Tarifvertrages besteht.[797] Fehlt die gemeinsame Tarifzuständigkeit der Tarifvertragsparteien nur für einen Teil des Geltungsbereichs des Tarifvertrages, ist nur dieser Teil nichtig. Im übrigen ist der Tarifvertrag grundsätzlich wirksam,[798] es sei denn, der

---

[793] Vgl. BAG, Urt. v. 19.12.1958 (1 AZR 109/58) = AP Nr. 3 zu § 2 TVG; BAG, Beschl. v. 27.11.1964 (1 ABR 13/63) = AP Nr. 1 zu § 2 TVG Tarifzuständigkeit; BAG, Beschl. v. 22.11.1988 (1 ABR 6/87) = AP Nr. 5 zu § 2 TVG Tarifzuständigkeit; BAG, Beschl. v. 24.7.1990 (1 ABR 46/89) = AP Nr. 7 zu § 2 TVG Tarifzuständigkeit; BAG, Urt. v. 22.9.1993 (10 AZR 535/91) = AP Nr. 168 zu 1 TVG Tarifverträge: Bau; BAG, Beschl. v. 12.12.1995 (1 ABR 27/95) = AP Nr. 8 zu § 2 TVG Tarifzuständigkeit; BAG, Beschl. v. 25.9.1996 (1 ABR 4/96) = AP Nr. 10 zu § 2 TVG Tarifzuständigkeit; BAG, Beschl. v. 12.11.1996 (1 ABR 33/96) = AP Nr. 11 zu § 2 TVG Tarifzuständigkeit; BAG, Beschl. v. 14.12.1999 (1 ABR 74/98) = AP Nr. 14 zu § 2 TVG Tarifzuständigkeit; Besgen, Mitgliedschaft im Arbeitgeberverband ohne Tarifbindung, S. 86; Kempen/Zachert, TVG, § 2 Rn. 109; Kutscher, Tarifzuständigkeit, S. 2; Löwisch/Rieble, TVG, § 2 Rn. 103; Nikisch, Arbeitsrecht II, S. 239; Schaub, Arbeitsrechtshandbuch, § 199 Rn. 16, S. 2061 ff.; Wiedemann/Oetker, TVG, § 2 Rn. 43.

[794] BAG, Beschl. v. 24.7.1990 (1 ABR 46/89) = AP Nr. 7 zu § 2 TVG Tarifzuständigkeit; Wiedemann/Oetker, TVG, § 2 Rn. 45.

[795] BAG, Beschl. v. 17.2.1970 (1 ABR 15/69) = AP Nr. 3 zu § 2 TVG Tarifzuständigkeit; BAG, Beschl. v. 29.11.1983 (1 AZR 469/82) = AP Nr. 78 zu § 626 BGB; LAG Hamm, Urt. v. 31.1.1991 (16 Sa 119/91) = DB 1991, 1126; Brox/Rüthers, Arbeitskampfrecht, Rn. 135, 738; Buchner, ZfA 1995, 95 (106, 120); Delheid, Tarifzuständigkeit, S. 87 ff.; Gamillscheg, Kollektives Arbeitsrecht I, § 22 4 b, S. 1072; Heinze, DB 1997, 2122 (2126); Konzen, DB 1990, Beil. 6, 7, 14; ders., FS Kraft (1998), S. 291 (304 ff.); Wiedemann/Oetker, TVG, § 2 Rn. 59; Löwisch/Rieble, Arbeitskampf- und Schlichtungsrecht, 170.2 Rn. 10 ff.; Martens, Anm. zu BAG, Beschl. v. 19.11.1985 (1 ABR 37/83), SAE 1987, 7 (8); Wiedemann, FS Fleck (1998), S. 447 (456); a.A. Kempen/Zachert, TVG, § 2 Rn. 122.

[796] Wiedemann/Oetker, TVG, § 2 Rn. 50.

[797] Buchner, ZfA 1995, 95 (105 f.); Hromadka/Maschmann/Wallner, Der Tarifwechsel, Rn. 34; Löwisch/Rieble, TVG, § 2 Rn. 88, § 4 Rn. 21; MünchArbR/Löwisch/Rieble, § 255 Rn. 61; Wiedemann, ZfA 1975, 78 (79).

[798] Wiedemann/Oetker, TVG, § 2 Rn. 46; i.E. auch Link, Tarifzuständigkeit, S. 84.

von der Tarifzuständigkeit gedeckte Teil stellt ausnahmsweise keine sinnvolle Regelung mehr dar; in diesem Fall tritt Totalnichtigkeit ein.[799]

Zudem ist die Tarifzuständigkeit auch Voraussetzung für die Allgemeinverbindlicherklärung des Tarifvertrages nach § 5 TVG,[800] wenn dort in Abs. 1 Nr. 1 verlangt wird, dass „die tarifgebundenen Arbeitgeber nicht weniger als 50 vom Hundert der unter den Geltungsbereich des Tarifvertrages fallenden Arbeitnehmer beschäftigen". Denn unter den Geltungsbereich des Tarifvertrages fallen die Arbeitnehmer notwendigerweise nur dann, wenn dieser wirksam vereinbart wurde.

Wenn über diese grundsätzlichen Rechtsfolgen fehlender Tarifzuständigkeit noch weitgehend Einigkeit besteht, so sind jedoch einige Detailfragen umstritten.

§ 13 Tarifvertragliche Normenwirkung und Auswirkungen auf die vom Tarifvertrag erfassten Arbeitsverhältnisse

Fehlt die Tarifzuständigkeit als Voraussetzung für die normative Wirkung des Tarifvertrages, bedeutet dies nicht notwendigerweise, dass die Tarifnormen auf die erfassten Arbeitsverhältnisse keine Anwendung finden. Für bestimmte Konstellationen, in denen die Normwirkung eines Tarifvertrages wegen Fehlens anderer dafür erforderlicher Voraussetzungen an sich entfallen müsste, sind im TVG eigens Regelungen getroffen worden, aufgrund derer der jeweilige Tarifvertrag dennoch fortgilt. Der Gesetzgeber hat damit zu erkennen gegeben, dass im Interesse der Arbeitnehmer die tarifvertragliche Schutzwirkung nicht sofort vollständig entfallen soll.[801] So bleibt nach § 3 Abs. 3 TVG die Tarifgebundenheit bestehen, bis der Tarifvertrag endet. Demnach ist es unschädlich, wenn eine oder mehrere Arbeitsvertragsparteien nicht mehr mit der Tarifvertragspartei mitgliedschaftlich verbunden sind.[802] Weiterhin ist in § 4 Abs. 5 TVG eine Nachwirkung nach Ablauf des Tarifvertrages vorgesehen, die erst dann ihr Ende findet, wenn die Tarifnormen durch eine andere Abmachung ersetzt werden. Da die Tarifzuständigkeit als Voraussetzung der normativen Wirkung keine Regelung im TVG erfahren hat, existiert jedoch keine Bestimmung, die das Schicksal der Normwirkung des Tarifvertrages bei fehlender oder im nachhinein weg-

---

[799] Die Teilnichtigkeit richtet sich hingegen nicht nach der Norm des § 139 BGB, die auf den hypothetischen Parteiwillen abstellt. Dies wäre mit dem Rechtsnormcharakter des Tarifvertrages und den daraus resultierenden Anforderungen an die Rechtssicherheit nicht vereinbar; vgl. Gamillscheg, Kollektives Arbeitsrecht I, § 16 VI 3, S. 709 f.; Löwisch/Rieble, TVG, § 1 Rn. 251, § 2 Rn. 103; Zöllner/Loritz, § 33 V 3 c, S. 377 f.

[800] Kempen/Zachert, TVG, § 5 Rn. 12; Wiedemann/Wank, TVG, § 5 Rn. 52.

[801] Kempen/Zachert, TVG, § 2 Rn. 125.

[802] Wiedemann/Oetker, TVG, § 2 Rn. 48.

fallender Tarifzuständigkeit regelt. Es fragt sich daher, inwieweit die Normen der §§ 3 Abs. 3, 4 Abs. 5 TVG für den Fall des Fehlens bzw. Wegfalls der Tarifzuständigkeit analoge Anwendung finden können. Dabei ist zwischen dem anfänglichen Fehlen und dem nachträglichen Wegfall der Tarifzuständigkeit zu unterscheiden.

I. Anfängliches Fehlen der Tarifzuständigkeit

Unproblematisch ist der Fall, in dem die Tarifzuständigkeit eines oder beider Tarifpartner von Anfang an fehlt, der Tarifvertrag aber noch nicht vollzogen wurde. Hier besteht kein Anlass, den Tarifvertrag trotz Nichtigkeit zur Geltung zu bringen.

Ist der Tarifvertrag hingegen bereits angewandt worden, stellt sich die Frage nach den Konsequenzen für diejenigen, die auf den Bestand des Tarifvertrages vertraut haben.

1. Keine Geltung des Tarifvertrages nach § 4 Abs. 5 TVG analog

Nach *Kempen*[803] gebietet der Vertrauensschutzgedanke in diesem Fall eine bedingte Geltung des Tarifvertrages. Der Tarifvertrag sei weder ex tunc unanwendbar, noch sei eine Nichtanwendbarkeit ab dem Zeitpunkt der Feststellung der Nichtigkeit anzunehmen. Vielmehr gelte der Tarifvertrag in entsprechender Anwendung von § 4 Abs. 5 TVG bis zur Neuregelung der Tarifnormen in einem wirksamen Tarifvertrag fort.

Hiergegen spricht jedoch zum einen, dass nach § 4 Abs. 5 TVG andere Abmachungen, die zu einer Beendigung der Nachwirkung führen, auch Betriebsvereinbarungen und Individualverträge sein können.[804] Es fragt sich daher, aus welchem Grund der Nachwirkungszeitraum im Falle fehlender Tarifzuständigkeit weiter ausgedehnt werden soll als im unmittelbaren Anwendungsbereich des § 4 Abs. 5 TVG. Zum anderen ist einer analogen Anwendung von § 4 Abs. 5 TVG generell entgegenzusetzen, dass sich die Überbrückungsfunktion des § 4 Abs. 5 TVG grundsätzlich auf den Vertragsablauf bezieht. Eine die Analogie rechtfertigende vergleichbare Sachlage kommt mithin allenfalls in Betracht, wenn die Tarifzuständigkeit nachträglich wegfällt. Hingegen gebietet es die Wertung des § 4 Abs. 5 TVG nicht, den Arbeitgeber in ein tarifliches Regelwerk zu zwingen, dem er wegen anfänglichen Fehlens der erforderlichen Voraussetzungen nie unterworfen war.[805] Hierdurch würde zudem dem Ar-

---

[803] In: Kempen/Zachert, TVG, § 2 Rn. 127; siehe auch Däubler, TVG, Rn. 90.

[804] BAG, Urt. v. 18.3.1992 (4 AZR 339/91) = AP Nr. 13 zu § 3 TVG; BAG, Urt. v. 4.4.2001 (4 AZR 215/00) = AP Nr. 9 zu § 3 TVG Verbandsaustritt; BAG, Urt. v. 27.9.2001 (2 AZR 236/00) = AP Nr. 40 zu § 4 TVG Nachwirkung; Löwisch/Rieble, TVG, § 4 Rn. 228; Wiedemann/Wank, TVG, § 4 Rn. 354.

[805] Vgl. Henssler, ZfA 1998, 517 (532).

beitgeber, der sich irrtümlich zur Leistungserbringung tarifvertraglich verpflichtet sah, die Möglichkeit genommen, sich nach Aufdeckung des Irrtums von der Weitergewährung einseitig loszusagen. Hierdurch käme es zu einer Überdehnung des Vertrauensschutzes der Arbeitnehmer zu Lasten des Arbeitgebers.

2. Auswirkungen auf die vom Tarifvertrag erfassten Arbeitsverhältnisse

Die Gegenauffassung[806] geht daher zu Recht davon aus, dass § 4 Abs. 5 TVG in diesem Fall keine analoge Anwendung findet, sondern die allgemeinen Grundsätze über die Nichtigkeit von Tarifverträgen eingreifen. Dies bedeutet, dass der Arbeitgeber, der tarifvertragliche Leistungen in der irrigen Annahme erbracht hat, hierzu verpflichtet zu sein, diese Leistungen bei Entdeckung seines Irrtums sofort einstellen kann.[807] Ein individualvertraglicher Anspruch des Arbeitnehmers auf Weitergewährung der tarifvertraglichen Leistung scheitert an dem entsprechenden Verpflichtungswillen des Arbeitgebers.[808] Auch eine pauschale arbeitsvertragliche Bezugnahme auf den Tarifvertrag führt nicht zur Anwendung der Bestimmungen des nichtigen Tarifvertrages auf das Arbeitsverhältnis, da die Pauschalbezugnahme im Zweifel nur das widerspiegeln soll, was bei beidseitiger Tarifgebundenheit gelten würde.[809] Weiterhin kann auch kein Anspruch auf Gewährung der nach den nichtigen Tarifvertragsnormen vorgesehenen Leistungen aus betrieblicher Übung hergeleitet werden, wenn der Arbeitgeber die Leistungen nur in der irrigen Annahme einer dahingehenden tarifvertraglichen Verpflichtung gewährt hat und keine Anhaltspunkte für einen davon unabhängigen Leistungswillen des Arbeitgebers bestehen.[810] Es liegt dann kein Verhalten des Arbeitgebers vor, aufgrund dessen der Arbeitnehmer nach Treu und Glauben und unter Berücksichtigung aller Begleitumstände auf einen Bindungswillen des Arbeitgebers schließen durfte.[811] Für einen entsprechenden Verpflichtungswillen fehlt jeglicher Anhaltspunkt, wenn der Arbeitgeber die Leistung nur aufgrund der irrtümlichen

---

[806] Henssler, ZfA 1998, 517 (532 f.); Löwisch/Rieble, TVG, § 2 Rn. 103; MünchArbR/Löwisch/ Rieble, § 255 Rn. 79.

[807] Vgl. BAG, Urt. v. 7.8.1967 (3 AZR 493/65) = AP Nr. 121 zu § 242 BGB Ruhegehalt m. Anm. Wiedemann; BAG, Urt. v. 31.1.1969 (3 AZR 439/68) = AP Nr. 26 zu § 1 Feiertagslohnzahlungsgesetz m. Anm. Canaris; BAG, Urt. v. 7.5.1986 (4 AZR 556/83) = AP Nr. 12 zu § 4 BAT; BAG, Urt. v. 26.10.1995 (6 AZR 125/95) = AP Nr. 7 zu § 1 BAT-O.

[808] Vgl. statt aller BAG, Urt. v. 7.5.1986 (4 AZR 556/83) = AP Nr. 12 zu § 4 BAT.

[809] BAG, Urt. v. 7.12.1977 (4 AZR 474/76) = AP Nr. 9 zu § 4 TVG Nachwirkung, BAG, Urt. v. 1.4.1987 (4 AZR 77/86) = AP Nr. 64 zu § 613 a BGB; Gamillscheg, Kollektives Arbeitsrecht I, § 17 II 4 c, S. 737; MünchArbR/Löwisch/Rieble, § 269 Rn. 16.

[810] Vgl. statt aller BAG, Urt. v. 7.5.1986 (4 AZR 556/83) = AP Nr. 12 zu § 4 BAT; a.A. Kempen/ Zachert, TVG, § 2 Rn. 128.

[811] BAG, Urt. v. 7.5.1986 (4 AZR 556/83) = AP Nr. 12 zu § 4 BAT; allgemein zu den Voraussetzungen der betrieblichen Übung siehe auch BAG, Urt. v. 21.1.1997 (1 AZR 572/96) = AP Nr. 64 zu § 77 BetrVG 1972; DLW/Dörner, A/Rn. 584 ff.

Annahme einer entsprechenden tarifvertraglichen Verpflichtung erbringt. Schließlich ergibt sich auch aus dem Vertrauensschutzprinzip keine andere Wertung. Der Arbeitnehmer kann nicht mehr erwarten, als die ihm rechtmäßigerweise tarifvertraglich zustehenden Leistungen zu erhalten. Infolgedessen ist sein Vertrauen auf die Weitergewährung der Leistungen nachrangig zu dem Interesse des Arbeitgebers, seinen Irrtum für die Zukunft zu berichtigen.[812]

Fraglich ist jedoch, inwieweit der Arbeitgeber aufgrund des nichtigen Tarifvertrages erbrachte Leistungen zurückfordern kann. Für den Fall fehlender Tarifzuständigkeit hatte das BAG über diese Rückabwicklungsproblematik noch nicht zu entscheiden. Jedoch hat es bei Tarifnormen, die wegen Verstoßes gegen Art. 3 GG nichtig sind, Rückforderungsansprüche des Arbeitgebers nach §§ 812 ff. BGB dem Grunde nach bejaht, diese aber im Hinblick auf § 818 Abs. 3 BGB, tarifvertragliche Ausschlussfristen sowie Verjährungsfristen in der Regel für nicht realisierbar gehalten.[813] Nach *Zöllner/Loritz*[814] scheidet demgegenüber eine Rückabwicklung nach § 812 BGB generell aus, da sich die Arbeitgeber und Arbeitnehmer, deren Arbeitsverhältnisse von dem nichtigen Tarifvertrag erfasst werden, entsprechend den Grundsätzen des fehlerhaften Arbeitsverhältnisses[815] so behandeln lassen müssten, als sei der Tarifvertrag wirksam. Auch *Gamillscheg*[816] wendet sich allgemein gegen einen Anspruch auf Rückgewähr bereits erbrachter Leistungen bei Nichtigkeit des Tarifvertrages, begründet dies aber allein mit dem Vertrauensschutz der Beteiligten, namentlich der Arbeitnehmer. „Was dem redlichen Besitzer einer Sache, § 993 BGB recht" sei, sei „dem Arbeitnehmer insoweit billig".[817]

Für diese Literaturansichten sprechen im Hinblick auf etwaige Rückabwicklungsschwierigkeiten zunächst praktische Erwägungen. Hinzu kommt im Falle der Nichtigkeit eines Tarifvertrages wegen fehlender Tarifzuständigkeit, dass die Normen nicht – wie etwa bei einem Verstoß gegen den Gleichheitssatz nach Art. 3 Abs. 1 GG – ihrem Inhalt nach mit der Rechtsordnung nicht vereinbar sind und ein

---

[812] BAG, Urt. v. 31.1.1969 (3 AZR 439/68) = AP Nr. 26 zu § 1 Feiertagslohnzahlungsgesetz m. Anm. Canaris. Zum fehlenden Vertrauensschutz bezüglich der rückwirkenden Beseitigung der Nachwirkung durch einen ablösenden Tarifvertrag siehe auch BAG, Urt. v. 8.9.1999 (4 AZR 661/98) = AP Nr. 33 zu § 4 TVG Nachwirkung.

[813] BAG, Urt. v. 13.11.1985 (4 AZR 234/84) = AP Nr. 136 zu Art. 3 GG; BAG, Urt. v. 28.5.1996 (3 AZR 752/95) = AP Nr. 143 zu § 1 TVG Tarifverträge: Metallindustrie; BAG, Urt. v. 28.5.1998 (6 AZR 585/96) = AP Nr. 37 zu § 1 TVG Tarifverträge: DDR.

[814] Zöllner/Loritz, § 33 V 3 a, S. 377.

[815] Siehe hierzu weiterführend Schaub, Arbeitsrechtshandbuch, § 35 III, Rn. 34 ff., S. 271 ff.; DLW/Dörner, B/Rn. 435 ff.

[816] Gamillscheg, Kollektives Arbeitsrecht I, § 16 VI 1, S. 707 f.

[817] Gamillscheg, Kollektives Arbeitsrecht I, § 16 VI 1, S. 708; i.E. auch Kutscher, Tarifzuständigkeit, S. 111.

insoweit unhaltbarer rechtswidriger Zustand zu beseitigen wäre.[818] Vielmehr ist die Unwirksamkeit allein in der fehlenden Normerstreckungskompetenz der Tarifvertragsparteien begründet.

Gegen den generellen Ausschluss eines Anspruchs aus ungerechtfertigter Bereicherung gemäß § 812 BGB ist indes einzuwenden, dass infolge der Nichtigkeit eines Tarifvertrages nicht zwingend Rückabwicklungsschwierigkeiten auftreten müssen. So entstehen zum Beispiel keine Probleme bei der Rückabwicklung, wenn sich die tarifvertraglichen Arbeitsbedingungen von den Arbeitsbedingungen bei mangelnder Tarifgeltung nur durch die Lohnhöhe und nicht etwa auch bezüglich der Arbeitszeiten etc. unterscheiden. Zudem hat der Arbeitgeber ein legitimes Interesse, zu Unrecht erbrachte Leistungen wie etwa überzahltes Arbeitsentgelt zurückfordern zu können. Dieses Interesse ist nicht generell geringer zu bewerten als der Vertrauensschutz der Arbeitnehmer. Dies gilt insbesondere dann, wenn die Tarifzuständigkeit im Vorfeld unter den sozialen Gegenspielern umstritten war und der Arbeitgeber gegenüber den Arbeitnehmern Zweifel an der Rechtswirksamkeit der Leistungsgewährung zu erkennen gegeben hat.

Folglich verbietet sich jede schematische Lösung. In der Praxis dürften allerdings beide Ansichten meist nicht zu unterschiedlichen Ergebnissen führen, da einer Rückabwicklung nach bereicherungsrechtlichen Grundsätzen in der Regel zumindest § 818 Abs. 3 BGB entgegenstehen wird.

II. Wegfall der Tarifzuständigkeit nach Tarifvertragsschluss

Beim späteren Wegfall der Tarifzuständigkeit ist ein Tarifvertrag nicht wegen fehlender Tarifzuständigkeit schon bei Vertragsschluss unwirksam. Sieht man die Tarifzuständigkeit allein als vertretungsrechtliches Problem, ist deren nachträglicher Wegfall unschädlich, da allein entscheidend ist, dass zum Zeitpunkt des Vertragschlusses die Vertretungsmacht bestanden hat.[819] Folgt man hingegen der hier vertretenen Auffassung, nach der die Tarifzuständigkeit ein eigenständiges, aus Art. 9 Abs. 3 GG herzuleitendes,[820] Erfordernis für die tarifvertragliche Normenwirkung ist, fehlt mit dem Wegfall der Tarifzuständigkeit ebenso wie mit dem Wegfall der Tariffähigkeit[821] eine

---

[818] Aus diesem Grund werden die Grundsätze über das faktische Arbeitsverhältnis bei schweren Rechtsmängeln des Arbeitsvertrages nicht angewandt. Die Partei kann sich beispielsweise bei Sittenwidrigkeit nach § 138 BGB nicht auf quasivertragliche Ansprüche berufen, vgl. Schaub, Arbeitsrechtshandbuch, § 35 Rn. 42, S. 274; DLW/Dörner, B/Rn. 450.

[819] Vgl. Kraft, FS Schnorr von Carolsfeld (1973), S. 255 (267); Konzen, FS Kraft (1998), S. 291 (319).

[820] Siehe oben § 5 II 3 b.

[821] Vgl. BAG, Urt. v. 15.10.1986 (4 AZR 289/85) = AP Nr. 4 zu § 3 TVG m. Anm. Wiedemann; BAG, Urt. v. 28.5.1997 (4 AZR 546/95) = AP Nr. 26 zu § 4 TVG Nachwirkung m. Anm. Kania; MünchArbR/Löwisch/Rieble, § 255 Rn. 80. Während das BAG beim Wegfall der Tariffähigkeit

wesentliche Voraussetzung für die zwingende normative Wirkung des Tarifvertrages nach § 4 Abs. 1 TVG. Fraglich ist, ob diese Wirkung dennoch, etwa über eine analoge Anwendung des § 3 Abs. 3 TVG, erhalten bleibt oder ob der Tarifvertrag zumindest entsprechend § 4 Abs. 5 TVG nachwirkt.

Insoweit ist zwischen den unterschiedlichen Ursachen zu differenzieren, aufgrund derer ein Wegfall der Tarifzuständigkeit denkbar erscheint. So kann infolge einer einschränkenden Satzungsänderung des Arbeitgeberverbandes oder der Gewerkschaft die Tarifzuständigkeit nach Tarifvertragsschluss entfallen. Als weiterer Grund kommt eine Maßnahme des Arbeitgebers zur Unternehmensumstrukturierung in Betracht; in diesem Fall ist zwischen Verbandstarifvertrag und Firmentarifvertrag zu differenzieren. Bei einem Arbeitgeber, der einem Verbandstarifvertrag unterliegt, wird durch Unternehmensumstrukturierungen nicht die Tarifzuständigkeit der Gewerkschaft oder des Arbeitgeberverbandes in Frage gestellt,[822] es sei denn, es handelt sich um einen unternehmensbezogenen Verbandstarifvertrag. Der fehlende Bezug zur Tarifzuständigkeit folgt daraus, dass im Rahmen des Verbandstarifvertrages der Geltungsbereich nach allgemeinen räumlichen und sachlichen Merkmalen ohne explizite Nennung einzelner Unternehmen bestimmt wird. Die Umstrukturierung eines der dem Geltungsbereich des Verbandstarifvertrages unterliegenden Unternehmen ändert mithin nichts daran, dass die Tarifpartner weiterhin gemeinsam für den Verbandstarifvertrag tarifzuständig sind; auf die Tarifzuständigkeit für ein konkretes Unternehmen oder Teile dieses Unternehmens kommt es für die Wirksamkeit des Verbandstarifvertrages nicht an. Vielmehr wird hiervon allein die Stellung des Arbeitgebers als Normunterworfener betroffen.[823]

Somit ist festzuhalten, dass als Gründe für den Wegfall der Tarifzuständigkeit zum einen die einschränkende Satzungsänderung durch einen der tarifschließenden Verbände und zum anderen arbeitgeberseitige Maßnahmen zur Unternehmensumstrukturierung, soweit der Arbeitgeber an einen Firmentarifvertrag oder einen firmenbezogenen Verbandstarifvertrag gebunden ist, in Betracht kommen.

1. Satzungsänderung

a) Einschränkung des satzungsmäßigen Organisationsbereichs

Die Einschränkung des satzungsmäßigen Zuständigkeitsbereichs durch den Arbeitgeberverband oder die Gewerkschaft ist unproblematisch, wenn zugleich eine Regelung

---

eine analoge Anwendung von § 3 Abs. 3 TVG ablehnt, wird dies in der Literatur teilweise befürwortet, vgl. Kempen/Zachert, TVG, § 3 Rn. 39 m.w.N.

[822] Kempen/Zachert, TVG, § 2 Rn. 130; MünchArbR/Löwisch/Rieble, § 255 Rn. 78.

[823] MünchArbR/Löwisch/Rieble, § 255 Rn. 78. Näher dazu siehe unten § 13 II 2 a.

der Folgen für die von der Änderung betroffenen Tarifverträge, für welche die Tarifzuständigkeit ganz oder teilweise entfallen ist, vorgenommen wird. Hier kann das zur
Satzungsänderung befugte Organ beispielsweise eine Übergangsregelung des Inhalts
treffen, dass die Zuständigkeit bis zum Ablauf der Tarifverträge oder bis zur Neuregelung durch andere Tarifverträge[824] fortgilt. Ist eine derartige Übergangszuständig-
keit nicht festgelegt worden, ist fraglich, wie sich der Wegfall der Tarifzuständigkeit
auf die laufenden Tarifverträge auswirkt. In der Rechtsprechung ist diese Frage bislang nicht explizit entschieden worden; die Diskussion im Schrifttum verläuft kontrovers.

Nach teilweise vertretener Ansicht[825] lässt eine Satzungsänderung die zwingende
normative Wirkung des Tarifvertrages unberührt, dem satzungsändernden Verband[826]
stehe allein ein Recht zur Kündigung[827], an die sich die Nachwirkung nach § 4 Abs. 5
TVG anschließe, zu. Dem ist jedoch zu Recht entgegengehalten worden, dass die
Mitglieder der ehemals tarifgebundenen Partei auf diese Weise tarifgebunden blieben,
ohne die Tarifgeltung beeinflussen zu können. Eine von der Tarifvertragspartei gelöste Tarifgeltung ist aber durch die Mitgliedschaft nicht mehr legitimiert.

Die unmittelbare und zwingende Geltung der Tarifnormen kann auch nicht aus § 3
Abs. 3 TVG analog hergeleitet werden,[828] da diese Norm keine vergleichbare Situation betrifft.[829] Während § 3 Abs. 3 TVG den Normunterworfenen daran hindern will,
sich einseitig der Tarifbindung zu entziehen, betrifft der Wegfall der Tarifzuständigkeit eine Veränderung bei einer der Tarifvertragsparteien, die als Satzungsänderung
umfassend mitgliedschaftlich legitimiert ist.[830] Diesem Akt kollektiver Selbstbestimmung will § 3 Abs. 3 TVG aber nicht entgegentreten, sondern lediglich verhindern,
dass die Folgen kollektiver Rechtsetzung durch individuelle Rechtsgeschäfte wieder

---

[824] So der Vorschlag von Kempen/Zachert, TVG, § 2 Rn. 131.

[825] Kempen/Zachert, TVG, § 2 Rn. 132 f.; Wiedemann/Oetker, TVG, § 2 Rn. 46.

[826] Auf den satzungsändernden Verband stellen Kempen/Zachert, TVG, § 2 Rn. 132 f. ab. Bei Wiede-
mann/Oetker bleibt im Rahmen der Ausführungen zur Tarifzuständigkeit offen, wem das Kündigungsrecht zustehen soll, vgl. TVG, § 2 Rn. 46. Für die Tariffähigkeit siehe aber auch Wiedemann/
Oetker, TVG, § 2 Rn. 40: Diesbezüglich wird auf die gegnerische Tarifpartei abstellt.

[827] Nach Kempen/Zachert soll allein eine ordentliche Kündigung möglich sein, eine außerordentliche
Kündigung sei hingegen nicht zuzulassen, vgl. TVG, § 2 Rn. 132 f., 135. Bei Wiedemann/Oetker
wird diese Frage bezüglich der infolge Satzungsänderung weggefallenen Tarifzuständigkeit offengelassen, vgl. TVG, § 2 Rn. 46. Bei Verlust der Tarifzuständigkeit infolge einer Unternehmensumstrukturierung will Oetker allerdings ein außerordentliches Kündigungsrecht gewähren, a.a.O., § 2
Rn. 79. Zur Tariffähigkeit siehe auch Wiedemann/Oetker, TVG, § 2 Rn. 40.

[828] A.A. Däubler, TVG, Rn. 1521; siehe auch Konzen, ZfA 1975, 401 (417).

[829] MünchArbR/Löwisch/Rieble, § 255 Rn. 82; Wiedemann/Oetker, TVG, § 2 Rn. 80, § 3 Rn. 52;
Kempen/Zachert, TVG, § 3 Rn. 26.

[830] MünchArbR/Löwisch/Rieble, § 255 Rn. 82; siehe ferner Wiedemann, FS Fleck (1988), S. 447
(453).

rückgängig gemacht werden.[831] Der Rechtsgedanke von § 3 Abs. 3 TVG greift damit nicht bei fehlender Tarifzuständigkeit, sondern setzt deren Fortbestand gerade voraus.[832]

Auch eine Nachwirkung nach § 4 Abs. 5 TVG ist weder dogmatisch begründbar, noch interessengerecht.[833] Die Anwendung des § 4 Abs. 5 TVG auf den Wegfall der Tarifzuständigkeit infolge Satzungsänderung wird mit der Überbrückungsfunktion dieser Norm begründet, die im Sinne eines Generalauffangtatbestandes immer dann anzuwenden sei, wenn der Tarifvertrag zwar nicht abgelaufen sei, aber eine andere Voraussetzung der Tarifwirkung wegfalle und die Arbeitsverhältnisse inhaltsleer zu werden drohten.[834] Entscheidend sei allein, dass ursprünglich ein Tarifvertrag unmittelbar anwendbar gewesen sei und es die Arbeitsvertragsparteien deshalb unterlassen hätten, Vorsorge durch eigene Regelungen zu treffen.[835]

Dem ist jedoch entgegenzusetzen, dass eine Normwirkung des Tarifvertrages ohne Tarifmacht nicht in Betracht kommt.[836] Durch die analoge Anwendung von § 4 Abs. 5 TVG auf jeden Wegfall einer Voraussetzung der Tarifwirkung wird der Ausnahmecharakter dieser Norm im Verhältnis zu § 4 Abs. 1 TVG ausgehöhlt.[837] Die Funktion der Nachwirkung besteht allein darin, ein interimistisches Zwischenrecht zu schaffen, um den Tarifvertragsparteien die Möglichkeit zu gewähren, ohne Zeitdruck über einen neuen Tarifvertrag zu verhandeln.[838] Da durch § 4 Abs. 5 TVG der status quo der Arbeitsverhältnisse erhalten bleibt, wird damit Verzögerungstaktiken als Arbeitskampfmittel Einhalt geboten.[839]

Im übrigen wird die Gefahr, dass die vom Tarifvertrag ursprünglich erfassten Arbeitsverhältnisse inhaltsleer werden, überbewertet. Vollziehen die Arbeitsvertragsparteien den Tarifvertrag, obwohl zumindest dem Arbeitgeber die Unwirksamkeit

---

[831] Zum Sinn und Zweck von § 3 Abs. 3 TVG siehe insoweit Kempen/Zachert, TVG, § 3 Rn. 22.

[832] BAG, Urt. v. 26.9.1979 (4 AZR 819/77) = AP Nr. 17 zu § 613 a BGB m. Anm. Willemsen; BAG, Urt. v. 10.12.1997 (4 AZR 247/96) = AP Nr. 20 zu § 3 TVG; BAG, Urt. v. 10.12.1997 (4 AZR 247/96) = AP Nr. 21 zu § 3 TVG; BAG, Urt. v. 9.11.1999 (3 AZR 690/98) = AP Nr. 5 zu § 3 TVG Verbandsaustritt m. Anm. Waas; Wiedemann/Oetker, TVG, § 2 Rn. 80; Wiedemann, RdA 1975, 78 (83); ders., FS Fleck (1988), S. 447 (453).

[833] So aber Gamillscheg, Kollektives Arbeitsrecht I, § 17 1 4 b, S. 722 f., § 17 VI 6, S. 790; Münch-ArbR/Löwisch/Rieble, § 255 Rn. 83; anders noch Löwisch/Rieble, TVG, § 2 Rn. 107.

[834] MünchArbR/Löwisch/Rieble, § 255 Rn. 83; a.A. noch Löwisch/Rieble, TVG, § 2 Rn. 107. Dieses Verständnis von § 4 Abs. 5 TVG entspricht der ständigen Rechtsprechung des BAG, vgl. statt aller BAG, Urt. v. 10.12.1997 (4 AZR 193/97) = AP Nr. 21 zu § 3 TVG m.w.N.

[835] BAG, Urt. v. 10.12.1997 (4 AZR 247/96) = AP Nr. 20 zu § 3 TVG; BAG, Urt. v. 10.12.1997 (4 AZR 247/96) = AP Nr. 21 zu § 3 TVG.

[836] So noch Löwisch/Rieble, TVG, § 2 Rn. 107.

[837] Weiterführend zum Sinn und Zweck von § 4 Abs. 5 TVG vgl. Heinze/Ricken, ZfA 2001, 159 (162 ff.).

[838] Heinze/Ricken, ZfA 2001, 159 (165 f.).

[839] Heinze/Ricken, ZfA 2001, 159 (166).

bekannt ist, kann hierdurch ein Anspruch des Arbeitnehmers aus betrieblicher Übung entstehen, bei gleichzeitiger Kenntnis des Arbeitnehmers von dem Mangel ist von einer konkludenten Übernahme der tarifvertraglichen Arbeitsbedingungen in den Arbeitsvertrag auszugehen. Werden die tarifvertraglichen Leistungen demgegenüber irrtümlich in beidseitiger Unkenntnis des Wirksamkeitsmangels gewährt, so sind die Betroffenen dadurch hinreichend geschützt, dass eine Rückabwicklung nach den §§ 812 ff. BGB in der Regel ausscheidet.[840] Für die zukünftige Einstellung tarifvertraglicher Leistungen durch den Arbeitgeber nach Wegfall der Tarifzuständigkeit[841] gilt, dass auch hierdurch die Arbeitsverhältnisse nicht inhaltsleer werden, weil zu deren Ausfüllung in der Regel auf vorhandene privatautonome Regelungen[842] und ergänzend auf gesetzliche Vorschriften wie § 612 Abs. 2 BGB zurückgegriffen werden kann.[843] Mithin geht es bei der Anwendung von § 4 Abs. 5 TVG auf jeglichen Wegfall der Tarifwirkung letztlich nicht darum, einen regelungslosen Zustand zu verhindern, sondern den tarifvertraglichen status quo zu erhalten. Dieses weite Verständnis von § 4 Abs. 5 TVG wird jedoch der lediglich verdrängenden und nicht vernichtenden Wirkung von Tarifverträgen bezogen auf die Regelungen des Arbeitsvertrages nicht gerecht.[844]

b) Exkurs: ver.di-Fusion

Einen Sonderfall der Satzungsänderung stellt die mit der Gründung von ver.di verbundene Auflösung der fünf Gründungsgewerkschaften ÖTV, HBV, IG Medien, DPG und DAG dar.[845] Zwar führte die Auflösung dieser Gewerkschaften jeweils zum Wegfall ihrer Tariffähigkeit. Die Fortgeltung der Tarifverträge wurde jedoch dadurch abgesichert, dass die Fusion im Wege der Verschmelzung nach §§ 99 ff. UmwG vollzogen wurde. Infolgedessen sind die seitens der Gründungsgewerkschaften geschlossenen Tarifverträge im Wege der Gesamtrechtsnachfolge nach § 20 Nr. 1 UmwG auf ver.di übergegangen.[846] Zudem wurde durch die Verschmelzung auch der Übergang der Mitgliedschaft nach § 20 Abs. 1 Nr. 3 UmwG gesichert.[847] Die tarifvertragliche

---

[840] Siehe § 13 I 2.
[841] Dies ist dem Arbeitgeber mangels Nachwirkung nach § 4 Abs. 5 TVG ohne weiteres möglich, siehe § 13 I 2.
[842] Zum Verhältnis der individuellen zur kollektiven Freiheit eingehend Heinze, DB 1996, 729 ff.
[843] Heinze/Ricken, ZfA 2001, 159 (164 f.).
[844] Vgl. Heinze/Ricken, ZfA 2001, 159 (165). Zur verdrängenden Wirkung von Tarifnormen vgl. Kempen/Zachert, TVG, § 4 Rn. 12; Löwisch/Rieble, TVG, § 4 Rn. 52; Wiedemann/Wank, TVG, § 4 Rn. 370 ff.
[845] Siehe dazu eingehend Lörcher, ZTR 2001, 544 ff.
[846] Lörcher, ZTR 2001, 544 (546); eingehend Wiedemann/Thüsing, WM 1999, 2277 (2280).
[847] Lörcher, ZTR 2001, 544 (546). Zum außerordentlichen Austrittsrecht der Mitglieder siehe Wiedemann/Thüsing, WM 1999, 2277 ff.

Normenwirkung der noch von den Gründungsgewerkschaften geschlossenen Tarif-verträge ist daher von der Fusion unbeeinträchtigt geblieben.

2. Unternehmensumstrukturierung

Bei Unternehmensumstrukturierungen sind die aus einer bestimmten Tarifzuständig-keit resultierenden Belastungen häufig ein bedeutsamer Faktor des unternehmerischen Kostenkalküls. Die Ausgliederung betrieblicher Funktionen aus dem Unternehmen und deren Wahrnehmung durch eigenständige Betriebe ist nicht selten durch den Wunsch veranlasst, einzelne fachfremde Tätigkeitsbereiche des Betriebs aus dem Geltungsbereich des maßgebenden Tarifvertrages herauszunehmen bzw. eine verän-derte Tarifzuständigkeit auf Gewerkschaftsseite zu erreichen, um damit zukünftig ins-besondere die Lohnkosten zu senken. Für den Arbeitgeber stellt sich die Frage, ob die ursprüngliche Gewerkschaft weiterhin zuständig bleibt und/oder ob er sich auf Tarif-verhandlungen mit einer anderen Gewerkschaft einlassen muss. Bezüglich des Fort-bestands der Tarifzuständigkeit für laufende Tarifverträge ist, wie bereits erörtert, zwischen Verbandstarifvertrag, firmenbezogenem Verbandstarifvertrag und Firmen-tarifvertrag zu unterscheiden.

a) Verbandstarifvertrag

Unternehmensumstrukturierungen können von vornherein nicht zu einem Wegfall der Tarifzuständigkeit führen, soweit der Arbeitgeber an einen – nicht firmenbezogenen – Verbandstarifvertrag gebunden ist.

Wird im Rahmen der Umstrukturierungsmaßnahme allein eine Produktionsum-stellung vorgenommen, ist Folge dessen gegebenenfalls das Herauswachsen aus dem Geltungsbereich des Verbandstarifvertrages; die Tarifzuständigkeit der Tarifvertrags-parteien für den Abschluss des Verbandstarifvertrages bleibt hingegen unberührt.[848] Nach herrschender Ansicht wirkt der Verbandstarifvertrag nach § 4 Abs. 5 TVG nach, wenn das Unternehmen aus dem tarifvertraglichen Geltungsbereich hinaus-wächst.[849]

Hat die Umstrukturierungsmaßnahme (auch) die Übertragung von Betrieben oder Betriebsteilen zum Inhalt, so tritt der übernehmende Rechtsträger nicht ohne weiteres

---

[848] So der zutreffende Hinweis von Kempen/Zachert, TVG, § 2 Rn. 130.
[849] Vgl. BAG, Urt. v. 10.12.1997 (4 AZR 247/96) = AP Nr. 20 zu § 3 TVG; BAG, Urt. v. 10.12.1997 (4 AZR 193/97) = AP Nr. 21 zu § 3 TVG; Blank, Die Tarifzuständigkeit der DGB-Gewerkschaf-ten, S. 76 f.; Gamillscheg, § 17 I 4 b, S. 722 f; Hromadka/Maschmann/Wallner, Der Tarifwechsel, Rn. 258; Kempen/Zachert, TVG, § 4 Rn. 303; Konzen, FS Kraft (1998), S. 291 (316); MünchArbR/Löwisch/Rieble, § 264 Rn. 26; Wiedemann/Wank, TVG, § 2 Rn. 337. Dem ist jedoch wiederum entgegenzuhalten, dass § 4 Abs. 5 TVG nach seiner Konzeption gerade nicht General-auffangtatbestand für jeglichen Wegfall der Tarifwirkung ist, siehe § 13 II 1 a.

in die tarifrechtliche Rechtsstellung des bisherigen Arbeitgebers ein. Die Mitgliedschaft im Arbeitgeberverband ist höchstpersönlicher Natur und geht weder über die Einzelrechtsnachfolge nach § 613 a BGB noch im Wege der (partiellen) Gesamtrechtsnachfolge nach den Bestimmungen des UmwG[850] auf den neuen Inhaber über.[851] Es wäre mit der negativen Koalitionsfreiheit nach Art. 9 Abs. 3 GG nicht vereinbar, den Rechtsnachfolger an einen nicht von ihm infolge Koalitionszugehörigkeit veranlassten Tarifvertrag zu binden.[852] Infolgedessen kommt es darauf an, ob dieser selbst Mitglied desselben Arbeitgeberverbandes ist oder der bisher anwendbare Tarifvertrag nach § 5 TVG für allgemeinverbindlich erklärt wurde.[853] Weitere Voraussetzung der unmittelbaren und zwingenden normativen Wirkung nach § 4 Abs. 1 TVG ist dann, dass die übertragenen Betriebe oder Betriebsteile noch unter den fachlichen Geltungsbereich des Tarifvertrages fallen.[854] Ist dies nicht der Fall, kommt lediglich die individualrechtliche Fortgeltung des Tarifvertrages nach § 613 a S. 2 – 4 BGB, gegebenenfalls i.V.m. § 324 UmwG, in Betracht.[855]

b) Firmentarifvertrag

Im Zusammenhang mit einem Firmentarifvertrag hängen die Auswirkungen der Umstrukturierungsmaßnahme auf die Tarifzuständigkeit des Arbeitgebers und der Gewerkschaft im wesentlichen davon ab, ob es sich um eine reine Produktionsumstellung handelt, oder aber das Unternehmen bzw. dessen einzelne Betriebe oder Betriebsteile auf einen anderen Rechtsträger übergehen.

---

[850] Zu arbeitsrechtlichen Aspekten des UmwG siehe eingehend Heinze, ZfA 1997, 1 ff.

[851] BAG, Urt. v. 5.10.1993 (3 AZR 586/92) = AP Nr. 42 zu § 1 BetrAVG Zusatzversorgungskassen; Henssler, FS Schaub (1998), S. 311 (314); Willemsen/Hohenstatt, Umstrukturierung, Rn. E 66, 72, 79. Wiedemann/Oetker, TVG, § 3 Rn. 165. Im übrigen bestehen auch vereinsrechtliche Bedenken, da nach § 38 BGB die Mitgliedschaft im Verein nicht übertragbar oder vererbbar ist, es sei denn, es wurde nach § 40 BGB eine anderweitige Satzungsbestimmung getroffen, vgl. BAG, Urt. v. 4.12.1974 (5 AZR 75/74) = AP Nr. 2 zu § 3 TVG m. Anm. Wiedemann; BAG, Urt. v. 10.11.1993 (4 AZR 375/92) = AP Nr. 13 zu § 3 TVG Verbandszugehörigkeit; BAG, Urt. v. 13.7.1994 (4 AZR 555/93) = AP Nr. 14 zu § 3 TVG Verbandszugehörigkeit m. Anm. Müller/Peters; BAG, Urt. v. 24.6.1998 (4 AZR 208/97) = AP Nr. 1 zu § 20 UmwG.

[852] BAG, Urt. v. 5.10.1993 (3 AZR 586/92) = AP Nr. 42 zu § 1 BetrAVG Zusatzversorgungskassen; Henssler, FS Schaub (1998), S. 311 (314); Willemsen/Hohenstatt, Umstrukturierung, Rn. E 66.

[853] Heinze, DB 1998, 1861 (1862); Willemsen/Hohenstatt, Umstrukturierung, Rn. E 66; Wiedemann/Oetker, TVG, § 3 Rn. 165.

[854] Willemsen/Hohenstatt, Umstrukturierung, Rn. E 66; Wiedemann/Oetker, TVG, § 3 Rn. 179.

[855] § 613 a BGB ist als Auffangtatbestand dann anwendbar, wenn der Tarifvertrag nicht kollektivrechtlich fortgilt, vgl. BAG, Urt. v. 1.4.1987 (4 AZR 77/86) = AP Nr. 64 zu § 613 a BGB; BAG, Urt. v. 24.6.1998 (4 AZR 208/97) = AP Nr. 1 zu § 20 UmwG; Heinze, FS Schaub (1998), S. 275 (278, 279 f.); ders., DB 1998, 1861 (1862); Konzen, FS Kraft (1998), S. 291 (320); Willemsen/Hohenstatt, Umstrukturierung, Rn. E 65, 72, MünchArbR/Löwisch/Rieble, § 264 Rn. 27 m.w.N. Eine analoge Anwendung von § 4 Abs. 5 TVG scheidet daher schon mangels Bestehens einer Regelungslücke aus, so bereits BAG, Urt. v. 26.9.1979 (4 AZR 819/77) = AP Nr. 17 zu § 613 a BGB m. Anm. Willemsen.

aa) Fallgestaltungen des Wegfalls der beiderseitigen Tarifzuständigkeit

Die Tarifzuständigkeit des Arbeitgebers entfällt nur im Zusammenhang mit einem Rechtsträgerwechsel. In diesem Fall verliert der ehemalige Inhaber seine Arbeitgebereigenschaft bezüglich der übergegangenen Betriebe oder Betriebsteile und infolgedessen auch seine Tariffähigkeit[856] und Tarifzuständigkeit[857]. Hat die Strukturveränderung hingegen lediglich eine Produktionsumstellung zum Inhalt, so ändert diese neue fachliche Ausrichtung nichts an der Tarifzuständigkeit des Arbeitgebers für sein Unternehmen und dessen Unterorganisationen.

Demgegenüber kommt auf Gewerkschaftsseite ein Wegfall der Tarifzuständigkeit sowohl bei einer Veränderung des Produktionsziels des Unternehmens in Betracht, als auch bei rechtlichen Umstrukturierungsmaßnahmen, so z.B. wenn ein Unternehmen im Wege der Verschmelzung zur unselbständigen Betriebsstätte eines einer anderen Branche angehörenden Unternehmens wird oder aber eine bisher unselbständige fachfremde Betriebsstätte rechtlich ausgegliedert und damit verselbständigt wird.

Aus gewerkschaftlicher Sicht sollen nach dem sog. Ursprungsprinzip, welches neben dem „Mitgliederprinzip" als kleinster gemeinsamer Nenner zwischengewerkschaftlicher Beziehungen bezeichnet wird, in diesen Fällen die vorherigen tariflichen Standards erhalten bleiben. „Alle Ausgründungen werden so behandelt, wie die bisher betreuende Gewerkschaft sie behandelt hat."[858] Dieses Ziel ließe sich zum einen erreichen, wenn die nunmehr zuständige Gewerkschaft einen Tarifabschluss auf dem bisherigen Niveau anstreben würde. Die DGB-Gewerkschaften im industriellen Dienstleistungsbereich gehen aber noch darüber hinaus, indem sie zur Verteidigung ihres Organisationsbereichs in ihren Satzungen Regelungen getroffen haben, aufgrund derer ihre Tarifzuständigkeit erhalten bleibt, obwohl die fachliche Ausrichtung des Unternehmens bzw. seiner Unterorganisationen nicht mehr zum Branchenzuschnitt der Gewerkschaft passt. Am weitesten gehen insoweit die Satzungsbestimmungen der Industriegewerkschaften Metall[859], BAU[860] und BCE[861], nach denen jegliche unterneh-

---

[856] Siehe dazu im Einzelnen MünchArbR/Löwisch/Rieble, § 255 Rn. 49 ff.

[857] Zum Verhältnis von Tariffähigkeit und Tarifzuständigkeit beim einzelnen Arbeitgeber siehe § 12 I, II.

[858] Vgl. Huber, GM 1999, 537 (543).

[859] § 3 Ziff. 1 i.V.m. Organisationskatalog Organisationsbereich III B: Zum Organisationsbereich gehören hiernach auch „solche Betriebe, selbständigen Betriebsabteilungen bzw. Nebenbetriebe, Heimarbeiter, Zwischenmeister und Subunternehmer, die aufgrund von Auf- und Abspaltungen, Ausgliederungen und/oder sonstigen unternehmerischen Veränderungen organisatorischer und/oder gesellschaftsrechtlicher Art entstanden sind oder entstehen bzw. tätig sind oder werden".

[860] § 2 Ziff. 2 i.V.m. dem Organisationskatalog. Demzufolge bezieht sich der Organisationsbereich der IG BAU auf solche „Unternehmen, Betriebe, selbständigen Betriebsabteilungen bzw. Nebenbetriebe, Heimarbeiter und Subunternehmer, die aufgrund von Auf- und Abspaltungen, Ausgliederungen und/oder sonstigen unternehmerischen Veränderungen organisatorischer und/oder gesellschaftsrechtlicher Art entstanden sind oder entstehen bzw. tätig sind oder werden."

merische Veränderungen organisatorischer oder gesellschaftsrechtlicher Art deren Tarifzuständigkeit für die näher bezeichneten organisatorischen Einheiten unberührt lassen sollen. Demgegenüber wurden in den Satzungen der Gewerkschaften NGG[862] und ver.di[863] keine Regelungen zur Tarifzuständigkeit bezüglich rein organisatorischer Änderungen getroffen, sondern lediglich hinsichtlich rechtlich ausgegliederter und selbständiger Betriebe. Für diese soll die Tarifzuständigkeit erhalten bleiben, wenn es sich um wirtschaftlich(-organisatorisch) zugeordnete Dienstleistungsbetriebe handelt.

Derartige Satzungsregelungen sind in der Rechtsprechung[864] bislang unbeanstandet und im Schrifttum[865] weitgehend unbeachtet geblieben. In Ausnahme hierzu hat allerdings *Natzel*[866] rechtliche Bedenken gegen diese Form der Satzungserweiterung, die einer Allzuständigkeit[867] nahe käme, geltend gemacht und darauf hingewiesen, dass hierdurch konkurrierende Rechte der Gegenseite in unzulässiger Weise berührt werden könnten. Dem ist jedoch entgegenzusetzen, dass der Wettbewerb der Gewerkschaften untereinander Ausprägung des durch Art. 9 Abs. 3 GG geschützten Koaliti-

---

[861] § 1 Ziff. 3: „Gesellschaftsrechtliche Veränderungen oder sonstige Umstrukturierungen im Zuständigkeitsbereich der IG BCE führen nicht zur Aufhebung der Zuständigkeit."

[862] § 2: „Der Organisationsbereich umfasst alle Arbeitnehmer/innen
a)...
b) in Verwaltungsgesellschaften der Nahrungs- und Genußmittelunternehmen, in Betrieben, die kapitalmäßig oder gesellschaftsrechtlich abhängig sind von Herstellerunternehmen der Nahrungs- und Genussmittel-Industrie und deren Erzeugnisse vertreiben, in rechtlich ausgegliederten bzw. selbständigen, jedoch wirtschaftlich-organisatorisch den Nahrungs- und Genußmittelunternehmen zugeordneten Dienstleistungsbetrieben z.B. Datenverarbeitung, Organisation, Logistik und Bildungseinrichtungen etc.;
c) ...
d) in Beherbergungs- und Verpflegungsbetrieben, Hotels, Restaurants, Cafés sowie in Betrieben, die kapitalmäßig oder gesellschaftsrechtlich von diesen abhängig sind, auch in rechtlich ausgegliederten bzw. selbständigen, jedoch wirtschaftlich-organisatorisch zugeordneten Dienstleistungsbetrieben, z.B. der Logistik, Organisation, Bildungseinrichtungen etc.; ..."

[863] § 4 Ziff. 1: „Der Organisationsbereich schließt Nebenbetriebe sowie rechtlich ausgegliederte und selbständige – jedoch wirtschaftlich zugeordnete – Dienstleistungsbetriebe ein." Siehe weiterhin auch die Regelungen zu den im einzelnen im Organisationskatalog aufgezählten Branchen, z.B. 1.2.1.1 Einzelhandel: „Einzelhandel, Waren- und Kaufhäuser, Verbrauchermärkte, Filialbetriebe (einschließlich rechtlich ausgegliederter bzw. selbständiger gastronomischer Unternehmen, die schwerpunktmäßig gastronomische Einrichtungen in vorgenannten Bereichen betrieben), ..."

[864] LAG Hamm, Beschl. v. 29.7.1998 (3 TaBV 9/98) = NZA-RR 1999, 196; BAG, Beschl. v. 14.12.1999 (1 ABR 74/98) = AP Nr. 14 zu § 2 TVG Tarifzuständigkeit.

[865] Siehe aber die Kritik von Natzel, Anm. zu BAG, Beschl. v. 14.12.1999 (1 ABR 74/98), SAE 2001, 43 (45 f.). Weiterhin macht Rieble bezüglich der einschlägigen Satzungsbestimmungen der IG Metall zutreffend darauf aufmerksam, dass die Gewerkschaften auf diese Weise das Industrieverbandsprinzip aufgegeben hätten, vgl. DB 2001, 2194.

[866] Natzel, Anm. zu BAG, Beschl. v. 14.12.1999 (1 ABR 74/98), SAE 2001, 43 (45 f.).

[867] Zu den Bedenken gegen eine Allzuständigkeit siehe Wiedemann/Oetker, TVG, § 2 Rn. 49; Wiedemann, RdA 1975, 78 (79): Eine Allzuständigkeit widerspreche dem Erfordernis sachnaher Regelungen und führe zu unerwünschter Tarifkonkurrenz.

174

onspluralismus ist und insoweit kein Anspruch auf einen bestimmten tariflichen Gegenspieler besteht. Entsprechende Satzungsbestimmungen sind damit zulässig. Demnach bedarf es im Einzelfall einer genauen Überprüfung anhand der jeweiligen Satzungen der DGB-Gewerkschaften, ob die Tarifzuständigkeit durch die unternehmerischen Strukturveränderungen tatsächlich entfallen ist.

bb) Rechtsfolgen des Fortfalls der gewerkschaftlichen Tarifzuständigkeit

Fällt die gewerkschaftliche Tarifzuständigkeit infolge der Umstrukturierungsmaßnahme weg, stellt sich die Frage nach den Auswirkungen auf die vom Tarifvertrag erfassten Arbeitsverhältnisse, da mit dem Wegfall der Tarifzuständigkeit eine wesentliche Voraussetzung der Tarifwirkung fehlt. *Oetker*[868] will diesem Mangel mit einem Recht zur außerordentlichen Kündigung des Tarifvertrages Rechnung tragen. Dem steht jedoch entgegen, dass der Wegfall der Tarifzuständigkeit ein Problem der fehlenden kollektiven mitgliedschaftlichen Legitimation ist, für das eine rechtsgeschäftliche Lösung über die Kündigung des Tarifvertrages unpassend ist. Aus diesem Grund ist auch der Vorschlag von *Kempen/Zachert*[869] abzulehnen, wonach der Tarifvertrag bis zur ordentlichen Kündigung unmittelbar und zwingend fortgilt. Eine solche unmittelbare und zwingende Geltung nach § 4 Abs. 1 TVG erscheint nur dann vertretbar, wenn man die Tarifzuständigkeit als vertretungsrechtliches Problem einordnet, da es dann allein auf das Vorliegen der Tarifzuständigkeit zum Zeitpunkt des Vertragsschlusses ankommt.[870] Sieht man aber die Tarifzuständigkeit als eigenständige Voraussetzung für die unmittelbare und zwingende Wirkung des Tarifvertrages, dann darf deren Wegfall konsequenterweise auch nicht bis zur Kündigung des Tarifvertrages unberücksichtigt bleiben.

Eine Fortgeltung des Tarifvertrages kann auch nicht über eine analoge Anwendung von § 3 Abs. 3 TVG erreicht werden.[871] Mit dieser Norm soll lediglich ein Unterlaufen der Ordnungsfunktion des Tarifsystems durch einseitige Manipulation der Tarifgebundenheit verhindert werden.[872] Dies steht aber im Falle von Unternehmensumstrukturierungen wegen des damit verbundenen Aufwands nicht zu befürchten.[873] Selbst wenn das Herauswachsen aus der Tarifzuständigkeit der Gewerkschaft bewusst herbeigeführt wurde, muss die freie unternehmerische Entscheidung im Vordergrund

---

[868] In: Wiedemann, TVG, § 2 Rn. 79.

[869] Kempen/Zachert, TVG, § 2 Rn. 134.

[870] So konsequent Konzen, FS Kraft (1998), S. 291 (319).

[871] Gamillscheg, Kollektives Arbeitsrecht I, § 17 I 4 b, S. 723; Henssler, FS Schaub (1998), S. 311 (315); Konzen, ZfA 1975, 401 (417); Wiedemann, RdA 1975, 78 (83); ders., FS Fleck (1988), S. 447 (453).

[872] BAG, Urt. v. 10.12.1997 (4 AZR 247/96) = AP Nr. 20 zu § 3 TVG; BAG, Urt. v. 10.12.1997 (4 AZR 247/96) = AP Nr. 21 zu § 3 TVG; Konzen, ZfA 1975, 401 (417).

[873] Vgl. Henssler, FS Schaub (1998), S. 311 (315).

stehen.[874] Zudem bleibt die Tarifzuständigkeit insoweit weiterhin in der Hand der Gewerkschaft, als es ihr frei steht, auf geänderte Verhältnisse ihrerseits mit einer Satzungsänderung zu reagieren.[875] Es bleibt daher auch bezüglich des Herauswachsens des Unternehmens aus dem Zuständigkeitsbereich der Gewerkschaft bei dem Grundsatz, dass eine analoge Anwendung von § 3 Abs. 3 TVG gerade den Fortbestand der Tarifzuständigkeit voraussetzt und über ihr Fehlen nicht hinweghilft.[876] Die herrschende Auffassung geht daher ebenso wie beim Wegfall der Tarifzuständigkeit infolge einer Satzungsänderung davon aus, dass der Tarifvertrag nach § 4 Abs. 5 TVG analog nachwirkt.[877] Allerdings fehlt für eine Analogie die Vergleichbarkeit des Sachverhalts. Zwar dient § 4 Abs. 5 TVG seinem Sinn und Zweck nach letztlich auch dem Interesse der Arbeitnehmer am Erhalt ihrer tarifvertraglichen Standards, die im Anwendungsbereich dieser Norm einer einseitigen Änderung durch den Arbeitgeber entzogen sind.[878] Dieses Interesse ist aber nicht gleichermaßen schützenswert, wenn sich die wirtschaftlichen Rahmenbedingungen im streitgegenständlichen Bereich durch eine Produktionsumstellung oder eine rechtliche Umstrukturierung geändert haben. Hier besteht anders als beim bloßen Zeitablauf des Tarifvertrages ein legitimes Interesse des Arbeitgebers daran, sich für die Zukunft einseitig von den möglicherweise nicht mehr angemessenen Tarifbedingungen lösen zu können. Dass die Arbeitsverhältnisse auf diese Weise inhaltsleer werden, steht nicht zu befürchten.[879] Demnach verliert der Tarifvertrag seine Geltung und wirkt nicht etwa nach, wenn das Unternehmen aus dem Zuständigkeitsbereich der Gewerkschaft herauswächst.[880]

cc) Rechtsfolgen des Verlusts der arbeitgeberseitigen Tarifzuständigkeit

Entfällt infolge eines Rechtsträgerwechsels die Tariffähigkeit und damit zugleich die Tarifzuständigkeit des bisherigen Arbeitgebers für den Firmentarifvertrag, hängt die kollektivrechtliche Fortgeltung des Tarifvertrages – die fortbestehende Tarifzustän-

---

[874] Gamillscheg, Kollektives Arbeitsrecht I, § 17 I 4 b, S. 723.

[875] So für den Wegfall der Tarifzuständigkeit beim Verbandstarifvertrag Wiedemann/Oetker, TVG, § 2 Rn. 80. Allerdings verkennt Oetker hiermit, dass Unternehmensumstrukturierungen beim Verbandstarifvertrag kein Problem der Tarifzuständigkeit sind.

[876] BAG, Urt. v. 26.9.1979 (4 AZR 819/77) = AP Nr. 17 zu § 613 a BGB m. Anm. Willemsen; BAG, Urt. v. 10.12.1997 (4 AZR 247/96) = AP Nr. 20 zu § 3 TVG; BAG, Urt. v. 9.11.1999 (3 AZR 690/98) = AP Nr. 5 zu § 3 TVG Verbandsaustritt m. Anm. Waas; Wiedemann/Oetker, TVG, § 2 Rn. 80; Wiedemann, RdA 1975, 78 (83); ders., FS Fleck (1988), S. 447 (453).

[877] So für jeglichen Wegfall der Tarifbindung BAG, Urt. v. 10.12.1997 (4 AZR 247/96) = AP Nr. 20 zu § 3 TVG; Gamillscheg, Kollektives Arbeitsrecht I, § 17 I 4 b, S. 723; MünchArbR/Löwisch/ Rieble, § 255 Rn. 83; Wiedemann, RdA 1975, 78 (83); siehe auch noch Konzen, ZfA 1975, 401 (417).

[878] Vgl. Wiedemann/Wank, TVG, § 4 Rn. 327.

[879] Siehe oben § 13 I 2.

[880] DLW/Pfeiffer, H/Rn. 39; Kasseler Handbuch/Dörner, 6.1 Rn. 121; ebenso noch Löwisch/Rieble, TVG, § 2 Rn. 107.

digkeit auf Gewerkschaftsseite vorausgesetzt – von der Tarifbindung des neuen Arbeitgebers ab. Da dieser selbst am Abschluss des Tarifvertrages nicht beteiligt war, stellt sich die Frage nach dem Übergang der Tarifbindung des bisherigen auf den neuen Arbeitgeber. Es handelt sich also letztlich nicht um ein Problem der Tarifzuständigkeit, sondern der Tarifgebundenheit nach § 3 TVG. Daher sei hier nur darauf hingewiesen, dass im Rahmen des Betriebsübergangs kraft Einzelrechtsnachfolge für den Übergang der Tarifbindung auf den neuen Arbeitgeber nach heute wohl überwiegender Ansicht keine dogmatische Grundlage besteht, es sei denn, der neue Betriebsinhaber vereinbart mit der Gewerkschaft die „Übernahme" des Haustarifs.[881] Es kommt daher nur eine individualrechtliche Fortgeltung nach § 613 a BGB in Betracht. Demgegenüber geht beim Betriebsübergang im Wege der (partiellen) Gesamtrechtsnachfolge nach herrschender Ansicht der Firmentarifvertrag auf den neuen Rechtsträger über, da Wirkung der Gesamtrechtsnachfolge gerade der Übergang des Vermögens des bisherigen Rechtsträgers einschließlich der Verbindlichkeiten auf den neuen Rechtsträger (§§ 20, 131, 176 UmwG) ist.[882] Dem steht auch – anders als beim Verbandstarifvertrag – nicht die negative Koalitionsfreiheit des Arbeitgebers entgegen, da dieser durch Art. 9 Abs. 3 GG nicht davor bewahrt wird, von den Bindungswirkungen eines vom bisherigen Rechtsträger geschlossenen Firmentarifvertrages verschont zu bleiben.[883]

c) Firmenbezogener Verbandstarifvertrag

Beim firmenbezogenen Verbandstarifvertrag schließen Arbeitgeberverband und Gewerkschaft einen Tarifvertrag mit dem Geltungsbereich eines Firmentarifvertrages.[884] Wegen dieses unternehmens- bzw. betriebsspezifischen Geltungsbereichs kommt ein Wegfall der Tarifzuständigkeit in Betracht, wenn und soweit das Unternehmen aus der gemeinsamen Tarifzuständigkeit der Verbände herauswächst.[885] In diesem Fall gelten die gleichen Grundsätze, wie sie für den Wegfall der Tarifzuständigkeit der Gewerkschaft bezogen auf den Abschluss eines Firmentarifvertrages dargelegt wurden,[886] d.h. die Normenwirkung des Tarifvertrages endet mit dem Wegfall der Tarifzuständigkeit.

---

[881] Wiedemann/Oetker, TVG, § 3 Rn. 157 f.; Wieland, Recht der Firmentarifverträge, Rn. 267; eingehend Willemsen/Hohenstatt, Umstrukturierung, Rn. E 68 ff. m.w.N.; a.A. Henssler, FS Schaub (1998), S. 310 (335); Kempen/Zachert, TVG, § 3 Rn. 57.

[882] Henssler, FS Schaub (1998), S. 310 (326); Kempen/Zachert, TVG, § 3 Rn. 57; Willemsen/ Hohenstatt, Umstrukturierung, Rn. E 73 ff.

[883] Willemsen/Hohenstatt, Umstrukturierung, Rn. E 75.

[884] Vgl. Wiedemann/Wiedemann, TVG, § 1 Rn. 51.

[885] Zu den speziell auf Unternehmensumstrukturierungen bezogenen Satzungsregelungen der DGB-Gewerkschaften im industriellen Dienstleistungsbereich siehe oben § 13 II 2 b aa.

[886] Siehe § 13 II 2 b bb.

III. Ergebnis

Fehlt einer oder beiden Tarifvertragsparteien von Anfang an die Tarifzuständigkeit, so entfaltet der Tarifvertrag keine Geltung. Fällt die Tarifzuständigkeit erst nach Tarifvertragsschluss weg, so endet zu diesem Zeitpunkt ebenfalls die tarifvertragliche Normenwirkung, der Tarifvertrag wirkt auch nicht etwa nach § 4 Abs. 5 TVG nach. Etwas anderes gilt nur dann, wenn in bezug auf einen Firmentarifvertrag aufgrund eines Rechtsträgerwechsels die Tariffähigkeit und damit zugleich die Tarifzuständigkeit des ursprünglichen Arbeitgebers endet. In diesem Fall hängt die Fortwirkung des Tarifvertrages – den Fortbestand der gewerkschaftlichen Tarifzuständigkeit vorausgesetzt – von der Tarifgebundenheit des neuen Arbeitgebers an den Haustarif ab.

In den Fällen, in denen mangels Tarifzuständigkeit die Normwirkung des Tarifvertrages entfällt, kann der Arbeitgeber die gewährten tarifvertraglichen Leistungen einseitig einstellen. Dies gilt auch dann, wenn er diese Leistungen zunächst in Unkenntnis des Tarifzuständigkeitsmangels weiter gewährt hat; es entsteht in diesen Fällen kein Anspruch der Arbeitnehmer auf Erhalt der tarifvertraglichen Standards aus Individualvertrag oder betrieblicher Übung. Allerdings ist eine Rückabwicklung zu Unrecht erbrachter Leistungen nach §§ 812 ff. BGB in der Regel nicht möglich.

§ 14 Tarifzuständigkeit und Arbeitskampf

Die beiderseitige Tarifzuständigkeit ist weiterhin Voraussetzung für eine rechtmäßige Arbeitskampfführung. Ein Arbeitskampf ist nur zur Verfolgung tarifvertraglich regelbarer Ziele und damit nur dann zulässig, wenn die sozialen Gegenspieler für den angestrebten Tarifabschluss zuständig sind.[887] Ein Streik mit dem Ziel, den sozialen Gegenspieler zu einer Veränderung seiner Tarifzuständigkeit zu veranlassen, ist daher rechtswidrig.[888]

Führt eine Gewerkschaft trotz umstrittener Tarifzuständigkeit einen Streik durch, so geht sie damit das Risiko ein, dass sich im nachhinein im arbeitsgerichtlichen Beschlussverfahren nach §§ 2 a Abs. 1 Nr. 4, 97 ArbGG die Unzulässigkeit des Streiks

---

[887] BAG, Beschl. v. 17.2.1970 (1 ABR 15/69) = AP Nr. 3 zu § 2 TVG Tarifzuständigkeit; BAG, Beschl. v. 29.11.1983 (1 AZR 469/82) = AP Nr. 78 zu § 626 BGB; LAG Hamm, Urt. v. 31.1.1991 (16 Sa 119/91) = DB 1991, 1126; Brox/Rüthers, Arbeitskampfrecht, Rn. 135, 738; Buchner, ZfA 1995, 95 (106, 120); Delheid, Tarifzuständigkeit, S. 87 ff.; Gamillscheg, Kollektives Arbeitsrecht I, § 22 I 4 b, S. 1072; Heinze, DB 1997, 2122 (2126); Löwisch/Rieble, 170.2 Rn. 10 ff.; Konzen, DB 1990, Beil. 6, 7, 14; ders., FS Kraft (1998), S. 291 (304 ff.); Wiedemann/Oetker, TVG, § 2 Rn. 59; a.A. Kempen/Zachert, TVG, § 2 Rn. 122.

[888] Heinze, DB 1997, 2122 (2126); Löwisch/Rieble, TVG, § 2 Rn. 94; Wiedemann, RdA 1975, 78 (81); Wiedemann/Oetker, TVG, § 2 Rn. 59.

herausstellt.[889] Das Arbeitskampfrisiko der Gewerkschaft ist allerdings als gering einzustufen, wenn man mit der hier vertretenen Auffassung die Satzungsbestimmungen
zur Tarifzuständigkeit im Zweifel weit versteht[890] und ihre nachträgliche Beschränkung im Rahmen des Schiedsgerichtsverfahrens des DGB für unzulässig hält.[891] Dann
können die DGB-Gewerkschaften anhand ihrer Satzungen in der Regel selbst ohne
weiteres vorab feststellen, ob sie tarifzuständig sind. Eine vorherige Durchführung
des arbeitsgerichtlichen Beschlussverfahrens ist nicht geboten, da dieses Verfahren
kein im Sinne des ultima-ratio-Prinzips verpflichtendes Vorschaltverfahren ist, sondern die Tarifvertragsparteien lediglich von dem Risiko eines rechtswidrigen Arbeits-
kampfes befreien will.[892]

Von der Tarifzuständigkeit für den angestrebten Tarifabschluss zu unterscheiden
ist die Frage danach, auf welche Unternehmen der Streik zur Durchsetzung des zulässigen Tarifabschlusses erstreckt werden darf. Grundsätzlich rechtfertigt es sich aus
der funktionellen Verknüpfung von Tarifvertrag und Arbeitskampf, für das zulässige
Einsatzgebiet der Kampfmittel in der Regel[893] auf das Tarifgebiet abzustellen, für das
die Kampfbeteiligten eine Tarifregelung anstreben.[894] Eine generelle Ausweitung des
Kampfgebiets auf den Bereich der gemeinsamen Tarifzuständigkeit der Tarifvertragsparteien ist daher abzulehnen.[895]

---

[889] Zur Kündigung wegen Teilnahme an einem Streik, für den der Gewerkschaft die Tarifzuständigkeit
fehlte, siehe aber das Urteil des BAG v. 29.11.1983 (1 AZR 469/82) = AP Nr. 78 zu § 626 BGB:
Hier hatte das BAG über die Rechtmäßigkeit der fristlosen Kündigung eines Arbeitnehmers wegen
dessen Teilnahme an einem im Jahre 1981 bei der Firma Allfloor durchgeführten Streik der IG-
Chemie mit dem Ziel des Abschlusses eines Firmentarifvertrages zu entscheiden. Im Ergebnis hielt
das BAG keinen wichtigen Kündigungsgrund für gegeben. Dem Arbeitnehmer sei die Teilnahme
an dem Streik auf die Gefahr hin, dass dieser Streik mangels Tarifzuständigkeit rechtswidrig sein
könnte, unter den vorliegenden Umständen nicht vorzuwerfen gewesen, da eine baldige gerichtliche
Klärung der Tarifzuständigkeit nicht absehbar gewesen sei.
[890] Siehe oben § 7 III 1.
[891] Siehe oben § 10 II.
[892] Kempen/Zachert, TVG, § 2 Rn. 121; Zachert, AuR 1982, 181 (183 f.); Konzen, FS Kraft (1998),
S. 291 (305); Kutscher, Tarifzuständigkeit, S. 115 ff.
[893] Dazu, ob und inwieweit außerhalb des fachlichen oder räumlichen Geltungsbereichs des umkämpf-
ten Tarifvertrages ausnahmsweise ein sog. Sympathiearbeitskampf zulässig ist, siehe eingehend
Konzen, DB 1990, Beil. 6; MünchArbR/Otto, § 286 Rn. 38 ff., § 286 Rn. 86 ff.
[894] MünchArbR/Otto, § 285 Rn. 161.
[895] A.A. Löwisch/Rieble, Arbeitskampf- und Schlichtungsrecht, 170.2 Rn. 143 ff., 150.

7. Teil: Zusammenfassung der Ergebnisse und Schlusswort

§ 15 Zusammenfassung der Ergebnisse

Die wesentliche Ergebnisse der Untersuchung lassen sich wie folgt zusammenfassen:

Die Tarifzuständigkeit ist eine eigenständige tarifrechtliche Voraussetzung für die normative Wirkung des Tarifvertrages. Der in der Satzung festgelegte Organisationsbereich der Koalition bildet zugleich die Grenze ihrer Rechtsetzungsbefugnis. Dies folgt unmittelbar aus Art. 9 Abs. 3 GG, auf dessen Schutzbereich die Regelungsmacht der Tarifpartner grundsätzlich beschränkt ist. Wenn Art. 9 Abs. 3 GG im Zusammenhang mit der kollektiven Koalitionsfreiheit die koalitionsspezifische Betätigung gewährleistet, bezieht sich dies auf die von der jeweiligen Koalition selbst gesetzten Ziele. Diese ergeben sich nach § 25 BGB allein aus der Satzung, in der die das Vereinsleben bestimmenden Grundentscheidungen zu regeln sind. Schließt der Vorstand einen Tarifvertrag, der in seinem Geltungsbereich über den satzungsmäßigen Organisationsbereich hinausgeht, so fehlt die erforderliche kollektive mitgliedschaftliche Legitimation der tarifvertraglichen Normgeltung.[896]

Überschneidungen in den satzungsmäßigen Organisationsbereichen der DGB-Gewerkschaften sind aufgrund der gewerkschaftlichen Organisationsautonomie grundsätzlich zulässig.[897] Ein erhebliches Potential für Überschneidungen bietet insbesondere der in den Satzungen verwendete Dienstleistungsbegriff, der keiner allgemeingültigen Definition zugänglich ist.[898]

Ihre rechtlichen Grenzen findet die Satzungsautonomie in Art. 9 Abs. 3 S. 2 GG und in den §§ 134, 138, 242 BGB. Infolgedessen kommt die Unwirksamkeit einer Satzungsbestimmung zur Tarifzuständigkeit nur in Ausnahmefällen in Betracht. Zulässig ist insbesondere auch die punktuelle Erweiterung des satzungsmäßigen Organisationsbereichs auf ein einzelnes fachfremdes Unternehmen, da nichts dagegen spricht, dass der Arbeitgeber freiwillig einen Tarifvertrag mit der nunmehr zuständigen Gewerkschaft schließt. Insoweit darf die Frage der Wirksamkeit der Satzungsbestim-

---

[896] Vgl. 2. Teil, insbes. § 5 II 3.
[897] Vgl. § 6.
[898] Vgl. § 7 III.

180

mung nicht verwechselt werden mit dem arbeitskampfrechtlichen Problem, ob von der Tarifzuständigkeit im Einzelfall Gebrauch gemacht werden darf.[899]

Die Mitgliedschaft im DGB führt nicht zu einer Beschränkung der Tarifzuständigkeit der DGB-Gewerkschaften. Die Tarifzuständigkeit ergibt sich vielmehr allein aus den jeweiligen Satzungen der Mitgliedsgewerkschaften.

Die vom DGB-Bundesvorstand verabschiedeten „Grundsätze für die Organisationsbeziehungen und die Kooperation der DGB-Gewerkschaften aus Anlass der Gründung von ver.di und der Integration der DAG in den DGB" beinhalten lediglich eine unverbindliche tarifpolitische Handlungsanleitung.[900]

Der Zustimmungsvorbehalt des DGB-Bundesausschusses nach § 15 Ziff. 2 DGB-Satzung ist nicht Voraussetzung für die Wirksamkeit einer Satzungsänderung durch eine der Mitgliedsgewerkschaften. Dies folgt bereits aus der fehlenden Inkorporation des § 15 Ziff. 2 DGB-Satzung in die Satzungen der Mitgliedsgewerkschaften. Infolgedessen findet der Zustimmungsvorbehalt in seiner Eigenschaft als Wirksamkeitsvoraussetzung für Änderungen des satzungsmäßigen Organisationsbereichs keine Anwendung auf die DGB-Gewerkschaften. Hiervon unabhängig ist § 15 Ziff. 2 DGB-Satzung nach Art. 9 Abs. 3 S. 2 GG nichtig, da mit dem Zustimmungsvorbehalt ein mit der Satzungs- und Tarifautonomie unvereinbarer Fremdeinfluss des DGB auf seine Mitgliedsgewerkschaften bezweckt wird.[901]

Die Tarifzuständigkeit der DGB-Gewerkschaften kann zudem auch nicht im Rahmen des DGB-Schiedsgerichtsverfahrens gemäß § 16 DGB-Satzung i.V.m. der Schiedsgerichtsordnung beschränkt werden. Dies gilt sowohl für das DGB-Schiedsurteil als auch für die Beilegung des Streits im Wege der Einigung der beteiligten Gewerkschaften.[902] Das DGB-Schiedsurteil hat schon deshalb keine Auswirkungen auf die Tarifzuständigkeit der am Schiedsgerichtsverfahren beteiligten Gewerkschaften, weil eine entsprechende Legitimation in den Satzungen der Mitgliedsgewerkschaften fehlt. Weiterhin findet sich auch in den Regelungen des DGB zu den Rechtsfolgen des Schiedsurteils keine hinreichend klare und transparente Bestimmung, aus der sich eine möglicherweise satzungseinschränkende Wirkung des DGB-Schiedsurteils ergibt. Davon abgesehen wäre ein statutarischer Einfluss des DGB-Schiedsgerichts als im Verhältnis zu den Mitgliedsgewerkschaften vereinsfremdem Organ nach Art. 9 Abs. 3 S. 2 GG unzulässig.

---

[899] Vgl. § 6 I.
[900] Vgl. § 9 III 2.
[901] Vgl. § 10 I.
[902] Vgl. § 10 II 1, 2.

Mangels Auswirkungen des DGB-Schiedsgerichtsverfahrens auf die Tarifzuständigkeit der DGB-Gewerkschaften ist folglich auch eine Alleinzuständigkeit der ursprünglich zuständigen Gewerkschaft vor Einleitung des Schiedsgerichtsverfahrens abzulehnen.[903]

Abgrenzungsabkommen, im Rahmen derer sich die Gewerkschaften verpflichten, von der Tarifzuständigkeit für eine bestimmte Branche oder einzelne Betriebe keinen Gebrauch zu machen, sind nach Art. 9 Abs. 3 S. 2 GG nichtig. Zwar wird die individuelle Koalitionsfreiheit der Mitglieder der Verbände nicht verletzt. Den Mitgliedern steht kein Anspruch auf tarifliche Regelung ihrer Arbeitsverhältnisse gegen den Verband zu. Es liegt aber auf Seiten des Verbands ein nach Art. 9 Abs. 3 S. 2 GG unzulässiger Verzicht auf seine kollektive Koalitionsfreiheit vor. Aus diesem Grund ist auch die vergleichbare Regelung der Ziff. 6 b der Schiedsgerichtsordnung des DGB, wonach die im Schiedsgerichtsverfahren unterlegene Gewerkschaft Tarifabschlüsse im streitgegenständlichen Bereich zu unterlassen hat, nichtig.[904]

Ein praktisch wichtiger Anwendungsbereich der Tarifzuständigkeit ist die Durchsetzung bzw. Abwehr von Firmentarifverträgen. Die Tarifzuständigkeit einer Gewerkschaft für den Abschluss eines Firmentarifvertrages richtet sich ebenso wie beim Verbandstarifvertrag allein nach ihrer Satzung. Es besteht mithin keine gespaltene Tarifzuständigkeit für Verbands- und für Firmentarifverträge. Der Arbeitgeber wiederum ist kraft seiner Tariffähigkeit nach § 2 Abs. 1 TVG gesetzlich tarifzuständig für alle seine Betriebe und Arbeitnehmer.[905]

Bei Unternehmensumstrukturierungen sind die aus einer bestimmten Tarifzuständigkeit resultierenden Belastungen häufig ein bedeutsamer Faktor des unternehmerischen Kostenkalküls. Die Ausgliederung betrieblicher Funktionen aus dem Unternehmen und deren Wahrnehmung durch eigenständige Betriebe ist nicht selten durch den Wunsch veranlasst, einzelne fachfremde Tätigkeitsbereiche des Betriebs aus dem Geltungsbereich des maßgebenden Tarifvertrages herauszunehmen bzw. eine veränderte Tarifzuständigkeit auf Gewerkschaftsseite zu erreichen, um damit zukünftig insbesondere die Lohnkosten zu senken. Allerdings haben die DGB-Gewerkschaften zur Verteidigung ihres Organisationsbereichs in ihren Satzungen Regelungen getroffen, aufgrund derer ihre Tarifzuständigkeit erhalten bleibt, obwohl die fachliche Ausrichtung des Unternehmens bzw. seiner Unterorganisationen nicht mehr zu ihrem

---

[903] Vgl. § 10 II 3.
[904] Vgl. § 10 II 1 c.
[905] Vgl. 5. Teil.

Branchenzuschnitt passt. Infolgedessen entfällt die Tarifzuständigkeit der ursprünglich zuständigen Gewerkschaft im Regelfall nicht infolge von Unternehmensumstrukturierungen.[906]

Fehlt einer oder beiden Tarifvertragsparteien von Anfang an die Tarifzuständigkeit, so entfaltet der Tarifvertrag keine normative Wirkung. Bei Wegfall der Tarifzuständigkeit nach Abschluss des Tarifvertrages endet zu diesem Zeitpunkt ebenfalls die tarifvertragliche Normenwirkung; der Tarifvertrag wirkt auch nicht etwa nach § 4 Abs. 5 TVG nach. Etwas anderes gilt nur dann, wenn in bezug auf einen Firmentarifvertrag aufgrund eines Rechtsträgerwechsels die Tariffähigkeit und damit zugleich die Tarifzuständigkeit des Arbeitgebers endet. In diesem Fall hängt die Fortwirkung des Tarifvertrages – den Fortbestand der gewerkschaftlichen Tarifzuständigkeit vorausgesetzt – von der Tarifgebundenheit des neuen Arbeitgebers an den Haustarif ab.

Wenn mangels Tarifzuständigkeit die Normwirkung des Tarifvertrages entfällt, kann der Arbeitgeber die gewährten tarifvertraglichen Leistungen einseitig einstellen. Dies gilt auch dann, wenn er diese Leistungen zunächst in Unkenntnis des Tarifzuständigkeitsmangels weiter gewährt hat. Es entsteht deshalb kein Anspruch der Arbeitnehmer auf Erhalt der tarifvertraglichen Standards aus Individualvertrag oder betrieblicher Übung.[907]

Ein Arbeitskampf ist nur zur Verfolgung tarifvertraglich regelbarer Ziele und damit nur dann zulässig, wenn die sozialen Gegenspieler für den angestrebten Tarifabschluss zuständig sind.[908] Führt eine Gewerkschaft trotz umstrittener Tarifzuständigkeit einen Streik durch, riskiert sie damit, dass sich im nachhinein im arbeitsgerichtlichen Beschlussverfahren nach §§ 2 a Abs. Nr. 4, 97 ArbGG die Rechtswidrigkeit des Streiks herausstellt. Dieses Risiko ist allerdings als gering einzustufen, wenn man die Satzungsbestimmungen zur Tarifzuständigkeit im Zweifel weit versteht[909] und ihre nachträgliche Beschränkung im Rahmen des Schiedsgerichtsverfahrens des DGB für unzulässig hält.

---

[906] Vgl. § 13 II 2.
[907] Vgl. § 13.
[908] Vgl. § 14.
[909] Vgl. § 7 III 1.

§ 16 Schlusswort

Der Tarifzuständigkeit wurde ursprünglich die Funktion beigemessen, sachnahe Regelungen zu ermöglichen, Kompetenzstreitigkeiten zwischen gleichrangigen Organisationen zu vermeiden und dadurch letztendlich das Ziel der Tarifeinheit zu fördern.[910] Jedoch ist die Tarifzuständigkeit hierzu aufgrund der verschwimmenden Branchengrenzen sowie der weit gefassten Zuständigkeitsbereiche der DGB-Gewerkschaften nur noch bedingt geeignet. Die mit dieser Entwicklung einhergehenden Zuständigkeitsüberschneidungen haben vor dem Hintergrund abnehmender Mitgliederzahlen in jüngster Zeit vermehrt zu Abgrenzungsstreitigkeiten unter den DGB-Gewerkschaften geführt. Zudem wird infolge des Konzentrationsprozesses bei den DGB-Gewerkschaften die erforderliche Sachnähe nicht mehr durch eine Vielzahl von Einzelgewerkschaften mit einem jeweils engen Branchenzuschnitt, sondern durch die Bildung von Fachbereichen innerhalb von Multibranchengewerkschaften vermittelt.

Dennoch ist an der Tarifzuständigkeit als eigenständige Voraussetzung der tarifvertraglichen Normenwirkung festzuhalten, da einem Tarifvertrag, der in seinem Geltungsbereich über den satzungsmäßigen Organisationsbereich hinausgeht, die nach Art. 9 Abs. 3 GG erforderliche kollektive mitgliedschaftliche Legitimation fehlt. Insoweit steht nicht zu befürchten, dass durch das Erfordernis der Tarifzuständigkeit Tarifauseinandersetzungen verkompliziert werden. Zweifelsfragen im Zusammenhang mit der Tarifzuständigkeit bleiben die Ausnahme, wenn man die Satzungsbestimmungen der Gewerkschaften zum Organisationsbereich weit versteht und den Organen des DGB keine Kompetenz einräumt, die Wirksamkeit von Satzungsänderungen von Verbandsinterna abhängig zu machen bzw. die Tarifzuständigkeit der DGB-Gewerkschaften im Rahmen des DGB-Schiedsgerichtsverfahren nach § 16 DGB-Satzung nachträglich einzuschränken. Sind und bleiben infolgedessen mehrere Gewerkschaften tarifzuständig, ist es in den Grenzen des Arbeitskampfrechts dem freien Spiel der Kräfte überlassen, welche Gewerkschaft mit dem sozialen Gegenspieler einen Tarifabschluss erreicht. Davon abgesehen ist es den Gewerkschaften unbenommen, sich freiwillig an getroffene Abgrenzungsvereinbarungen zu halten und dadurch Konkurrenzstreitigkeiten zu vermeiden bzw. beizulegen. Eine Rechtspflicht zum Unterlassen eines Tarifabschlusses kann mit derartigen Abgrenzungsabkommen allerdings wegen Art. 9 Abs. 3 S. 2 GG nicht begründet werden.

---

[910] Vgl. § 1.

Anhang: Auszüge aus der DGB-Satzung

§ 15 Abgrenzung der Organisationsbereiche

1. Für die Abgrenzung der Organisationsbereiche der Gewerkschaften werden vom Bundesausschuss auf Vorschlag des Bundesvorstandes Richtlinien für die Abgrenzung von Organisationsbereichen und eine Veränderung der Organisationsbezeichnung geschaffen, die Bestandteil dieser Satzung sind (Anlage 1). Der Bundesausschuss beschließt die Richtlinien und ihre Änderungen mit Zweidrittelmehrheit seiner Mitglieder.

2. Die in den Satzungen der Gewerkschaften angegebenen Organisationsbereiche und Organisationsbezeichnungen können nur mit Zustimmung des Bundesausschusses rechtswirksam geändert werden. Von der Änderungsabsicht sind die betroffenen Gewerkschaften und der Bundesvorstand unverzüglich zu informieren.

§ 16 Schiedsgerichtsverfahren

1. Streitigkeiten zwischen den im Bund vereinigten Gewerkschaften, die trotz Vermittlung des Bundesvorstandes nicht geschlichtet werden können, sind durch Schiedsgerichtsverfahren zu entscheiden.

2. Der Bundesausschuss beschließt eine Schiedsgerichtsordnung, die Bestandteil dieser Satzung ist (Anlage 2).

Richtlinien für die Abgrenzung von Organisationsbereichen und die Veränderung der Organisationsbezeichnung gem. § 15 Ziff. 1 der DGB-Satzung (Anlage 1)
(beschlossen vom DGB-Bundesausschuss am 11.03.1992; Ergänzungen beschlossen vom DGB-Bundesausschuss am 08.03.2000)

1. Grundsätze

   a) Die Organisationszuständigkeit der einzelnen Gewerkschaften ergibt sich grundsätzlich aus ihrer Satzung in Verbindung mit der Satzung des DGB.

   b) Änderungen der in den Satzungen der Gewerkschaften angegebenen Organisationsbereiche und Organisationsbezeichnungen bedürfen zu ihrer Wirksamkeit des Verfahrens gem. § 15 Ziff. 2 der DGB-Satzung.

c) Bei solchen beabsichtigten Satzungsänderungen sind die hiervon berührten Gewerkschaften und der DGB-Bundesvorstand zum frühestmöglichen Zeitpunkt zu informieren.

d) Zwischen Gewerkschaften auftretende Streitigkeiten über Organisationszuständigkeiten sind im Interesse der betroffenen Gewerkschaftsmitglieder und zur Vermeidung negativer Auswirkungen auf den Bund möglichst schnell im Wege von Verhandlungen zwischen den Vorständen der beteiligten Gewerkschaften zu lösen. Der Bundesvorstand ist über Verlauf und Ergebnis zu unterrichten.

Bleiben Verhandlungen ohne Ergebnis, ist unverzüglich ein Vermittlungs- bzw. Schiedsgerichtsverfahren nach § 16 der DGB-Satzung einzuleiten und durchzuführen.

e) Schiedsurteile und Einigungen im Rahmen eines Schiedsgerichtsverfahrens nach § 16 der DGB-Satzung interpretieren die Satzungen der Gewerkschaften des DGB im Innenverhältnis und mit verbindlicher Wirkung nach außen.

f) Die von einem Schiedsurteil betroffenen Gewerkschaften sind verpflichtet, alle erforderlichen Maßnahmen zu treffen, um das Schiedsurteil wirksam werden zu lassen und den Organisationsstreit zu beenden.

2. Kriterien zur Organisationsabgrenzung

Die nachfolgend aufgeführten Kriterien dienen als Orientierungspunkte bei einer notwendig werdenden Abgrenzung und bedürfen im Einzelfall gegebenenfalls der Verknüpfung sowie der Ergänzung durch Hilfskriterien.

a) Kriterien zur Organisationsabgrenzung sind:

- Die DGB-Satzung
- Die Beachtung des Prinzips „ein Betrieb – eine Gewerkschaft"
- Die Satzungen der betroffenen Gewerkschaften
- Die bisherige Organisationspraxis

b) Kriterien zur Organisationsabgrenzung können u.a. sein:

- Optimierung der Betreuung von Gewerkschaftsmitgliedern
- Ursprungsart (pflanzlich, tierisch, mineralisch) und Materialart (Rohstoffart, Art der Zwischen- bzw. Halbprodukte) von Gütern
- Herstellungsverfahren, Be- und Verarbeitungsgrad von Gütern
- Verwendungsart und Verwendungszweck von Gütern
- Produktionswirtschaftlicher Zusammenhang

- Der wirtschaftliche Schwerpunkt bzw. das wirtschaftliche Gepräge von Betrieben, hilfsweise Unternehmen
- Art der Dienstleistung
- Öffentliche Aufgaben

c) Kriterien zur Organisationsabgrenzung sind grundsätzlich nicht:

- Änderungen der Unternehmensorganisation, z.B. Aufspaltung, Zusammenlegung, Änderung der Rechtsform
- Eintritt in einen und/oder Austritt aus einem Arbeitgeberverband
- Entscheidungen und Vereinbarungen von Belegschaften/Betriebsräten über die Organisationszugehörigkeit.

Schiedsgerichtsordnung gem. § 16 der DGB-Satzung (Anlage 2)
(beschlossen vom DGB-Bundesausschuss am 02.12.1997; Ergänzungen beschlossen vom DGB-Bundesausschuss am 08.03.2000 und am 06.03.2002)

1. Vermittlungsverfahren

Bei Streitigkeiten zwischen den im Bund vereinigten Gewerkschaften führt der Geschäftsführende Bundesvorstand auf Ersuchen einer der streitenden Parteien ein Vermittlungsverfahren vor der Vermittlungsstelle durch. Die andere(n) Partei(en) ist/sind verpflichtet, an dem Vermittlungsverfahren teilzunehmen und sich auf den Streitgegenstand einzulassen.

a) Die Vermittlungsstelle besteht aus jeweils zwei von den streitenden Parteien benannten Beisitzerinnen bzw. Beisitzern und der bzw. dem Vorsitzenden, die bzw. der vom Geschäftsführenden Bundesvorstand benannt wird.

b) Die bzw. der Vorsitzende lädt zu den Sitzungen der Vermittlungsstelle ein und nimmt die notwendigen Anordnungen für das Verfahren vor, z.B. hinsichtlich des Hinzuziehens von Sachverständigen.

c) Der wesentliche Verlauf und das Ergebnis der Verhandlungen vor der Vermittlungsstelle sind zu protokollieren. Das Protokoll ist den streitenden Parteien zuzustellen. Kommt zwischen den Parteien eine Einigung zustande, ist sie schriftlich niederzulegen und von den Mitgliedern der Vermittlungsstelle zu unterzeichnen. Die Einigung hat die Wirkung eines Schiedsurteils.

d) Im Einverständnis mit den streitenden Parteien kann das Vermittlungsverfahren als schriftliches Verfahren durchgeführt werden. Ziffer 1 c) Sätze 3 und 4 gelten entsprechend.

2. Einleitung eines Schiedsgerichtsverfahrens

Bleibt das Vermittlungsverfahren insgesamt oder zum Teil erfolglos, findet auf Antrag einer der streitenden Parteien ein Schiedsgerichtsverfahren vor dem Schiedsgericht statt.

3. Besetzung des Schiedsgerichts

Das Schiedsgericht besteht aus jeweils bis zu drei von den streitenden Parteien benannten Beisitzerinnen bzw. Beisitzern, einer bzw. einem unparteiischen Vorsitzenden und zwei unparteiischen stellvertretenden Vorsitzenden. Die bzw. der Vorsitzende muss die Befähigung zum Richteramt haben. Die bzw. der Vorsitzende sowie die stellvertretenden Vorsitzenden des Schiedsgerichts werden vom Bundesvorstand für die Dauer von zwei Jahren gewählt. Der Beschluss des Bundesvorstandes bedarf der Einstimmigkeit. Wiederwahlen der bzw. des Vorsitzenden und der stellvertretenden Vorsitzenden sind möglich. Fällt die bzw. der Vorsitzende und/oder eine bzw. einer der stellvertretenden Vorsitzenden oder beide stellvertretenden Vorsitzenden aus der Leitung des Schiedsgerichts aus, hat der Bundesvorstand eine Nachwahl vorzunehmen. Auch hier gilt das Erfordernis der Einstimmigkeit.

Der Bundesvorstand kann für die unparteiischen Mitglieder des Schiedsgerichtes Stellvertreterinnen bzw. Stellvertreter für die Dauer von 2 Jahren wählen. Wiederwahlen sind möglich. Bei den Wahlen ist Einstimmigkeit erforderlich.

Die Reihenfolge der Vertretungen bestimmt sich nach den Anfangsbuchstaben der Familiennamen in alphabetischer Folge.

4. Verfahren vor dem Schiedsgericht

a) Die bzw. der Vorsitzende hat u.a. die nachfolgenden Aufgaben:
Sie bzw. er nimmt die Einladung zu den Sitzungen des Schiedsgerichts vor. Auf ihre bzw. seine Anordnung hin sind die mündlichen Verhandlungen des Schiedsgerichts durch schriftliche Stellungnahmen vorzubereiten. Die bzw. der Vorsitzende entscheidet über die Ladung von Zeugen und Sachverständigen sowie über die Erhebung von Beweisen.

b) Die Parteien können sich vor dem Schiedsgericht vertreten lassen und bis zu drei Sachverständige hinzuziehen. Die Vertretung durch einen Rechtsanwalt ist zulässig. Über die Anhörung der Sachverständigen und ihre Anwesenheit in der mündlichen Verhandlung entscheidet das Schiedsgericht mit Mehrheit.

c) Über die Sitzung des Schiedsgerichts ist ein Protokoll anzufertigen, das den wesentlichen Gang der Verhandlung und die Entscheidungen der bzw. des Vorsitzenden und des Schiedsgerichts wiedergibt. Die Protokolle sind den Parteien zuzustellen.

5. Abschluss des Schiedsgerichtsverfahrens

a) Das Schiedsgerichtsverfahren kann durch eine Einigung beendet werden. Der Inhalt dieser Einigung ist schriftlich niederzulegen und von den Mitgliedern des Schiedsgerichts zu unterzeichnen. Im übrigen gilt die Regelung zu 1. c) der Schiedsgerichtsordnung entsprechend.

b) Kommt eine Einigung nicht zustande, wird das Schiedsgerichtsverfahren durch Schiedsurteil beendet. Hierbei haben alle Mitglieder des Schiedsgerichts Stimmrecht. Eine Stimmenthaltung ist nicht zulässig. Das Schiedsgericht entscheidet mit einfacher Mehrheit.

Das Schiedsgericht kann im Schiedsurteil auch die Bildung einer Tarifgemeinschaft für eine Übergangszeit vorsehen.

c) Erforderlichenfalls sind im Schiedsurteil Übergangszeiten und Regelungen für die Betreuung der Mitglieder, die Betriebsrats- bzw. Personalratsarbeit sowie die Entsendung von Arbeitnehmervertretern in Aufsichtsräten in das Schiedsurteil aufzunehmen. Ferner kann eine Regelung dafür getroffen werden, dass gegenüber der Gewerkschaft, deren bisherige Organisationsarbeit endet, ein finanzieller Ausgleich vorgenommen wird.

d) Das Schiedsurteil hat unter den Parteien die Wirkung eines rechtskräftigen Urteils.

e) Das Schiedsurteil bedarf der Schriftform. Er muss den der Entscheidung zugrundeliegenden Sachverhalt und eine Begründung enthalten. Das Schiedsurteil ist von der bzw. dem Vorsitzenden sowie den stellvertretenden Vorsitzenden zu unterzeichnen und den Parteien zuzustellen.

6. Durchführung des Schiedsurteils

a) Die unterliegende Partei ist verpflichtet, alle im Hinblick auf den Streitgegenstand ergriffenen Maßnahmen unverzüglich einzustellen und keine neuen Maßnahmen in diesem Sinne zu ergreifen.

b) Sie hat in Fällen der Abgrenzung von Organisationsbereichen ihre Mitglieder im umstrittenen Organisationsbereich unter ausführlicher Darlegung des Schiedsurteils, seiner Gründe und seiner Folgen im Einvernehmen mit der obsiegenden Partei aufzufordern, in die zuständige Gewerkschaft überzutreten. Die unterliegende Partei ist in Fällen der Abgrenzung von Organisationsbereichen ferner verpflichtet, nach außen hin nicht mehr als zuständige Gewerkschaft in Erscheinung zu treten, insbesondere keine neuen Tarifverträge abzuschließen.

7. Rechtsmittel

a) Innerhalb einer Frist von vier Wochen nach Zustellung des Schiedsurteils kann der Bundesvorstand von den am Verfahren beteiligten Gewerkschaften und vom Geschäftsführenden Bundesvorstand mit dem Antrag angerufen werden, das Schiedsurteil aufzuheben, die Sache zur erneuten Verhandlung und Entscheidung an das Schiedsgericht zurückzuverweisen oder die Durchführung eines erneuten Schiedsgerichtsverfahrens anzuordnen.

b) Dieser Antrag kann nur darauf gestützt werden, dass das Schiedsgerichtsverfahren nicht ordnungsgemäß eingeleitet wurde, das Schiedsgericht nicht entsprechend den Richtlinien besetzt war, Verfahrensverstöße im Sinne der Ziffern 4 und 5 der Richtlinien vorliegen oder das Schiedsurteil gegen die Satzung des DGB verstößt.

c) Die Anrufung des Bundesvorstandes hat hinsichtlich des Schiedsurteils keine aufschiebende Wirkung.

8. Einstweilige Regelungen

a) Einstweilige Regelungen sind zulässig, wenn zu besorgen ist, dass durch eine Veränderung des bestehenden Zustandes die Verwirklichung des Rechtes einer Partei vereitelt oder wesentlich erschwert werden könnte oder dies zur Abwendung wesentlicher Nachteile oder aus anderen Gründen nötig erscheint.

b) Über den Antrag auf einstweilige Regelung entscheidet die bzw. der Vorsitzende mit den beiden stellvertretenden Vorsitzenden im Rahmen einer mündlichen Verhandlung.

Die mündliche Verhandlung über den Antrag auf einstweilige Regelung kann in dringenden Fällen innerhalb von 48 Stunden nach Zustellung der Ladung stattfinden.

c) Die einstweilige Regelung hat die Wirkung eines Schiedsurteils. Sie ist zu befristen.

d) Der Antrag auf einstweilige Regelung ist nur zulässig, wenn gleichzeitig das Hauptverfahren gemäß Ziffer 2 ff. eingeleitet wird. Das Hauptverfahren soll innerhalb der befristeten Geltung der einstweiligen Regelung abgeschlossen werden.

Literaturverzeichnis

Baumbach, Adolf; Hueck, Alfred: GmbH-Gesetz, Kommentar, 17. Aufl., München 2000 (zitiert: Baumbach/Hueck-Bearbeiter, GmbHG).

Belling, Detlev W.: Die Verantwortung des Staats für die Normsetzung durch die Tarifpartner – Zur Grundrechtstreue und Legalitätskontrolle von Tarifnormen, ZfA 1999, 547 ff.

Benecke, Martina: Anmerkung zu BAG, Beschl. v. 25.9.1996 (1 ABR 25/96), SAE 1998, 60 ff.

Berekoven, Ludwig: Der Dienstleistungsmarkt in der Bundesrepublik Deutschland, Theoretische Fundierung und empirische Analyse, Band 1, Göttingen 1983 (zitiert: Berekoven, Dienstleistungsmarkt).

Besgen, Nicolai: Mitgliedschaft im Arbeitgeberverband ohne Tarifbindung, Baden-Baden 1998.

Biedenkopf, Kurt H.: Grenzen der Tarifautonomie, Karlsruhe 1964.

Blank, Michael: Die Tarifzuständigkeit der DGB-Gewerkschaften, Baden-Baden 1996.

Blanke, Thomas: Personalüberleitungstarifvertrag bei Privatisierungen – zur Zulässigkeit des Verbots von Haustarifverträgen in den Satzungen der Kommunalen Arbeitgeberverbände, ZTR 2000, 211 ff.

Bleckmann, Albert: Probleme des Grundrechtsverzichts, JZ 1988, 57 ff.

Bommarius, Günter: Rechtsprobleme der Arbeitsverhältnisse im graphischen Gewerbe, Diss. Oldenburg 1956.

Bosch, Gerhard; Wagner, Alexandra: Dienstleistungen und Industrie, Veränderung der Beschäftigtenstruktur 1985 bis 1998 – insbesondere im Organisationsbereich der Gewerkschaften NGG, IG BAU, IG BCE, IG Metall und Transnet, Frankfurt am Main 2001 (zitiert: Bosch/Wagner, Dienstleistungen und Industrie).

Bösl, Karl-Heinz: Produktivitätsmessung von produktbegleitenden Dienstleistungen im industriellen Anlagengeschäft, Nürnberg 1987 (zitiert: Bösl, Produktivitätsmessung).

Bötticher, Eduard: Besprechung von Arthur Nikisch, Arbeitsrecht, 2. Aufl., II. Band, RdA 1959, 353 ff.

Brox, Hans; Rüthers, Bernd: Arbeitskampfrecht, 2. Aufl., Stuttgart/Berlin/Köln/Mainz 1982.

Buchner, Herbert: Gemeinsame Anmerkung zu den Beschlüssen des BAG v. 25.9.1996 (1 ABR 4/96) u. v. 12.11.1996 (1 ABR 33/96), SAE 98, 262 ff.

Buchner, Herbert: Kündigung der Tarifregelungen über die Entgeltanpassung in der Metallindustrie der östlichen Bundesländer, NZA 1993, 289 ff.

Buchner, Herbert: Mitgliedschaft in Arbeitgeberverbänden ohne Tarifbindung, NZA 1994, 2 ff.

Buchner, Herbert: Mitgliedschaft ohne Tarifbindung in Arbeitgeberverbänden – Gelöste und ungelöste Fragen, insbesondere die Probleme bei Tarifabschluss durch Spitzenorganisationen, in: Arbeitsrecht und Arbeitsgerichtsbarkeit: Bilanz und Perspektiven an der Schwelle zum Jahr 2000, Festschrift zum 50-jährigen Bestehen der Arbeitsgerichtsbarkeit in Rheinland-Pfalz, hrsg. v. Klaus Schmidt, Neuwied/Kriftel 1999, S. 331 ff. (zitiert: Buchner, Arbeitsrecht und Arbeitsgerichtsbarkeit (1999)).

Buchner, Herbert: Möglichkeiten und Grenzen betriebsnaher Tarifpolitik (Teil II), DB 1970, 2074 ff.

Buchner, Herbert: Tarifzuständigkeit bei Abschluß von Verbands- und Firmentarifverträgen, ZfA 1995, 95 ff.

Buchner, Herbert: Unternehmensbezogene Tarifverträge – tarif-, verbands- und arbeitskampfrechtlicher Spielraum, DB 2001, Beilage Nr. 9.

Buchner, Herbert: Verbandsmitgliedschaft ohne Tarifgebundenheit, NZA 1995, 761 ff.

Buttler, Günter; Simon, Wolfgang: Wachstum durch Dienstleistungen, Beiträge des Instituts der deutschen Wirtschaft zur Wirtschafts- und Sozialpolitik, Nr. 156, Köln 1987 (zitiert: Buttler/Simon, Wachstum durch Dienstleistungen).

Bydlinski, Franz: Juristische Methodenlehre und Rechtsbegriff, 2. Aufl., Wien/New York 1991.

Corsten, Hans: Die Produktion von Dienstleistungen: Grundzüge einer Produktionswirtschaftslehre des tertiären Sektors, Berlin 1985 (zitiert: Corsten, Produktion von Dienstleistungen).

Däubler, Wolfgang Tarifflucht – eine aussichtsreiche Strategie zur Reduzierung von Lohnkosten?, ZTR 1994, 448 ff.

Däubler, Wolfgang: Tarifvertragsrecht, 3. Aufl., Baden-Baden 1993 (zitiert: Däubler, TVG).

Delheid, Johannes: Tarifzuständigkeit – zugleich ein Beitrag zu den Problemen einer betriebsnahen Tarifpolitik, Diss. Köln 1973 (zitiert: Delheid, Tarifzuständigkeit).

Dieterich, Thomas: Die Grundrechtsbindung von Tarifverträgen, in: Tarifautonomie für ein neues Jahrhundert, Festschrift für Günter Schaub zum 65. Geburtstag, hrsg. v. Monika Schlachter, Reiner Ascheid und Hans-Wolf Friedrich, München 1998, S. 117 ff. (zitiert: Dieterich, FS Schaub (1998)).

Dörner, Klemens Maria; Luczak, Stefan; Wildschütz, Martin: Arbeitsrecht in der anwaltlichen und gerichtlichen Praxis, 3 Aufl., Neuwied/Kriftel/Berlin 2002 (zitiert: DLW/Bearbeiter).

Dreschers, Martin: Die Entwicklung des Rechts des Tarifvertrags in Deutschland – Eine rechtshistorische Untersuchung über den Verlauf der Durchsetzung des Kollektivgedankens, Frankfurt am Main/Berlin/Bern u.a. 1994 (zitiert: Dreschers, Entwicklung des Rechts des Tarifvertrags).

Dütz, Wilhelm: Zur Entwicklung des Gewerkschaftsbegriffs, DB 1996, 2385 ff.

Eggert, Manfred: Die Grenzen des rechtlichen Könnens der juristischen Personen des öffentlichen Rechts als rechtliche Konsequenz und rechtspolitisches Mittel am Beispiel der Außenvertretung der Gemeinden – unter besonderer Berücksichtigung der angloamerikanischen ultra vires-Doktrin – Versuch der Darstellung einer deutschen ultra vires-Lehre, Göttingen 1974 (zitiert: Eggert, Die deutsche ultra vires-Lehre).

v. Eisenhart Rothe, Rüdiger: Probleme der Tarifzuständigkeit, Diss. Frankfurt am Main, 1969 (zitiert: v. Eisenhart Rothe, Tarifzuständigkeit).

Enneccerus, Ludwig; Nipperdey, Hans Carl: Allgemeiner Teil des Bürgerlichen Rechts, Erster Halbband, 15. Aufl., Tübingen 1959 (zitiert: Enneccerus/Nipperdey, BGB-AT).

Fabricius, Fritz; Kraft, Alfons; Wiese, Günther; Kreutz, Peter; Oetker, Hartmut: Gemeinschaftskommentar zum Betriebsverfassungsgesetz, Band 1 (§§ 1-73), 6. Aufl., Neuwied/Kriftel/Berlin 1998 (zitiert: GK-BetrVG/Bearbeiter).

Flume, Werner: Allgemeiner Teil des Bürgerlichen Rechts, Band 1, Zweiter Teil, Die juristische Person, Berlin/Heidelberg/New York/Tokyo 1983 (zitiert: Flume, Juristische Person).

Fourastié, Jean: Die große Hoffnung des zwanzigsten Jahrhunderts, 2. Aufl., Köln 1969.

Franke, Robert: Kritische Bemerkungen zur Fassung des fachlichen Geltungsbereiches in den Bauarbeitertarifen, RdA 1966, 366 ff.

Fuß, Ernst-Werner: Die Überschreitung des Wirkungskreises juristischer Personen des öffentlichen Rechts, DÖV 1956, 566 ff.

Gabler Wirtschaftslexikon: Band 2 (Bf-E), 15. Aufl., Wiesbaden 2000 (zitiert: Gabler, Wirtschaftslexikon).

Gamillscheg, Franz: Buchbesprechung von Kempen/Zachert, TVG, 3. Aufl. 1997, AuR 1998, 200 ff.

Gamillscheg, Franz: Die Differenzierung nach der Gewerkschaftszugehörigkeit, Berlin 1966.

Gamillscheg, Franz: Kollektives Arbeitsrecht, Band I, München 1997 (zitiert: Gamillscheg, Kollektives Arbeitsrecht I).

Gaul, Dieter: Zuständigkeitsregelungen und kollektivrechtlicher Gestaltungsspielraum für Tarifvertragsparteien, ZTR 1991, 443 ff.

Gerhardt, Jürgen: Dienstleistungsproduktion, Eine produktionstheoretische Analyse der Dienstleistungsprozesse, Köln 1987 (zitiert: Gerhardt, Dienstleistungsproduktion).

Germelmann, Claas-Hinrich; Matthes, Hans-Christoph; Prütting, Hanns: Arbeitsgerichtsgesetz, Kommentar, 4. Aufl., München 2002 (zitiert: Germelmann/Matthes/Prütting, ArbGG).

Giesen, Richard: Betriebsersetzung durch Tarifvertrag?, BB 2002, 1480 ff.

Giesen, Richard: Tarifvertragliche Rechtsgestaltung für den Betrieb, Tübingen 2002.

Grabitz, Eberhard; Hilf, Meinhard (Hrsg.): Das Recht der Europäischen Union, Loseblattausgabe, München, Stand: 19. Ergänzungslieferung Februar 2002 (zitiert: Bearbeiter, in: Grabitz/Hilf, EGV).

Groeben, Hans von der; Thiesing, Jochen; Ehlermann, Claus-Dieter (Hrsg.): Kommentar zum EU-/EG-Vertrag, 5. Aufl., Baden-Baden 1997 (zitiert: Groeben/Thiesing/Ehlermann, EU-/EG-Vertrag).

Grömling, Michael; Lichtblau, Karl; Weber, Alexander: Industrie und Dienstleistungen im Zeitalter der Globalisierung, Köln 1998 (zitiert: Grömling/Lichtblau/Weber, Industrie und Dienstleistungen).

Gruhler, Wolfram: Dienstleistungsbestimmter Strukturwandel in deutschen Industrieunternehmen: Einzel- und gesamtwirtschaftlicher Kontext, Determinanten, Interaktionen, empirischer Befund, Köln 1990 (zitiert: Gruhler, Dienstleistungsbestimmter Strukturwandel).

Grunsky, Wolfgang: Arbeitsgerichtsgesetz, Kommentar, 7. Aufl., München 1995 (zitiert: Grunsky, ArbGG).

Gumpert, Jobst: Anwendung von Tarifverträgen in Mischbetrieben und in fachfremden Nebenbetrieben – Tarifzuständigkeit der Verbände, Anmerkung zu BAG, Urt. v. 19.12.1959 (1 AZR 55/58), BB 1959, 488 ff.

Hanau, Peter: Aktuelles zu Betrieb, Unternehmen und Konzern im Arbeitsrecht, ZfA 1990, 115 ff.

Hanau, Peter; Kania, Thomas: Anmerkung zu BAG, Urt. v. 20.3.1991 (4 AZR 455/90), AP Nr. 20 zu § 4 TVG Tarifkonkurrenz.

Hanau, Peter; Kania, Thomas: Stufentarifverträge, DB 1995, 1229 ff.

Haß, Hans-Joachim: Industrienahe Dienstleistungen – Ökonomische Bedeutung und politische Herausforderung, Beiträge des Instituts der deutschen Wirtschaft Köln zur Wirtschafts- und Sozialpolitik, Nr. 223, Köln 1995 (zitiert: Haß, Industrienahe Dienstleistungen).

Heinze, Meinhard: Ausgewählte Rechtsfragen zu § 613a BGB, in: Tarifautonomie für ein neues Jahrhundert, Festschrift für Günter Schaub zum 65. Geburtstag, hrsg. v. Monika Schlachter, Reiner Ascheid und Hans-Wolf Friedrich, München 1998, S. 275 ff. (zitiert: Heinze, FS Schaub (1998)).

Heinze, Meinhard: Arbeitsrechtliche Fragen bei der Übertragung und Umwandlung von Unternehmen, ZfA 1997, 1 ff.

Heinze, Meinhard: Arbeitsrechtliche Probleme bei der Umstrukturierung von Unternehmen, DB 1998, 1861 ff.

Heinze, Meinhard: Gibt es eine Alternative zur Tarifautonomie?, DB 1996, 729 ff.

Heinze, Meinhard: Tarifzuständigkeit von Gewerkschaften und Arbeitgebern/Arbeitgeberverbänden, DB 1997, 2122 ff.

Heinze, Meinhard; Ricken, Oliver: Verbandsaustritt und Verbandsauflösung im Spannungsfeld von Tarifeinheit und Tarifpluralität, ZfA 2001, 159 ff.

Helmstädter, Ernst: Der tertiäre Sektor im volkswirtschaftlichen Zusammenhang – Zwei alternative Sichtweisen, in: Graue Reihe des Instituts für Arbeit und Technik 2001–03, Gelsenkirchen 2001 (zitiert: Helmstädter, Der tertiäre Sektor).

Hensche, Detlef: Zur Zulässigkeit von Firmentarifverträgen mit verbandsangehörigen Unternehmen, RdA 1971, 9 ff.

Henssler, Martin Der Arbeitsvertrag im Konzern, Berlin 1983.

Henssler, Martin: Firmentarifverträge und unternehmensbezogene Verbandstarifverträge als Instrumente einer „flexiblen", betriebsnahen Tarifpolitik, ZfA 1998, 517 ff.

Henssler, Martin: Unternehmensumstrukturierung und Tarifrecht, in: Tarifautonomie für ein neues Jahrhundert, Festschrift für Günter Schaub zum 65. Geburtstag, hrsg. v. Monika Schlachter, Reiner Ascheid und Hans-Wolf Friedrich, München 1998, S. 311 ff. (zitiert: Henssler, FS Schaub (1998)).

Herschel, Wilhelm: Anmerkung zu BAG, Urt. v. 29.11.1983 (1 AZR 469/82), AP Nr. 78 zu § 626 BGB.

Hertwig, Stefan: Die Verweisung des Gesetzes auf einen Tarifvertrag und die Folgen für das Verständnis der Tarifautonomie, RdA 1985, 282 ff.

Heß, Harald: Rechtsfragen zum „betriebsnahen Tarifvertrag" unter Berücksichtigung von Tarifpluralitäten, ZfA 1976, 45 ff.

v. Hoyningen-Huene, Gerrick: Die Anwendung des branchenfremden Tarifvertrags, NZA 1997, 617 ff.

Hromadka, Wolfgang; Maschmann, Frank; Wallner, Franz: Der Tarifwechsel – Tarifvertrag und Arbeitsvertrag bei Änderung von Verbandsmitgliedschaft, Betriebszweck und Betriebsinhaber, München 1996 (zitiert: Hromadka/Maschmann/Wallner, Der Tarifwechsel).

Huber, Berthold: IG Metall und Dienstleistungen – Kommt zusammen, was zusammen gehört?, GM 1999, 536 ff.

Huber, Ernst Rudolf: Wirtschaftsverwaltungsrecht, Band 2, 2. Aufl., Tübingen 1954 (zitiert: E.R. Huber, Wirtschaftsverwalungsrecht II).

Hueck, Alfred; Nipperdey, Hans Carl: Lehrbuch des Arbeitsrechts, Band 2, 3. – 5. Aufl., Mannheim/Berlin/Leipzig 1932 (zitiert: Hueck/Nipperdey, Arbeitsrecht II, 3. - 5. Aufl.).

Hueck, Alfred; Nipperdey, Hans Carl: Lehrbuch des Arbeitsrechts, Band 2, 6. Aufl., Berlin/Frankfurt am Main 1957 (zitiert: Hueck/Nipperdey, Arbeitsrecht II, 6. Aufl.).

Hueck, Alfred; Nipperdey, Hans Carl: Lehrbuch des Arbeitsrechts, Band 2, Erster Halbband, 7. Aufl., Berlin/Frankfurt am Main 1966/67 (zitiert: Hueck/Nipperdey, Arbeitsrecht II/1).

Jacobi, Erwin: Betrieb und Unternehmen als Rechtsbegriffe des Arbeitsrechts, in: Festschrift der Leipziger Juristenfakultät für Victor Ehrenberg, Leipziger rechtswissenschaftliche Studien, Heft 21, Leipzig 1927, S. 1 ff. (zitiert: Jacobi, FS Ehrenberg (1927)).

Jacobs, Matthias: Tarifeinheit und Tarifkonkurrenz, Berlin 1999.

Jacobs, Matthias: Die Erkämpfbarkeit von firmenbezogenen Tarifverträgen mit verbandsangehörigen Arbeitgebern, ZTR 2001, 249 ff.

Kania, Thomas: Tarifpluralität und Industrieverbandsprinzip, DB 1996, 1921 ff.

Keller, Bernd: ver.di – Zur notwendigen Auseinandersetzung über Außenbeziehungen und Ziele, WSI-Mitteilungen 2001, 546 ff.

Kempen, Otto Ernst; Zachert, Ulrich: Kommentar zum Tarifvertragsgesetz, 3. Aufl., Köln 1997 (zitiert: Kempen/Zachert, TVG).

Kirchhof, Ferdinand: Private Rechtsetzung, Berlin 1987.

Kleinke, Giesela; Kley, Wilfried; Walter, Sylvia: Personalüberleitungstarifverträge von Mitgliedern kommunaler Arbeitgeberverbände – Zur Zulässigkeit von Haustarifverträgen und deren Erstreikbarkeit (zugleich Erwiderung auf Blanke, ZTR 2000, Seiten 211 ff.), ZTR 2001, 499 ff.

Klodt, Henning; Maurer, Rainer; Schimmelpfennig, Axel: Tertiarisierung in der deutschen Wirtschaft, Tübingen 1997 (zitiert: Klodt/Maurer/Schimmelpfennig, Tertiarisierung).

Koberski, Wolfgang; Clasen, Lothar; Menzel, Horst: Tarifvertragsgesetz, Kommentar, Loseblattausgabe, Neuwied/Kriftel/Berlin, Stand: 15. Ergänzungslieferung November 1999 (zitiert: Koberski/Clasen/Menzel, TVG).

Koenig, Christian: Zur Anwendbarkeit der Ultra-vires-Lehre im Falle des Überschreitens der gesetzlich begrenzten Aufgaben öffentlicher Kreditanstalten am Beispiel einer Landesbank, WM 1995, 317 ff.

Konzen, Horst: Die Entwicklung der Rechtsprechung des Bundesarbeitsgerichts im Jahre 1970, ZfA 1972, 131 ff.

Konzen, Horst: Der Sympathiestreik bei inkongruenter Tarifzuständigkeit der Tarifparteien, DB 1990, Beil. 6.

Konzen, Horst: Tarifbindung, Friedenspflicht und Kampfparität beim Verbandswechsel des Arbeitgebers, ZfA 1975, 401 ff.

Konzen, Horst: Die Tarifzuständigkeit im Tarif- und Arbeitskampfrecht, in: Festschrift für Alfons Kraft zum 70. Geburtstag, hrsg. v. Günther Hönn, Horst Konzen, Peter Kreutz, Neuwied/Kriftel 1998, S. 291 ff. (zitiert: Konzen, FS Kraft (1998)).

Koopmann, Peter: Gewerkschaftsfusion und Tarifautonomie, Berlin 2000.

Kraft, Alfons: Abschied von der Tarifzuständigkeit als Wirksamkeitsvoraussetzung eines Tarifvertrages, in: Festschrift für Ludwig Schnorr von Carolsfeld, hrsg. v. Heinrich Hubmann und Heinz Hübner, Köln/Berlin/Bonn/München 1973, S. 255 ff. (zitiert: Kraft, FS Schnorr von Carolsfeld (1973)).

Kraft, Alfons: Anmerkung zu BAG, Beschl. v. 17.2.1970 (1 ABR 15/69), SAE 1971, 188.

Krebs, Peter: Anmerkung zu BAG, Urt. v. 4.4.2001 (4 AZR 237/00), SAE 2002, 218.

Krichel, Ulrich: Ist der Firmentarifvertrag mit einem verbandsangehörigen Arbeitgeber erstreikbar?, NZA 1986, 731 ff.

Kutscher, Stephan: Die Tarifzuständigkeit, Materielle Grenzen der Betätigungsfreiheit und Rechtsfolgen fehlender Regelungsbefugnis (am Beispiel der punktuellen Erweiterung des Organisationsbereichs), Diss. Hamburg 1993 (zitiert: Kutscher, Tarifzuständigkeit).

Larenz, Karl: Methodenlehre der Rechtswissenschaft, 6. Aufl., Berlin/Heidelberg/New York u.a. 1991.

Larenz, Karl; Wolf, Manfred: Allgemeiner Teil des Bürgerlichen Rechts, 8. Aufl., München 1997.

Lehna, Hans-Herbert: Zur Frage der Rechtsgültigkeit tariflicher Außenseiterklauseln, DB 1959, 916 ff.

Leinemann, Wolfgang (Hrsg.): Kasseler Handbuch zum Arbeitsrecht, Band 2, 2. Aufl., Neuwied/Kriftel 2000 (zitiert: Kasseler Handbuch/Bearbeiter).

Lieb, Manfred: Erkämpfbarkeit von Firmentarifverträgen mit verbandsangehörigen Arbeitgebern – insbesondere zum Zweck der Regelung von Betriebsänderungen, DB 1999, 2058 ff.

Link, Harald: Grundfragen der Tarifzuständigkeit, AuR 1966, 38 ff.

Link, Harald: Die Tarifzuständigkeit, Diss. Köln 1965.

Lörcher, Klaus: Ver.di – die neue Dienstleistungsgewerkschaft, ZTR 2001, 544 ff.

Löwisch, Manfred (Hrsg.): Arbeitskampf- und Schlichtungsrecht, Heidelberg 1997 (zitiert: Löwisch/Bearbeiter, Arbeitskampf- und Schlichtungsrecht).

Löwisch, Manfred: Gewollte Tarifunfähigkeit im modernen Kollektivarbeitsrecht, ZfA 1974, 29 ff.

Löwisch, Manfred; Rieble, Volker: Kommentar zum Tarifvertragsgesetz, München 1992 (zitiert: Löwisch/Rieble, TVG).

Löwisch, Manfred; Rieble, Volker: Tarifvertragsrechtliche und arbeitskampfrechtliche Fragen des Übergangs vom Haustarif zum Verbandstarif, in: Tarifautonomie für ein neues Jahrhundert, Festschrift für Günter Schaub zum 65. Geburtstag, hrsg. v. Monika Schlachter, Reiner Ascheid, Hans-Wolf Friedrich, München 1998, S. 457 ff. (zitiert: Löwisch/Rieble, FS Schaub (1998)).

Lutter, Marcus; Hommelhoff, Peter: Formerfordernisse für Unternehmensverträge im GmbH-Recht, NJW 1988, 1240 ff.

Lutter, Marcus; Hommelhoff, Peter: GmbH-Gesetz, Kommentar, 15. Aufl., München 2000 (Lutter/Hommelhoff, GmbHG).

Mai, Herbert: Der Prozess zu ver.di, der Vereinten Dienstleistungsgewerkschaft, GM 1999, 583 ff.

Martens, Klaus-Peter: Anmerkung zu BAG, Beschl. v. 19.11.1985 (1 ABR 37/83), SAE 1987, 7 ff.

Maunz, Theodor; Dürig, Günter; Herzog, Roman; Scholz, Rupert: Kommentar zum Grundgesetz, Band 1 (Präambel – Art. 12), Loseblattausgabe, München, Stand: 40. Lieferung Juni 2002 (zitiert: Maunz/Dürig-Bearbeiter, GG).

Maus, Wilhelm: Kommentar zum Tarifvertragsgesetz, Göttingen 1956 (zitiert: Maus, TVG).

Meissinger, H: Betriebseinheit und Tarifeinheit, DB 1952, 101 f.

Meissinger, H.: Tarifhoheit in der Sozialen Selbstverwaltung, RdA 1951, 46 ff.

Müller, Christopher: Europäische Betriebsräte-Gesetz, Kommentar, Stuttgart/Berlin/Köln 1997 (zitiert: Müller, EBRG).

Müller, Hans Peter: Über die Mühen der Profilbildung einer Dienstleistungsgewerkschaft. Zur Entstehungsgeschichte der Multibranchengewerkschaft „Ver.di" im Spannungsfeld von Organisationskonflikten und Programmsuche, Industrielle Beziehungen 2001, 108 ff.

von Münch, Ingo; Kunig, Philip: Grundgesetz-Kommentar, Band 1 (Präambel – Art. 19), 5. Aufl., München 2000 (zitiert: von Münch/Kunig-Bearbeiter).

Münchener Handbuch zum Arbeitsrecht: hrsg. v. Reinhard Richardi, Otfried Wlotzke, Band 1, Individualarbeitsrecht I (§§ 1-113); Band 3, Kollektives Arbeitsrecht (§§ 240-394); 2. Aufl., München 2000 (zitiert: MünchArbR/Bearbeiter).

Münchener Kommentar: Kommentar zum BGB, hrsg. v. Kurt Rebmann, Franz Jürgen Säcker, Roland Rixecker, Band 1, Allgemeiner Teil (§§ 1- 240), 4. Aufl., München 2001 (zitiert: MünchKomm/Bearbeiter).

Natzel, Ivo: Anmerkung zu BAG, Beschl. v. 14.12.1999 (1 ABR 74/98), SAE 2001, 43 ff.

Natzel, Ivo: Anmerkung zu BAG, Urt. v. 20.4.1999 (1 AZR 631/98), SAE 2000, 115 ff.

Neugebauer, Ursula: Das Software-Unternehmen, München/Wien 1986 (zitiert: Neugebauer, Software-Unternehmen).

Nikisch, Arthur: Arbeitsrecht, Band 2, Koalitionsrecht, Arbeitskampfrecht und Tarifvertragsrecht, 2. Aufl., Tübingen 1959 (zitiert: Nikisch, Arbeitsrecht II).

Oetker, Hartmut: Anmerkung zu BAG, Beschl. v. 25.9.1996 (1 ABR 25/96), AP Nr. 4 zu § 97 ArbGG.

Oetker, Hartmut: Anmerkung zu BAG, Beschl. v. 14.12.1999 (1 ABR 74/98), EzA Nr. 7 zu § 2 TVG Tarifzuständigkeit.

Oetker, Hartmut: Die Beendigung der Mitgliedschaft in Arbeitgeberverbänden als tarifrechtliche Vorfrage, ZfA 1998, 41.

Oetker, Hartmut: Gemeinsame Anmerkung zu den Beschlüssen des BAG v. 25.9.1996 (1 ABR 4/96) u. v. 12.11.1996 (1 ABR 33/96), AP Nr. 11 zu § 2 TVG Tarifzuständigkeit.

Oetker, Hartmut: Gemeinsame Anmerkung zu den Urteilen des BAG v. 25.2.1998 (7 AZR 641/96) u. v. 11.03.1998 (7 AZR 700/96), SAE 1999, 149 ff.

Oetker, Hartmut: Das private Vereinsrecht als Ausgestaltung der Koalitionsfreiheit, RdA 1999, 96 ff.

Ostrop, Markus H.: Mitgliedschaft ohne Tarifbindung, Frankfurt am Main 1997.

Otto, Sven-Joachim Die rechtliche Zulässigkeit einer tarifbindungsfreien Mitgliedschaft in Arbeitgeberverbänden, NZA 1996, 624 ff.

Palandt, Otto: Bürgerliches Gesetzbuch, Kommentar, 61. Aufl., München 2002 (zitiert: Palandt/Bearbeiter).

Peters, Hans; Ossenbühl, Fritz: Die Übertragung von öffentlich-rechtlichen Befugnissen auf die Sozialpartner, Berlin/Frankfurt am Main 1967 (zitiert: Peters/ Ossenbühl, Die Übertragung von öffentlich-rechtlichen Befugnissen auf die Sozialpartner).

Pfister, Bernhard: Bindung an Verbandsrecht in der Verbandshierarchie, SpuRt 1996, 48 ff.

Rasmussen, Thomas: Entwicklungslinien des Dienstleistungssektors – Internationaler Strukturvergleich und Perspektiven für die Bundesrepublik Deutschland, Göttingen 1977 (zitiert: Rasmussen, Entwicklungslinien des Dienstleistungssektors).

Reichert, Bernhard: Handbuch des Vereins- und Verbandsrechts, 8. Aufl., Neuwied/Kriftel 2001 (zitiert: Reichert, Handbuch des Vereins- und Verbandsrechts).

Reuter, Dieter: Anmerkung zu BAG, Beschl. v. 19.11.1985 (1 ABR 37/83), AP Nr. 4 zu § 2 TVG Tarifzuständigkeit.

Reuter, Dieter: Grundfragen des Koalitionsverbandsrechts, in: Europas universale rechtsordnungspolitische Aufgabe im Recht des dritten Jahrtausends, Festschrift für Alfred Söllner zum 70. Geburtstag, hrsg. v. Gerhard Köbler, Meinhard Heinze, Wolfgang Hromadka, München 2000, S. 937 ff. (zitiert: Reuter, FS Söllner (2000)).

Reuter, Dieter: Können verbandsangehörige Arbeitgeber zum Abschluss von Haustarifverträgen gezwungen werden?, NZA 2001, 1097 ff.

Reuter, Dieter: Die Mitgliedschaft ohne Tarifbindung (OT-Mitgliedschaft) im Arbeitgeberverband, RdA 1996, 202 ff.

RGRK: Das Bürgerliche Gesetzbuch mit besonderer Berücksichtigung der Rechtsprechung des Reichsgerichts und des Bundesgerichtshofes, Kommentar, hrsg. v. Mitgliedern des Bundesgerichtshofes, Band 1 (§§ 1-240), 12. Aufl., Berlin/New York 1982 (zitiert: RGRK/Bearbeiter).

Richardi, Reinhard: Betriebsverfassungsgesetz, Kommentar, 8. Aufl., München 2002 (zitiert: Richardi/Bearbeiter, BetrVG).

Richardi, Reinhard: Gemeinsame Anmerkung zu den Beschlüssen des BAG v. 17.2.1970 (1 ABR 15/69) und v. 17.2.1970 (1 ABR 15/69), AP Nr. 3 zu § 2 TVG Tarifzuständigkeit.

Richardi, Reinhard: Kollektivgewalt und Individualwille bei der Gestaltung des Arbeitsverhältnisses, München 1968 (zitiert: Richardi, Kollektivgewalt und Individualwille).

Rieble, Volker: Anmerkung zu BAG, Beschl. v. 14.12.1999 (1 ABR 74/98), AP Nr. 14 zu § 2 TVG Tarifzuständigkeit.

Rieble, Volker: Arbeitsmarkt und Wettbewerb – Der Schutz von Vertrags- und Wettbewerbsfreiheit im Arbeitsrecht, Berlin/Heidelberg/New York u.a., 1996 (zitiert: Rieble, Arbeitsmarkt und Wettbewerb).

Rieble, Volker: Der Fall Holzmann und seine Lehren, NZA 2000, 225 ff.

Rieble, Volker: Der Tarifvertrag als kollektiv-privatautonomer Vertrag, ZfA 2000, 5 ff.

Rieble, Volker: Die Tarifzuständigkeit von Spitzenverbänden, DB 2001, 2194 ff.

Robbers, Gerhard: Der Grundrechtsverzicht – zum Grundsatz 'volenti non fit iniuria' im Verfassungsrecht, JuS 1988, 925 ff.

Rose, Gunter: Allfloor – oder die Wirkungslosigkeit des gerichtlichen Schutzes gegen Unternehmermacht, Der Betriebsrat (Schriftenreihe für die Betriebsräte der IG Chemie-Papier-Keramik) 1984, 207 ff. (zitiert: Rose, Der Betriebsrat 1984).

Rowedder, Heinz; Schmidt-Leithoff, Christian (Hrsg.): Gesetz betreffend die Gesellschaften mit beschränkter Haftung (GmbHG), Kommentar, 4. Aufl., München 2002 (zitiert: Bearbeiter, in: Rowedder/Schmidt-Leithoff, GmbHG).

Sachs, Michael (Hrsg.): Grundgesetz, Kommentar, 3. Aufl., München 2003 (zitiert: Sachs/Bearbeiter, GG).

Säcker, Franz Jürgen Die Tariffähigkeit und die Tarifzuständigkeit, AR-Blattei D, Tarifvertrag II A (1970) (zitiert: Säcker, AR-Blattei D, Tarifvertrag II A).

Säcker, Franz Jürgen: Grundprobleme der kollektiven Koalitionsfreiheit, Düsseldorf 1969.

Säcker, Franz Jürgen; Oetker, Hartmut: Probleme der Repräsentation von Großvereinen, München 1986.

Säcker, Franz Jürgen; Oetker, Hartmut: Grundlagen und Grenzen der Tarifautonomie, München 1992.

Sauter, Eugen; Schweyer, Gerhard; Waldner, Wolfram: Der eingetragene Verein, 17. Aufl., München 2001.

Sbresny-Uebach, Barbara: Die Tariffähigkeit und die Tarifzuständigkeit, AR-Blattei D, Tarifvertrag II A (zitiert: Sbresny-Uebach, AR-Blattei D Tarifvertrag II A).

Schaub, Günter: Arbeitsrechtshandbuch, 10. Aufl., München 2002.

Schleusener, Axel Aino: Rechtmäßigkeit kampfweiser Durchsetzung von Firmentarifverträgen gegenüber verbandsangehörigen Arbeitgebern, NZA 1998, 239 ff.

Schliemann, Harald: Arbeitsgerichtliche Kontrolle von Tarifverträgen, ZTR 2000, 198 ff.

Schlochauer, Ursula: OT-Mitgliedschaft in tariffähigen Arbeitgeberverbänden, in: Tarifautonomie für ein neues Jahrhundert, Festschrift für Günter Schaub zum 65. Geburtstag, hrsg. v. Monika Schlachter, Reiner Ascheid und Hans-Wolf Friedrich, München 1998, S. 699 ff. (zitiert: Schlochauer, FS Schaub (1998)).

Schmidt, Karsten: Gesellschaftsrecht, 4. Aufl., Köln/Berlin/Bonn/München 2002 (zitiert: K. Schmidt, Gesellschaftsrecht).

Schmidt, Karsten: Ultra-vires-Doktrin: tot oder lebendig? – Bemerkungen zur Organvertretungsmacht, AcP 184 (1984), 529 ff.

Schmidt, Karsten: Der Vereinszweck nach dem Bürgerlichen Gesetzbuch, DB 1987, 556 ff.

Scholz, Franz: Kommentar zum GmbHG, Band 2 (§§ 45-87), 9. Aufl., Köln 2002 (zitiert: Scholz/Bearbeiter).

Schulten, Thorsten: New agreement clarifies organisational responsibilities between DGB affiliates, in: Industrial Relations in Germany 2000, WSI-Contributions to the European Industrial Relations Observatory, Düsseldorf 2001, 75 ff (zitiert: Schulten, in: Industrial Relations in Germany).

Seiter, Hugo: Streikrecht und Aussperrungsrecht, Tübingen 1975.

Sinzheimer, Hugo: Grundzüge des Arbeitsrechts, 2. Aufl., Jena 1927.

Soergel, Hans Theodor: Bürgerliches Gesetzbuch, Kommentar, Band 1, Allgemeiner Teil (§§ 1-103), 13. Aufl., Stuttgart/Berlin/Köln/Mainz 2000 (zitiert: Soergel/Bearbeiter).

Sohn, Karl-Heinz: Berufsverband und Industriegewerkschaft, Organisationsprinzipien der deutschen Gewerkschaften, Köln 1964 (zitiert: Sohn, Berufsverband und Industriegewerkschaft).

Söllner, Alfred: Grenzen des Tarifvertrages, NZA 1996, 897 ff.

Söllner, Alfred: Grundriß des Arbeitsrechts, 12. Aufl., München 1998 (zitiert: Söllner, Arbeitsrecht).

Staudinger, Julius v.: Kommentar zum Bürgerlichen Gesetzbuch, Erstes Buch, Allgemeiner Teil, §§ 21-103, 13. Aufl., Berlin 1995 (zitiert: Staudinger/Bearbeiter).

Stein, Axel: Der Abschluss von Firmentarifverträgen, RdA 2000, 129 ff.

Stein, Axel: Tarifvertragsrecht, Stuttgart/Berlin/Köln 1997 (zitiert: Stein, Tarifvertragsrecht).

Steinbeck, Anja: Vereinsautonomie und Dritteinfluß – Dargestellt an den Verbänden des Sports, Berlin/New York 1999.

Stöber, Kurt: Handbuch zum Vereinsrecht, 8. Aufl., München 2000.

Thüsing, Gregor: Die Erstreikbarkeit von Firmentarifverträgen verbandsangehöriger Arbeitgeber, NZA 1997, 294 ff.

Thüsing, Gregor: Die Mitgliedschaft ohne Tarifbindung in Arbeitgeberverbänden, ZTR 1996, 481 ff.

Töpsch, Karin; Menez, Raphael; Malanowski, Norbert: Ist Wissensarbeit regulierbar? Arbeitsregulation und Arbeitsbeziehungen am Beispiel der IT-Branche, Industrielle Beziehungen 2001, 306 ff.

Ueberall, Albert: Das Problem der Tariflegitimation (Tarifzuständigkeit), Diss. Köln 1932 (zitiert: Ueberall, Tariflegitimation).

van Venroy, Gerd J.: Auf der Suche nach der Tarifzuständigkeit, ZfA 1983, 49 ff.

Waas, Bernd: Tarifkonkurrenz und Tarifpluralität, Baden-Baden 1999.

Wagner, Hilde; Schild, Arnim: Auf dem Weg zur Tarifbindung im Informations- und Kommunikationssektor – Ein Beispiel der Tarifpolitik der IG Metall im Bereich industrieller Dienstleistungen, WSI Mitteilungen 1999, 87 ff.

Waltermann, Raimund: Zu den Grundlagen der Rechtsetzung durch Tarifvertrag, in: Europas universale rechtsordnungspolitische Aufgabe im Recht des dritten Jahrtausends, Festschrift für Alfred Söllner zum 70. Geburtstag, hrsg. v. Gerhard Köbler, Meinhard Heinze, Wolfgang Hromadka, München 2000, S. 1251 ff. (zitiert: Waltermann, FS Söllner (2000)).

Waltermann, Raimund: Zu den Grundlagen der Tarifautonomie, ZfA 2000, 53 ff.

Weiß, Thomas: Dienstleistung und Globalisierung, BArbBl. 2002, Heft 5, 16 ff.

Wessels, Theodor: Zur Problematik des tertiären Sektors in der Volkswirtschaft, Jahrbuch für Sozialwissenschaft, Heft 3, Festschrift für Andreas Predöhl, Göttingen 1963, S. 303 (zitiert: Wessels, in: Jahrbuch der Sozialwissenschaft 1963).

Westenberger, Eberhard: Organisationsrechtliche Probleme im deutschen Gewerkschaftswesen, Frankfurt am Main 1956 (zitiert: Westenberger, Organisationsrechtliche Probleme).

Westermann, Harm Peter (Hrsg.): Erman, Bürgerliches Gesetzbuch, Band 1 (§§ 1-853), 10. Aufl., Münster/Köln 2000 (zitiert: Erman/Bearbeiter, BGB).

Weyand, Joachim: Anmerkung zu BAG, Beschl. v. 22.11.1988 (1 ABR 6/87), SAE 1991, 323.

Wiedemann, Herbert: Anmerkung zu BAG, Beschl. v. 11.6.1975 (4 AZR 395/74), AP Nr. 29 zu § 2 TVG.

Wiedemann, Herbert: Anmerkung zu BAG, Urt. v. 9.7.1980 (4 AZR 564/78), AP Nr. 7 zu § 1 TVG Form.

Wiedemann, Herbert Arbeitsrechtliche Probleme der Betriebsausgliederung, in: Festschrift für Adolf Fleck, Zeitschrift für Unternehmens- und Gesellschaftsrecht, Sonderheft Nr. 7, Berlin 1988 (zitiert: Wiedemann, FS Fleck (1988)).

Wiedemann, Herbert: Die Auslegung von Satzungen und Gesellschaftsverträgen, DNotZ 1977, Sonderheft „75 Jahre Deutsche Notar-Zeitschrift", 99 ff.

Wiedemann, Herbert: Kommentar zum Tarifvertragsgesetz, 6. Aufl., München 1999 (zitiert: Wiedemann/Bearbeiter, TVG).

Wiedemann, Herbert: Die Tarifzuständigkeit, RdA 1995, 78 ff.

Wiedemann, Herbert; Thüsing, Gregor: Gewerkschaftsfusionen nach dem Umwandlungsgesetz (Teil II), WM 1999, 2277 ff.

Wiedemann, Herbert; Thüsing, Gregor: Die Tariffähigkeit von Spitzenorganisationen und der Verhandlungsanspruch der Tarifvertragsparteien, RdA 1995, 280 ff.

Wieland, Peter: Recht der Firmentarifverträge, Köln 1998.

Wiese, Günther: Mehrere Unternehmen als gemeinsamer Betrieb im Sinne des Betriebsverfassungsrechts, in: Festschrift für Dieter Gaul, hrsg. v. Björn Gaul und Dietrich Boewer, München 1992, S. 553 ff. (zitiert: Wiese, FS Gaul (1992)).

Willemsen, Heinz Josef; Hohenstatt, Klaus-Stefan; Schweibert, Ulrike (Hrsg.): Umstrukturierung und Übertragung von Unternehmen – Arbeitsrechtliches Handbuch, München 1999 (zitiert: Willemsen/Bearbeiter, Umstrukturierung).

Windbichler, Christine: Arbeitsrecht im Konzern, München 1989.

Zachert, Ulrich: Elemente einer Dogmatik der Grundrechtsbindung der Tarifparteien, AuR 2002, 321 ff.

Zachert, Ulrich: Firmentarifvertrag als Alternative?, NZA 2000, Sonderbeilage zu Heft 24, 17 ff.

Zachert, Ulrich: Rechtsfragen bei der Durchsetzung der Tarifzuständigkeit, AuR 1982, 181 ff.

Zapf, Hannes: Industrielle und gewerbliche Dienstleistungen, Wiesbaden 1990.

Hinsichtlich der verwendeten Abkürzungen wird verwiesen auf *Kirchner, Hildebert:* Abkürzungsverzeichnis der Rechtssprache, 4. Aufl., Berlin/New York 1993.

■ FORUM ARBEITS- UND SOZIALRECHT ■

■ Ascheid, Reiner
Beweislastfragen im Kündigungsschutzprozeß
Bd. 1, 1989, 215 + XIX S., ISBN 978-3-89085-268-3, 24,54 € (vergriffen)

■ Braunert, Ulrich:
Schranken der kollektivrechtlichen Regelung flexibler Arbeitszeitverträge
Bd. 2, 1990, 298 S., ISBN 978-3-89085-490-8, 35,28 €

■ Oberklus, Volkmar
**Die rechtlichen Beziehungen des zu einem Tochterunternehmen
im Ausland entsandten Mitarbeiters zum Stammunternehmen**
Bd. 3, 1991, 223 + XLVI S., ISBN 978-3-89085-510-3, 22,50 €

■ Urbatsch, Peter
Grundzüge der betrieblichen Altersversorgung und des Versorgungsausgleichs.
Unter besonderer Berücksichtigung der neueren Änderungen im Recht der Scheidungsfolgen
sowie der Reform der Hinterbliebenenversorgung in der gesetzlichen Rentenversicherung
Bd. 4, 1991, 514 + LII S., ISBN 978-3-89085-603-2, 29,65 €

■ Hübner, Betina
**Die individualrechtliche Versetzungsbefugnis und Versetzungspflicht des Arbeitgebers
unter besonderer Berücksichtigung von Schwerbehinderten und älteren Arbeitnehmern**
Bd. 5, 1992, 233 + XXXV S., ISBN 978-3-89085-636-0, 24,54 €

■ Boerner, Dietmar
**Altersgrenzen für die Beendigung von Arbeitsverhältnissen
in Tarifverträgen und Betriebsvereinbarungen**
Bd. 6, 1992, 356 S., ISBN 978-3-89085-705-3, 35,28 €

■ Schartel, Klaus
Rechtsprobleme unternehmensübergreifender Sozialplandotierung
Bd. 7, 1992, 205 + XXXV S., ISBN 978-3-89085-711-4, 29,65 €

■ Fecker, Jörg
**Rechte, Pflichten und Regelungsmöglichkeiten des privaten Arbeitgebers
im Hinblick auf Alkoholkonsum von Arbeitnehmern.** Unter Berücksichtigung der
Alkoholkrankheit
Bd. 8, 1992, 297 + LX S., ISBN 978-3-89085-709-1, 34,77 €

■ Schulenburg, Werner Graf von der
**Der tarifliche Rationalisierungsschutz im deutschen
und schweizerischen privaten Bankgewerbe**
Bd. 9, 1993, 239 S., ISBN 978-3-89085-718-3, 29,65 €

■ Federlin, Ulrich
Der kollektive Günstigkeitsvergleich
Bd. 10, 1993, 207 + XXX S., ISBN 978-3-89085-762-6, 29,65 €

■ Ricken, Oliver
**Rechtliche Probleme bei der Standortplanung von medizinisch-technischen
Großgeräten.** Eine Untersuchung unter Berücksichtigung der Vorschriften des
Gesundheits-Reformgesetzes und des Gesundheitsstrukturgesetzes
Bd. 11, 994, 224 S., ISBN 978-3-89085-979-8, 35,28 €

■ www.centaurus-verlag.de ■

■ FORUM ARBEITS- UND SOZIALRECHT ■

■ Robben-Vahrenhold, Andrea
Die Haftung der Treuhandanstalt für Sozialplanansprüche der Arbeitnehmer
Bd. 12, 1995, 142 S., ISBN 978-3-89085-998-9, 29,65 €

■ Lohse, Eva
Grenzen gesetzlicher Mitbestimmung. Eine Untersuchung neuerer
Tendenzen der Rechtsprechung zur Mitbestimmung in Arbeitszeitfragen
Bd. 13, 1995, 194 + XXXIV S., ISBN 978-3-8255-0053-5, 34,77 €

■ Poletti, Elisabeth
**Auswirkungen fehlender oder fehlerhafter Beteiligung
des Betriebsrats bei der Versetzung auf das Einzelarbeitsverhältnis**
Bd. 14, 1996, 226 + XXII S., ISBN 978-3-8255-0057-3, 35,28 €

■ Sievers, Jochen
Die mittelbare Diskriminierung im Arbeitsrecht
Bd. 15, 1997, 192 S., ISBN 978-3-8255-0136-5, 35,28 €

■ Trefz, Ulrich
Der Rechtsschutz gegen die Entscheidung der Schiedsstellen nach § 18 a KHG
Bd. 16, 2002, 386 S., ISBN 978-3-8255-0385-7, 34,80 €

■ Schneider, Monika
**Die Koordinierung der Leistungen der sozialen Pflegeversicherung
in der Europäischen Union**
Bd. 17, 2003, 202 S., ISBN 978-3-8255-0423-6, 26,90 €

■ Kowalski, Nina
Vom passiven zum aktiven Sozialplan. Vergleich zwischen dem gesetzlichen
Förderungsinstrument der §§ 254 ff. und dem Transfer-Sozialplan-Konzept des BAVC e.V.
Bd. 18, 2004, ca. 240 S., ISBN 978-3-8255-0472-4, ca. 28,– €

■ Schumacher-Mohr, Marion
**Die vorzeitige Beendbarkeit des Anstellungsverhältnisses
eines AG-Vorstandmitglieds gegen seinen Willen**
Bd. 19, 2004, 206 S., ISBN 978-3-8255-0473-1, 26,50 €

■ Fandel, Stefan
Die Angabepflicht nach § 5 Abs. 1 Nr. 9 UmwG
Bd. 21, 2004, 242 S., ISBN 978-3-8255-0483-0, 25,90 €

■ Trautmann, Arnim
Der Vertrag der ärztlichen Gemeinschaftspraxis. Vertragsarzt-, berufs-
und gesellschaftliche Anforderungen unter besonderer Berücksichtigung von
Junior-/Seniorpartnerschaften
Bd. 22, 2005, 398 S., ISBN 978-3-8255-0526-4, 29,90 €

■ Rönsberg, Ute
Die gemeinschaftsrechtliche Koordinierung von Leistungen bei Arbeitslosigkeit.
Die Verordnung (EWG) Nr. 1408/71 und ihre Reformbedürftigkeit
Bd. 23, 2005, ca. 270 S., ISBN 978-3-8255-0604-9, ca. 27,– €

■ **www.centaurus-verlag.de** ■

MIX
Papier aus verantwortungsvollen Quellen
Paper from responsible sources
FSC® C105338

If you have any concerns about our products,
you can contact us on
ProductSafety@springernature.com

In case Publisher is established outside the EU,
the EU authorized representative is:
Springer Nature Customer Service Center GmbH
Europaplatz 3, 69115 Heidelberg, Germany

Printed by Libri Plureos GmbH
in Hamburg, Germany